Si je t'oublie
Jérusalem

DES MÊMES AUTEURS

Les tournois de Dieu.
1. *Le templier de Jérusalem,* Laffont, 1977.
2. *La part des pauvres,* Laffont, 1978.
3. *Et nous irons au bout du monde,* Laffont, 1979.
Priez pour nous à Compostelle, Hachette, 1978.
Almanach de la mémoire et des coutumes (en collaboration avec Claire Tiévant), Hachette, 1979.
Ils voyageaient la France, Hachette, 1980.
Le Roi des derniers jours, Hachette, 1981.

DE JEAN-NOËL GURGAND

Israéliennes, Grasset, 1967.
La petite fête, Grasset, 1969.
Les statues de sable, Grasset, 1972.
Israël la mort en face (en collaboration avec Jacques Derogy), Laffont, 1975.

DE MARGUERITE ET JEAN-NOËL GURGAND

L'histoire de Charles Brunet, Mazarine, 1982.

Barret/Gurgand

Si je t'oublie Jérusalem

*La prodigieuse aventure
de la Ire croisade
1095-1099*

HACHETTE
Littérature générale

Si je t'oublie, Jérusalem,
que ma droite m'oublie!
Que ma langue se colle à mon palais
si je ne me souviens pas de toi...

Psaume CXXXVII, 5-6.

SI JE T'OUBLIE JÉRUSALEM

TROISIÈME PARTIE

AVANT-PROPOS

Elle palpite au fond de notre histoire, la croisade, à la manière d'un souvenir d'enfance familier et insaisissable, avec ses détails obsédants et ses pans de nuit noire. Le récit le plus scrupuleux qu'on peut en faire, on sait déjà qu'il ne dira pas tout – pensons seulement à ce qui se perd d'une génération à l'autre, à commencer par l'air du temps et le goût des jours à jamais basculés dans le gouffre du passé. Alors en neuf cents ans!

Nous allons pourtant accompagner Pierre l'Ermite, Godefroi de Bouillon, Adhémar, Barthélemi et les autres, pauvres et barons, familles éperdues ou gens d'église, pour ce qu'ils appelaient le grand passage et qui devait les mener jusqu'au nombril de la terre, Jérusalem, là où Dieu s'est fait homme et où les temps s'accompliront.

Encore un pèlerinage aux sources? Peut-être la démarche est-elle propre aux sociétés – et aux individus – parvenues, au bout de leur élan vital, à l'heure des bilans: comment saurions-nous qui nous sommes si nous ne cherchions à savoir qui nous étions? Nos aïeux peuvent bien être grecs, gaulois, romains ou barbares, notre village oublié, notre pays natal, c'est le moyen âge.

Ces rustres un jour partis vers l'Orient en criant « Dieu le veut!», qu'on représente courant sus à tout ce qui bouge et tombant à genoux pour un arc-en-ciel, saurons-nous jamais qui ils étaient vraiment ? Nous allons ici tenter de les approcher ; il nous faudra faire preuve de sympathie à leur égard, de tendresse si nous pouvons. Ici ou là, n'oublions pas d'essayer de nous mettre à leur place, quand par exemple les hordes de païens — Dieu seul connaît leur nombre — prennent position, le soir, sur les crêtes d'alentour, ou quand apparaît le dessin ocre d'un rempart lointain à contre-bleu dans la brume de chaleur — est-ce enfin là Jérusalem ?

Oh ! non, ils ne sont pas des étrangers, ou seulement les aventuriers de la famille partis au bout du monde voir s'ils y étaient. Ils sont ceux dont nous venons, et dont nous tenons, pour l'essentiel, cet intime héritage de maîtres-mots et de maîtres-rêves qui nous charpente.

Et puis la croisade — la première, voulons-nous dire —, grandiose surgie dont l'histoire ne connaît pas d'autre exemple, est aussi une épopée poignante, comme chaque fois que nous entreprenons, infatigables espérants, de mettre en échec les fatalités de notre incertaine condition.

Ce récit, qui utilise les chroniques du temps, s'appuie sur les travaux actuels des plus éminents médiévistes. Il ne prétend pas s'y substituer. Il aurait atteint son but si dans les pages qui suivent passait cette vibration — ce tremblement ? — qu'est la vie.

PREMIÈRE PARTIE

« Jhérusalem ont pris la pute gent haïe »

Richard le Pèlerin, *La Chanson d'Antioche*

I

RENDEZ-VOUS À CLERMONT

Les siècles noirs – La terre est plate – Oh! ces hivers! – Le
vicaire de Dieu – La tiare aux enchères – Réforme – Mon
âme est triste – Anti-pape et anti-roi – Convocations – Cluny,
cité radieuse – J'ai vu le diable – La plus grande église du
monde – Tous en Arvernie – La trêve de Dieu

L'homme que la ville de Valence accueille très solennellement, ce dimanche 5 août 1095, se nomme Eudes de Châtillon [1]. C'est un Champenois de cinquante ans, peut-être un peu plus. Son autorité est considérable, mais seulement pour autant qu'on la reconnaisse. Eudes de Châtillon ne tient en effet son pouvoir que de Dieu : sous le nom d'Urbain II, il est pape depuis sept ans quand, cette année-là, ayant franchi les Alpes (1), il atteint la vallée du Rhône à la tête d'un long cortège de prélats, de clercs et de fonctionnaires attachés au Saint-Siège, sous la protection de trois compagnies de gardes à cheval gracieusement fournies par la ville de Bologne.

Au moment de refaire l'histoire, et alors que se lèvent déjà les fantômes officiels aux quatre coins de la page blanche, on risque de se perdre une fois de plus à vouloir décider quelle fut, dans l'événement, la part de l'homme et celle des circonstances. Les chroniques ne disent pas tout, loin de là, et il est aventureux de lire entre les lignes, d'induire et

1. On trouvera en fin de volume, avec la bibliographie et les références aux sources, des notes complétant le récit ou y apportant des précisions qui l'auraient alourdi. Les notes sont appelées par un chiffre entre parenthèses, les références par un petit chiffre supérieur.

de déduire – et presque autant, en vérité, de prendre les mots au pied de leurs lettres : comment croire qu'ils véhiculent la même information aujourd'hui qu'alors, qu'ils suscitent les mêmes images en nous, les mêmes émotions ? C'est que si nous pouvons à la rigueur oublier ce que nous savons et que nous ne savions pas il y a neuf cents ans, il serait vain de chercher à faire la part de ce que nous savions et que nous ne savons plus.

A cette époque, nous sortions des siècles noirs. Les épidémies, les disettes, les invasions nous avaient décimés. Le déferlement des envahisseurs – « l'irruption de la préhistoire dans l'histoire », a-t-on dit – avait ruiné l'organisation et les réalisations des Romains; six cents ans avaient passé depuis la fin de l'empire et leurs grands ouvrages de pierre semblaient les ossements gigantesques d'espèces disparues. Plus près de nous – plus de deux siècles quand même – le nouvel empire d'Occident, celui de Charlemagne, s'était défait dans l'anarchie. Nous avions passé l'an mille et, *appropinquante fine mundi* [2], chaque jour nous rapprochant de la fin du monde, le lot de famines, de maux, de misères, de guerres qui nous accablait n'était pas pour nous étonner. Notre quotidien, c'étaient la violence et la peur.

Partout la forêt s'étendait comme une sombre mer, avec ses marécages, ses profondeurs, ses enchantements, avec ses ressources aussi, grâce à Dieu. Bien souvent, elle constituait notre seul horizon. Pour nous, alors, la terre était plate, galette de roc et de limon au milieu de l'océan, et le ciel par-dessus comme une écuelle renversée. Il n'y avait guère que les religieux pour s'intéresser à la chose écrite, c'est-à-dire au latin : il nous faut constater avec effarement que, mille cinq cents ans après Sophocle, Platon, Aristote, nous ne savions plus lire. Nous avions beaucoup désappris.

Impatients et vite résignés, farouches, prompts aux excès, gourmands de prodiges et de merveilles, nous accommodant du trop comme du manque, nous aimions, rappelez-vous, la lumière de l'été, les couleurs et les viandes fortes, l'odeur du chèvrefeuille, le chant du rossignol, et le sang nous attirait : nous étions en vérité quelque peu barbares. Rien ne nous plaisait tant que prendre, sinon donner ; l'or nous fascinait, mais il nous arrivait aussi bien de chavirer dans le dénuement, de renoncer au monde pour rejoindre les moines dans leurs forteresses aux murs de prières. Nous avions peur du péché comme les chevaux craignent leur ombre, et l'idée de notre salut nous obsédait. En vérité, nous étions simples d'âmes : ou le ciel, ou l'enfer.

Dans la nuit du monde, nous regardions la course des étoiles mystérieuses et éprouvions à tâtons les limites de notre destinée, chacun à sa place et Dieu pour tous.

Le temps qui passe ne nous faisait pas peur. Seulement peut-être celui de l'hiver, justement parce qu'il ne passait pas. Oh! Ces hivers! Dans les clairières où nous plantions nos cabanes autour du donjon de planches, nous partagions des couches de fougères et des bouillies aigres, et nous échangions plus sûrement des poux que des idées. Interminable ennui des jours enfumés. Le soir, nous rentrions nos troupeaux de cochons efflanqués puis, écoutant le sabbat des loups derrière la palissade, nous attendions le printemps avec, au cœur, l'envie de nous jeter dans le premier chemin qui passerait par-là.

A la fin de ce XIe siècle, quand même, après si longtemps de stupeur, nous commencions à lever le regard. On ne trouvait sans doute pas vingt mille âmes derrière le rempart ruiné qui ceinturait Paris, mais pourtant nous commencions à mûrir confusément des projets plus grands que nous, déjà nous commencions à nous compter plus nombreux, à défricher, à assécher des marais ; nous ouvrions des chantiers de grandes églises ou de forteresses – ainsi les abbatiales de Saint-Benoît-sur-Loire ou de Cluny, la cathédrale de Saint-Jacques de Compostelle, les nouveaux châteaux de pierre du pays de Loire –, des œuvres faites pour nous survivre. Dans le chaos, une société se constituait avec ses trois ordres – ceux qui prient, ceux qui se battent, ceux qui travaillent –, système d'assistance mutuelle et de réassurance, dirions-nous aujourd'hui, où chacun avait sa place et son rôle comme son ordre : malheur à qui en était exclu ! Il nous fallait tout ou presque réapprendre, et tout ou presque restait à inventer. Que nous étions donc jeunes [3] !

C'est alors que le pape vint nous appeler.

Urbain, à Valence, retrouve Henri, un abbé de Sicile envoyé en avant pour préparer le voyage et organiser la tenue d'un concile de ce côté-ci des Alpes. On hésite encore entre Vézelay, Le Puy et Clermont d'Auvergne. Il faut tenir compte des capacités d'hébergement, de la topographie de la ville – on attend la grande foule, et les seigneurs doivent pouvoir planter leurs tentes sous les murs – tout autant que de la politique : en froid avec le roi de France, qu'il se propose d'excommunier pour bigamie, Urbain ne tient pas à approcher de trop près les frontières du royaume de Philippe.

C'est qu'il n'est pas de tout repos, en cette fin de XIe siècle, d'être « le vicaire de Dieu sur la terre », tout au moins quand on a, comme Urbain, l'ambition d'ancrer la papauté à la place qu'il estime être la sienne : non une puissance parmi les autres, mais la première des puissances.

Les rôles, en effet, ne sont pas encore nettement distribués entre le temporel et le spirituel, et si le pape est le représentant de Dieu sur la terre, les rois reçoivent, au jour de leur *sacre*, un pouvoir proprement surnaturel. Qui a prééminence sur qui ? Charlemagne entendait régir l'Église aussi bien que ses États.

Après la disparition de Gerbert, fils de berger du Cantal et pape en l'an mille, l'élection pontificale était tombée sous la coupe de seigneurs du Latium. On se succédait parfois de

frère en frère et d'oncle en neveu sur le trône de saint Pierre :
on vit ainsi des papes de dix-huit ans, et l'un de ces jeunes
gens tenta même de revendre la tiare à son parrain !

Scandalisé par cette déchéance, l'empereur d'Allemagne
Henri III enleva aux Italiens, en 1046, leur ancien droit de
contrôler l'élection – et se l'attribua. Il entendait redonner à la
papauté les hommes et les moyens d'une réforme profonde des
mœurs de l'Église. Il ne composa guère : les quatre papes qui
suivirent étaient allemands ! Le dernier, Léon IX, échappa
aux pressions et aux soubresauts de la politique romaine,
préférant passer les Alpes pour aller, en France ou en
Allemagne, tenir des synodes où il publiait des décrets contre
la mise aux enchères des fonctions ecclésiastiques, le mariage
des prêtres, le relâchement des mœurs, la violence générale.

L'autorité papale, bientôt soutenue par l'ensemble des
ordres monastiques, s'en trouva restaurée. Et put prétendre,
le plus naturellement du monde, à l'autorité universelle. Que
refusa tout aussi naturellement l'église grecque. Le conflit se
déclara pour des articles de droit canon. Querelle, puis bientôt
rupture. En 1054, la chrétienté se déchirait en deux : c'était
« le grand schisme ».

Henri III étant mort en 1056 et son fils trop jeune pour
gouverner, la papauté en profita pour s'affranchir, non sans
incidents, du joug impérial et trouver de nouvelles alliances.

En 1073 fut élu un fils de paysans toscans, Hildebrand,
qui prit le nom de Grégoire VII et se contenta d'aviser
l'empereur de son élection, au lieu de solliciter son assenti-
ment. Un orageux, cet Hildebrand, cassant, passionné, ayant
une fois pour toutes posé comme principe que les ordres qu'il
donnait étaient les ordres de Dieu, que les rois comme les
évêques étaient révocables par le pape, autorité suprême de la
chrétienté, que l'investiture des officiers ecclésiastiques serait
désormais l'affaire exclusive des ecclésiastiques. Son caractère

le portait à l'action, mais aussi la conviction que la fin du
monde approchait et qu'il devenait urgent de combattre ces
forces du mal qui corrompaient tout, jusqu'à l'Église. Cette
guerre à outrance, seul le pape était à même de la
commander, avec des alliés de son choix, laïcs s'il le fallait, et
contre les ennemis qu'il saurait reconnaître et désigner.

Quelle place et quel rôle restaient donc aux rois dans la
société chrétienne telle que la voulait Grégoire ? Qui allait
défendre les droits et prérogatives de la monarchie ? Arrivé en
âge de régner, le jeune empereur d'Allemagne, Henri IV,
prétendit rétablir la situation telle qu'elle se présentait à la
mort de son père. La bataille était inévitable. Elle n'éclata
pourtant pas de suite. C'est que Grégoire VII poursuivait un
autre but : la réunion des Églises. Les Turcs ayant écrasé
l'armée byzantine à Manzikert et envahi la Terre Sainte,
l'empereur de Constantinople demandait au pape le secours
de l'Occident. Le prix qu'il se déclarait prêt à payer : la
reconnaissance de l'autorité de Rome.

On connaît six lettres de Grégoire, au duc de Bourgogne,
au comte de Poitiers ou, plus généralement, « à tous ceux qui
veulent défendre la foi chrétienne », parlant de façon pressante de son projet d'expédition armée en Orient, et même,
précise-t-il une fois, « jusqu'au tombeau du Christ ». Il décrit
les souffrances des chrétiens d'Orient : « Mon âme est triste
jusqu'à la mort... Je partirai moi-même... » Il a même écrit à
l'empereur d'Allemagne : « Déjà plus de cinquante mille
hommes se préparent à se lever en armes contre les ennemis
de Dieu... » Il a imaginé une proposition folle : « Si donc, avec
la faveur divine, j'entreprends cette expédition, après Dieu je
vous laisserai l'Église romaine, afin que vous la gardiez
comme une sainte mère, et que vous vous portiez garant de
son honneur. » Mais en vérité il ne se faisait guère d'illu-
sions : « Si je dois ajouter foi à l'opinion la plus générale, je
n'ai rien à espérer de vous... »

Effectivement. Le conflit couvait depuis trop longtemps.

L'empereur entendant maintenir son droit d'investir des hommes de son choix d'évêchés ou d'abbayes, Grégoire blâma sa vie scandaleuse, menaça de l'excommunier. Excédé, Henri réunit un synode d'évêques allemands et italiens et les persuada de mettre en demeure « Hildebrand, ex-pape et faux moine » de renoncer au Saint-Siège. Le pape, en retour, déclara excommunié et même destitué cet empereur qui sous-estimait la puissance nouvelle de la papauté. Les princes allemands en profitèrent pour défier Henri, qui dut franchir les Alpes en plein hiver pour aller faire, pieds nus dans la neige, amende honorable à Canossa (28 janvier 1077). La confusion devint bientôt totale, les princes allemands élisant un anti-roi contre leur empereur, tandis qu'Henri faisait désigner un anti-pape contre Grégoire, qu'il chassait de Rome en 1084 [4] !

Grégoire devait mourir l'année suivante à Salerne, prisonnier des Normands. De l'espèce des grands chefs solitaires, incapable de négocier, d'attendre ou même d'écouter les autres – « saint Satan », put le surnommer un contemporain – il mourait brouillé avec toute l'Europe, son grand rêve apparemment réduit à rien : Henri triomphait sur tous les fronts ; personne ne s'était levé à son appel pour aller chasser les Turcs de Terre Sainte. Pourtant l'élan était donné.

A ses côtés en ces dernières heures sombres, un moine envoyé là par Hugues, l'abbé de Cluny : Eudes de Châtillon, cultivé, attentif, diplomate, peut-être chargé de tempérer le comportement excessif de Grégoire. Consacré évêque d'Ostie puis fait cardinal, le pape l'avait envoyé à l'endroit le plus exposé du front chrétien : en Allemagne, où il ne restait plus que cinq évêques fidèles à Rome. C'est à ces évêques-là que, devenu pape à son tour, il écrivit d'abord : « Ayez confiance en moi comme jadis en notre bienheureux père le pape Grégoire. En toutes choses je veux suivre sa trace. Je rejette ce qu'il a rejeté ; je condamne ce qu'il a condamné ; je chéris ce qu'il a aimé ; je confirme et approuve ce qu'il a considéré comme juste et catholique. Enfin en toutes choses je pense comme lui [5]. »

Avec l'appui sans réserve du puissant réseau clunisien, il sut reprendre peu à peu le terrain perdu par Grégoire, gagna l'un après l'autre à sa cause les principaux chefs de la chrétienté, évitant d'affronter l'empereur mais l'isolant avec habileté et patience, dressant contre lui l'Italie du Nord et l'Allemagne du Sud, et même sa propre famille.

En mars 1095, pendant le Carême, il avait tenu un concile à Plaisance, en Émilie : deux cents évêques et archevêques, quatre mille clercs et plus de trente mille laïcs avaient pu y prendre acte de la volonté papale de poursuivre les principaux objectifs de Léon IX et Grégoire VII, y compris la lutte contre les Turcs.

D'ailleurs, il avait reçu deux visites au cours de ce concile. La première était celle d'ambassadeurs de l'empereur de Constantinople venus une fois de plus implorer du secours. La deuxième était celle de Praxédis, épouse de l'empereur Henri IV, qui demandait l'absolution du Saint-Père pour les « indignités » que son mari lui imposait au lit. Quant au fils d'Henri et de Praxédis, Conrad, il sollicitait de rendre l'hommage au pape, hommage qu'Urbain reçut en avril à Crémone, le prince à pied tenant humblement la bride de son cheval.

Quand donc il a passé les Alpes au début d'août, le pape avait l'esprit en paix du côté de l'empire. Le concile qu'il se préparait à tenir serait le plus important depuis longtemps : il s'agissait de conforter les acquis de la réforme et de relancer l'idée d'un départ armé vers l'Orient.

A Valence, ce dimanche 5 août, Urbain célèbre la dédicace de la cathédrale en l'honneur de la Vierge et des saints Corneille et Cyprien. Puis il va à Romans, où il doit régler un conflit opposant Hugues, évêque de Grenoble, à l'archevêque de Vienne, Guy de Bourgogne.

En compagnie de ce même évêque de Grenoble, il franchit le Rhône et, par les rudes paysages du Vivarais, gagne Le Puy, où l'accueille l'évêque du lieu Adhémar de Monteil, un ancien chevalier de la famille des comtes de Valentinois. Évêque réformiste, homme énergique, il est en bons termes avec le comte de Toulouse Raimond de Saint-Gilles, personnage considérable dont l'appui peut être déterminant dans l'organisation d'une expédition en Terre Sainte. Autour d'Adhémar de Monteil, les archevêques de Lyon, de Bourges et de Bordeaux, les évêques de Cahors et de Clermont – ce dernier, Durand, ancien prieur de La Chaise-Dieu et clunisien comme Urbain, connaît lui aussi le comte de Toulouse, qui a naguère fait hommage de son comté à saint Robert, fondateur de La Chaise-Dieu.

C'est au Puy qu'Urbain célèbre la fête de l'Assomption. En son honneur, on perce solennellement dans le mur de l'église Notre-Dame la porte par laquelle il entrera et qu'on murera derrière lui.

Ce jour-là sont arrêtés le lieu et la date du concile : ce sera à Clermont, chez le vieil évêque Durand, le dimanche 18 novembre, octave de la Saint-Martin d'hiver. Les copistes préparent les convocations que les messagers porteront aux quatre coins de la chrétienté. Le ton en est sans appel : « Ton amour, dit ainsi celle que recevra Lambert, l'évêque d'Arras, aura appris que nous avons décidé de tenir un concile d'évêques au prochain mois de novembre, très exactement à l'octave de la Saint-Martin, à Clermont, si Dieu le veut, auquel nous invitons ta sagesse, de sorte que tu n'oublies pas de te présenter, toutes affaires cessantes, au moment fixé et à l'endroit susdit. »

Du Puy, Urbain gagne La Chaise-Dieu, puis fait étape au Monastier avant de gagner Nîmes, où il arrive fin août pour sacrer un nouvel évêque, Bertrand de Montredon. Le

1ᵉʳ septembre, il est à Saint-Gilles, où il célèbre la fête du saint patron de l'abbaye – dont le comte Raimond est par ailleurs le protecteur. Bien qu'il n'en soit fait mention nulle part, il n'est pas exclu que Raimond de Saint-Gilles se soit trouvé là en personne ou y ait au moins envoyé ses représentants. Le pape en tout cas y passe une pleine semaine.

Pendant ce temps, les convocations commencent à arriver à leurs destinataires. Les métropolitains relaient l'appel du pape aux évêques, ceux-ci à leur tour préviennent les dignitaires ecclésiastiques et feudataires de leurs diocèses respectifs.

Le 11 septembre, le pape est à Tarascon, où il bénit le terrain d'un futur prieuré et de son cimetière. Du 12 au 15, à Avignon, le 19 à Saint-Paul-des-Trois-Châteaux. Par la rive gauche du Rhône, en limite des terres d'Empire, il gagne Vienne, puis Lyon, où siège son légat. Le 17 octobre, il est à Mâcon, le jeudi 18 enfin à Cluny.

A Cluny, Urbain est chez lui. C'est là que naguère, jeune Champenois lettré, il a fait vœu de renoncer au monde, à la fois pour faire son salut et pour exalter, bellement et humblement, la gloire de Dieu, coule noire parmi les coules noires. L'abbé Hugues de Semur l'a pourtant distingué. Il l'a d'abord nommé prieur puis l'a envoyé à Rome auprès de Grégoire VII, lui aussi clunisien.

Ce sont des souvenirs proches qu'il retrouve à Cluny, avec des visages connus, des rites et des gestes, et cette façon dont roule sous les voûtes l'écho des oraisons. Mais on ne l'accueille pas comme un voyageur de retour au bercail; on le reçoit en grande cérémonie, on l'honore : c'est la première fois qu'un ancien de Cluny revient en Bourgogne sous la tiare papale.

L'abbaye de Cluny, fondée en 909, est devenue en moins de deux siècles la mère de deux mille abbayes-filles couvrant tout l'Occident, de la Pologne à l'Italie et de l'Espagne à l'Écosse, d'un réseau qui n'a pas son égal. « Cluny », c'est une société puissante, riche de multiples dons, cohérente, véritable centre nerveux de la chrétienté.

Une expansion de cette nature ne se construit que sur un besoin. Au temps du chaos d'après les Carolingiens et alors que commence l'attente de la fin du monde, les moines aspiraient très certainement à une rénovation spirituelle. Il ne leur suffisait plus d'appliquer la règle de saint Benoît pour donner un sens à leurs existences coupées du monde.

La première clé du succès rapide de Cluny a sans doute été l'intelligence et l'humanité des grands abbés qui s'y succèdent – et avec une rare longévité : trois en un siècle et demi ! A l'écart des violences et des injustices, disaient-ils, bienheureusement préservé de l'influence mauvaise de cette société sans culture, sans amour, sans progrès, renonçant aux plaisirs des sens, l'homme ne devait pas pour autant renoncer à être lui-même. Il lui suffisait de vouer – de consacrer – sa vie au service de Dieu : il dépasserait ainsi sa condition de terrien pour participer à l'édification de cette cité radieuse qu'est Cluny, île de paix parmi les tempêtes, préfiguration, dans son écrin de lents vallons, de la Jérusalem céleste promise par les Écritures. Moyen d'évasion autrement efficace que le fanatisme de ces ermites s'infligeant d'abominables tourments.

A Cluny, on prie. La règle bénédictine, qui partage le temps monacal en prières, méditation et travaux divers a été ici accommodée : l'essentiel du temps se passe à prier, à chanter la louange de l'Éternel et à contempler Son ineffable Face. Là où la règle préconise la lecture de quarante psaumes par jour, à Cluny on en lit deux cent quinze [7] ! Voyez ces légions de moines se suivant au long des cloîtres comme les patrouilles vont aux créneaux assurer la relève...

C'est que pour ces hommes sublimant leurs forces vives,

la prière est à la fois le prix de leur salut et leur arme contre les forces du Mal. Pas un instant ils n'oublient que le grand combat est engagé. Satan est partout présent, et nombreux sont ceux qui le voient de leurs yeux – comme le moine Raoul Glaber : « Je vis surgir au pied de mon lit une espèce de petit bonhomme horrible à avoir. Il était, autant que j'en pus juger, de stature médiocre, avec un cou grêle, un visage émacié, des yeux fort noirs, le front rugueux et crispé, les narines pincées, la bouche proéminente, les lèvres épaisses, le menton fuyant et très étroit, une barbe de bouc, les oreilles velues et effilées, les cheveux hérissés en broussaille, des dents de chien, le crâne en pointe, la poitrine enflée, une bosse sur le dos, les fesses frémissantes, des vêtements sordides. »

Cette fois immonde, une autre fois séducteur et persécuteur, l'ange déchu est aussi capable, au fond d'une abbaye, de vous induire en *acedia,* cette tristesse, ce découragement de l'âme qui est un péché mortel. Ailleurs, les forces du Mal prennent l'apparence de ces armées d'infidèles – les Turcs sous Constantinople, les Sarrasins en Espagne – qui menacent de submerger la chrétienté au premier signe de relâchement.

L'Espagne d'ailleurs est depuis longtemps pour Cluny le champ de cette bataille. Au début du IXᵉ siècle, la découverte du tombeau de saint Jacques à Compostelle, extrême pointe de l'Occident, a permis de redonner vie au vieux chemin celte qui menait au bout du monde. Les clunisiens y encouragent les fondations charitables, l'installation de commerçants et d'artisans, parrainent de nouvelles abbayes : c'est qu'il s'agit de peupler et de coloniser le nord de l'Espagne, de faire du *camino francés* la base de reconquête contre les païens. Double avantage : repousser les limites de la chrétienté tout en utilisant le goût de la guerre de ces chevaliers à qui l'Église demande de ne pas s'entre-tuer pour leur seul plaisir.

Le projet d'expédition armée vers l'Orient est dans la

plus profonde logique de la politique clunisienne; nul doute que l'abbé Hugues, le pape et leurs conseillers ont longuement réfléchi, au cours de ce séjour, aux arguments à employer, aux hommes à convaincre, aux moyens de constituer le trésor de guerre.

Hugues de Semur, alors abbé depuis quarante-six ans, est considéré comme une sorte de saint vivant, et on dit qu'il a refusé la tiare pontificale. Au-dessus des hiérarchies régulières, il est en fait un des personnages les plus puissants de la chrétienté. C'est lui qui, à Canossa, a arbitré le conflit entre le pape et l'empereur. Cette fois, il assure Urbain que Cluny met au service de l'entreprise le poids irremplaçable de ses forces morales et matérielles.

En ces années-là, Cluny est un chantier. Hugues construit la plus grande église du monde : cent quatre-vingt-un mètres de long (2)! avec quarante piliers ou colonnes pour supporter les voûtes des cinq nefs, une élévation de trente mètres sous la voûte en berceau, de trente-deux mètres sous la coupole [8]. Seul le chœur est achevé en octobre 1095, et imaginez le grouillement des maçons, des imagiers, des manouvriers, des charpentiers, les grands charrois de poutres et de blocs de marbre d'Italie, ces servants de forges et de fours à chaux, ces engins de levage, les troupes de vivandiers chargés de nourrir cette armée au travail – c'est une donation du roi de Castille Alphonse qui paie le pain des ouvriers.

L'abbé Hugues est l'homme le plus raisonnable de la chrétienté, et s'il a entrepris cette basilique à la démesure de Dieu, c'est que rien n'est trop beau, rien n'est trop grand, rien n'est trop cher pour sa gloire. Le pape Urbain, à sa façon, va participer à cette exaltation. Le 25 octobre, il consacre solennellement le maître-autel. Aspersions d'eau bénite, encensements, bénédictions, louanges et oraisons... Sur la foule des prélats et des moines, des invités, des tâcherons aux mains rudes accrochés dans les échafaudages, le vertige du

plain-chant monte de cette église béante dans l'automne
bourguignon (3)...

Avant de gagner Clermont, où l'abbé Hugues l'accom-
pagnera, le pape fait un détour par Autun, dont le vieil
évêque Aganon s'est rendu à Jérusalem une dizaine d'années
plus tôt. Puis il s'arrête au grand prieuré clunisien de
Souvigny, où l'évêque de Clermont, son ami Durand, vient le
retrouver, sans doute pour le tenir au courant des préparatifs
du concile dans sa ville et régler des problèmes de dernière
heure.

Le 14, le cortège pontifical traverse le paysage figé des
puys – comme « un incendie éteint ». Aux lointains bleus, les
monts d'Auvergne où s'accrochent les nuages et peut-être déjà
les premières neiges. Le chemin qui va dans la bruyère et les
pierres noires est maintenant bordé d'enfants, de villageois, de
Clermontois sortis au-devant du pape, de plus en plus
nombreux à mesure qu'on s'approche de la ville. La foule
acclame et se prosterne.

Clermont est là, sur la colline, étranglée dans son
rempart de basalte comme dans un poing ganté de noir. D'en
bas, on ne voit que le château des comtes d'Auvergne, la
cathédrale, les clochers des églises. Aux quatre portes
principales s'agglutinent les faubourgs (4).

Le cortège entre dans la ville par la porte Champ-Herm,
au bas de la rue du Port. Tout est à peu près en ordre. Le
nombre de princes de l'Église déjà arrivés est considérable, et
il n'en manquera guère à l'ouverture du concile. La route,
pourtant, n'a pas été facile pour tous. Ainsi, Lambert, évêque
d'Arras : le 6 novembre, alors qu'il vient de traverser Provins,
il a été proprement enlevé par le seigneur de Pont-sur-Seine,
un certain Garnier de Trainel, qui espérait sans doute en
tirer une bonne rançon. Mais ce Garnier a pour frère l'évêque
de Troyes, Philippe, qui intervient aussitôt, lui annonce que

son prisonnier est de la puissante famille de Guines, parent de Godefroi de Bouillon, protégé de l'abbé de Cluny et qu'Urbain l'a sacré l'année précédente à Rome! De plus, le pape a promis l'excommunication à tous ceux qui entraveraient le chemin des participants au concile! C'en est trop pour Garnier qui, non content de relâcher l'évêque d'Arras, implore son pardon, lui donne une escorte et l'accompagne lui-même, pieds nus, jusqu'à Auxerre[9].

L'ouverture du concile ayant été fixée au 18, reste le temps de s'installer, de consulter les arrivants les plus importants, de régler les ordres du jour.

A entendre la liste des présents, Urbain et Hugues de Semur peuvent d'ores et déjà se féliciter : sont là tous ceux dont la présence prend valeur de symbole : sont venus les évêques d'Espagne avec leur expérience de la guerre contre les païens; est venu malgré son grand âge l'évêque de Toul Pibon, protestant à sa façon contre l'empereur Henri IV dont il a pourtant été le chancelier; sont venus les évêques d'Orléans et de Senlis, relevant du domaine du roi de France menacé d'excommunication; est venu Eudes de Couteville, frère utérin de Guillaume le Conquérant... L'influence de Cluny et l'appétit de réforme paraissent se conjuguer pour placer le concile sous les meilleurs auspices.

Un des témoins du concile, Baudri de Bourgueil, parlera d'un tremblement de terre, d'un passage d'étoiles filantes venant dans la nuit annoncer le succès de l'assemblée. Mais le premier événement, en réalité, est la mort du vieil évêque Durand, qui s'est sans doute épuisé dans les préparatifs, les allées et venues, les soucis. Ses amis de Cluny et de La Chaise-Dieu lui rendent les derniers devoirs, lavent eux-mêmes son corps, le revêtent des ornements pontificaux et le placent dans son cercueil. Le pape préside en personne les funérailles solennelles qu'on lui fait, vraisemblablement le matin même de l'ouverture du concile, le dimanche 18 novembre.

« L'an de l'Incarnation du Seigneur 1095, racontera Baudri de Bourgueil, en l'indiction IV, le XIV des calendes de décembre s'ouvrit à Clermont en Arvernie le grand synode présidé par le seigneur pape Urbain II; siégeant treize archevêques, deux cent vingt-cinq évêques et une multitude infinie d'abbés (5). Là, le Souverain Pontife prit place au milieu du sanctuaire sur un trône. En même temps, les Pères se mirent à ses côtés, suivant les exigences et les règles de la hiérarchie... »

Il est prévu de consacrer neuf jours à régler les affaires courantes, les conflits intérieurs à l'Église et à redéfinir les grands thèmes de la réforme. Le dernier jour, le pape s'adressera à tous ceux qui voudront l'entendre, clercs ou laïcs.

« On put voir, se rappellera un autre témoin, Guibert de Nogent, ce pape rempli d'habileté présider l'assemblée avec une gravité calme, une politesse mesurée, [...] répondre avec une éloquence piquante à toutes les objections. On remarqua l'extrême bonté avec laquelle cet homme très illustre supporta les bavardages de ceux qui soutenaient leur procès avec emportement et se montra attentif à ne faire aucune acception de personne, si ce n'est selon la loi de Dieu. »

La langue parlée est le latin, à la fois parce qu'il s'agit de la langue officielle de l'Église et parce qu'il n'existe pas d'autre langue commune à tous les participants. Cette difficulté à communiquer est considérée comme une conséquence du péché originel, une des formes les plus évidentes de la malédiction encourue par les hommes. Le monde ressemble vraiment à cette tour de Babel infernale dans l'ombre de laquelle on s'entre-tue à défaut de s'entrecomprendre.

« Combien y a-t-il de langues dans le monde ? demande une *interrogatio* de l'époque [10].

Réponse : Soixante-douze.

Question : Pourquoi ni plus ni moins ?

Réponse : A cause des trois fils de Noé, Sem, Cham et Japhet. Sem eut vingt-sept fils, Cham trente, Japhet quinze, soit au total soixante-douze. »

L'Église souhaiterait certainement faire du latin la langue de tout l'Occident – c'est-à-dire, au bout du processus, unir tout l'Occident sous son autorité – si elle ne craignait dans le même temps de perdre ce qui reste un de ses instruments de domination sur la grande masse des illettrés et de ternir le prestige des servants que seul l'usage de quelques formules latines distingue du vulgaire.

D'après Guibert de Nogent, « le pape s'exprimait en latin avec autant de facilité qu'en peut montrer un avocat parlant sa langue maternelle »...

Les premières affaires abordées par le concile, après le règlement des litiges et différends opposant les ecclésiastiques entre eux, généralement des querelles de compétences, concernent ce qu'on pourrait appeler la police des mœurs et des âmes, et notamment l'excommunication solennelle du roi de France Philippe Ier. Il lui est reproché d'avoir chassé son épouse sous prétexte qu'il la trouvait trop grosse, et d'avoir enlevé celle du comte d'Anjou, Bertrade, laquelle se trouve excommuniée du même coup, ainsi que tous ceux qui la reconnaîtraient comme souveraine (6).

La discipline ecclésiastique et la réforme du clergé font l'objet de plusieurs articles importants, stipulant notamment qu'aucune dignité ecclésiastique ne pourra être reçue de la main d'un laïc ; qu'aucune dignité ecclésiastique ne pourra être vendue ou achetée ; que personne ne pourra être à la fois évêque et abbé ; que nul ne pourra être nommé évêque s'il n'est déjà dans les ordres ; que les chapelains des princes laïques seront nommés par les évêques ; qu'aucun prêtre, diacre, sous-diacre ou chanoine ne pourra se livrer au commerce charnel ; qu'aucun fils de prêtre ou de concubine, sauf s'il entre d'abord dans les ordres, ne pourra devenir prêtre; que les clercs ne pourront entrer dans les auberges.

Pour la pratique religieuse, le concile réglemente précisément les périodes et durées des jeûnes et précise les modalités de la communion sous les deux espèces : « On recevra à part le corps du Seigneur et son sang »; la sépulture des morts sera gratuite [11].

Enfin, les articles concernant la lutte contre la violence et la brutalité des mœurs, mouvement que l'Église développe tenacement depuis un siècle [12]. A Charroux, en 989, les évêques d'Aquitaine auxquels s'était joint celui de Limoges, avaient déclaré passible d'anathème quiconque aurait violé une église; quiconque aurait dérobé à des paysans, ou à tout autre pauvre, brebis, bœuf, âne, vache, chèvre, bouc ou porc et si réparation complète n'avait pas été faite; quiconque aurait capturé ou frappé un prêtre, un diacre ou quelque autre clerc.

C'était le début d'un long combat. L'Église prenait sous sa protection tous les désarmés : les pauvres, mais aussi les marchands, les pèlerins, les femmes nobles, poussant ainsi ses racines au cœur de la société civile. Au concile d'Arles (1037-1041), il avait été décidé que la paix devait régner du mercredi soir au lundi matin « entre tous les chrétiens amis ou ennemis, voisins ou étrangers », en mémoire du Christ, de son ascension, de sa passion, de son ensevelissement et de sa résurrection, « en sorte qu'en ces jours nul n'ait à redouter de son ennemi ».

C'était un événement considérable. « Celui qui oserait violer ce décret public, commentait le moine Raoul Glaber, paierait cet attentat de sa vie, ou serait banni de son pays et de la société des chrétiens. Tout le monde convint de donner à cette loi nouvelle le nom de trêve de Dieu [...] et Dieu manifesta plus d'une fois par des exemples terribles qu'il l'avait prise sous sa protection. » Le fondement théologique en fut formulé à Narbonne : « Un chrétien qui tue un autre chrétien répand le sang du Christ. »

N'empêche. Transformer les mœurs de ces hommes en quelque sorte redevenus sauvages – à la façon des animaux domestiques retournés à la forêt – était une entreprise de longue haleine. La loi du plus fort, du plus violent, du moins scrupuleux continue à prévaloir. A preuve, parmi la quantité des exactions, vols, viols, pillages, guérillas et vendettas, coups de main, cet extrait du cartulaire de l'abbaye de la Trinité de Caen : « Après la mort du roi Guillaume (le Conquérant, en 1087), Guillaume comte d'Évreux prit à la Sainte-Trinité à l'abbesse et aux nonnes sept arpents de vigne et deux chevaux et vingt sous de Rouen et les pans de sel à Écrammeville et vingt livres de rente annuelle de Gacé et Bavent. Richard, fils de Herluin, prit les deux manoirs de Tassily et Montbouin. Guillaume le Chambellan, fils de Roger de Candos, prit le trithe de Hainoville. Guillaume Baivel prit vingt bœufs qu'il avait saisis à Auberville. Roger de Bonebos pilla le même manoir... » Etc. Dans la liste des agresseurs – pas moins de trente barons et chevaliers – figure Henry, le troisième fils du roi défunt, dont les nonnes se plaignent par ailleurs qu'il a imposé de nouveaux péages dans tout le Cotentin et contraint les hommes dépendant de la Sainte-Trinité à travailler aux chantiers des châteaux de ses vassaux [13]...

A Clermont, cette fois encore, les principes de la trêve de Dieu sont solennellement réaffirmés. Et même, le concile les étend : tout chrétien devra désormais s'y soumettre à partir de l'âge de douze ans ! L'interdiction de se battre concerne tout le Carême, tout l'Avent jusqu'à l'octave de l'Épiphanie, toutes les fêtes de Notre-Seigneur et d'une façon générale, comme dit un résumé en langue profane, « dès mercredi soleil couchant tresqu'à lundi soleil levant ». Interdiction est faite en tout temps de s'en prendre aux moines, aux clercs et aux religieuses (sous peine d'anathème), aux femmes, aux pèlerins, aux marchands, aux domestiques, aux bœufs, aux chevaux de labour et aux laboureurs, aux bergers et à leurs troupeaux. L'immunité dont jouissent théoriquement tous les poursuivis quand ils arrivent dans une église ou simplement sur un parvis est, elle aussi, étendue aux croix des chemins : il suffit de s'y accrocher pour être sous la protection de celui qu'elles représentent, et dont les prêcheurs ne manquent pas une occasion de rappeler qu'il a donné sa vie pour nous et que tous nos manquements ajoutent à sa souffrance.

Le pape n'ignore pas le risque qu'il y a à restreindre ainsi l'activité de ces chevaliers brigands qui, dira Bertram de Born un siècle plus tard, « ne trouvent point plaisir à la paix ». Ces rançonneurs, ces étripeurs, ces bagarreurs presque tous excommuniables, trousseurs et détrousseurs dont les passe-temps sont le feu et le sang, les grands coups de masse écrabouilleurs et les retours « à grant esperonnée », avec dépouilles et prises de guerre, on étouffe, on étrangle leur vitalité, leur façon d'être.

Mais l'Église, justement, a un projet qui les concerne. Le dixième jour du concile, le 27 novembre, est réservé à la séance publique.

... *Tant i ot de gens, de petis et de haus* (7) qu'il faut quitter la cathédrale pour descendre la rue du Port et passer la porte Champ-Herm. L'interminable cortège des prélats, des abbés et des clercs gagne gravement un vaste emplacement découvert, en pente douce vers la plaine de Montferrand (8), où la foule déjà s'est installée :
Tous se furent assis sor l'erbe.

Le pape, entouré de sa garde bolognaise, prend place sur une estrade. Le moment venu,
L'apostoles se dresce en pies
et là, debout, dominant cette foule – dix mille personnes, vingt mille ? – il prononce les paroles qui vont bouleverser l'histoire de l'Occident.

Il dit que les chrétiens d'Orient appellent au secours, et qu'il est urgent d'aller repousser ces Turcs qui sont aux portes de Constantinople... Ils ravagent les églises... Ils circoncisent les baptisés et leur percent le ventre pour en dérouler les boyaux... Ils souillent les femmes...

Urbain s'exprime en langue romane pour être compris du plus grand nombre. La nécessité de parler haut et loin lui interdit sans doute le style redondant et les longues périodes que lui prêtent les chroniqueurs (9).

Il dit qu'il y a plus grave encore... Que la Terre Sainte elle-même est aux mains des Infidèles... Que Jérusalem, oui, Jérusalem est captive et appelle pour sa délivrance... Jusqu'au Saint Sépulcre qui est déshonoré par les pratiques infâmes de ces sans-Dieu...

Le sort des chrétiens d'Orient ne suffirait vraisemblablement pas à faire se dresser la foule assemblée là. Mais la Terre Sainte, notre Terre Sainte, où Jésus est né, a souffert et est mort, ce n'est plus la même chose :

Jherusalem ont pris la pute gent haïe!

II

LE NOMBRIL DE LA TERRE

Foulque le Noir – Golgotha – Le baiser au lépreux – La maison d'Adam et Ève – Bénigne astuce – Hakim – Un grand crucifix – Les juifs d'Orléans – Mille ans! – Grant foison – Le jour où... – Gunther, évêque de Bamberg – Un nœud coulant – Délivrance

L'homme est couché sur une claie, la face vers la terre, la corde au cou, le dos nu, et on le frappe, on le frappe, on le frappe tandis que des valets tirent la claie par les ruelles. « Seigneur, crie l'homme, Seigneur ayez pitié! Ayez pitié d'un chrétien parjure et fugitif! » La foule ne perd pas un coup, pas un cri, pas une plaie. Les musulmans rient et se moquent, les chrétiens se signent, le cœur serré. L'homme, là, sur la claie, le dos en sang dans un nuage de mouches, ils savent que c'est un pénitent, Foulque Nerra, Foulque le Noir, le puissant comte d'Anjou venu faire son salut après trop de sombres chevauchées, de guerres, d'incendies, de pillages pour le plaisir et pour le butin. A la bataille de Coquereuil, il a tué de sa main le duc de Bretagne Conan. Il a jeté au cachot son propre frère. Il est ambitieux, violent jusqu'au crime, cupide, cruel.

Un jour, pourtant, éperdu de remords et d'angoisse, frappé de terreur, il a pris la route de Jérusalem pour demander pardon à Dieu là-même où le Christ a payé de sa souffrance et de sa mort les péchés des hommes.

En 1009, quand il se présente en Terre Sainte, Foulque n'est pas le premier, loin de là. Dès le IIIᵉ siècle, en dépit des péages, des vexations, des difficultés de tous ordres, les chrétiens ont commencé à visiter la grotte de Bethléem, le Golgotha, le mont des Oliviers. Hélène, la mère de l'empereur Constantin a alors trouvé la Sainte Croix et les reliques de la Passion : à l'endroit même fut construite la première église du Saint Sépulcre, qui devint aussitôt le plus saint des sanctuaires de la chrétienté. Quand surgit l'islam, les musulmans respectèrent les communautés religieuses du Livre, chacune étant autonome et administrée par un chef religieux responsable devant le calife. Les chrétiens étaient autorisés à construire leurs églises à seule condition que les clochers s'élèvent moins haut que les minarets des mosquées.

Les Abassides remplacèrent les Omeyyades à Bagdad et à Damas sans rien changer d'essentiel aux relations entre musulmans et chrétiens : « Ils sont justes et ne nous font ni tort ni violence » pouvait écrire le patriarche de Jérusalem Théodose. On se rappelle les ambassades échangées à la fin du VIIIe siècle par Charlemagne et le calife Haroun al-Rachid. Dans l'esprit, le traité qu'ils établirent semblait accorder au roi d'Occident un véritable protectorat sur les Lieux Saints et, en tout cas, en garantissait la liberté d'accès.

A cette époque, le pèlerinage de Jérusalem, de Rome ou de Compostelle devient une pénitence canonique infligée pour des crimes et délits qui sont autant de péchés mortels. Tout est religion. Seuls feront partie de la société des élus ceux qui se seront mis en règle avec la société des humains, c'est-à-dire avec l'autorité qui la régit : l'Église. Hors de l'Église, point de salut.

Ainsi le puissant seigneur de Bretagne Frotmond. Il a tué son oncle et le plus jeune de ses frères. Il se présente devant le roi et les évêques assemblés. Il est disposé à expier ses crimes. Le tribunal lui ordonne d'aller parcourir les Lieux Saints, le front marqué de cendres, le corps couvert d'un douloureux cilice.

Frotmond part donc pour la Palestine, accompagné de ses complices et de ses serviteurs. Il gagne Jérusalem, puis s'enfonce dans le désert jusqu'au mont Sinaï, atteint le Nil, traverse l'Afrique du Nord jusqu'à Carthage. Pensant peut-être en avoir assez fait, il se rend à Rome et se présente au pape. Mais celui-ci, Benoît II, le renvoie à Jérusalem.

Voici Frotmond à nouveau en Palestine, puis dans le Sinaï, où il passe trois ans. Il se rend ensuite en Arménie, escalade la montagne où s'est échouée l'arche de Noé. Enfin de retour en Occident, il est déclaré absous. On l'accueille alors comme un saint. Et il va s'enclore au monastère de Redon, où il attend la mort pardonné et en paix [14].

Errer, terrible pénitence. Comme erra Caïn l'assassin de son frère, en avons-nous ainsi parcouru des chemins et des chemins, portant les insignes de notre péché, afin que tous sachent qui nous étions, allant parmi les épreuves vers notre pardon. Expier était notre seule chance de salut, à nous qu'on ne laissait même plus entrer dans les églises et qui devions nous entasser dans le narthex pour regarder vivre l'assemblée des fidèles. L'église était le cœur vivant, battant, de la communauté, maison de Dieu et maison des gens; les enfants y couraient, les malades y gisaient dans des litières d'herbes sèches, les voyageurs y racontaient les pays, les marchands y topaient des affaires, il était rare qu'on n'y trouvât pas quelque nouvelle à rapporter chez nous et qui nous ferait la soirée; c'est là que s'élaborait la chronique de nos jours, que prenaient forme nos souvenirs et nos projets; c'est là enfin et surtout que nous étions, comme nos anciens dans la forêt sacrée, au contact de cet ineffable qui réglait nos destinées. Les chiens s'y promenaient, et même parfois les porcs, mais nous, les pêcheurs, en étions exclus! On nous repoussait dans les ténèbres, impurs que nous étions; il arrivait même qu'on nous lavât les pieds, et nous comprenions que c'était la plus extrême charité, comme le baiser au lépreux.

Ceux d'entre nous qu'on envoyait sur les chemins,

emplis de repentance, y retrouvaient des pénitents venus
d'ailleurs, des pèlerins, de simples voyageurs épris de sainteté
ou des quéreurs d'aventures. Nous avions en commun cet
inlassable désir, cette impatience : Jérusalem.

Nous savions que là s'est accompli le plus haut mystère
de l'humanité. Quand nous arriverions, nous aurions le
privilège de regarder les paysages que Jésus lui-même avait
vus de ses yeux, nous marcherions dans les ornières mêmes où
il avait mis ses pas, nous irions baiser le sol de la Terre Sainte
à Cana, au puits de la Samaritaine, à Emmaüs, au mont de la
Tentation, nous entrerions dans le Jourdain et nous coupe-
rions sur ses rives une palme que nous rapporterions. Nous
passerions à Jéricho, oasis dans ce pays de poussière ocre et
blanche, à Nazareth, à Hébron, près de l'endroit où se
trouvait le paradis terrestre et où des guides font paraît-il
visiter la maison d'Adam et Ève.

Mais surtout, surtout, nous irions au Saint-Sépulcre,
nous baiserions la pierre du tombeau, la laverions de nos
larmes – n'est-ce pas là qu'un homme a vaincu la mort ?
n'est-ce pas là qu'à son exemple nous gagnerions la vie
éternelle ? Nous jeûnerions, prierions, distribuerions jusqu'à
nos derniers biens. Alors, délivrés, pardonnés, nous pourrions
réintégrer la communauté des vivants. A moins, comme
beaucoup d'entre nous le souhaitaient, de mourir là, sur
place, d'émotion ou de fatigue, et de gagner ainsi par le plus
court chemin la droite du Père. Ô Jérusalem !

Ainsi Foulque le Noir, au terme de sa rude pénitence, se
présente-t-il à l'église du Saint-Sépulcre. Mais les temps ont
changé, et les musulmans lui en refusent l'entrée. Il leur
promet en vain « grant somme d'or », racontera au XIVe siècle
la chronique de la famille d'Anjou. Il n'entrerait pas, disent
les gardiens, « s'il ne juroit de pisser et faire son urine sur le
sépulcre de son Dieu ». Le comte accepte la condition.

Rendez-vous est pris pour le lendemain. Foulque a évidemment imaginé « une sainte et bénigne astuce » : « Au lendmain matin, print une petite fiole de verre assez platte, laquelle il remplit de pure, nette et redolente eaue de rose (ou vin blanc selon l'opinion d'auscuns), et la mit en la braye de ses chausses, et vint vers ceux qui l'enstrée lui avaient promise ; et après avoir payé telles sommes que les pervers infidelles lui demandèrent, fut mis au vénérable de lui tant désiré lieu du Saint Sépulcre, auquel Notre Seigneur après sa triumphante passion reposa, et lui fut dist que accomplist sa promesse, ou que on le mettrait dehors. Alors le comte, soy disant prêt de ce faire, destacha une esguillette de sa braye, et feignant pisser épandit de cette claire et pure eaue rose sur le sainct sépulcre ; de quoi les payens cuidant pour vrai qu'il eut pissé dessus, se prirent à rire et à moquer, disant l'avoir trompé et abusé ; mais le dévôt comte d'Anjou ne songeoit en leurs moqueries, estant en grands pleurs et larmes prosterné sur le Sainct Sépulcre. »

A ce moment même, Foulque Nerra est pardonné de ses péchés. La preuve ? « Adonc s'approche le comte pour ce Saint Sépulcre baiser, et lors la clémence divine montra bien qu'elle avoit le bon zèle du comte pour agréable, car la pierre du Sépulcre, qui dure et solide estoit, au baiser du comte devint molle et flexible comme cyre chauffée au feu. Si mordit le comte dedans et en apporta une grande pièce à la bouche, sans que les infidelles s'en aperçussent, et puis après tout à son aise visita les autres saincts lieux [15]. »

Foulque a d'autant plus de chance que vient d'arriver au pouvoir un certain Hakim. Fils d'une mère chrétienne, lui-même élevé dans un environnement chrétien, le nouveau calife réagit brutalement, à partir de l'an 1004, contre les chrétiens, promulgue décret sur décret, confisque les biens de l'Église, fait brûler les croix, puis les églises elles-mêmes. Il contraint les chrétiens à porter au cou une croix de cuivre de dix livres, les Juifs un billot de bois représentant une tête de

veau. Le Saint Sépulcre, qu'on appelle en arabe Kanisat
al-Qiyâma, l'église de la Résurrection, devient alors par
dérision Kanisat al-Qumâma, l'église du dépôt d'ordures. Et
en 1009, Hakim la fait raser, prenant prétexte d'un feu sacré
qui se manifeste le samedi saint et qui selon lui ne peut
qu'être le produit de quelque stratagème impie (10) [16].

En moins de dix ans, « près de trente mille églises » sont
brûlées ou pillées, et de nombreux chrétiens ne sauvent leur
vie qu'en abjurant et en se faisant mahométans. En 1013,
Hakim, pour complaire à l'empereur d'Orient, consent à
laisser émigrer en terre de Byzance les chrétiens qui le
désirent, mais les persécutions se poursuivent, contre les Juifs
aussi bien que contre les chrétiens jusqu'en 1016, année où le
calife, maintenant convaincu qu'il est lui-même d'essence
divine, fait proclamer sa divinité par son ami Darazi; il
interdit aux musulmans le jeûne du Ramadan et le pèlerinage
de La Mecque.

L'exaspération des fidèles est à son comble quand
Hakim impose que, dans le service des mosquées, son nom
soit substitué à celui d'Allah. Contre les musulmans ortho-
doxes, il recherche alors les bonnes grâces des chrétiens et des
Juifs. Les apostats retournent à leur religion, les biens
confisqués sont rendus. En Palestine, c'est bientôt le chaos,
Hakim disparaît (11) et les Fatimides reviennent. L'empereur d'Orient obtient l'autorisation de faire reconstruire le
Saint Sépulcre, mais la destruction du temple le plus sacré de
la chrétienté n'est pas resté sans écho en Occident.

« En ce temps-là, écrivait Adhémar de Chabannes de ces
années 1030, se montrèrent des signes dans les astres, des
sécheresses désastreuses, des pluies excessives, des épidémies,
des famines épouvantables, de nombreuses éclipses de soleil et
de lune [...]. Et le moine Adhémar [...] s'étant réveillé au cours
de la nuit et regardant les astres au dehors vit, dans la partie
australe du ciel, comme planté dans le haut, un grand crucifix
avec l'image du Seigneur pendu à la croix et répandant un

abondant fleuve de larmes. [...] Il vit cette croix et l'image du
crucifié, couleur de feu et de sang, pendant toute la moitié
d'une nuit, puis le ciel se referma [17]... »

Le ciel se referma, mais les chrétiens d'Occident
accusèrent les Juifs de tous ces maux et tuèrent ou forcèrent à
se convertir ceux dont ils purent se saisir : il était clair pour
eux que le diable les employait contre Dieu et contre ses
enfants. Ceux d'Orléans, pour se venger, payèrent un
vagabond pour qu'il aille porter une lettre au sultan des
infidèles, lui demandant de raser jusqu'au sol la basilique du
sépulcre du Seigneur.

Vingt ans plus tard, Raoul Glaber reprend l'histoire de
la destruction du Saint Sépulcre : « On sut, à n'en pas pouvoir
douter, qu'il fallait imputer cette calamité à la méchanceté des
Juifs. » En effet, explique-t-il, les Juifs d'Orléans, « plus
envieux, plus superbes, plus audacieux encore que le reste de
leur nation », avaient décidé d'envoyer en secret, par l'intermédiaire d'un vagabond nommé Robert, une lettre au prince
de Babylone, l'avertissant d'avoir à raser le sépulcre sous
peine de voir les chrétiens submerger son royaume et s'en
emparer.

Le Saint Sépulcre avait donc été détruit. Quand, poursuit
Raoul Glaber, le secret des Juifs « fut divulgué dans l'univers,
tous les chrétiens décidèrent d'un commun accord qu'ils
expulseraient de leur territoire et de leurs villes tous les Juifs
jusqu'au dernier. Ils devinrent donc l'objet de l'exécration
universelle. Les uns furent chassés des villes, d'autres
massacrés par le fer, ou précipités dans les flots, ou livrés à des
supplices divers. D'autres enfin se dévouèrent d'eux-mêmes à
une mort volontaire, de sorte qu'après la juste vengeance
exercée contre eux, on en comptait à peine quelques-uns
encore dans le monde romain ». Le vagabond Robert, revenu à
Orléans, fut pris, battu de verges jusqu'à ce qu'il avoue son
crime : « Les ministres du roi l'entraînèrent hors de la ville et
là, à la vue de tout le peuple, le livrèrent aux flammes où il fut

consumé. » Bien sûr, les Juifs revinrent dans les villes, mais c'est qu' « il faut qu'il en subsiste toujours quelques-uns sur la terre pour fournir le vivant témoignage de leur propre honte et du crime par lequel ils ont répandu le sang divin du Christ. [18] ».

Les récits d'Adhémar de Chabannes et de Raoul Glaber peuvent différer dans les détails, l'important c'est qu'ils lient les Juifs à nos malheurs, l'important c'est aussi qu'ils rapportent tous deux l'impuissance des païens à briser l'intérieur du Saint Sépulcre « même avec des marteaux de fer », dit Raoul Glaber ; même « en y allumant un grand feu », précise Adhémar de Chabannes, qui ajoute que le rocher sur lequel est construite l'église « resta immuable et dur comme un diamant ».

Hakim disparu, Robert et les Juifs ayant payé, l'église enfin reconstruite, le pèlerinage reprit, d'autant plus fréquenté que le roi de Hongrie venait de se convertir avec son peuple, ménageant aux voyageurs de Jérusalem une route plus sûre que l'habituel chemin des détroits. « Une innombrable multitude, écrit Raoul Glaber, tant de nobles que de gens du peuple » se mit en route vers l'Orient. Parmi eux, on trouve en 1026 Guillaume Taillefer, comte d'Angoulême, qui part avec Eudes de Bourges et quelques abbés. Il est magnifiquement reçu par le roi de Hongrie Étienne, qu'il quitte le 1er octobre pour arriver à Jérusalem en mars et être de retour chez lui en juin. Accueilli avec les plus grands honneurs, il devient un modèle qu'on s'efforce d'imiter. Les évêques de Poitiers et de Limoges partent à leur tour. Le terrible comte d'Anjou Foulque Nerra se met en chemin pour la deuxième fois, vingt ans après son premier voyage – sans doute en a-t-il à nouveau gros à se faire pardonner...

Puis arrive 1033, date attendue, mille ans juste après la passion et la mort du Christ. Mille ans, au bout desquels les temps vont s'accomplir. Alors, dit l'Apocalypse, Satan sera relâché de sa prison. Alors, disent des prêcheurs de plein vent, l'Antéchrist campera sur le mont des Oliviers et il faudra marcher contre Gog et Magog – leur nombre est comme le sable de la mer. Alors, disent d'autres, commencera le Pèsement des Ames, et tout sera placé dans les plateaux du Bien et du Mal, et ceux qu'on n'inscrira pas dans le livre de vie seront jetés dans le gouffre sans fond ni fin...

L'image confuse que formaient en nous les mots magiques – *mille ans !* – est faite de toutes les visions, de toutes les terreurs, de toutes les revanches, de toutes les émotions humaines. Mille ans, pour nous, c'était la clef qui allait nous ouvrir un autre monde, un nouveau temps. « Puis, dit saint Jean, je vis un nouveau ciel et une nouvelle terre; car le premier ciel et la première terre avaient disparu, et la mer n'était plus. Et je vis descendre du ciel, d'auprès de Dieu, la ville sainte, la nouvelle Jérusalem, belle comme une épouse qui s'est parée pour son époux. »

Les puissantes images des Écritures étaient pour nous paroles d'Évangile. Quand nous étions assemblés et qu'une voix savait nous toucher juste, nous sentions en nous une sorte de remuement, une vague profonde nous submergeait, nous n'étions plus qu'un sanglot, qu'une émotion – et quelle contagion! Ah! il ne s'agissait plus alors de monter au ciel un à un par la roide échelle des vertus au jour le jour! Là, tous ensemble, d'une poussée, d'une course en criant, nous irions au-devant des légions du Malin et les renverserions puisque le temps en était venu et que Dieu le voulait.

Au bout du chemin, au bout de notre élan, Jérusalem, à la jonction exacte et mystérieuse de la Terre et du Ciel, du visible et de l'invisible, de l'humain et du divin. Ce tombeau vide qui nous attendait au Saint Sépulcre était la meilleure preuve que nos os ne tomberaient pas en vaine poussière. La mort n'était qu'un passage vers la vie éternelle.

Raoul Glaber note que vers 1033 « une foule innombrable se mit à converger du monde entier vers le sépulcre du Sauveur à Jérusalem; personne auparavant n'aurait pu prévoir une telle affluence. Ce furent d'abord les gens des classes inférieures, puis ceux du moyen peuple, puis tous les plus grands rois, comtes, marquis, prélats; enfin, ce qui n'était jamais arrivé, beaucoup de femmes, les plus nobles avec les plus pauvres, se rendirent là-bas. La plupart avaient le désir de mourir avant de retourner dans leur pays ». Sans doute, dit-il, tous ne partent pas pour de bonnes raisons, mais les avis les plus autorisés voyaient dans « cette affluence telle que nul siècle passé n'en avait vu de semblable » le présage de la fin du monde et la venue de l'Antéchrist : « Toutes ces nations aplanissaient la route de l'Orient par où il doit arriver, puisque toutes les nations doivent alors marcher tout droit à sa rencontre [19]. »

La chronique garde trace du voyage de Harald le Sévère, futur roi de Norvège et beau-frère du roi de France (12). Autre pèlerin de marque : Robert le Diable, dit aussi le Magnifique, duc de Normandie, père du futur Guillaume le Conquérant; accusé d'avoir empoisonné son frère Richard, il part « tout nu pied et en lange », accompagné de « grant foison de chevaliers, de barons et autres gens ». A Jérusalem, il acquitte le tribut d'une pièce d'or pour une foule de pèlerins démunis qui attendent aux portes de la ville l'arrivée d'un riche qui puisse payer pour eux. Il meurt sur le chemin de retour, à Nicée, en regrettant de n'avoir pu finir ses jours en Terre Sainte.

En 1052, un cousin du roi de Danemark, Svein Godvinsson, parti lui aussi pieds nus à Jérusalem en expiation du meurtre du jarl Björn, meurt de froid en Asie mineure [20].

Au milieu du siècle, les musulmans interdisent aux Occidentaux l'entrée du Saint Sépulcre et chassent trois cents chrétiens de Jérusalem. L'empereur byzantin décide de son côté de lever désormais à ses frontières une taxe sur les pèlerins en transit et une autre sur leurs chevaux.

En 1054, l'évêque de Cambrai Lietbert part vers

l'Orient avec de nombreux compagnons. Rançonné par le catapan de Chypre, il gagne comme il peut Laodicée, où il rencontre, lui sur son chemin de retour, l'évêque de Laon Hélinand en compagnie de chrétiens chassés de Terre Sainte. Hélinand fait à Lietbert un tel tableau des difficultés qui l'attendent que l'évêque de Cambrai décide de rebrousser chemin (13). A Cologne, il voit le pape Victor II, lui conte son calamiteux voyage. Le pape écrit à l'impératrice Théodora, fille de Basile II, pour lui demander de faire cesser les exactions dont les pèlerins sont victimes aux frontières et sur le sol de l'empire. Mais Théodora meurt cette même année, dernière de sa dynastie, laissant des clans nouveaux s'opposer dans la lutte pour le trône de Constantinople.

Le retour de pèlerins déçus, blessés ou ruinés n'empêche pas les nouveaux départs. L'an 1065 est une nouvelle ouverture pour la fin du monde : cette année-là, le vendredi saint tombera le 25 mars, fête de l'Annonciation, bouclant en quelque sorte la boucle de la vie du Christ et, disait-on en Lorraine et en Allemagne notamment, scellant le destin du monde. Un autre courant traditionnel faisait du 27 mars la date historique de la résurrection du Christ; or le jour où la fête de Pâques tomberait un 27 mars...

Pour des raisons que nous ignorons, mais dont les préoccupations politiques ne semblent pas exclues, l'évêque de Bambert Gunther et l'archevêque de Cologne Siegfried organisent une expédition vers Jérusalem. Deux autres prélats au moins les rejoignent, les évêques d'Utrecht et de Ratisbonne, et aussi des princes, des chevaliers et une foule de gens de toutes conditions : au moins sept mille personnes. Le bagage est d'autant plus considérable que le déplacement se veut ostentatoire : services et vaisselles luxueux, draperies de grande valeur, coffres d'argent chargés sur des chevaux et des mules. Mais on n'emportera pas d'armes [21].

Le départ se fait en novembre 1064 : reste un peu moins de cinq mois pour atteindre Jérusalem avant la fin du carême.

Le convoi superbe traverse la Hongrie sans encombre, passe en Bulgarie où un nuage de bandits et de voleurs commence à le harceler. A Constantinople, épisode imprévisible, l'exceptionnelle prestance de Gunther, l'évêque de Bamberg, frappe vivement les Grecs. On le soupçonne d'être un empereur déguisé en évêque pour pouvoir traverser les territoires musulmans. Il est l'objet d'une telle curiosité qu'il doit plusieurs fois par jour sortir de son logis pour s'exposer publiquement. Plus jeune que les autres prélats, il les dépasse pourtant en autorité et en sagesse ; c'est lui le véritable chef de l'expédition.

En Asie, malgré de nouvelles et incessantes attaques, les pèlerins allemands parviennent à gagner la Cilicie, puis Laodicée, avant-poste byzantin en Syrie. Là Gunther écrit à ses amis : il ne doute pas que d'autres épreuves les attendent ; mais malgré les avertissements, dit-il, leur décision est prise de continuer leur chemin, et par l'itinéraire prévu. De toute façon, ils n'attendront pas la fin du monde à Laodicée...

Tripoli. Un gouverneur décrète que tous les pèlerins seront passés au fil de l'épée. Mais ils sont sauvés par un orage, si violent et si long – plusieurs jours – qu'on ne peut y voir que la main de Dieu : le gouverneur de Tripoli laisse partir les Allemands et leur trésor.

Césarée. On est le jeudi saint 24 mars, à deux jours de marche de Jérusalem, à trois jours du grand rendez-vous. Allégresse, angoisse, ferveur.

Vendredi saint, 25 mars, jour anniversaire de la mort du Christ. On vient de passer un village de pierre nommé Capharsala. Soudain, une troupe en armes encercle les pèlerins : tout ce que la Palestine compte de guerriers errants, de pillards, de bédouins dissidents s'est pour l'occasion uni.

Faut-il se battre ? Et un vendredi saint ? N'avions-nous pas remis notre sort aux mains de Dieu ? Mieux vaut mourir en martyrs que de perdre son âme à quelques heures du jugement. Les premières charges des bédouins trouvent des pèlerins à genoux qui n'esquissent pas le moindre geste de résistance. L'évêque d'Utrecht est parmi les premiers morts, aussitôt dépouillé et laissé nu sur le terrain. Les survivants prennent le chemin de Ramleh.

Pendant ce temps, un autre groupe s'est replié vers le village laissé juste derrière, Capharsala. Sans doute s'agit-il de protéger les trésors destinés à glorifier Dieu. Ils découvrent une sorte de villa fortifiée, avec deux tours. Mais l'accès en est si étroit que les montures chargées des vivres ne peuvent passer. On ne parvient à sauver, dans la panique et la bousculade, que les coffres d'argent, la vaisselle, les vases sacrés, les draperies d'apparat. Les pillards se jettent sur le reste et se le partagent.

Les pèlerins s'installent comme ils peuvent. Les bédouins maintenant se préparent à donner l'assaut, criblent la villa de flèches et de javelots dont les assiégés s'emparent aussitôt. C'est comme si Dieu lui-même donnait des armes à ses serviteurs aux mains nues – les bédouins ne franchiront pas les défenses.

Siège. Le jour passe, puis la nuit, puis un autre jour, puis une autre nuit. Les pèlerins ont supporté la fatigue, la faim, le harcèlement, les manœuvres d'intimidation, et voici le dimanche de Pâques. La fin du monde n'est pas encore venue.

Les évêques font savoir par un interprète qu'ils sont prêts à négocier une reddition. Le chef des assiégeants se présente, accompagné des principaux cheikhs. Gunther, l'évêque de Bamberg, a fait tendre les tapisseries et les riches draperies au premier étage où, avec l'archevêque de Cologne, il reçoit assis les chefs bédouins et commence par poser des conditions.

Le bédouin, furieux, pour bien faire comprendre que c'est lui le vainqueur, déroule son chèche, y fait un nœud coulant et le passe au cou de Gunther : comme il tient l'évêque, dit-il, il tient tous les pèlerins en son pouvoir et en fera ce qu'il lui plaira.

Dès que l'interprète a fini de traduire, Gunther l'évêque se lève de son siège et abat le cheikh d'un coup de poing : ce n'est pas lui qui a été insulté et enchaîné mais, à travers lui, serviteur du Christ, le Christ lui-même. Et cette cause-là, aux yeux de tous, il est fondé à la défendre par la force et même par la ruse.

Il ne fait pas de doute que le coup a été monté. Car tandis que l'évêque de Bamberg pose son pied sur la gorge du bédouin terrassé, tous les autres cheikhs sont désarmés en même temps, entravés et menés aux points les plus exposés du rempart, chacun ayant derrière lui un chrétien l'arme à la main.

La situation se dénouera avant que se termine ce dimanche de Pâques 1065. Les premiers pèlerins dépouillés le matin avaient gagné Ramleh, siège du gouvernement local. L'émir, averti que des irréguliers chassaient sur ses terres, s'était mis en route. Prévenus eux aussi, les bédouins se débandent...

Contraints par l'émir de rester quinze jours à Ramleh, les pèlerins allemands arrivent finalement à Jérusalem le 12 avril. Ils y passent treize jours en dévotions et pieux rituels puis prennent le chemin du retour. Gunther est malade, épuisé. Sur la rive du Danube, il tombe à genoux et remercie Dieu de l'avoir mené si loin. Il arrive pourtant encore jusqu'à Oedenburg. Là, il se confesse aux trois autres évêques et reçoit les derniers sacrements. Il meurt le mercredi 23 juillet 1065, neuf mois après avoir quitté Bamberg. Des sept mille pèlerins du départ, moins de deux mille reviennent. Les cinq mille autres, morts sur le chemin de Jérusalem, sont bénis à jamais, et sauvés. Nous ne savons pas leurs noms, mais quand nous prendrons à notre tour la route pour arracher une bonne fois le Saint Sépulcre à « la maisnie Judas », ils seront nos guides et nos compagnons.

A Clermont, le pape Urbain II n'a pas besoin de parler
longtemps de l'Orient pour que renaisse en nous le désir de
Jérusalem. C'était comme si nous attendions depuis longtemps. Sa délivrance sera notre délivrance.

III

DIEU LE VEUT!

Paradis et honour – Cri de guerre – *Confiteor* – Un statut juridique – Noël à Limoges – Une grande rumeur – Ceux qui – Le lait et le miel – Mot de passe – Des lettres apocryphes – Gauthier, vois-tu ces signes ? – Petit-Pierre – Sept brebis pour cinq deniers – Le prix d'un haubert – Les Juifs paieront – Les fils des sacrificateurs – Outres à vin – On aurait dit des fleuves – Le comte Émich – Massacre

« Et qui, demande le pape Urbain du haut de son estrade, et qui va chasser ces impies, leur arracher ce qu'ils nous ont pris et qu'ils souillent, qui, sinon vous ?... Que rien ne vous retienne, pas même l'amour que vous portez à vos enfants, à vos parents, à vos femmes... Rappelez-vous ce que dit le Seigneur dans son Évangile : Celui qui aime son père et sa mère plus que moi n'est pas digne de moi... Il dit aussi que celui qui quittera tout pour le suivre aura pour héritage la vie éternelle...

« C'est pourquoi je vous conjure, non en mon nom, mais au nom du Seigneur, de convaincre les Francs de tout rang, les gens de pied comme les chevaliers, les pauvres et les riches, de partir au secours des fidèles du Christ et de rejeter au loin la race des infidèles... Cela, je le dis à ceux qui sont ici, et je vais le mander aux absents, mais c'est le Christ qui l'ordonne [22] ! »

Il s'adresse maintenant aux chevaliers. Il répète que c'est à nous que revient l'honneur et la gloire de relever Jérusalem, et ajoute que Dieu marchera devant nous, qu'il sera notre éclaireur et notre porte-étendard. Au lieu de nous déchirer entre voisins, nous qui aimons tant la guerre, partons donc livrer un juste et beau combat, dit-il, une guerre vraiment sainte... L'épée que nous avons reçu de Dieu et que nous ne devons lever que pour une cause pure, une querelle légitime et une nécessité impérieuse, c'est vrai que nous l'avons trop souvent souillée en vaines querelles, en rapines. Comme le vassal doit remplir son obligation de service armé à l'appel de son suzerain, voici que nous devons partir reprendre aux païens le fief de Dieu... *A tort unt ses fieuz saisiz...*

A tort ils ont saisi ses fiefs
Il est juste que nous en ayons douleur
Car c'est là que Dieu fut d'abord servi
Et reconnu pour Seigneur [23].

Cette guerre-là n'offensera pas Dieu ; au contraire, elle lui sera agréable et nous vaudra, au lieu de réprimandes et de pénitences, d'inégalables récompenses. Qui ne serait prêt à partir « *là où on conkiert paradis et honour* [24] » ?

« Dieu vous a accordé, dit le pape, l'insigne gloire des armes. Prenez donc la route, et vos péchés vous seront remis. Partez assurés de la gloire impérissable qui vous attend dans le royaume des cieux... Ceux qui partiront pour cette guerre sainte, s'ils perdent la vie, que ce soit en chemin ou en combattant les idolâtres, tous leurs péchés leur seront remis sur-le-champ. Cette faveur exceptionnelle, je la leur accorde en vertu de l'autorité dont je suis investi par Dieu même... N'hésitez plus, ne tardez pas, partez délivrer le tombeau du Seigneur pour le salut de vos âmes ! »

« Dieu le veut ! » crie quelqu'un. C'est vrai que Dieu le veut, et bouleversé, les larmes aux yeux, j'entends mes voisins reprendre, chacun dans sa langue : « Deus le volt ! Deus vult ! Diex le viaut ! » Et ma voix se jette dans la voix formidable : « Dieu le veut ! Dieu le veut ! »

Robert le Moine se rappellera comment le pape a étendu la main pour demander le silence :

– « Frères très chers, dit-il, seul Dieu a pu vous inspirer ces mots, qu'ils soient donc dans le combat votre cri de guerre, car ils sont de Dieu. Qu'on n'entende qu'eux dans l'armée du Seigneur : Dieu le veut ! Dieu le veut !

L'émotion est à son comble. Quand le pape peut à nouveau se faire entendre, il annonce que ceux qui font le vœu de partir doivent dès maintenant se marquer, au front ou sur la poitrine, du signe de la croix du Christ ; au moment du départ, ils se coudront la croix dans le dos, entre les épaules, afin que s'accomplisse la parole du Christ : « Celui qui ne prend pas sa croix pour me suivre, celui-là n'est pas digne de moi ! »

On apporte des croix de tissu, et le premier à se présenter pour la recevoir des mains du pape est l'évêque du Puy Adhémar de Monteil – « le visage rayonnant », dit Baudri de Bourgueil. Derrière on se presse, on se bouscule comme s'il ne devait pas y en avoir pour tous. Ferveur, contagion. Fusion brûlante de tous les désirs, de tous les élans en cet instant où l'homme échappe à ses pesanteurs et à ses doutes...

Enfin le cardinal Grégoire récite au nom de tous le *Confiteor*. « Alors tous, se frappant la poitrine, obtinrent l'absolution des fautes qu'ils avaient commises, et après l'absolution la bénédiction, et après la bénédiction, la permission de s'en retourner chez eux. »

Le lendemain et les jours suivants, le pape, l'abbé de Cluny et leurs conseillers précisent les conditions du départ. Il faut faire vite, d'autant qu'un raz de marée de petites gens, tout autour de Clermont, là où la nouvelle est déjà arrivée, est prêt à se mettre aussitôt en chemin :

« Nous n'ordonnons pas, explique le pape, ni ne conseillons ce voyage aux vieillards, aux faibles ou à ceux qui sont impropres aux armes. Que ne prennent pas la route les femmes sans leur mari, leur frère ou leur garant légitime. Les uns et les autres seraient un embarras plutôt qu'un secours. Que les riches aident les pauvres et emmènent avec eux, à leurs frais, des hommes capables de se battre... »

Peu à peu s'élabore un véritable statut juridique du soldat du Christ. Reconnaissable à la croix qu'il porte et qui est le signe de son vœu, il bénéficie d'un certain nombre de privilèges :

– « Quiconque, par seule dévotion, et non pour l'honneur et l'argent, se joindra à l'expédition de libération de l'église de Dieu à Jérusalem pourra tenir ce voyage pour équivalent à toute pénitence. » Il y aura longtemps confusion entre rémission des pénitences et rémission des péchés ; seule la première est promise par le pape, une amnistie générale en somme ; le salut n'étant promis de façon formelle qu'à celui qui mourrait en route ou au combat ;

– durant son absence, ses biens et sa famille passent sous la garde de l'Église : « Le pape frappa d'un terrible anathème tous ceux qui pendant l'espace de trois ans oseraient faire le moindre mal aux femmes, aux enfants, aux propriétés de ceux qui se seraient engagés dans cette entreprise (14). » Personnes et biens sont placés sous la protection générale de l'Église et sous la tutelle particulière des évêques de chaque diocèse : « Nous les déclarons spécialement à l'abri de toute vexation, soit dans leurs biens, soit dans leur personne. Si cependant quelqu'un avait la téméraire audace de les molester, qu'il soit frappé d'excommunication par l'évêque de son diocèse, que cette sentence soit observée par tous jusqu'à ce que ce qui aura été enlevé soit restitué et qu'il ait été satisfait aux dommages par une indemnité convenable » ;

– parmi les autres privilèges, on peut retenir : la suspension des poursuites judiciaires ; la protection physique contre la saisie des biens (qui devront lui être restitués à son retour) ; le droit à l'hospitalité de l'Église ; l'exemption des taxes et péages ; l'immunité.

Comme le pèlerin, le soldat du Christ devient le temps de son voyage un ecclésiastique temporaire soumis au droit canon sous réserve qu'il accomplisse son vœu dont la croix est le signe public d'engagement.

Le vœu est strict. Prononcé dans les formes – un prêtre ou un clerc ne peut par exemple partir qu'avec l'autorisation de son évêque, un moine doit avoir celle de son abbé – il lie envers Dieu et l'Église celui qui l'a formulé. On ne peut en principe en être dispensé qu'à condition de remplacer le pèlerinage par une obligation plus stricte encore. On a coutume de tenir pour nul le vœu d'un fou ou d'un débile; celui d'une prostituée pose d'autres problèmes : si elle accomplit le pèlerinage, elle entraînera des hommes derrière elle pour le plus grand bien de l'expédition, mais les motivations de ceux-ci n'étant pas pures, mieux vaut ne pas laisser la prostituée poursuivre jusqu'en Terre Sainte; comme par ailleurs elle ne pourrait racheter son vœu puisque l'argent qu'elle proposerait en échange serait d'origine impure, il faut considérer que le vœu de croisade d'une prostituée est tout simplement nul.

Pour les autres, celui qui a fait le vœu doit partir.

Dès le lendemain de la dernière séance du concile arrive à Clermont un homme de Raimond de Saint-Gilles : le comte de Toulouse, dit-il, se croise avec enthousiasme. Une telle puissance et une telle richesse au service de l'entreprise : il y a de quoi convaincre les têtes froides et ceux qui hésitaient encore.

L'affaire avait décidément été bien préparée et bien menée, jusqu'à l'intelligente décision de ne pas nommer un prince ou un baron comme chef de l'expédition : ce sera un ecclésiastique, ancien chevalier c'est vrai, le premier à avoir pris la croix, l'évêque du Puy Adhémar de Monteil. Ainsi pense-t-on éviter les jalousies et les querelles de personnes.

Le concile s'est achevé le 27 novembre. Des flots de lettres partent d'Auvergne, datées du 30, détaillant les décisions prises. Le samedi matin 2 décembre, le pape quitte Clermont à cheval pour le monastère de Sauxillanges, près d'Issoire, qu'il atteint le soir même. Le dimanche 3, il est à Brioude, qu'il quitte trois jours plus tard pour Saint-Flour, où meurt son secrétaire et ami le cardinal Jean, évêque de Porto. De là, il se rend à Aurillac, où l'appelle l'abbé Pierre de Cizière. Enfin le jeudi 21, il quitte l'Auvergne et gagne le monastère d'Uzerche en Limousin, qu'il laisse dès le lendemain pour Limoges, où il arrive le 24, à temps pour célébrer les messes de Noël – à la cathédrale, la foule le porte en triomphe. Le lendemain de l'Épiphanie, il est à Charroux, où il consacre le maître-autel de la basilique. Le 14 janvier, il est à Poitiers.

Partout il prêche le départ. De partout il expédie bulles et lettres. Comme celle-ci, adressée aux Flamands :

« L'évêque Urbain, serviteur des serviteurs de Dieu, à l'ensemble des fidèles, tant princes que sujets, demeurant en Flandre, salut, affection et bénédiction apostolique.

« Nous pensons que votre fraternité a déjà appris, par le récit de nombreuses personnes, que la rage des barbares a dévasté, en une déplorable agression, les églises de Dieu en pays d'Orient. Mais surtout, et c'est horrible à dire, la sainte cité du Christ, illustrée par sa passion et sa résurrection, a été réduite, avec ses églises, à un esclavage intolérable. Saisi d'une pieuse compassion au spectacle de cette catastrophe, nous avons visité le pays des Gaules et nous avons pressé la plus grande part des princes et des sujets de ce pays de libérer les églises d'Orient ; nous leur avons imposé, dans un concile en Auvergne, une telle expédition comme rachat de tous leurs péchés, et nous avons établi notre fils bien aimé Adhémar, évêque du Puy, chef de ce voyage et de cette entreprise en nos lieu et place, en sorte que ceux qui décideraient de s'engager dans cette voie obéissent à ses ordres comme s'il s'agissait des nôtres, et qu'ils soient en tout soumis à ce qu'il jugera bon de délier ou de lier concernant cette affaire. Si Dieu inspire à certains de vous un tel engagement, qu'ils sachent qu'il partira, avec l'aide de Dieu, le jour de l'Assomption de la bienheureuse Marie, et qu'ils peuvent se joindre à sa troupe [25]. »

A l'époque où le pape écrit cette lettre, au début de février, plus de deux mois après le concile, la nouvelle a sans aucun doute déjà traversé toutes les forêts et toutes les rivières de Gaule. Depuis des siècles, on n'avait rien entendu d'aussi important.

Guibert de Nogent : « Dès qu'on eut terminé le concile, [...] il s'éleva une grande rumeur dans toutes les provinces de France. [...] D'un coup, les esprits se trouvèrent complètement changés, d'une manière étonnante et même inconcevable, tant elle était inattendue, et tous couraient supplier les évêques et les prêtres de les revêtir du signe de la croix. »

Foucher de Chartres : « Aussitôt que les actes du concile eurent été proclamés dans toutes les provinces, on jura d'un commun accord sous le sceau du serment de respecter la paix qu'on appelle trêve de Dieu. Ensuite, des gens de tout état et en grand nombre, s'acquittant de leur devoir envers le ciel et voulant obtenir la rémission de leurs péchés, s'engagèrent à se rendre partout où on leur ordonnerait d'aller. Quel admirable et doux spectacle c'était pour nous que toutes ces croix brillantes, de soie, d'or, de drap ou de quelque matière que ce fût, que, par l'ordre du pape, les pèlerins, une fois qu'ils avaient fait vœu de partir, cousaient sur l'épaule de leur manteau, de leur robe, de leur tunique. » Des croix, certains s'en font même tatouer au milieu du front, ou dans la chair de l'épaule, et on peut se procurer des drogues pour en raviver la couleur sang.

Cette mobilisation, cette façon qu'ont les gens de « se prêcher les uns les autres », cette adhésion quasi générale à un projet inouï qui parle de départ mais pas de retour, il faut sans doute considérer qu'elles n'ont pu se produire que par la conjonction de l'ensemble des raisons qui, à un moment donné, ont soudain fourni une réponse aveuglante, individuelle autant que collective, à cette vieille et mordante insatisfaction de vivre.

Des raisons économiques, politiques, circonstancielles,

familiales; la séduction des avantages promis, en ce monde et
dans l'autre; la désignation d'un ennemi; l'attente d'un
combat et d'une espérance dont le pape a révélé le nom...
Voilà pourquoi en ces jours-là quittent leur histoire, comme
un escargot quitterait sa coquille, des gens aussi différents
que :

— des cadets de famille belliqueux et sans emploi, prêts à
laisser leurs chevaux, leurs chiens et leurs belles errances
pour aller se tailler un fief en Orient;

— des chevaliers que brime la Trêve de Dieu ou qui ont
tant de pénitences en retard que partir leur est une issue
inespérée;

— des survivants de familles décimées par la peste et le
mal des ardents, qui semble-t-il font des ravages ces années-là
dans le Nord et l'Est de la France; en 1094, on voit des
évêques, revenant de Mayence, traverser un village et s'y
arrêter pour entrer à l'église. Mais celle-ci est jonchée de
cadavres aux membres pourris et noirs. Il y en a tant qu'ils ne
peuvent y pénétrer – en douze semaines, le mal des ardents a
fait plus de huit mille morts à Ratisbonne et en Bavière;

— ceux que frappaient les prodiges de tous genres, pluies
d'étoiles, éclipses, phénomènes divers dont le sens ne laissait
aucun doute : ils étaient signes de Dieu. « On vit soudain de
petits feux tomber du ciel comme des étoiles sur toute
l'Apulie, qui couvrirent toute la surface de la terre. Alors les
peuples de la Gaule, bientôt de toute l'Italie, commencèrent à
marcher vers le tombeau du Seigneur... » Le moine allemand
Ekkehard témoigne aussi : « On avait vu des nuages de sang
partir de l'Occident et de l'Orient, se heurter les uns aux
autres et des faisceaux de flammes briller au Septentrion. » Il
rapporte encore qu'un prêtre vénérable avait vu deux
cavaliers, dont l'un portait une croix, combattre longtemps
dans les airs, la victoire revenant finalement à celui qui
portait la croix. Une autre fois, c'est une cité céleste qui avait
paru dans les airs, vers laquelle convergeaient des armées de

fantassins et de cavaliers. Autant de signes qui secouaient
notre torpeur : quelque chose d'immense s'élaborait;
— ceux qui n'ont jamais connu que la faim — ah! les
années de maigres récoltes, ces bandes d'affamés courant la
forêt ou s'entretuant aux portes des monastères bien avant
l'heure de l'aumône. Cluny partage avant chaque carême
deux cent cinquante porcs entre les indigents, Saint-Benoît-
sur-Loire nourrit bon an mal an de cinq cents à sept cents
mendiants. On cultive mal, le moindre dérèglement climati-
que est catastrophique, la rareté des denrées provoque leur
enchérissement et les pauvres doivent alors se contenter de
n'importe quoi : rebuts, herbes, viandes avariées, et parfois
sans doute chair humaine. C'est une fatalité : « La faim,
explique l'*Elucidarium,* est l'un des châtiments du péché
originel. L'homme avait été créé pour vivre sans travailler s'il
le désirait. Mais après la chute, il ne put se racheter que par
le travail. Dieu lui a donc imposé la faim pour qu'il travaillât
sous la contrainte de cette nécessité et qu'il pût par là
retourner aux choses éternelles. Quand ils n'ont pas faim, ces
hommes blêmes aux mâchoires édentées, ils ne dorment pas à
l'idée de la prochaine famine. Et voici qu'on leur demande de
partir au pays où coulent le lait et le miel;
— ceux que le statut particulier du pèlerin intègre d'un
coup à cette religion dont le culte était devenu l'apanage des
seuls clercs : comment pouvons-nous participer quand le
prêtre nous tourne le dos pour célébrer la messe, quand il
parle en latin, quand la technique du chant grégorien nous est
étrangère ? Ne nous restait, comme relation avec Dieu, que
des liens en quelque sorte magiques, quelques formules
conjuratoires, quelques gestes rituels; nous étions friands de
bénédictions, d'exorcismes, nous apprenions à joindre les
mains et à baisser le front, mais la religion, la vraie restait au
pouvoir des tonsurés, moines admirables parfois, mais plus
souvent curés impurs et ignares. Soudain, nous comprenions
que le chemin de Jérusalem ouvrait pour nous la voie de

Dieu. Nous aussi allions célébrer par notre démarche la gloire de l'Éternel, nous aussi avions désormais accès au sacré. Quant aux chevaliers, cibles habituelles des sermonneurs, avec leur goût de s'entretuer et leur pratique du butin, voici que ces défauts deviennent les vertus qui les sauvent!

– ceux que frappe soudain, comme une pierre, l'appel de quelque ermite sorti de sa tanière, de quelque moine exalté juché sur une borne. Qu'importe le mot qui soudain aveugle, Jérusalem, enfer, salut, sarrazin ou partir, l'heure est venue, voilà, de tout quitter, de tourner le dos aux jours connus, aux rêves étroits, au perpétuel état d'alerte, l'heure de se jeter dans le chemin de toutes les promesses;

– ceux qui ont tout à gagner et ceux qui n'ont rien à perdre, réprouvés marchant au salut, femmes déchirant « l'épais voile de dégoût et de crainte » jeté sur leur sexe, jeunes qui ne trouvent pas leur place dans la société, fanatiques courant sus aux légions de l'Antéchrist, et puis aussi ceux qui ne partent que pour accompagner des êtres chers, ceux qui ne veulent pas paraître lâches ou paresseux, ceux qui fuient leurs créanciers, tous se marquant du même signe et faisant le même vœu.

Comme on devait s'exalter d'être tant à porter la même croix, à échanger le mot de passe : Jérusalem, à répéter le cri de guerre : Dieu le veut [25]!

Ce projet inouï, qui est à la fois une aventure, un exutoire, une solution à tant de misères et une marche au martyre, sans doute ne cesse-t-on d'en parler, au cours de ces mois d'entre décembre et août, tout occupés en préparatifs, en allées et venues, en décisions et en contre-décisions. L'enthousiasme ne retombe pas. Il est vrai que tout est fait pour l'entretenir. Des chansons circulent. Ainsi :

Le lieu saint où Dieu souffrit
Pour nous la mort pleine d'angoisses
Si nous y laissons nos ennemis mortels
Notre vie sera honteuse à jamais.

Qui ne veut mener ici vie humiliée
Qu'il aille mourir pour Dieu en joie et liesse
Car elle est douce et savoureuse
La mort par quoi l'on conquiert le royaume précieux.

Et pas un seul ne mourra de mort
Mais tous renaîtront en vie glorieuse;
Qui reviendra aura aussi grand privilège
Honneur sera son épouse à jamais.

Ou encore, à l'adresse de ceux qui ne seraient pas décidés :

Qui abandonne son seigneur dans le besoin
Mérite d'être forjugé.
Il le sera, sachez-le bien,
Il endurera mainte peine et maint outrage
Au jour de notre dernier procès
Quand Dieu montrera sanglants et percés
Ses flancs, ses paumes et ses pieds [27]...

Des lettres sont lues [28], en chaire et aux carrefours, comme pour authentifier les paroles du pape : oui, c'est vrai, puisque c'est écrit, les païens ont transformé les églises d'Orient en écuries pour leurs bêtes de somme, ou alors ils en ont fait des mahomeries pour y célébrer leur culte impie; oui, c'est vrai, les vierges chrétiennes sont livrées à la prostitution, les mères sont forcées sous les yeux de leurs filles, et ces païens vont jusqu'à assouvir leur fureur sur des hommes, et même, une fois, sur un évêque! Les prédicateurs font de la sorte état d'une lettre – fausse – du pape Sergius II datée de 1011; d'une lettre – fausse aussi – que l'empereur de Byzance Alexis Comnène aurait adressée au comte de Flandre Robert le Frison : il y appelle au secours de Constantinople menacée, au moins « pour défendre les six apôtres dont les corps ont été ensevelis dans cette ville », sans compter la tête de saint Jean-Baptiste « laquelle est encore recouverte aujourd'hui de la peau et des cheveux ». Au cas où ces nobles motifs seraient de peu d'effet, l'empereur en fait valoir d'autres, comme « l'espoir de s'emparer de l'or et de l'argent que les Gentils possèdent en quantités incalculables », ou encore « la beauté des femmes de son pays ».

Tout est bon aux prêcheurs des foires et des places, recruteurs d'autant moins scrupuleux que la sublime cause justifie tout. Ils sont, ceux-là, moines errants, mystiques hallucinés, clercs fanatiques ensauvés des couvents, les intermédiaires entre les textes sacrés et la foule des ignorants avide d'en avoir sa part.

Urbain II a nommé des prédicateurs officiels pour lever l'armée du Christ. Ainsi a-t-il rencontré à Angers Robert d'Arbrissel, qui commence aussitôt à prêcher dans l'Ouest; ainsi envoie-t-il aux Génois l'évêque de Grenoble et l'évêque d'Orange; ainsi donne-t-il mandat à Gerento, abbé de Saint-Bénigne de Dijon, d'aller en Normandie et en Angleterre; prêche aussi l'évêque de Lisieux, médecin instruit et savant en astrologie qui fut un jour témoin d'un « prodige astronomique » :

— Gauthier, demanda-t-il à son chapelain, vois-tu ces signes célestes?

— Je les vois, dit Gauthier, mais j'ignore ce qu'ils signifient.

— Ces signes figurent l'émigration de peuples d'un royaume dans un autre. Beaucoup de gens partiront pour ne jamais revenir, jusqu'à ce que les astres rentrent dans leur propre cercle d'où ils tombent maintenant, comme on le voit clairement. D'autres garderont une place éminente et sainte, comme les étoiles qui brillent au firmament... »

On peut penser que la vision du bon évêque de Lisieux a trouvé sa place dans ses exhortations. Mais si l'initiateur de la croisade est le pape Urbain, son héraut, son amplificateur est sans aucun doute un petit homme du Nord, brun et maigre, qui va pieds et bras nus quel que soit le temps, portant sur une tunique de laine une robe à capuchon qui lui descend jusqu'aux talons et, par-dessus, une cape de bure. Quand on l'a entendu, on ne l'oublie plus. Dans le Berri, où il a commencé à prêcher dès la fin de l'année 1095, puis en Orléanais, en Champagne, en Lorraine, on se répète son nom avec ferveur – Pierre l'Ermite, mais on dit aussi Petit-Pierre et même, dans son pays, la Picardie, Chtou ou Kioko. « Le peuple, raconte Guibert de Nogent, l'entourait en foule, l'accablait de cadeaux, célébrait sa sainteté par de si grands éloges que je ne me souviens pas qu'on ait jamais rendu de pareils honneurs à quiconque. [...] Il semblait qu'il y eut en lui quelque chose de divin, en sorte qu'on allait jusqu'à arracher les poils de son âne pour les garder comme reliques. » On sait qu'il ne mange que du pain ; à peine si on peut l'obliger quelquefois à prendre un peu de poisson et de vin. On dit qu'il est déjà allé à Jérusalem, et que, alors qu'il se trouvait au Saint Sépulcre, le Christ lui est apparu en songe : « Lève-toi, Pierre, disait-il, hâte-toi. Fais hardiment ce qui t'est demandé. Je serai avec toi car il est temps de purger les Lieux Saints et de secourir mes fidèles. Les portes du paradis seront ouvertes aux appelés et aux élus, à travers les périls et les tentations de tout genre. » Ce qui lui est demandé, c'est de porter à Rome et aux princes d'Occident les lettres du patriarche Siméon, de les convaincre de venir au secours de Jérusalem.

Vrai, presque vrai, un peu ou totalement faux [29], quelle importance quand l'auditoire de plein vent assemblé autour de l'ardent petit homme veut croire que c'est lui qui a décidé le pape et qu'il saura bien lui, Petit-Pierre, les mener jusqu'à Jérusalem ! Sa voix, son regard, ses mots qui brûlent, sa force de conviction, sa pauvreté militante, son message, on ne sait ce qui en lui retient et fascine, mais on l'entoure, on le presse, on le suit. Il distribue tout ce qu'il reçoit, il fait se marier les

prostituées et les dote, ramène partout la paix. Il a
maintenant des disciples, tels Gautier Sans Avoir, un cadet de
famille noble, et son oncle Gautier de Poissy, Renaud de
Breis, Geoffroy Burel, Gautier de Breteuil, les Allemands
Orel et Gottschalk, qu'il envoie là où il ne peut aller
lui-même.

Il ne se dirige pas vers l'Ouest, Pierre l'Ermite. Il va vers
l'Allemagne. Vers l'Orient, pour tout dire. Le départ
d'Adhémar de Monteil est prévu pour le 15 août, le temps,
pour les chevaliers et leurs gens, de se préparer. Mais la
multitude en fusion où Petit-Pierre avance comme dans une
mer a vite fait ses bagages pour ailleurs : « Qui, demande
Guibert de Nogent, dirait les vieilles femmes, les enfants se
préparant à partir pour la guerre ? Qui compterait les
pucelles, les vieillards tremblants accablés sous le poids des
ans ? Tous ensemble ils célébraient la guerre. Ils ne voulaient
pas y prendre part, mais ils allaient avec joie chercher le
martyre au milieu des épées : « Vous, jeunes gens, disaient-ils,
vous combattrez avec vos armes ; nous, nous conquerrons le
Christ par nos souffrances. » [...] Vous eussiez vu des
spectacles vraiment émouvants : des pauvres ferrant leurs
bœufs comme des chevaux, les attelant à une charrette à deux
roues où ils mettaient quelques provisions et les petits enfants
qu'ils traînaient avec eux. A tous les châteaux, à toutes les
villes qu'ils apercevaient sur le chemin, ceux-ci, tendant leurs
mains, demandaient si ce n'était pas encore là Jérusalem. »

Ce sentiment d'extrême urgence pousse ceux qui ont
quelque bien à se débarrasser de ce qui peut se vendre :
« Aucun d'entre eux ne s'arrêta à considérer la modicité de ses
revenus, ni à examiner s'il pouvait renoncer à sa maison, à ses
vignes ou à ses champs ; et chacun se mit en devoir de vendre
ses meilleures propriétés moins cher que s'il avait dû le faire
pour payer sa propre rançon. » En cet hiver 1095-1096,
rappelle Guibert de Nogent, le pays souffrait de disette et les

avares comptaient déjà ce qu'allait leur rapporter la vente des boisseaux de grains qu'ils avaient mis de côté ; c'est alors que le Christ a inspiré le départ de masses innombrables : « Les richesses d'un grand nombre d'entre eux ressortirent aussitôt, et ce qui paraissait fort cher tandis que tout le monde restait chez soi fut soudain bradé quand tous décidèrent de partir. Et comme beaucoup se hâtaient d'en finir avec leurs affaires [...] on vit sept brebis mises en vente pour cinq deniers (15). La disette de grains se transformait aussi en abondance, et chacun, uniquement occupé à trouver de l'argent [...] vendait tout ce dont il pouvait disposer. [...] On achetait cher, au milieu de cette hâte, tout ce qu'on voulait emporter pour la route, et l'on vendait pour rien ce qui devait le payer. »

Et Guibert de Nogent ajoute : « La plupart de ceux qui n'avaient pas envisagé de partir se moquaient de ceux qui vendaient tout ainsi, disaient qu'ils seraient misérables en route et plus misérables encore au retour, et le lendemain, ceux-là même qui riaient, soudain frappés du même désir, abandonnaient pour quelques écus tout ce qui leur appartenait et partaient avec ceux qu'ils avaient tournés en dérision. »

Le financement de la croisade est un problème important. Chaque partant doit se munir de tout l'argent dont il peut disposer, d'où toute une série de mesures qui permettent aux pèlerins de disposer librement de leurs biens, même s'ils étaient inaliénables, de vendre, de nantir et d'hypothéquer, à vif ou mort gage des terres, même s'il s'agit de fiefs : si les seigneurs auxquels appartiennent les fiefs ne peuvent ou ne veulent leur prêter de l'argent, il leur est permis d'engager leurs terres à des églises, à des hommes d'église ou à tout autre croyant – ce qui exclut les Juifs [30].

Les monastères sont fréquemment prêteurs. Exemplaire, le contrat de nantissement entre Achard de Montmerle et les moines de Cluny, signé à l'abbaye mère le 12 avril 1096 : « Moi, Achard, chevalier, du château que l'on nomme

Montmerle, fils de Guichard dit aussi de Montmerle ; moi, dis-je, Achard, témoin de ce grand mouvement ou expédition du peuple chrétien s'apprêtant à marcher sur Jérusalem pour combattre en faveur de Dieu contre les païens et les Sarrasins, animé des mêmes intentions et désirant y aller en armes, je fais la convention suivante avec le seigneur Hugues, vénérable abbé de Cluny et avec ses moines. [...] En conséquence je remets en gage une propriété m'appartenant, me provenant de l'héritage paternel, et je reçois d'eux mille sous de la monnaie lyonnaise et quatre mules. Le présent contrat de nantissement est stipulé sous cette condition que le rachat ne pourra être opéré par personne de ma race ou de ma famille, mais par moi seul. Que si je viens à mourir dans ce pèlerinage de Jérusalem, ou si d'une façon ou d'une autre je veux me fixer dans ces contrées de l'Orient, ce qui fait l'objet du présent nantissement cessera dès lors d'être considéré comme un gage et deviendra à titre perpétuel une possession légitime et une hérédité au profit du monastère de Cluny [31]. »

Depuis longtemps les Clunisiens sont passés maîtres dans l'art d'agrandir leur domaine en prêtant sur mort-gage ou en achetant des terres avec l'argent des donations et des prières pour les morts (16).

Sur les quarante-quatre compagnons attestés de Robert Courteheuse partant en Orient, dix au moins ont engagé ou « donné » des biens à des monastères, dont six à Saint-Vincent du Mans ; ils ont reçu en échange 5 sous, 20 livres et 300 sous, 20 sous, 4 livres, 3 marcs, c'est-à-dire des sommes d'importance très variable, en fonction des biens donnés en gage ou en charité [32].

Quant à Courteheuse lui-même, c'est tout simplement la Normandie qu'il donne en gage à son frère Guillaume le Roux contre un prêt de 10 000 marcs d'argent.

Thurstin, prévôt de Luc-sur-Mer, engage à Saint-Étienne son alleu de 40 acres à Luc pour 4 marcs d'argent et une monture – il partira avec sa femme et son fils. Guillaume du Vast engage sa terre à l'abbaye de Fécamp contre un prêt de 3 marcs.

Chatard donne « toute son hérédité (héritage) à Dieu et au monastère de Saint-Martin de Savigny », près de Lyon et reçoit de Itier, « second abbé », 250 sous et un mulet. Il est précisé que s'il se fait moine au retour de la pieuse expédition, son héritage restera acquis au couvent « à titre d'aumône pour le repos de (son) âme ». En fait il ne pourra racheter son bien, en remboursant, que s'il revient de Jérusalem, se marie et a des héritiers (17).

A cette époque, un haubert vaut le prix d'une tenure assez vaste pour faire vivre un paysan et sa famille – dans un affrontement de chevaliers, il n'est pas rare que le vaincu doive donner pour sa rançon son équipement à son vainqueur. Un cheval coûte normalement cinq fois le prix d'un bœuf de labour – si un vassal perd son cheval au service de son seigneur, celui-ci doit habituellement lui en fournir un autre. L'équipement d'un chevalier pour la guerre est particulièrement coûteux, sans compter l'entretien de ses gens – et le pape a prévu une absence de trois ans! En accroissant brutalement le besoin de numéraire, la croisade en a fait très brutalement monter le prix : le denier, qui en 1095 valait le prix d'un repas pour un travailleur, vaut en 1096 plus d'un mouton. On a certainement fondu beaucoup de vaisselle précieuse en cette année de grand départ...

Le duc de Basse-Lorraine Godefroi de Bouillon a été lui aussi contraint d'hypothéquer son fief, c'est-à-dire son duché. L'argent qu'il en tire ne suffit pas à l'ampleur de son projet. Où en trouver ?

A ce moment circule une rumeur : Godefroi de Bouillon a juré de venger la mort du Christ dans le sang des Juifs. Il ne manque pas de prédicateurs pour proposer de massacrer les Juifs sans attendre d'affronter les Sarrasins : ne sait-on pas que c'est du sein de ce peuple sacrificateur que naîtra l'Antéchrist ? A-t-on oublié qu'ils ont immolé le fils de Dieu ?

Vous voudriez partir en Orient et les laisser ici, derrière nous ?

Des Juifs, semble-t-il, sont tués à Rouen. Dès le mois de décembre, les communautés israélites de France ont fait parvenir aux communautés allemandes des mises en garde, leur enjoignant de faire des prières et des jeûnes pour détourner l'orage qui s'annonce. Mais les communautés de la vallée du Rhin, bien implantées, prospères, acceptées dans les limites d'un statut particulier, ne s'inquiètent pas. En janvier les Juifs de Mayence répondent qu'ils exécuteront néanmoins les prescriptions demandées.

C'est seulement quand on commence à répéter ce qu'aurait dit Godefroi de Bouillon qu'on s'inquiète. Le chef de la communauté israélite de Mayence, le rabbin Kalonymos, sollicite la protection de l'empereur Henri IV, alors en Italie, lequel enjoint à tous ses vassaux – y compris, donc, au duc de Basse-Lorraine – de protéger les Juifs. Godefroi de Bouillon jure qu'il n'a aucune mauvaise intention à leur égard, et qu'il respectera la consigne impériale. Sans doute les Juifs de Cologne et ceux de Mayence ont-ils compris que la protection du duc avait un prix : chacune des deux communautés lui fait tenir 500 marcs d'argent.

Pierre l'Ermite emploie un procédé quelque peu différent. Traversant avec ses troupes exaltées les villes où se trouvent d'importantes communautés juives, il n'a pas de peine à en convaincre les chefs de lui confier des lettres le recommandant, pour son approvisionnement, aux communautés d'Allemagne.

Officiellement protégés, les Juifs se trouvent en vérité à ce moment menacés, d'autant que tous les pèlerins qui n'ont rien à gager doivent emprunter de l'argent, et que les prêts à court terme sont le domaine réservé des Juifs, peu à peu réduits au commerce de l'argent. On imagine l'indignation de plus d'un partant, obligé de s'endetter chez l'impie d'ici pour aller combattre l'impie de là-bas ! Il n'y a sans doute pas loin de ce reproche circonstanciel au vieux refus fondamental. Et puis, on sait qu'à la fin du monde les Juifs se convertiront; peut-être suffirait-il de convertir les Juifs pour participer au grand combat du Bien contre le Mal...

Tandis que les seigneurs et les chevaliers réalisent leurs biens, font leurs calculs, organisent leur route, le pape Urbain II poursuit son tour de France. Il séjourne à Angers du 6 au 12 février, où il offre une rose en or à Foulque le Réchin, celui-là même dont la femme, Bertrade, est partie rejoindre le roi de France. Il dresse une liste des églises à rétablir dans les régions qu'auront reconquises les milices du Christ, précise que les cités d'Asie arrachées au joug des musulmans seront placées sous la dépendance de la cité sainte de Jérusalem.

Glanfeuil le 12 février, Chinon et Sablé le 14, Le Mans le 16, Vendôme le 19... A Tours, le 16 mars, un synode solennel auquel participent quarante-quatre archevêques, évêques et abbés confirme les canons de Clermont.

C'est pour le pape l'occasion de tenter de réduire le nombre de ceux qui vont alourdir l'expédition. Il énonce des restrictions pour les femmes, les plus pauvres, les plus faibles, les moines errants, les enfants, les vieillards. C'est aussi que la hiérarchie de l'Église s'inquiète de voir s'amasser ces foules échevelées, sans armes, prêtes à suivre n'importe quel irresponsable et ne promettant que du désordre. C'est de combattants que l'armée du Christ a besoin. D'autant qu'on commence à voir hésiter, et même renoncer certains de ceux qui, dans le grand mouvement d'exaltation de Clermont, se sont engagés. « Si, énonce alors le pape, après avoir prix la croix, ou avoir prononcé publiquement son vœu, quelqu'un venait à renoncer à ses bonnes intentions en cédant à de coupables regrets ou aux pressions des siens, il serait à jamais et entièrement mis hors la loi. » Ceux qui préféreraient rester chez eux, une chanson les traite gaillardement de « luxurieux, d'outres à vin, de mange-vite, de souffle-tisons, de croupes en chemin ». Qu'ils restent donc dans leur « souillerie » : « Dieu veut éprouver les hardis et les braves. »

Le synode est clos le 22 mars. Il reste cinq mois avant le départ. Mais, le 22 mars, Pierre l'Ermite a déjà quitté la Lorraine [33], suivi de la foule toujours grandissante de ceux qui n'ont pas de patience quand il s'agit de courir vers un destin plus grand que celui qui leur est réservé, de tous les pauvres au cœur brûlant. Sans doute est-il passé par Namur, Liège, Aix-la-Chapelle. Le 12 avril, il est à Cologne, avec Gautier Sans Avoir. Des Allemands se joignent à eux, comme ce Frumold, chanoine de la cathédrale, qui, en décembre, a fait don de tous ses biens au monastère de Brauweiler pour trois marcs d'or et dix marcs d'argent; il a aussi fait vœu, s'il revenait de Jérusalem, de prendre l'habit dans ce même monastère; depuis trois mois, il attendait que l'armée du Christ le prenne au passage... Les rejoignent aussi « des gens dont personne n'entendait la langue », des Scandinaves, et notamment un corps de porteurs de hache, particulièrement sauvages, commandés par un certain Ronald. Des bandes plus ou moins nombreuses affluent, se mêlent, se séparent selon les chefs qu'elles se donnent – on en voit même une, dit la chronique, suivre une chèvre et une oie « animées d'un souffle divin ». Alors, écrit le chroniqueur Albert d'Aix, scandalisé, que Dieu a institués pour guides « les très saints évêques et abbés ».

Pierre l'Ermite, à Cologne, mène environ quinze mille pèlerins. Il prêche encore, veut accroître sa troupe, tandis que Gautier Sans Avoir préfère partir sans attendre les Allemands. Ce dernier gagne ainsi la frontière hongroise; parmi ceux qui le suivent, on ne compte que huit chevaliers. Le roi de Hongrie Coloman lui accorde le droit de passer sur ses terres et d'y faire les achats nécessaires au ravitaillement de ses gens.

Pierre l'Ermite – qu'on voit, à Trêves, présenter à la communauté israélite comme autant de bons de nourriture les lettres des Juifs de France – a envoyé des messagers au roi Coloman, pour s'assurer des approvisionnements qu'il s'engage à payer. Il quitte à son tour Cologne à la mi-avril, remonte les vallées du Rhin puis du Neckar pour gagner celle du Danube. Il entraîne toujours de nouveaux fidèles, au point que sa troupe, disent certains chroniqueurs, « double d'importance ». C'est ainsi qu'on voit une jeune et jolie religieuse quitter le couvent de Sainte-Marie de Trêves – nous la retrouverons aux prises avec un imprévisible destin. Albert d'Aix, qui parle d'une armée « innombrable comme le sable de la mer », précise qu'elle se compose de Français, de Souabes, de Bavarois, de Lorrains. Des seigneurs et un évêque allemand l'ont rejointe, dont les comtes Hugues de Tübingen et Henry de Schwarzenberg, Guillaume de Teck et les trois fils du comte de Zimmern.

Sur les traces de Gautier Sans Avoir et de Pierre l'Ermite s'engouffrent un certain Volkmar, avec dix mille pèlerins, puis Gottschalk, un prêtre allemand disciple de Pierre, avec quinze mille personnes, puis Emich de Leisingen, petit seigneur brigand qui a vu par faveur divine, dit-il, une croix s'imprimer miraculeusement dans sa chair ; homme de guerre, il attire surtout des nobles et des hommes armés, allemands et français, comme Hartmann de Dillingen, Dreux de Nesle, Clérambaud de Vendeuil, Thomas de la Fère, le vicomte de Melun Guillaume le Charpentier, un colosse célèbre pour sa force, qui a déjà combattu les Sarrasins en Espagne, et qui n'a rien trouvé de mieux, pour financer son voyage, que de piller bourgs et villages de son domaine.

Constantinople commence à s'inquiéter. « La réalité, écrira Anne Comnène, fille de l'empereur Alexis, était déjà beaucoup plus grave et terrible que les bruits qui couraient. Car c'était l'Occident tout entier [...] qui émigrait en masse, cheminait par familles entières et marchait sur l'Asie en traversant l'Europe d'un bout à l'autre.

« Ces hommes avaient tant d'ardeur et d'élan que tous les chemins en furent couverts; ces soldats celtes étaient accompagnés d'une multitude de gens sans arme, plus nombreux que les grains de sable et que les étoiles, portant des palmes et des croix sur leurs épaules, femmes et enfants qui laissaient leur pays. A les voir, on aurait dit des fleuves qui confluaient de partout... »

Le 3 mai, la troupe d'Emich de Leisingen et de Guillaume le Charpentier se présente devant Spire. Les soldats du Christ commencent à vouloir baptiser de force les Juifs qu'ils y trouvent, tuent ceux qui refusent, pillent leurs biens. L'intervention rapide de l'évêque de la ville, qui a pris les Juifs sous sa protection, interrompt le massacre. Onze d'entre eux ont déjà été tués et une femme s'est suicidée pour « sauver sa vertu » quand l'évêque fait disperser l'armée d'Emich et ordonne de trancher les mains des coupables.

Mais Emich et ses hommes ont maintenant pris le goût du sang. Deux semaines plus tard, ils arrivent à Worms.

IV

LES LOUPS DES STEPPES

Le sépulcre du bâtard – Un chrétien bouilli – Les porte-croix – Tue-moi d'abord – Comme un lion – Les terribles miracles – Châles de prière – Où te caches-tu ? – La lumière de la vie – Flammes – Neuf fosses – Des bateaux dans la nuit – Deux amis – La demeure des Justes

(Extraits et résumés des chroniques de Schlomo bar Siméon, Eliezer bar Nathan et de l'anonyme de Darmstadt, historiens des communautés juives de la vallée du Rhin, chroniques composées pour l'essentiel au XIIᵉ siècle, sans doute à partir d'une source perdue et de témoignages; partie concernant la levée et le passage de la croisade en mai et juin 1096 ³⁴.)

Ce que nous allons raconter ici à la mémoire de ceux qui se sont fait massacrer au nom de l'Unique est survenu en l'année 4856, donc dans la 1028ᵉ année de notre exil, dans la 11ᵉ année du 256ᵉ cycle lunaire, cycle au cours duquel nous attendions le Messie, comme l'avait annoncé Jérémie. Mais la joie de l'attente s'est transformée en douleur et en gémissements.

Le pape de l'infâme Rome ayant lancé un appel pour partir à Jérusalem, il s'est levé une horde farouche et soudaine de Français et d'Allemands volontaires pour partir à Jérusalem, au sépulcre du bâtard pendu *. Ils ont fixé à leurs

---

* Le Talmud (18) présente Jésus comme le fils bâtard d'un légionnaire romain nommé Pendré et de Myriam. Il sera souvent désigné ici sous le nom de pendu (à la croix), de bâtard ou de fils de prostituée. De même la mort « humaine » du Christ le fera péjorativement traiter de cadavre puant, ou en décomposition, par contraste avec le Dieu divin et immatériel des Juifs.

vêtements un signe abject, une croix. Satan est venu se mélanger à eux, qui étaient plus nombreux que les grains de sable sur le rivage ou que les sauterelles à la surface de la terre. Leur voix était celle de la tempête ou de l'orage. Ils accusaient les Juifs d'avoir crucifié le Christ et se concertaient haineusement : « Pourquoi, disaient-ils, tolérer ces incroyants-ci avant d'aller combattre les autres ? Vengeons-nous d'abord sur eux, et exterminons-les s'ils refusent de se convertir. »

Les égarés arrivaient horde après horde. Ils lancèrent un appel, une déclaration de liberté : celui qui tuerait un Juif se verrait remettre tous ses péchés. Un comte nommé Dithmar jurait qu'il ne quitterait pas le pays sans avoir tué au moins un Juif. Quelques-uns des princes du pays prenaient leur parti.

Alors les nôtres ont fait ce qu'avaient fait nos pères. Ils se sont repentis, ils ont prié, ils ont fait la charité; cachés au fond des pièces les plus secrètes de leurs demeures, ils se sont purifiés par le jeûne trois jours de suite, jusqu'à ce que la peau leur colle aux os et qu'ils soient desséchés comme du bois. Mais le Père s'est caché dans les nuées, ne les a pas écoutés et les a éloignés de sa vue. Le châtiment était annoncé depuis longtemps.

Worms, 10ᵉ jour de Jjar (lundi 5 mai)

Les ennemis ont déterré un cadavre enseveli depuis trente jours et l'ont promené dans la ville en le montrant à la foule :

— Voyez, criaient-ils, voyez ce que les Juifs ont fait à notre voisin ! Ils ont fait bouillir ce chrétien dans l'eau, et ils ont versé cette eau dans notre puits pour nous empoisonner !

Les égarés et la foule devenaient fous : « Voici venue, disaient-ils, l'heure de nous venger de la mort du Christ que leurs pères ont crucifié. Cette fois, personne ne doit en réchapper ! »

(La communauté de Worms s'est séparée en deux, les uns restant chez eux, les autres se réfugiant dans le palais de l'évêque.)

Le 23ᵉ jour de Jjar (dimanche 18 mai), *les loups des steppes ont exterminé, jusqu'aux vieillards et aux enfants, ceux qui étaient restés dans leurs maisons. Ils ont pris les rouleaux de la Thora et les ont foulés aux pieds. Après avoir tué, ils ont pillé.*

Les gens de la ville, à qui ces premiers morts avaient laissé leurs biens, leur avaient promis leur protection mais les ont trahis. Certains ont préféré se convertir afin de pouvoir enterrer leurs frères et libérer les enfants que les égarés avaient enlevés pour les élever dans leur religion.

Les porte-croix avaient entièrement dévêtu leurs premières victimes. Alors les Juifs réfugiés dans le palais ont donné des vêtements aux rescapés pour qu'ils recouvrent les morts, et ont consolé ceux qui s'étaient convertis.

Le jour de la nouvelle lune de Sivan (dimanche 25 mai), *les égarés ayant attaqué le palais, ceux qui s'y étaient réfugiés ont tendu le cou vers les armes des assaillants, ou se sont suicidés, ou entre-tués. Ils abattaient l'un son frère, l'autre ses parents, sa femme ou ses enfants, le fiancé sa fiancée, le jeune marié sa jeune épouse, la femme tendre son amoureux. Tous acceptaient le malheur et mouraient en criant : « L'Éternel est notre Dieu, l'Éternel est Unique ! »*

Meschulam bar Isaac, un homme jeune, s'adressa aux autres, devant sa femme Zipora :

– Écoutez-moi, grands et petits, ce fils, Dieu me l'a donné, ma femme Zipora l'a enfanté et il s'est appelé Isaac. Je vais le sacrifier comme jadis Abraham son fils Isaac.

Zipora s'est interposée :

– Mon seigneur, mon seigneur, ne frappe pas mon fils ! Tue-moi d'abord, que je ne voie pas mourir mon enfant.

Mais Meschulam est resté inflexible :

– Que Celui qui me l'a donné le reprenne ! a-t-il dit.

Il a saisi un couteau, a dit sur ce couteau la bénédiction. Son fils a répondu « Amen », et il l'a tué. Sa femme hurlait. Alors il l'a prise par la main et ils ont quitté la pièce. Dehors, les égarés se sont saisis d'eux et les ont massacrés.

Il y avait aussi un jeune homme, un nommé Isaac, fils de Daniel. Comme il refusait de se laisser convertir, ils lui ont passé une corde au cou et l'ont traîné dans la boue des rues jusqu'à l'église.

— Tu peux encore être sauvé; veux-tu changer de foi ?

Mais lui, à demi-étranglé, incapable de parler, a demandé du geste qu'on lui tranche la gorge. Ils lui ont coupé le cou.

Il y avait aussi Simha le prêtre, fils du savant Isaac le prêtre. Ils voulaient le contraindre à se laisser souiller de leur eau pourrie :

— Regarde, tous les tiens sont là, morts et nus. Accepte le baptême, et tu seras sauvé.

— Je ferai ce que vous voulez, répondit Simha, mais menez-moi d'abord auprès de l'évêque.

On l'entraîna au palais, où, devant un neveu de l'évêque et quelques notables, on lui fit un sermon. Alors il sortit un couteau et, comme un lion qui bondit sur sa proie, poignarda le neveu de l'évêque et deux autres encore avant que la lame ne se brise dans sa main. Le voyant désarmé, les notables se jetèrent sur lui et le mirent à mort.

D'autres se laissaient tuer sans se défendre, disant que c'était la fatalité du Seigneur. En deux jours, près de huit cents Juifs furent mis à mort et enterrés nus. Il n'y en eut que très peu à accepter le baptême.

Les autres communautés d'Allemagne apprirent aussitôt les massacres de Worms. Leur main se ramollit et leur cœur tourna en eau.

Mayence, dernier jour de Ijar (samedi 24 mai)

Des bandes d'égarés commençaient à arriver. Parmi

elles, une chrétienne qui portait une oie. Elle disait qu'elle l'avait élevée, que l'oie et elle se comprenaient, et que l'oie voulait aussi aller à Jérusalem. Les marqués de la croix se rassemblaient autour d'elle et criaient que c'était un miracle que le crucifié accomplissait devant eux pour qu'ils le vengent. Ils sortaient déjà leurs épées mais des citoyens importants de la ville s'interposèrent. Une échauffourée se produisit et un chrétien fut tué. Les Juifs priaient : « Où sont les terribles miracles que nous racontaient nos pères ? » Ils se rassemblèrent, tinrent conseil et décidèrent d'entamer un jeûne de purification. Ils allèrent voir l'évêque, qui paraissait décidé à les protéger.

— Apportez tout votre argent à notre trésorerie, leur dit l'évêque, et réfugiez-vous au palais avec vos familles.

Mayence, 1ᵉʳ jour de Sivan (dimanche 25 mai) *Le jour de la nouvelle lune du mois de Sivan, est arrivé sous les murs de la ville le comte Emich — que ses os soient broyés par des meules de fer ! — avec une grosse armée. Il avait inventé qu'un envoyé du pendu était venu à lui, et l'avait marqué d'un signe dans sa chair pour lui montrer son élection. Il était l'ennemi de tous les Juifs, n'épargnait ni nourrisson ni malade, et éventrait les femmes enceintes.*

Tandis que ses troupes assiégeaient la ville aux portes fermées, les Juifs apprirent que l'évêque Ruthard s'apprêtait à partir en voyage. Ceux qui lui avaient fait remettre de l'argent le supplièrent de rester. Il réunit alors la communauté à l'évêché, où le burgrave et lui s'engagèrent formellement :

— Nous vous sauverons ou nous mourrons avec vous.

La communauté décida alors de faire porter à Emich de l'argent — sept livres d'or — et des lettres recommandant aux autres communautés du chemin de bien l'accueillir. Mais cela ne servit à rien, et nous fûmes moins respectés que Sodome et Gomorrhe.

Mayence, 3ᵉ jour de Sivan (mardi 27 mai), jour de ténèbres

*Les Juifs étaient réunis au palais de l'évêque quand le
courroux de l'Éternel s'enflamma contre son peuple. Vers
midi, l'infâme Emich – que ses os soient moulus – se présenta
avec son armée devant la porte de la ville, qui lui fut ouverte
aussitôt :*

*– Voyez, disaient les égarés, la porte s'est ouverte
d'elle-même. C'est signe que le crucifié veut que nous vengions
son sang sur les Juifs.*

*Bannières en tête, ils s'avancèrent vers le palais de
l'évêque et, à cause de nos péchés, purent y pénétrer.
Menahem, le fils du rabbin David le lévite, réconfortait les
Juifs qui s'apprêtaient à combattre :*

*– Honorez le grand Dieu et son nom terrible de tout votre
cœur !*

*Le rabbin Kalonymos bar Meshulam était à la tête de
ceux qui combattaient. Les gens de l'évêque s'enfuirent les
premiers et les abandonnèrent à la main de l'ennemi.
L'évêque lui-même s'enfuit. Mais le rabbin Kalonymos et
cinquante-trois des siens purent s'échapper.*

*Comme les ennemis surgissaient dans la cour, ils y
trouvèrent le rabbin Isaac bar Moshé. Il tendit la nuque, et ils
lui tranchèrent la tête.*

*Malheur à ce jour où nos âmes furent pénétrées par
l'angoisse.*

*– Dépêchons-nous, criaient les Juifs qui se trouvaient à
l'intérieur du palais, sacrifions-nous nous-mêmes à l'Éternel.
Que tous ceux qui possèdent un glaive de sacrifice vérifient
qu'il n'est pas ébréché *. Qu'ils nous sacrifient et se sacrifient
ensuite.*

---

* La loi mosaïque envisage quatre façons de mourir : l'épée, la
corde, le feu et la lapidation, quand il s'agit de la sanction de conduites
contraires à la religion. Pour le sacrifice volontaire, le couteau doit être
parfaitement affilé; une seule brèche invaliderait le sacrifice.

Les Juifs qui étaient dans la cour avaient revêtu leurs châles de prière et enroulé leurs philactères. Aller se réfugier dans le palais pour vivre une heure de plus ne les intéressait pas. Ils s'assirent sur le sol, prêts à subir la volonté de leur créateur. Les porte-croix se jetèrent sur eux.

Témoins du martyre des justes, ceux qui se trouvaient aux fenêtres du palais décidèrent de se tuer entre eux. Ils se disputaient pour savoir qui mourrait le premier. Des femmes jetaient des pièces de monnaie dans la cour pour retarder les ennemis et gagner ainsi le temps de tuer elles-mêmes leurs fils et leurs filles.

Les derniers Juifs à résister jetaient des pierres aux croisés et se moquaient d'eux :

— Vous savez en quoi vous croyez ? Vous croyez en un être qui se décompose, en un cadavre puant !

Rachel, fille d'Isaac bar Asher, épouse de Yehuda, une femme pieuse et juste, dit à ses amies :

— J'ai quatre enfants, et je ne veux pas que les chrétiens les prennent vivants, ne les épargnez pas.

Une de ses amies s'avança, saisit le couteau de sacrifice et s'apprêta pour commencer à tuer Isaac, le plus jeune fils de Rachel, un beau garçon. Rachel hurlait, se frappait le visage et la poitrine : « Où est ta pitié, Seigneur ? » Elle implorait son amie :

— Par ta vie, ne tue pas Isaac devant son frère Aron !

La femme pourtant sacrifia Isaac, et Rachel recueillit dans ses manches le sang de son fils. Aron hurlait de terreur :

— Maman, maman, ne me tue pas !

Il s'enfuit et se glissa sous une armoire. Les deux filles de Rachel, Bella et Matrona, saisirent elles-mêmes le couteau et l'aiguisèrent, le donnèrent à leur mère et courbèrent la tête. Rachel leur trancha la gorge, puis elle chercha son dernier enfant :

— Aron, où te caches-tu ? Je ne peux pas t'épargner, ni avoir pitié de toi.

Elle le découvrit, le tira par un pied de dessous l'armoire et le sacrifia à son tour. Puis elle s'allongea sur le sol et étendit près d'elle ses enfants qui tressaillaient encore. Quand les croisés entrèrent dans la pièce, ils crurent que c'était un trésor qu'elle dissimulait sous ses longues manches :

– Montre-nous cet argent que tu caches!

Elle montra les enfants, et ils la tuèrent. Le père découvrit alors, lui aussi, le spectacle de ses enfants morts. Il se jeta le ventre sur son couteau.

Les ennemis assiégeaient également la cour du burgrave, où d'autres Juifs s'étaient réfugiés. Là encore, ils massacrèrent tout le monde.

Les égarés mirent en pièces un rouleau de la Thora. Des femmes saintes et pures, témoins du sacrilège, poussèrent des cris, pour alerter les hommes. David, fils du rabbin Menahem, leur dit :

– Frères, déchirez vos vêtements en l'honneur de la Thora!

Ce qu'ils firent aussitôt. A ce moment, un marqué de la croix ayant pénétré dans la salle, ils se levèrent tous, hommes et femmes, et le lapidèrent à mort. Les assiégeants escaladèrent alors le toit et l'arrachèrent.

Il y avait là Jacob bar Sulam, qui était d'une famille modeste et fils d'une non-juive. Il s'adressa à tous :

– Vous ne m'avez pas beaucoup estimé jusqu'ici. Eh! bien regardez ce que je vais faire.

Il prit un couteau, le plaça sur son cou et s'égorgea lui-même devant tous au nom de l'Éternel.

Un autre, le vieux Samuel bar Mordechaï, s'écria à son tour :

– Regardez mes frères, ce que je fais aujourd'hui pour la sanctification de l'Éternel.

Et il s'ouvrit le ventre avec son couteau, de sorte que ses intestins tombèrent à terre. Le vieillard s'écroula et mourut pour l'unicité de Dieu.

Ailleurs, les égarés et les gens de la ville s'arrêtèrent devant la cour d'une ferme qui appartenait à un curé, et où s'était réfugié un financier, Mar David bar Nathanael, avec sa femme, ses enfants et ses domestiques.

– Tu peux sauver ta famille et ta fortune, lui dit le curé, tu n'as qu'à te convertir.

– Eh! bien, va chercher les porte-croix qui sont là, dis-leur de venir.

Persuadé de l'avoir convaincu, le curé avertit le peuple qui se réjouit et s'approcha pour l'entendre.

– C'est vous les infidèles! leur cria-t-il alors de la fenêtre. Vous croyez en un Dieu de nullité, tandis que moi, je crois au Dieu tout-puissant, celui qui habite la voûte céleste. Je me suis fié à lui jusqu'à ce jour et je continuerai jusqu'au départ de mon âme... Je sais avec certitude que si vous me tuez, mon âme reposera au Paradis dans la lumière de la vie. Tandis que vous, vous descendrez pour votre honte éternelle dans l'abîme de la déchéance et de la pourriture, avec votre Dieu qui n'est qu'un fils de prostituée!

Les croisés escaladèrent aussitôt la maison et le tuèrent, ainsi que sa femme, sa fille, son gendre, sa servante et ses gens, au nom du pendu. Leurs corps furent jetés par les fenêtres.

Parmi ceux qui se laissèrent baptiser, Isaac bar David et Mar Uri bar Joseph. Deux jours plus tard, le cinquième jour de Sivan (jeudi 29 mai), Mar Isaac retourna à la maison de son père, descendit à la cave et vit que les ennemis n'avaient pas trouvé les trésors qui y étaient cachés. Mais il n'avait pas besoin de cet argent. Il devait être pris en charge par le prêtre qui veillerait à son éducation chrétienne. En réalité sa femme Scholaster avait été tuée, et il ne s'était laissé faire que pour sauver sa mère et ses enfants. Il voulait maintenant faire pénitence et rejoindre ses compagnons. Il fit réparer la maison par des ouvriers et alla parler à sa mère malade et alitée. Elle tenta en vain de le détourner de son projet. Il appela ses enfants :

— *Voulez-vous que je vous sacrifie ? leur demanda-t-il.*

— *Fais ce que tu jugeras bon.*

Alors, à minuit, il ferma la maison sur sa mère et emmena ses enfants à la synagogue, de l'autre côté de la cour. Là, devant l'armoire sainte, il les tua pour sanctifier le Dieu tout-puissant. Puis il retraversa la cour et mit le feu aux quatre coins de la maison où sa mère était enfermée. Enfin il retourna à la synagogue et l'incendia aussi en invoquant l'Éternel. La synagogue ne devait pas tomber aux mains des chrétiens : ils n'auraient pas manqué d'en faire une église ou un atelier pour fabriquer des pièces de monnaie. Il était resté dans les flammes pour y mourir, et il refusa de sortir même quand les croisés lui tendirent une perche pour le sauver.

Beaucoup de femmes faisaient preuve de la même détermination, comme celles qu'on avait conduites avec Rachel, la veuve d'Elazar, dans la cour de l'église. Elles refusèrent d'entrer dans cette maison de prostitution et de se laisser souiller par les eaux impures. Alors les égarés, furieux et impuissants, les massacrèrent avec des haches et des marteaux.

Après les massacres, les non-circoncis ont déshabillé les Juifs et les ont jetés par les fenêtres, même ceux dont l'esprit était encore lié au corps. Aux agonisants qui demandaient à boire, ils offraient de les soigner et de les sauver s'ils changeaient de Dieu. Mais les mourants secouaient la tête ou refusaient d'un signe de la main. On les achevait alors.

Il y eut ainsi onze cents sacrifices en un seul jour (le mardi 27 mai), des grands savants, des exégètes de la Thora, des hommes craignant Dieu, des hommes de foi.

Les gens de la ville les ont enterrés; nus et entassés les uns sur les autres, mais enfin ils les ont enterrés. Ils ont creusé neuf fosses et ont couché ensemble les hommes et les femmes, les pères et les fils, les maîtresses et les servantes. « Il arbitre les nations, il entasse les cadavres... » (Psaume CX,6).

Pendant ce temps, le rabbin Kalonymos et les cinquante-trois qui s'étaient sauvés avec lui avaient traversé le palais de l'évêque et s'étaient réfugiés dans une petite pièce à l'entrée étroite. Ils étaient très serrés et morts d'angoisse, observant le plus grand silence dans la nuit noire. Ils avaient tellement soif qu'ils finirent par appeler par une petite lucarne un homme de garde. Il accepta d'aller leur chercher une cruche d'eau pour dix marcs d'argent. Mais la cruche ne pouvait pas passer par la lucarne et il fallut verser l'eau dans un morceau de tuyau de plomb. A l'autre bout, les Juifs buvaient à tour de rôle, mais sans vraiment pouvoir se désaltérer.

Vers minuit, un messager de l'évêque vint à la lucarne et demanda à parler à Kalonymos :

– L'évêque Ruthard m'a ordonné de vous sauver, toi et ceux qui sont avec toi. Il faut que vous sortiez et que vous me suiviez. L'évêque a trois cents hommes armés. Nous allons risquer notre vie pour vous... Vous ne voulez pas me croire ? Je vous jure que mon seigneur l'évêque m'a bien donné cet ordre-là... Il est au village de Rüdesheim, d'où il nous a envoyés sauver ceux des vôtres qui restent.

Ils finirent par sortir et on les mena jusqu'à des bateaux qui, toujours dans la nuit, suivirent le Rhin jusqu'à Rüdesheim où, en effet, ils retrouvèrent l'évêque, heureux de revoir Kalonymos et promettant de les protéger.

Mais quand l'ennemi surgit sur leurs traces, l'évêque reprit la parole :

– Je ne peux pas vous protéger plus longtemps, dit-il. Votre Dieu vous a abandonnés. Il veut qu'il n'y ait aucun survivant... Ou bien vous vous convertissez ou bien vous allez payer les dettes de vos pères.

– Tes paroles sont justes, répondit Kalonymos, il n'est pas dans la volonté de notre Dieu de nous sauver. Et c'est vrai que tu ne peux nous protéger plus longtemps, mais donne-nous jusqu'à demain pour répondre à ta proposition.

L'évêque Ruthard ayant accepté, Kalonymos retourna

auprès des siens. Tous dirent qu'ils voulaient rester fidèles à leur foi. Alors le pieux Kalonymos prit son propre fils Joseph, l'embrassa puis le sacrifia.

Quand l'évêque l'apprit, il s'en montra très affligé et déclara qu'il ne voulait plus protéger les Juifs. Les gens du village coururent alors rejoindre les égarés pour marcher contre Kalonymos et les siens. Kalonymos, pendant ce temps, retournait chez l'évêque pour lui rendre sa réponse. En chemin, il apprit la résolution de Ruthard. A peine arrivé, il attrapa un couteau et se précipita sur l'évêque pour le tuer. Mais les gens de la maison se jetèrent sur lui, l'entraînèrent et le massacrèrent à coups de bûches.

Chassés par l'évêque, les Juifs se partagèrent en plusieurs groupes. Les uns furent rattrapés dans la forêt, chassés à coups de pierres et de flèches, tués au poignard.

D'autres, qui avaient décidé de retourner à Mayence pour y mourir et être enterrés près de leurs frères pieux, furent pris en chemin et exécutés.

La Thora dit : « Vous n'immolerez pas le même jour la mère et son enfant », mais eux, ils ont tué ensemble le père et le fils ou la mère et la fille. Quant aux survivants, les baptisés de force, ils témoignaient de la manière dont les autres étaient morts en disant : « Que notre véritable Messie vienne bientôt et mette fin à notre bannissement ! Amen. »

Cologne, 5ᵉ jour de Sivan (jeudi 29 mai)

La nouvelle des massacres de Worms et de Mayence ayant atteint Cologne, ville des savants et des juges, certains décidèrent de rester chez eux, d'autres se réfugièrent chez des amis chrétiens.

L'orage commença au troisième jour, avec l'arrivée du comte Emich. Les ennemis détruisirent et pillèrent maisons et synagogues. Les rouleaux de la Thora étaient jetés à la rue et foulés aux pieds. La plupart des Juifs se réfugièrent alors auprès de l'évêque Herman qui, le 10ᵉ jour de Sivan (mardi 4 juin), *les fit sortir de la ville et répartir dans sept de ses villages, Neuss, Wevelinghofen, Altenahr, Athofen, Xanten, Mörs.*

Neuss, 3ᵉ jour de Tammuz (lundi 24 juin)

Ceux de Neuss furent tués et enterrés pendant une fête (la Saint-Jean). Mar Samuel bar Ascher fut pris au bord du fleuve et enterré dans le sable. Ses deux fils furent traînés dans la boue, roués de coups de pied et cloués sur la porte d'une maison. Isaac le lévite fut baptisé alors qu'il avait perdu connaissance après avoir été torturé. Quand il revint à lui, il retourna à Cologne, se reposa une heure chez lui, puis alla se jeter dans le fleuve. Les eaux ramenèrent son corps jusqu'à Neuss, où il fut enterré dans le sable près de Mar Samuel.

Wevelinghofen, 6ᵉ jour de Tammuz (jeudi 27 juin)

Les ennemis sont arrivés au soir. Les Juifs ont commencé à se tuer mutuellement, à se noyer dans les mares ou à se jeter dans le Rhin du haut de la tour. Ces derniers moururent tous sauf deux amis, tous deux jeunes mariés, Samuel bar Gdalia et Jechiel bar Samuel, qui échappèrent aux eaux du Rhin. Samuel, le père de Jéchiel, vint trouver son fils et le sacrifia à l'Éternel, tandis que Samuel bar Gdalia se faisait couper la gorge par Menahem, le serviteur de la synagogue. Pendant qu'on les sacrifiait ainsi les deux amis se donnaient la main.

A Neuss et Wevelinghofen, il n'y eut que deux survivants, deux jeunes garçons.

Athofen, le 4ᵉ jour de Tammuz (vendredi 28 juin)

Comme les croisés arrivaient, les Juifs firent pénitence. puis choisirent cinq hommes très pieux, qui auraient la charge de tuer tous les autres, trois cents au total, qui venaient de Cologne.

Le premier des cinq hommes choisis fut Mar Juda bar Abraham, conseiller sage et respecté qui parlait à la synagogue quand les communautés, trois fois par an, se rendaient au marché de Cologne. De la tribu de Dan, il n'avait jamais fait de mal à personne. Les autres étaient : son frère Mar Joseph, le lévite Mar Juda, Gershom et Peter.

Ils tuèrent tous les hommes, puis Peter s'enferma avec les quatre autres élus et les sacrifia. Lui-même, pour finir, se jeta du haut d'une tour et se tua.

Mörs, le 5ᵉ jour de Tammuz (samedi 29 juin)

Le premier samedi du mois de Tammuz, les ennemis de Dieu assiégèrent le bourg. Le burgrave sortit à leur rencontre et demanda un sursis jusqu'au lendemain pour convaincre les Juifs.

Il rentra donc dans la ville et convoqua les juifs :

— Je vous ai promis de vous protéger et de vous défendre, dit-il, aussi longtemps qu'il existerait un Juif au monde. J'ai tenu parole jusqu'à maintenant, mais je ne peux plus vous sauver de tous ces peuples. A vous de décider. Si vous ne faites pas ce qu'il faut, le mieux pour moi serait de vous livrer. Sinon, la ville sera détruite.

Les Juifs répondirent d'une seule voix qu'ils étaient prêts à mourir. Des hommes d'armes du burgrave en emmenèrent quelques-uns vers le campement des égarés, puis revinrent en montrant leurs épées tachées de sang. C'était en vérité un stratagème pour effrayer les Juifs, mais il resta sans effet.

Le burgrave ramena dans la ville ceux qu'il avait fait semblant de tuer et les enferma en prenant soin de les isoler pour qu'ils ne puissent se tuer les uns les autres. Puis, le lendemain, il décida de les remettre aux égarés.

Dans la nuit, Mar Schmaria réussit à s'enfuir avec sa femme et ses trois fils en soudoyant un serviteur de l'évêque. Après avoir erré d'une cache à l'autre jusqu'au 9ᵉ jour d'Av (31 juillet), ils furent conduits par le serviteur de l'évêque au village de Tremonia où on connaissait Mar Schmaria, et où il fut bien accueilli. On organisa même un repas en son honneur, mais la nourriture n'était pas kasher, et il la refusa.

A nouveau menacé, il déclara :

— Aussi longtemps que nous vivrons dans notre foi, nous ferons comme nous avons toujours fait... Donnez-nous donc une chambre, que nous puissions nous reposer de ce dur voyage.

Ils acceptèrent et Mar Schmaria se retira avec sa famille. La nuit, il se releva et sacrifia sa femme et ses trois fils. Il tenta de se tuer à son tour, mais perdit seulement connaissance.

Au matin, on le trouva étendu. On lui proposa de se convertir et de sauver sa vie, mais il refusa :

— J'atteindrai ainsi la demeure des Justes, dit-il, ce que j'ai espéré toute ma vie.

Les autres alors décidèrent de l'enterrer vif. Une fosse fut préparée, et il y descendit lui-même, plaçant à sa gauche les corps de ses trois fils et à sa droite celui de sa femme. Il fut recouvert de terre.

On l'entendit gémir jusqu'au lendemain matin. On le tira alors de sa tombe :

— Veux-tu à présent te convertir?

Mais Mar Schmaria refusa encore d'échanger le magnifique contre le méprisable. On le remit dans la fosse et on l'enterra à nouveau, avant de le déterrer un peu plus tard. Ainsi à plusieurs reprises. Une journée entière on l'entendit crier, puis il mourut enfin.

Pourquoi le ciel ne s'est-il pas obscurci, pourquoi les étoiles n'ont-elles pas dissimulé leur splendeur, pourquoi le soleil et la lune ne se sont-ils pas cachés quand tant de saints périrent (19) ? Tous ceux qui ont accepté la mort par amour et fidélité, que leurs mérites témoignent pour nous auprès de l'Être Sublime, qu'ils nous sauvent du bannissement et reconstruisent les murs de Jérusalem, qu'ils réunissent les fils de Juda et d'Israël dispersés dans le monde!

V

LA GENT NOTRE-SEIGNEUR

Le roi des derniers jours – Aux armes – Le torrent de Dieu – Deux otages – Pas plus de trois jours – Dernier concile – Moi, Raimond – L'éclat de la naissance – Les frères de Boulogne – Courtecuisse - Etienne et Robert – Bohémond le Victorieux – Raimond de Saint-Gilles – Vagabondages – La nuit en fête - Constantinople

« Je ne sais si ce fut par l'effet d'un jugement de Dieu, se demande le chroniqueur Albert d'Aix, ou par une erreur de leur esprit qu'ils se levèrent avec cruauté contre le peuple des Juifs [...] et qu'ils les massacrèrent de la manière la plus inhumaine, disant que c'était là le commencement de leur expédition et de leur service contre les ennemis de la foi chrétienne. » Un autre moine allemand, Ekkehard, se borne à constater : « Tandis qu'on conduisait les pèlerins à travers les villes du Rhin, du Main et du Danube, soit ils détruisaient la race exécrable des Juifs partout où ils en trouvaient, soit ils les contraignaient à entrer dans le sein de l'Église. »

A Metz, vingt-deux hommes ont été tués, dont Samuel le prêtre, trésorier de la communauté; les autres Juifs de la ville ont été baptisés de force. Ceux de Ratisbonne ont été contraints d'entrer dans le Danube, et un prêtre a fait sur l'eau le signe de la croix, les baptisant tous d'un coup. (Toutes conversions que l'Empereur Henri IV devait déclarer nulles l'année suivante, autorisant ainsi officiellement les Juifs d'Allemagne à reprendre leur culte.)

On a vu comment les évêques, généralement disposés à protéger les communautés juives ont cédé à la pression populaire – l'archevêque de Trêves a dû rester caché pendant une semaine au fond de la cathédrale! Dans la troupe d'Emich, beaucoup reconnaissaient sans doute en lui ce roi des derniers jours qu'il prétendait être et qui inaugurait son

règne par la conversion des Juifs – ancienne promesse et signe
tout à la fois, impliquant logiquement l'élimination de ceux
que leur refus du baptême mettaient en travers de la
prophétie. On ne peut dire que le duc de Basse-Lorraine
Godefroi de Bouillon se soit donné beaucoup de peine pour
tenir son engagement de les protéger.

Quant à Pierre l'Ermite, il s'est contenté de présenter en
Allemagne les lettres des Juifs de France pour obtenir du
ravitaillement. Il a reçu, notamment à Trêves, de l'argent et
des présents puis s'est éloigné. Mayence, Francfort, Wurtz-
burg, Nuremberg, Ratisbonne : sa « multitude » et lui n'en
sont qu'au début de leur passion. Ils s'engagent maintenant
sur la vieille voie romaine qui relie l'Occident à l'Orient. Au
bout, Constantinople. Puis Jérusalem. Le chroniqueur normand Orderic Vital l'appelle la *via sancta*.

Les bandes allemandes le suivent, menées par Gottschalk, Volkmar, Emich. Devant lui, Gautier Sans Avoir est
entré en Hongrie avec l'autorisation du roi Coloman et s'est
ravitaillé sans incident jusqu'à Semlin. Là, Gautier et le gros
de sa troupe ont traversé la Save et installé leur camp devant
Belgrade. Mais un groupe de traînards était resté en arrière
« pour acheter des armes à l'insu de Gautier », pense Albert
d'Aix, à moins que ce ne soit plus simplement pour piller. Les
Hongrois en tout cas les ont pris et dépouillés, accrochant
leurs vêtements et leurs armes aux murs de la ville et les
renvoyant tout nus rejoindre leur troupe.

Gautier a refusé de les venger et sollicité du prince des
Bulgares et du gouverneur de la ville une autorisation de se
ravitailler. Mais les autorités locales leur ayant interdit les
marchés, les gens de Gautier ont commencé à s'emparer du
bétail, bœufs et moutons. On en est vite arrivé aux armes. Les
pèlerins ont dû se disperser, soixante d'entre eux périssant
brûlés dans l'incendie de la chapelle où ils s'étaient réfugiés.
Gautier, qui a eu beaucoup de pertes, ne s'est lui-même sauvé
qu'en disparaissant dans la forêt.

Enfin il a pu gagner Nisch et prendre langue avec le gouverneur byzantin de la province frontière, lequel l'a généreusement dédommagé de ses pertes en armes et en argent, l'a ravitaillé et fait escorter. Sofia, Philippopoli – où est mort Guillaume de Poissy [35], oncle de Gautier Sans Avoir, « marqué sur sa chair même », dit Orderic Vital, d'une croix miraculeuse –, Andrinople, Constantinople enfin où l'empereur a accordé à Gautier l'autorisation d'attendre, hors les murs, Pierre l'Ermite.

Celui-ci, à la frontière hongroise, obtient de traverser le pays « sous la condition que l'armée ne ferait aucun dégât sur les terres du roi, et qu'elle suivrait sa route en paix, achetant les choses dont elle aurait besoin sans querelle et à prix débattu [36] ». Le voyage hongrois s'effectue bien sans incident notable jusqu'à Semlin, où les dépouilles des hommes de Gautier Sans Avoir sont encore accrochées aux murs. Là, pour une raison inconnue – peut-être simplement une dispute entre un pèlerin et un commerçant à propos d'une paire de chaussures [37] – une rixe éclate, dégénérant vite en échauffourée puis en bataille rangée. Les Hongrois s'enferment dans la ville, mais les pèlerins donnent l'assaut. Les mènent Renaud de Breis et Geoffroi Burel ; celui-ci, qui a deux cents hommes sous sa bannière, trouve une échelle et escalade la muraille... La ville est bientôt à eux.

Pierre l'Ermite a su toucher, émouvoir, bouleverser ces gens au point de les faire tout quitter, mais le convoi immense qui s'étire sans ordre au long des chemins, cohue de chariots, de familles, de bandes de villages, ralentie par les vieillards, les enfants, les malades, les troupeaux, ne lui obéit pas. D'autant moins que les pèlerins échappent en chemin aux lois ordinaires, et que se manifestent librement les instincts grossiers, le goût du pillage et du butin. Forts de leur nombre et du mandat du pape, leur route sublimée par leur but, en proie au vertige d'eux-mêmes, ils sont le torrent de Dieu.

« Ces gens, raconte Albert d'Aix, sortaient en foule de

tous les royaumes et de toutes les villes, se réunissaient ensuite en corps, mais ils ne s'abstenaient point des réunions illicites et des plaisirs de la chair. Ils se livraient sans relâche à tous les excès de la table, se divertissaient sans cesse avec les femmes et les jeunes filles qui sortaient de chez elles pour se livrer aux mêmes folies, et s'adonnaient à toutes les vanités sous prétexte du voyage qu'ils entreprenaient. » Guibert de Nogent suggère que si, après leur départ, incendies et pillages ont cessé en France, c'est peut-être que les incendiaires et les brigands avaient suivi Pierre l'Ermite... On signale même « des femmes habillées en hommes »...

Semlin est à eux depuis six jours quand ils apprennent que le roi Coloman de Hongrie est en train de rassembler son armée pour venir venger la prise et le sac de la ville. Devant eux, la Save, où patrouillent des Petchenègues mercenaires d'origine turque au service de Byzance, c'est-à-dire ici de Nicétas, gouverneur byzantin de la Bulgarie.

Les pèlerins ne trouvent, le long de la berge, que cent cinquante embarcations, et ils se lancent à l'eau accrochés en grappes à des troncs d'arbre, à des planches, des claies d'osier, des radeaux sommaires encombrés de leurs bagages et de leur butin, des troupeaux raflés en route – proies faciles pour les archers de Byzance. Pierre l'Ermite envoie des Allemands secourir des Francs en difficulté. Des Petchenègues sont capturés – Pierre les fait exécuter.

Comprenant qu'il ne pourra arrêter le flot des pèlerins, Nicétas abandonne Belgrade et se replie sur Nisch, ville fortifiée, où il transporte tous les biens précieux de la cité pour les soustraire au pillage. Laissés seuls, les Bulgares quittent la ville à leur tour et se réfugient dans les montagnes.

Belgrade est vide quand Pierre l'Ermite y arrive avec ceux qui ont pu traverser la Save. En territoire d'empire, ils sont à l'abri des représailles de Coloman et prennent le temps, avant de repartir, de ramasser ce qu'ils peuvent dans la cité déserte puis de l'incendier. Leur interminable colonne suit le

Danube, remonte la vallée de la Moravia à travers d'épaisses forêts ; elle traverse la Moravia à Branischevo puis retrouve la voie romaine de Constantinople. Après sept jours dans la forêt, elle passe enfin, devant Nisch, un pont de pierre et se regroupe dans « un immense pré couvert d'une délicieuse verdure » ; Pierre l'Ermite y fait dresser les tentes.

Le gouverneur Nicétas se trouve alors dans la ville. Il accorde aux pèlerins le droit d'acheter des vivres mais demande deux otages pour garantir la régularité des transactions. Les deux hommes seront Gautier de Breteuil et Geoffroi Burel, celui qui a mené l'assaut contre Semlin. Ils sont rendus le lendemain matin, après que l'armée à la croix s'est approvisionnée en paix et a même reçu de nombreuses offrandes. Pierre et sa « multitude » se remettent en marche. Brusquement éclate une bagarre d'arrière-garde. Un groupe d'Allemands a incendié des moulins du bord de rivière. Des Bulgares commencent aussitôt à dévaliser les traînards, des pèlerins font demi-tour pour les défendre, et dans leur élan menacent d'attaquer la ville... On imagine l'enchaînement des défis et des coups... Nicétas lance maintenant les Petchenègues ; ceux-ci, armés de « leurs arcs de corne et d'os », attaquent la queue du convoi, détournent les chariots, tuent ou capturent hommes, femmes et troupeaux. Un vent de panique disperse la colonne, qui s'égaille de droite et de gauche [38].

Pierre l'Ermite envoie à Nicétas « un certain Bulgare qui avait résolu de faire le saint voyage de Jérusalem ». Il veut parlementer, mais il est trop tard, et les Petchenègues ramènent déjà à Nicétas le chariot qui transportait le trésor de guerre, « une quantité prodigieuse d'or et d'argent ».

Forêts, précipices. La multitude éparpillée se cherche. Pierre l'Ermite, Renaud de Breis, Gautier de Breteuil, Geoffroi Burel et Foucher d'Orléans se retrouvent par hasard. Il leur reste peut-être cinq cents hommes. D'une hauteur, ils commencent à faire des signaux, à sonner du cor.

Au soir, il y a encore plusieurs milliers de manquants –
tués, prisonniers ou égarés – et presque tous les chariots de
bagages, de vivres, d'armes ont été perdus. Pendant trois
jours, Pierre l'Ermite et sa multitude campent dans un bourg
abandonné – pour se nourrir, on moissonne les blés murs
d'alentour. Quand on pense que tous les survivants ont rallié,
on prend la route de Sofia. On peut estimer qu'un pèlerin sur
quatre ne rejoindra plus : la troupe doit encore compter de
vingt-deux mille à vingt-cinq mille pèlerins marqués de la
croix, si l'on tient pour vraisemblable qu'ils ont été environ
trente mille, après divers ralliements, à traverser la Hongrie.

A Sofia, le 8 juillet, Pierre rencontre les messagers que
l'empereur Alexis a envoyés à sa rencontre. Il a donné des
ordres, lui fait-il savoir, pour que l'approvisionnement des
voyageurs soit assuré. Seule restriction commandée par la
prudence : l'armée des pèlerins ne devra pas séjourner plus de
trois jours dans la même ville. Quant aux excès commis
jusqu'ici, ils ne seront pas sanctionnés, fait dire Alexis, « car il
sait que déjà leurs auteurs les ont chèrement expiés ».

Pierre quitte Sofia, gagne Philoppopoli où, au récit des
malheurs de son « peuple », il reçoit des citoyens grecs
assemblés « beaucoup de présents en byzantins, en argent, en
chevaux et en mulets ». Il repart à la troisième aurore. A
Andrinople, de nouveaux émissaires de l'empereur accueillent Pierre avec un message de paix. Il y séjourne, en dehors
de la ville, les 24 et 25 juillet, et atteint sans nouvel incident
Constantinople le 1er août.

Ce même 1er août, le pape Urbain II, entre Cavaillon et
Apt, s'apprête à quitter la France. Depuis le concile de
Tours, en avril, on l'a vu retraverser Poitiers, s'arrêter à
Saint-Maixent, Saint-Jean d'Angély, Saintes, Bordeaux,
dont l'archevêque, Amat d'Oloron, très au fait de la lutte

contre l'Islam en Espagne, fait partie de la suite pontificale depuis le concile de Plaisance ; à Bordeaux, le pape a consacré la cathédrale. Par Nérac et Layrac, il a gagné Toulouse, après un séjour d'une semaine à Moissac, grande fille de Cluny où l'abbé Hugues est venu le rejoindre et où il a consacré un autel à la Sainte Croix. Toulouse était une étape importante de son périple français, le rôle qu'il attribuait au comte Raimond IV étant à ses yeux primordial pour le succès de l'expédition vers Jérusalem. Le 24 mai, il a consacré solennellement la collégiale Saint-Sernin. Il ne s'est pas attardé outre-mesure à Toulouse, mais sans doute l'essentiel a-t-il été dit. Il était prévu que le pape et le comte se retrouveraient à Nîmes en juillet pour le dernier concile du voyage.

A Carcassonne le 11 juin, Urbain a béni les matériaux destinés à la reconstruction de la cathédrale Saint-Nazaire. Il est passé à l'abbaye d'Alet, à celle de Saint-Pons de Thomières pour la Saint-Jean, il était le 28 à Maguelonne, et y procédait à la consécration solennelle de toute l'île, recueillant à la fois la promesse que le vicomte Guilhem V se croiserait et l'assurance que les villes maritimes de la côte languedocienne pourraient le cas échéant servir son grand projet.

L'évêque de Nîmes Bertrand de Montredon était venu l'attendre à Maguelonne. Le 2 juillet, à Monpellier, le pape avait reçu Yves de Chartres, arrivant de Paris pour lui porter les premières propositions de soumission du roi de France excommunié, geste important qui devait faciliter l'engagement de nombre de ses vassaux. A Nîmes le 5, le cortège pontifical arrivait juste à temps pour l'ouverture du concile, convoqué pour le lendemain, et qui devait en quelque sorte conclure ce voyage d'un an. Le 6, donc, le pape a consacré la cathédrale en présence de Raimond de Toulouse.

Les travaux du concile ont pris fin le 15 : pour l'essentiel, l'assemblée a confirmé les principales dispositions de Clermont concernant la vie de l'Église et le départ d'une expédition ayant comme double but de secourir les chrétiens d'Orient et de reconquérir les Lieux Saints. Prenant acte d'un certain nombre d'engagements, le pape a de nouveau mis en garde ceux qui seraient une charge plutôt qu'un secours et rappelé que tout vœu non tenu entraînait l'excommunication.

On commençait à entendre parler de défections, de renoncements, mais on ne pouvait guère savoir déjà qui partirait. A Nîmes, le roi de France a fait confirmer ses bonnes intentions et, vraisemblablement, précisé que son frère, Hugues de Vermandois, le représenterait. De Nîmes encore, Urbain a envoyé aux Génois deux légats, l'évêque de Grenoble et l'évêque d'Orange, pour les inciter à prendre la croix : sans doute prévoyait-il le rôle important que pourraient jouer les flottes italiennes [39]. Puis il a rejoint Raimond de Toulouse à Saint-Gilles. Le comte venait de se désister, en faveur des moines de Cluny, de tous ses droits sur l'église et le territoire de Saint-Gilles : « Moi Raimond, par la permission de Dieu comte de Toulouse et du Rouergue, duc de Narbonne, marquis de Provence, voulant assurer le salut de mon âme et celle de mes prédécesseurs, je me suis rendu au concile de Nîmes tenu par le vénérable seigneur Pape Urbain II. En sa présence comme en celle de tout le concile, pour l'expiation de mes péchés passés et l'obtention des biens futurs, j'abandonne avec désaisissement plein et entier en faveur du seigneur et pieux abbé Odilon, et aussi des frères qui l'assistent ici, tous les honneurs de Saint-Gilles, tant dans la circonscription qu'on nomme Flavienne que dans les pays environnants, ainsi que tous les droits justes ou injustes dont nous paraissons investi, toutes les bonnes ou mauvaises coutumes dont moi ou mes prédécesseurs avons joui sur ces domaines. C'est notre volonté : ainsi soit-il. »

A la fin de juillet, le pape était à Cavaillon et, le 1ᵉʳ août, au moment où Pierre l'Ermite arrive à Constantinople, il s'apprête à quitter la France, laissant derrière lui un pays tout occupé à compter des deniers, des hommes et des chevaux, à forger des broignes et des chapeaux de fer, à battre des épées, à tisser et à coudre, à assembler pour les bannières des couleurs éclatantes... C'est l'heure des rêves de gloire et des prières pour le salut... Comme les forgerons règnent les jongleurs; le soir, ils disent des batailles et fortifient les âmes – que tremblent les païens! – avec la mort de Roland à Roncevaux et les exploits imaginaires de Charlemagne sur le chemin de Jérusalem :

> *Ils eissirent de France e Burguigne guerpirent*
> *Loheregne traversent, Baiviere et Hungerie...* [40]

Le mouvement est lancé. Urbain, par Apt et Forcalquier, va repasser les Alpes et rejoindre Asti, Pavie, Milan. L'expédition de Jérusalem, ce vieux rêve des papes, il lui tourne le dos. Il a fait sa part. C'est maintenant l'affaire de l'évêque Adhémar de Monteil et des seigneurs qui ont pris la croix.

Hugues le Maisné, c'est-à-dire le cadet, frère du roi de France, prépare son bagage. Arrière-petits fils d'Hugues Capet par leur père, ils descendent par leur mère, Anne de Kiev, des Scandinaves de Russie. Il est bien moins fieffé que les grands feudataires de la couronne, et il ne doit qu'à son mariage d'être le comte de Vermandois. « Quelques autres, dit Guibert de Nogent, lui étaient supérieurs en richesses et en puissance; mais il ne le cédait à aucun pour l'éclat de la naissance et l'honnêteté de la conduite. »

Les trois rois d'Occident étant excommuniés, il sera le plus grand par le sang. Un certain nombre de seigneurs, d'ailleurs, l'accompagneront avec l'intention de le reconnaître pour roi si l'expédition parvient à prendre possession de quelque territoire intéressant. Il a environ quarante ans.

Il remet ses terres à ses fils, Raoul et Henri; il donne sa

fille Isabelle en mariage à Robert, comte de Meulan, et écrit à l'empereur d'Orient une lettre pleine de hauteur pour s'assurer qu'on l'accueillera avec les égards dus à son rang [41]. Il part le 15 août pour l'Italie, ayant choisi de s'embarquer à Bari.

Les frères Eustache, Godefroi et Baudouin de Boulogne ont eux aussi pris la croix.

Ils descendent de Charlemagne à la fois par leur grand-mère paternelle, Mathilde (20), fille de Gerberge, et par leur grand-père maternel Godefroi le Barbu, duc de Lotharingie, frère du pape Etienne II. La Lotharingie est un duché considérable d'entre France et Rhin, couvrant le Brabant, le Hainaut, le Limbourg, le Namurois, le Luxembourg et une partie de la Flandre. Il contient l'essentiel des évêchés de Cambrai, Liège, Trêves et Cologne. C'est un fief partagé entre la France et l'Empire où l'on parle wallon - roman - d'un côté et thiois - allemand - de l'autre, terre riche à laquelle tient l'empereur, mettant parfois dans l'embarras les titulaires du fief contraints de choisir leur camp lors des démêlés de l'empereur et du pape.

Godefroi le Barbu est mort en 1069, son fils Godefroi le Bossu en 1076, sans autre parenté que ses trois neveux, fils du comte de Boulogne.

Le deuxième, Godefroi, né à Baysy vers 1060, a été désigné pour hériter des biens de sa mère, c'est-à-dire du duché que tenait en fief d'empire son oncle le Bossu, mais l'empereur Henri a décidé de confisquer le duché au profit de la couronne, ne laissant à Godefroi que le comté d'Anvers au nord et la seigneurie de Bouillon dans les Ardennes. Godefroi, qui avait alors vingt ans, n'en a pas moins servi fidèlement l'empereur - on disait qu'il fut le premier sur les remparts quand Henri s'est emparé de Rome - au point que celui-ci finit par l'investir quand même du duché, mais comme d'une charge, et non à titre héréditaire : la Lotharingie, il la réservait pour son propre fils Conrad.

Grand et fort, combattant au bras terrible, « lion frémissant quand approchait l'instant du combat », ordinairement réservé, particulièrement pieux – il supporte mal la guerre des deux papes – administrateur médiocre, l'appel d'Urbain le trouve tout de suite partant, sans doute autant pour des raisons temporelles que spirituelles.

Pour trouver de l'argent, on l'a vu « accepter » les dons des communautés juives ; il monnaie aussi tout ce qu'il peut : à l'évêque Richer de Verdun, contre lequel il est en guerre, il vend ses villes de Rosay et de Stenay sur la Meuse ; à celui de Liège, il engage le château de Bouillon pour 4 000 marcs d'argent et une livre d'or [42].

Les trois frères ont pris la croix ensemble, l'aîné Eustache semble-t-il sans enthousiasme. Quant au benjamin, Baudouin, la barbe et le cheveu noirs, plus grand que Godefroi, il avait d'abord été destiné à l'état religieux et avait étudié à Reims, à Cambrai et à Liège avant de devenir chevalier, condition qui convient mieux à son goût du faste et à sa morgue de seigneur [43]. Sans doute rêve-t-il de se tailler en Orient un fief à la mesure de son ambition ; comme s'il partait sans idée de retour, il décide d'emmener avec lui sa femme normande Godvère de Toeni et leurs jeunes enfants.

Les accompagneront de nombreux chevaliers de Wallonnie et de Lotharingie : leur cousin Baudouin du Bourg, seigneur de Rethel ; Baudouin II, comte de Hainaut ; Garnier de Grez ; Renaud, comte de Toul, et son frère Pierre ; Pierre de Stenay ; Dudon de Conz-Sarrebrück ; Baudouin de Stavelot ; les frères Henri et Geoffroi d'Esch ; Hugues, comte de Saint-Pol et son fils Enguerrand ; Siegfried, palatin du Rhin ; Conan, comte de Montaigu, avec ses fils Gozelon et Lambert ; Godefroi de Louvain ; Jean de Namur ; Gérard de Chérizy ; Pierre de Tardenois ; les chevaliers frisons Echo de Liankama et Frédéric Botnia...

En août, ils sont prêts à partir. Ils prendront la route continentale du Danube, par Vienne et la Hongrie, comme avant eux Pierre l'Ermite [44].

Le duc de Normandie Robert s'est croisé aussi. Fils aîné des onze enfants que la reine Mathilde a donnés à Guillaume le Conquérant, on l'appelle Courteheuse – Courte-cuisse – ou Gambaron – grosses jambes. A quarante-deux ans, il est épais et rond, mais bon chevalier, adroit et courageux; prodigue, jovial, il aime vivre joyeusement et n'en fait qu'à sa tête : l'envie de « dormir sous un toit » l'a souvent ramené chez lui au beau milieu d'une campagne [45].

Né aux environs de 1054, on l'a fiancé tout jeune à Marguerite du Maine, fille d'Herbert Eveille-Chien, mais elle est morte avant d'avoir atteint l'âge du mariage. Son père lui ayant refusé l'administration de la Normandie, il s'est vengé en pillant le pays. Il pouvait avoir vingt-trois ou vingt-quatre ans quand, pour la même raison, « fatigué jusqu'à la nausée » d'entendre les mêmes refus et les mêmes sermons, il s'est opposé violemment à son père et à ses frères avant d'aller s'héberger de l'autre côté de la frontière, où le roi de France Philippe, le prenant sous sa protection, lui a donné le château de Gerberoy en Beauvaisis.

En 1079, son père et ses frères s'étant présentés devant Gerberoy, Robert a affronté son père en combat singulier, l'a blessé et lui a tué son cheval. Le roi d'Angleterre, couvert de honte, a maudit son fils, l'a renié à jamais – mais les deux hommes se sont réconciliés l'année suivante pour marcher ensemble contre le roi d'Écosse Malcom (21). A nouveau brouillé avec son père en 1083, banni, il a cherché en vain à épouser une grande héritière, amie du pape, Mathilde de Toscane.

Mourant, Guillaume le Conquérant a recommandé son deuxième fils Guillaume le Roux pour le trône d'Angleterre –

le royaume conquis –, ne laissant à Robert que la Normandie – le domaine hérité. De ses trois fils, seul Henri assista à ses obsèques. Robert, qui s'estimait floué, n'était pas venu. Quant à Guillaume le Roux, il avait couru en Angleterre pour prendre Robert de vitesse et y coiffer la couronne.

Quand même – et enfin – duc de Normandie, Robert Courteheuse a aussitôt chassé les garnisons placées par son père, puis a commencé à conspirer contre le nouveau roi d'Angleterre – les deux frères s'alliant pour aller assiéger leur cadet Henri Beauclerc au mont Saint-Michel avant de se réconcilier et de marcher tous trois, en 1091, contre Malcom, le roi d'Écosse – dont Henri pour finir épousera la fille, sans pour autant mettre un terme à la tumultueuse histoire de ces hommes turbulents, chicaniers et emportés, ne voyant guère plus loin que le museau de leur cheval ou le bout de leur épée.

Quand, à Clermont, le pape a parlé de l'Orient, le duché de Normandie sombrait dans l'anarchie. Henri Beauclerc avait conquis le Cotentin, Guillaume le Roux contrôlait vingt châteaux, les seigneurs s'entre-pillaient sans plus obéir à Courteheuse. En février, à Rouen, un concile entérinait les décisions de Clermont, et le pape déléguait en Normandie Gérento, l'abbé de Saint-Bénigne de Dijon, chargé d'établir entre les frères une paix qui seule permettrait la levée de contingents normands.

Il fallut l'été à l'abbé de Dijon pour parvenir à ses fins, mais le résultat était à la mesure de ses efforts : échappant à ses ennemis, de l'extérieur comme de l'intérieur, Robert Courteheuse décidait de prendre la croix. Le traité de paix entre les frères, garanti par l'Église, fournissait en outre au duc de Normandie l'argent dont il avait besoin pour l'expédition : Guillaume le Roux recevait en effet pendant l'absence de son frère la Normandie en gage d'un prêt de 10 000 marcs d'argent – forte somme qu'il réunit en levant en Angleterre une taxe de 4 shillings par tête de gros bétail, en

dépouillant les églises et rançonnant le clergé : Anselm,
l'archevêque de Cantorbery, fut contraint de donner son
domaine de Peckam comme vif gage pour sept ans afin de
pouvoir emprunter 200 marcs au trésor de la cathédrale !

Avec Robert Courteheuse partiraient notamment Alain
Fergant, duc de Bretagne, suivi de l'élite de la « vieille
province » réunie à Nantes le 2 septembre devant Robert
d'Arbrissel et l'évêque Benoît qui bénit les armes [46]; deux de
ses vieux amis, Ivo et Albéric de Grandmesnil; les évêques
Gilbert d'Évreux et Odon de Bayeux, naguère chassé
d'Angleterre par Guillaume le Roux et qui préfère sans
aucun doute ne pas rester en Normandie après le départ de
Robert; Guillaume de Saint-Valéry et son fils Bernard; un
noble anglais, Ralph Guader, comte de Norfolk, exilé en
Bretagne sur les terres de sa mère... En tout, près de mille
cavaliers et sept mille hommes de pied. Le porte-bannière
serait le chevalier Pain Peverel, et Robert emmène son
chapelain Arnoul de Chocques, un fils de prêtre qui a été le
précepteur de Cécilia, sœur de Robert et future abbesse de la
Sainte-Trinité de Caen.

Feront route avec lui, mais à leurs frais, son beau-frère
Étienne de Blois et son cousin Robert de Flandre.

Étienne de Blois est devenu le beau-frère de Robert
Courteheuse en épousant Adèle, fille de Guillaume le
Conquérant et forte femme. Fils aîné de Thibaut III comte de
Champagne, Brie, Blois et Chartres, c'est un seigneur
puissant et tranquille, pieux, généreux avec l'Église, prudent
et modeste. On ne sait pas très bien pourquoi il a pris la croix
– a-t-il assisté au concile de Clermont ? n'est-ce pas sa femme
qui l'a décidé ? – mais il va vivre une singulière aventure [47].

Il entraîne avec lui un peu plus de deux mille hommes,
dont 250 à 300 cavaliers, parmi lesquels Évrard du Puiset,
Geoffroy Guérin, Caro Asini; son chapelain se nomme
Alexandre.

Robert II de Flandre, fils d'un aventurier normand, Robert le Frison, est cousin de Robert Courteheuse et de la femme d'Étienne de Blois : son père était frère de la reine Mathilde [48].

De son père, il a hérité la force et la brutalité – et peut-être aussi le goût des grands chemins et des grandes causes. Robert le Frison, en effet, a accompli le pèlerinage de Jérusalem dans les années 1087-1089, en expiation de ses péchés, et notamment du meurtre de Godefroi le Bossu, l'oncle de Godefroi de Bouillon. Sur sa route de retour, il a rencontré l'empereur Alexis Comnène et lui a promis un renfort de cinq cents cavaliers pour lutter contre les Turcs – promesse tenue.

Le pape, on l'a vu, a adressé à Robert II une invitation à partir ; c'est aussi au comté de Flandre qu'est adressée la lettre apocryphe d'Alexis Comnène, celle qui exalte notamment les trésors et les femmes de Byzance. Peut-être n'est-ce pas ce qui l'a décidé : sa femme Clémence dit que « le Saint-Esprit a embrasé son cœur ». Durant toute la durée du voyage, il fera dit-on chaque jour le signe de la croix. Il a 31 ans.

Il conduira environ six cents cavaliers et plus de quatre mille hommes de pied, presque autant que Robert Courteheuse.

Robert Courteheuse, Robert de Flandre et Étienne de Blois se sont donné rendez-vous à Pontarlier. Ils passeront les Alpes au Grand-Saint-Bernard et s'embarqueront en Italie du Sud, non sans avoir, au passage, donné idée de partir à deux seigneurs dont on parlerait beaucoup, Bohémond et Tancrède.

Bohémond est issu de ces Normands d'Italie venus au début du siècle louer leurs épées aux petits chefs en rébellion contre Byzance. Parmi eux, huit des douze fils d'un obscur seigneur des environs de Coutances, Tancrède d'Hauteville, qui profitent des désordres pour se tailler un duché en Pouilles et Calabre. A la rumeur de leur succès, de nouvelles recrues arrivent de Normandie pour se mettre à leur service. En 1056, les Byzantins ne tiennent plus guère que Bari, Brindisi et Tarente [49].

Les Normands se sont alors regroupés autour de l'un des fils de Tancrède d'Hauteville : Robert Guiscard, chef qualifié et bon organisateur. Avec son frère Roger, il acheva en 1060 la conquête de la Calabre et fut reconnu par le pape – en échange, les Normands protégeraient celui-ci contre les alliés de l'empereur germanique. Puis la Sicile fut arrachée aux émirs musulmans et ces infatigables Normands montèrent même une expédition contre l'empire byzantin, expédition menée par Robert Guiscard et un fils de son premier mariage, Bohémond.

La première épouse de Robert Guiscard, Aubrée, était une Normande modeste; la seconde, Sigelgaita, une princesse lombarde. Il avait eu de celle-ci un autre fils, Roger Borsa, à qui il a laissé son duché d'Apulie. Bohémond, furieux, a pris les armes contre son demi-frère, lui a enlevé Tarente et la région d'Otrente, dans le talon de la péninsule, avant que leur oncle Roger de Sicile ait pu les convaincre d'accepter au moins une trêve.

En cet été 1096, toute la famille, réconciliée, assiège Amalfi pour y mater une révolte, quand passent les premiers contingents des pèlerins francs partant s'embarquer pour Constantinople. « Bohémond le Victorieux », qui reste sur son expédition inaboutie contre l'empire byzantin, est frappé du nombre et l'équipement des soldats du Christ. « Il fit rechercher, note un témoin, de quelles armes ce peuple se servait au combat, quel emblème du Christ il portait en chemin, quel cri de ralliement il poussait dans les batailles. Il lui fut répondu dans le même ordre : « Ils ont des armes convenables à la guerre, sur l'épaule ou entre les deux épaules ils portent la croix du Christ; leur cri : Dieu le veut! Dieu le veut! est poussé par tous d'une seule voix. »

Alors, « inspiré par l'Esprit Saint », Bohémond quitte le manteau précieux qu'il porte, y fait découper des croix qu'il commence à distribuer. La plupart des chevaliers occupés au siège d'Amalfi se précipitent – laissant pratiquement seul le comte Roger, qui se plaindra longtemps d'avoir « perdu toute son armée » et dû abandonner le siège.

Bohémond, à cette époque, a environ 40 ans, mais, très grand, large d'épaules, la taille mince, blond au teint clair, toujours rasé, les traits réguliers et volontaires, il laisse une forte impression à ceux qui le voient. Comme chef, il a fait ses preuves. Ses troupes, disciplinées, bien équipées, lui font une confiance totale, même s'il est parfois trop sûr de lui. C'est un diplomate habile et sans scrupules superflus, un politique qui saurait se battre, ou un chevalier qui réfléchirait – une recrue de choix pour Urbain II.

Aussitôt prise sa décision de partir, Bohémond commence à se préparer, s'assure « par cajoleries et richesses » le concours d'un de ses neveux, Tancrède, fils de sa sœur Emma, et dans lequel sans doute il se reconnaît un peu – « Lorsque, remarque le chroniqueur Raoul de Caen, la déclaration du pape Urbain eut assuré la rémission de tous leurs péchés à tous les chrétiens qui iraient combattre les Gentils, alors la valeur de Tancrède se réveilla en quelque sorte de son sommeil. »

Tancrède, à 24 ans, sera le plus jeune des chefs de l'expédition. Se joindront aussi à Bohémond ses cousins Richard du Principat et Renoul; Robert d'Ause; Hermann de Cannes; Robert de Sourdeval; Robert, fils de Tostain; Onfroi, fils de Raoul; le comte de Russignolo et ses frères; Boel de Chartres; Aubré de Cagnano; Onfroi de Monte-Scabioso; l'évêque Griard d'Ariano... Parmi les anonymes de sa troupe, celui – sans doute un chevalier – qui tiendra le journal de route de l'armée de Bohémond, le récit le plus sûr de l'histoire de l'expédition vers Jérusalem. Bohémond emmènera aussi au moins une de ses sœurs, Mabille. Son départ est prévu pour la fin d'octobre. Toujours avisé, il interdit la sortie des ports pour être sûr de pouvoir disposer de tous les bateaux dont il aura besoin, et, malgré les garanties pontificales, prescrit à ceux qui l'accompagneront de fortifier leurs propriétés... Il commandera environ 500 cavaliers et 3 500 hommes de pied.

En 1096, Raimond de Saint-Gilles est au faîte de sa puissance : il tient de son frère les comtés de Toulouse, de Cahors, de Lodève, d'Albi (peut-être les lui a-t-il achetés), en plus de ses possessions propres : comtés de Rouergue, Narbonne, Agde, Béziers, Nîmes, Uzès, Gévaudan, Viviers, Venaissin; les comtes de Die et Foix, le seigneur de Montpellier lui font hommage [50].

Il a alors 54 ou 55 ans et, d'après Guillaume de Malmesbury, « médite sur ses cheveux gris ». Il a été excommunié pour un mariage consanguin mais est rentré dans les bonnes grâces de la papauté. Il est désormais « le fils bien-aimé » d'Urbain, qui a en grande partie bâti l'expédition sur la piété et la richesse du comte de Toulouse. Endurant et courageux, impulsif mais entêté, parfois imprévisible, sans la moindre pitié pour l'ennemi – « Sanjill que Dieu le maudisse! » écriront plus d'une fois les chroniqueurs musulmans – il est possible qu'il se soit engagé à ne pas revenir du saint voyage.

Il emmène sa troisième femme, Elvire, fille d'une concubine d'Alphonse VI, roi de León et de Castille (la deuxième était Mathilde, fille de Roger de Sicile et donc cousine de Bohémond). Son chapelain, Raimond d'Aguilers, fera le récit du voyage pour l'évêque de Viviers, avec l'aide d'un des plus valeureux chevaliers du comte de Toulouse, Pons de Balazun.

Raimond de Saint-Gilles commande une armée considérable : plus de dix mille hommes de pied et de mille cavaliers dont beaucoup appartiennent à la noblesse occitane. Parmi eux, Pierre, vicomte de Castillon ; Pierre Raimond de Hautpoul ; Gaston, vicomte de Béarn, Oloron et Montaner, seigneur de Saragosse ; Guilhem V, seigneur de Montpellier, qui est déjà allé deux fois en Terre Sainte et a participé au siège de Majorque ; Gouffier de Lastours ; Guilhem de Sabran ; Raimond de Turenne ; Rambaud, comte d'Orange ; Raimond du Forez ; Isoard de Gap...

Se joignent à la troupe un nombre important de prélats, d'abbés, de prêtres et de moines, de femmes aussi – l'évêque de Toulouse Isarn a dû interdire à Émerie d'Altejas de mettre sur pied une troupe féminine.

Pour le Normand Raoul de Caen, les gens du Midi ont « l'œil fier, le cœur hautain, la main prompte à saisir les armes. [...] Ils se nourrissent de peu et ont la réputation de manger des racines... » Raoul Glaber, cinquante ans plus tôt, ne cachait pas son mépris pour ces « hommes vains et légers, aussi affectés dans leurs mœurs que dans leur costume ». Il leur reprochait aussi bien de négliger d'entretenir le harnais de leurs chevaux que de se faire raser la barbe « comme des histrions » ou de porter des « bottes indécentes ». Il ajoutait qu'« il n'en fallait attendre ni foi ni sûreté dans les alliances ». La vieille méfiance des gens de la brume à l'égard de ceux du soleil, il reviendrait au légat du pape, Adhémar de Monteil, de la réduire et d'empêcher qu'elle ne nuise au succès de l'entreprise qu'il est chargé de mener à bien, avec tous ces Baudouin et tous ces Robert, avec tous ces Raimond et tous ces Guilhem partant pour toutes les bonnes et toutes les mauvaises raisons qui jettent les hommes en chemin. En compagnie de ses deux frères, Guillaume et François Lambert de Monteil, il fera route avec Raimond de Saint-Gilles.

Ils partiront vers le milieu d'octobre, traverseront l'Italie du Nord et gagneront la côte dalmate. Ils pourraient ainsi être à Constantinople à la sortie de l'hiver.

En attendant que s'ébranlent les lourdes armées des seigneurs, les troupes spontanément formées autour de Gottschalk, de Volkmar et d'Emich poursuivent leur fiévreuse avance.

Gottschalk, qui avait principalement prêché en Lorraine, en Bavière et en Allemagne, avait mené jusqu'à une quinzaine de milliers de personnes. Arrivé à Wieselbourg, il a demandé et obtenu, comme ceux qui l'ont précédé, le libre passage en Hongrie. Mais, s'y hébergeant quelques jours, il n'a pu empêcher ses rudes recrues de « vagabonder » – Bavarois et Souabes ont commencé à voler du vin, puis du grain, des moutons, des bœufs, cherchant partout querelle, tuant ceux qui leur résistent, allant jusqu'à empaler un jeune Hongrois sur la place publique...

Coloman alors a rassemblé son armée et proposé à Gottschalk de s'en tenir là s'il déposait ses armes et rendait ce qu'il avait volé. Mais dès que Gottschalk eut fait désarmer ses hommes, les Hongrois les attaquèrent et les massacrèrent : « Il n'y en eut que bien peu qui purent se soustraire à ce martyre », dit Albert d'Aix, et Ekkehard confirme : « Toute la plaine de Belgrade était couverte de sang et de cadavres. » Gottschalk, qui avait pu s'enfuir, avait été repris.

Volkmar, lui, était parti par la Bohême et s'était signalé par le massacre des Juifs de la ville de Prague. Ayant gagné la Hongrie, et se présentant devant Nitra, sans doute ses hommes ont-ils voulu récidiver : les Hongrois en tout cas n'étaient plus disposés à laisser ces singuliers soldats de Dieu saccager leur pays. Ils les ont pour la plupart tués ou fait prisonniers : « Les très rares survivants, rapporte Ekkehard, ont témoigné que le signe de la croix, apparaissant dans le ciel au-dessus d'eux, les avait sauvés d'une mort imminente. »

Enfin, vint le tour d'Emich et de sa puissante bande de se présenter à la frontière hongroise. Il a remonté la vallée du Rhin au mois de juin et a été rejoint en route par divers petits groupes. Sa demande de passage a été refusée par Coloman, qui craint que celui-ci aussi ne confonde les Hongrois avec les païens. Il a envoyé une garnison tenir le pont de Wieselburg qui permet de passer un des bras du Danube, près du confluent avec la Leitha, dans un pays de bois et de marais.

Le baron Emich a en vain tenté de forcer le passage, puis a décidé de construire un autre pont – six semaines de travail, de harcèlements, d'escarmouches. Un jour, le colosse de Melun Guillaume le Charpentier a tranché la tête d'un chef hongrois, un parent du roi : « Cette victoire répandit la joie dans toute l'armée des pèlerins; on passa toute la nuit en fête... »

Enfin, au début d'août, le pont sur la Leitha est terminé et Emich met le siège devant Wieselburg. L'affaire se présente si bien que ses hommes en sont à choisir lequel d'entre eux deviendra roi de Hongrie. Ils parviennent à forcer la muraille et les assiégés commencent à s'enfuir en mettant le feu à leur propre ville. C'est alors qu'un mouvement de panique resté inexpliqué traverse l'armée à la croix, l'éparpille comme un loup dans un troupeau. Les Hongrois se reprennent aussitôt, massacrent les troupes débandées. Ne peuvent se sauver que ceux dont les chevaux sont assez rapides et endurants : Emich lui-même, puis un groupe de Français, dont Guillaume le Charpentier, Thomas de la Fère, Clérambaud de Vendeuil...

Dans ces mêmes jours, à Constantinople, l'empereur Alexis Comnène reçoit Pierre l'Ermite. Le petit moine en robe de bure parmi les marbres et les ors... Le basileus, comme disent les Grecs, n'attendait certainement pas sous cette forme le secours de l'Occident. A cette pagaille de familles, de brigands, de mendiants et de faux moines, il aurait préféré une bonne armée de mercenaires venus servir un temps, et comme s'il prenait en pitié Petit-Pierre et ses illuminés, il leur parle du nombre des Turcs, de leur redoutable armement... Il leur conseille d'attendre sous Constantinople l'arrivée des armées régulières pour traverser le Bras de Saint-Georges et passer en Asie.

Pierre paraît se ranger à l'avis du basileus mais demande son aide. Il a presque tout perdu, dit-il, « par l'imprudence et la rébellion des hommes de sa suite ». Alexis lui fait alors compter deux cents besants d'or et remettre pour les siens un boisseau de piécettes nommées tartarons.

Pierre, Gautier Sans Avoir et des Italiens arrivés par mer - sans doute des Normands installés dans le sud - s'installent donc sous la muraille de Constantinople.

Une ville comme celle-là, nous n'en avions jamais vu, ni même imaginé... Si grande, si forte, si peuplée, si riche... Des rues dallées... Des palais, des tours dans l'eau, des colonnes triomphales, des forêts de statues, des places immenses, des églises de marbre, des bêtes lentes, éléphants, chameaux conduits par des serviteurs noirs comme la nuit, un hippo-drome où trente mille personnes peuvent trouver place, avec des courses deux fois par jour... Et le palais de l'empereur... Et cette rue principale, la Mésé disent-ils, bordée de chaque côté de portiques à deux étages, partant du forum d'Auguste, traversant une place où se trouve la statue de l'empereur Constantin sur une colonne de porphyre et arrivant à la Porte d'Or... Partout des astrologues, des magiciens... Des discus-sions... Et Sainte-Sophie! Une église qui ne ressemble à aucune de celles que nous connaissons, avec une nef centrale presque carrée surmontée d'une coupole de 31 mètres de diamètre, avec une clef de voûte à 56 mètres du sol, et de l'argent, de l'ivoire, des plaques d'or, un autel de pierres précieuses et d'émaux où joue une lumière surnaturelle... Des

lampadaires, des images peintes... Au-dehors, sur le côté
d'une petite place s'élève une sorte de tour, où vingt-quatre
petites portes représentent les heures du jour et de la nuit ; dès
qu'une heure prend fin, la porte se ferme tandis que s'ouvre la
porte suivante et qu'en sort une figurine, qu'on verra tant que
durera l'heure ; puis elle disparaîtra à son tour... Et le palais
de l'empereur ! Le trône impérial, disent les guides, est en or,
ombragé par un platane d'or sur les branches duquel sont
perchés des oiseaux d'or ; au pied du trône sont couchés deux
lions d'or, et sur les côtés, des griffons d'or montent la garde.
Quand le basileus reçoit un invité de marque, les lions se
soulèvent et se mettent à rugir, les griffons se dressent, les
oiseaux chantent dans l'arbre d'or et le trône soudain se
soulève jusqu'au plafond [51]...

Constantinople, nous n'aurions jamais fini d'en faire le
tour et d'en parler – si nous étions venus pour nous promener
comme des seigneurs fatigués de la chasse. Mais nous étions
des pèlerins. Il y avait Dieu et nous. Dieu habitait en nous,
nous brûlait le cœur. Nous ne pouvions tenir en place.

Gautier Sans Avoir et Pierre l'Ermite sont restés cinq
jours – cinq, pas un de plus [52] – sous les murs de
Constantinople. Le sixième jour, ils traversent l'Hellespont et
prennent pied en Asie.

VI

PAR LA PERMISSION DE DIEU

Notre clairière – Mous comme du beurre – Gonflés d'orgueil
– Xerigordo – Le sang des chevaux – Deux espions – Le
signal de la guerre – L'estor doloreus – Sept flèches –
Désastre – L'au-delà

Pierre l'Ermite et Gautier Sans Avoir plantent leurs tentes autour de Civetot, une forteresse abandonnée, naguère tenue par les mercenaires des Grecs, non loin de l'embouchure du Drakon [53]. Ils sont maintenant en territoire païen, et l'ennemi est partout. En Allemagne, en Hongrie, à Constantinople, ils étaient en pays de chrétiens, même si ces chrétiens-là paraissaient souvent suspects à « la gent Notre-Seigneur ». Il n'y aurait désormais plus d'ambiguïté. En Asie, nous étions chez le Turc, dans l'antre de la Bête.

Les Turcs, nous savions qu'ils étaient bruns de peau, que leurs cavaliers, montant de petits chevaux rapides, combattaient sans haubert, avec des épées courbes, que leurs archers étaient redoutables, qu'ils préféraient se tenir au loin, encercler, harceler, enfumer, assoiffer. Ils pouvaient, disait-on, se marier avec autant de femmes qu'ils pouvaient en acheter.

Leur Dieu, leurs croyances, leurs mœurs, leur langue de gorge, nous ne les connaissions guère. Ils s'étaient convertis à l'islam sous l'influence des Perses et avaient quitté les lointains sauvages d'Asie Centrale pour se bâtir, d'Ispahan à Boukhara et Lahore, un empire à la mesure de leur ambition. En 1055, la famille des Seldjouk y avait pris le pouvoir et régnait à Bagdad. En 1071, ils avaient écrasé à Manzikert l'armée byzantine et conquis la Palestine.

Nous savions seulement qu'ils souillaient Jérusalem et

qu'ils étaient l'Ennemi. Il faut comprendre que le monde, pour nous, était comme une forêt inconnue et menaçante ; nous ne connaissions guère que notre clairière. Quelques fables et quelques dictons formaient avec les Écritures – mais dans quel état nous parvenaient-elles ! – l'essentiel de notre « culture ».

Ainsi, les Toltèques, dans le même temps, occupaient les villes mortes témoignant de la splendeur ancienne des Mayas, mais l'Amérique n'existait pas pour nous, pas plus que l'Afrique noire. Au Japon, régnait la famille Fujiwara. A Angkor, l'hindouisme triomphait tandis qu'à Pagan, en Birmanie, l'édification de 5 000 monuments en un demi-siècle – le grand temple Anauda venait d'être inauguré – célébrait Bouddha. En Chine, on se servait de poudre à canon, d'assignats et même de caractères mobiles pour imprimer les textes importants – nous les attendrions encore quatre siècles !

On disait que les Allemands étaient brutaux et paillards, les Normands vantards, les Français orgueilleux et efféminés, les Poitevins aventuriers, les Bourguignons stupides, les Bretons inconstants, les Lombards avares et peureux, les Romains séditieux, les Siciliens cruels, les Brabançons sanguinaires et brigands, les Flamands gloutons et mous comme du beurre. Mais c'étaient là des gens de chez nous, avec deux bras, deux jambes, une bouche, deux yeux et deux oreilles. Pour le reste, on nous parlait de peuples dont les individus étaient nains, ou géants, ou pourvus de queue, ou de grandes oreilles... Dans les ports, nous avions vu des maudits dont la peau était noire comme le péché... Mais rien ne pouvait être plus dangereux, plus menaçant que ces Turcs sans nombre, soldats de l'Antéchrist...

Avant de s'engager en territoire hostile, la gent Notre-Seigneur a commencé par souffler un peu, sans qu'on sache s'il s'agit pour elle de « se rétablir de ses longues souffrances » avant le combat final des forces du Bien contre celles du Mal, ou si la décision a été prise d'attendre l'armée des barons pour affronter les solitudes hostiles de l'Asie.

Mais attendre! On n'attend que si l'on calcule, on n'attend que si l'on a peur. « Notre cœur était brûlant en nous. » Et, autour de Civetot, tout se gâte très vite : « Ce peuple misérable et dénué d'entendement, raconte Guillaume de Tyr, corrompu par l'opulence et l'oisiveté, poussé à l'insolence par le bien-être, commença bientôt à se former en bandes en dépit des ordres de ses chefs, et ces bandes se mirent à parcourir le pays à plus de dix milles à la ronde, enlevant partout le gros et le petit bétail et le ramenant au camp. »

Suivant la côte de la mer de Marmara, ils gagnent Nicomédie, ville abandonnée depuis qu'elle a été saccagée par les Turcs, quinze ans plus tôt. Là, les bandes se séparent, les Italiens et les Allemands tournant le dos à ces « Francs gonflés d orgueil » – refusant en fait d'écouter les consignes de Pierre l'Ermite et Gautier Sans Avoir. Les Italiens, sans doute des Normands d'Italie du Sud, se choisissent un chef, nommé Rainald.

Le basileus Alexis, qui suit de près les mouvements et le comportement des « Celtes », multiplie les avertissements et les conseils de prudence. En vain. Des Français rejoignent même Rainald et les siens quand ils quittent Pierre et s'éloignent du rivage pour s'enfoncer, plein est, vers l'intérieur du pays. Ils sont plusieurs milliers qui, « dressant leurs bannières, partant en grand tumulte », arrivent jusque sous les murs de Nicée, capitale du sultan seljoukide Kilij Arslan ibn-Suleiman, Soliman dans les chroniques.

Ils saccagent, pillent, tuent – la plupart de leurs victimes sont des chrétiens grecs habitant les villages autour de Nicée. Anne Comnène parlera de leur « cruauté » : « Les enfants à la mamelle, par exemple, ou bien ils les mutilaient, ou bien ils les empalaient sur des pieux et les faisaient rôtir au feu. Quant aux gens avancés en âge, ils leur faisaient subir toutes sortes de tortures. »

Dans les pâturages sous Nicée, ils raflent sept cents bœufs et « beaucoup de menu bétail ». Ils rentrent triomphalement à Civetot, où ils font « un bon et grand festin », avant de vendre leur surplus de butin aux marins grecs.

Devant le succès de l'expédition, les Allemands forment un corps de deux cents cavaliers et trois mille hommes de pied et partent dans les montagnes « avec des bannières rouges ». A trois milles de Nicée, ils trouvent une petite ville fortifiée, Xerigordo. « Ils attaquèrent le château de toute la force de leurs armes et en poussant des cris de guerre, relate Albert d'Aix, si bien qu'ils s'en emparèrent et passèrent au fil de l'épée tous les habitants, excepté les chrétiens grecs qui furent épargnés. Ils se réjouirent dans la grande abondance de vivres qu'ils y trouvèrent. Enivrés de leur victoire, ils résolurent d'un commun accord de demeurer dans ce lieu, d'où il leur serait facile d'occuper le territoire de Soliman et d'y enlever de tous côtés du butin et des vivres, en attendant que l'armée des grands princes se rapprochât davantage. »

Mais voilà que Soliman envoie ses soldats reprendre Xerigordo. Rainald, qui est de cette nouvelle expédition avec ses Normands d'Italie, leur tend une embuscade à l'aube du 29 septembre, pour la Saint-Michel, mais il est bousculé ; une partie seulement de sa troupe peut se replier derrière les murs, l'autre est massacrée.

Les Turcs criblent les remparts de flèches et les escaladent. Corps à corps. Les défenseurs, à coup de lances, d'épées, de haches à deux tranchants — les armes des Normands et des Francs — font front et pour finir repoussent l'ennemi.

C'est la première bataille entre les chrétiens et les Turcs, et on s'imagine bien ce qu'elle peut comporter de férocité à bout portant — souci d'impressionner, peur peut-être.

Les Turcs ne reprennent pas l'assaut. Ils installent le siège. Ils connaissent le pays et le climat, et leur arme sera la soif. L'approvisionnement en eau de la forteresse est en effet assuré par un puits situé près de la porte, mais à l'extérieur, et par une source en contre-bas.

Les effets du manque d'eau se font bientôt sentir. « Les nôtres souffrirent tellement qu'ils ouvraient les veines de leurs chevaux et de leurs ânes pour en boire le sang ; d'autres lançaient des ceintures et des chiffons dans les latrines et en exprimaient le liquide dans leur bouche ; quelques-uns urinaient dans la main d'un compagnon et y buvaient ensuite ; d'autres creusaient le sol humide, se couchaient et répandaient de la terre sur leur poitrine tant était grande l'ardeur de leur soif. »

Rainald négocie en secret. Ayant obtenu la promesse d'avoir la vie sauve en échange d'une apostasie, il feint une sortie et se réfugie auprès des Turcs qui s'engouffrent dans la forteresse. « Tous ceux qui refusèrent de renier le Seigneur furent condamnés à mort. D'autres, pris vivants, furent partagés comme des brebis. D'autres servirent de cibles aux Turcs qui tiraient des flèches sur eux. D'autres étaient vendus ou donnés comme des animaux. »

La nouvelle arrive à Civetot alors que Pierre l'Ermite est retourné à Constantinople, sans doute solliciter du basileus des secours plus importants pour être mieux à même de lutter contre la tentation du pillage. Une autre nouvelle arrive en même temps : Nicée, disent des voyageurs – en réalité deux agents de Soliman –, a été prise par les chrétiens, qui sont fort occupés à s'y partager un immense butin.

Entre ceux qui veulent partir sur-le-champ venger les victimes de Xerigordo et ceux qui sont déjà prêts à courir à Nicée, Gautier Sans Avoir tente de faire prévaloir la prudence. D'autres chefs le suivent, comme Renaud de Breis, Guillaume de Breteuil, Foulque d'Orléans et les Allemands Ugo de Tubingen et Gauthier de Teck. Mais le bouillant

Geoffroy Burel qualifie leur attitude de folle et de lâche.

Dans le même temps, des chevaliers turcs sortis de Nicée – « au nombre de cent », précise Albert d'Aix – parcourent le pays « afin de recueillir des détails exacts sur le butin et les prises que les Français avaient enlevés ». En chemin, quand ils rencontrent des bandes de dix ou quinze pèlerins, ils leur tranchent la tête.

Un chef assez sage pour résister à un défi a peu de chance, dans ces armées-là, de rester longtemps chef. Gautier Sans Avoir doit bientôt se déclarer prêt à marcher contre le Turc et « les cors font retentir le signal de la guerre ». Ne resteront au camp de Civetot que ceux qui n'ont pas d'arme, les infirmes et les femmes, « qui se trouvaient en nombre incalculable ». Pierre l'Ermite n'est toujours pas revenu.

Le 21 octobre à l'aube, 500 chevaliers et 25 000 hommes de pied, répartis en six corps « dont chacun eut sa bannière », quittent Civetot « remplis d'orgueil, poussant de terribles vociférations et dans le plus violent tumulte ». A trois milles du camp, ils s'engagent en terrain montagneux et boisé, dans le massif tourmenté où le Drakon a creusé d'étroites gorges.

Les Turcs ont pénétré sous les mêmes couverts, mais de l'autre côté, espérant sans doute aller surprendre les Francs dans leur camp. Le tapage des pèlerins les arrête. Ils reculent en silence et s'immobilisent à découvert.

Sortant du bois, les Francs découvrent soudain les Turcs. Leurs cavaliers chargent aussitôt.

> *Or, s'en fuient li Turc, Franc les vont enchauçant*
> *De ça Nique en un val les vont aconsivant*
> *Dessous le Civetot dont li pui sont moult grant.*
> . . . .
> *Tant i avoit de Turs, sans mençoigne disant*
> *Que tot en sont couvert li pui et li pendant.*
> *La commence l'estor doloreus et pesant...*

Sous la charge, les Turcs rompent et s'enfuient, attirant les Francs dans la véritable nasse que constituent les étroits défilés. Les archers de Soliman tirent les chevaux, de sorte que les « vigoureux athlètes du Christ sont ainsi mis à pied ». Postés au « pendant des puis », c'est-à-dire au versant des montagnes, ils massacrent cette armée de forcenés qui poussent « des cris terribles » et se débattent comme des bêtes au piège.

Gautier Sans Avoir reçoit sept flèches, dit Albert d'Aix, et meurt. Meurent aussi Renaud de Breis, Foulque d'Orléans, Ugo de Tubingen, Guillaume de Teck, Conrad et Albert de Zimmern...

Geoffroy Burel et Gautier de Breteuil parviennent à s'enfuir et à rejoindre par les fourrés ce qui reste de l'armée. Ils amènent la panique avec eux. C'est l'éparpillade, le sauve-qui-peut, la course aveugle vers Civetot – et le massacre des fuyards. Le camp est à trois milles, ces trois milles font bientôt un chemin de morts et de blessés, une piste sanglante vers les tentes et les chariots où sont surpris ceux qui étaient restés, « les faibles et les malades, les clercs, les moines, les femmes âgées, les enfants à la mamelle ».

Les uns dorment encore, les autres sont à leur toilette. Les Turcs les surprennent, en massacrent le plus grand nombre, sauf les jeunes filles « dont la beauté faisait impression à leurs yeux et les jeunes garçons imberbes qui avaient de beaux visages ». La jeune et jolie religieuse qu'on a vue à Aix quitter son couvent pour suivre Pierre l'Ermite est parmi les prisonniers. Ceux qui peuvent s'échapper courent vers la mer, s'enfouissent dans la forêt ou gagnent la forteresse de Civetot, s'y barricadent comme ils peuvent. Les Turcs les arrosent de flèches tirées verticalement, puis entassent du bois pour brûler le château, mais ce sont les chrétiens qui, profitant du vent, enflamment les fagots pour enfumer les Turcs « tandis que Dieu préservait les nôtres de l'incendie ».

La nuit venue, un Grec peut s'enfuir et s'embarquer pour aller alerter Pierre l'Ermite à Constantinople.

Pierre court au palais, supplie le basileus d'aller sauver ce qui reste de son armée. Alexis convoque ses mercenaires et le chef de sa flotte, Constantin Euphorbenos, leur ordonne d'embarquer « en toute hâte » pour secourir les assiégés.

Ils arriveront trop tard. Les chrétiens ont dû se rendre : « Les Turcs les prirent vivants, les partagèrent comme ils avaient fait des premiers et les dispersèrent dans toutes les régions. » Dans le camp de Civetot, ils raflent, selon l'usage, et emportent à Nicée, l'argent, les vêtements, les chevaux, les mulets, les objets précieux « et les tentes même ».

Constantin Euphorbenos ramène à Constantinople les survivants. Ils sont désarmés et logés dans les faubourgs. Alexis a beau jeu de rappeler à Pierre ses conseils, mais le petit moine refuse la responsabilité du désastre. Ses troupes, dit-il, n'étaient qu'un ramassis de voleurs et de brigands qui n'en faisaient qu'à leur tête, refusaient ses ordres et ses avis. Il ne fallait pas s'étonner, dans ces conditions que Dieu n'ait pas voulu leur laisser l'honneur de délivrer le Saint Sépulcre.

C'est ainsi que sera compris le massacre de ces milliers de pauvres un jour partis vers l'Orient tant le cœur leur brûlait. « Ils furent entièrement détruits, écrit Orderic Vital, par la permission de Dieu. » Il n'y a pas d'autre explication possible, surtout quand on est moine ou grand seigneur et qu'on réprouve l'exigeante fièvre de ce Petit-Pierre, ses leçons, ses menaces, sa hâte à tout quitter, le désordre que ses bandes ont mis partout où il est passé. Il voulait être le premier en Terre-Sainte ? Qu'il nous attende, maintenant, peut-être l'emmènerons-nous, si tel est notre plaisir.

Dans les défilés et les abrupts de Civetot, livrés aux mouches et aux charognards, des milliers et des milliers de corps sans sépulture témoigneraient longtemps qu'une sorte de rêve brûlant s'était éteint là d'un coup, aux rives de l'Asie, haché par le cimeterre des Infidèles. Mais le pape n'avait-il pas juré que ceux qui mourraient en route gagneraient tout droit le paradis ?

Et puis on n'en est jamais quitte avec les rêves. Les barons et les évêques finissent alors de partir de leurs domaines, avec leurs lourdes armées, de la vaisselle précieuse et des chapelains prêts à glorifier leurs grands coups d'épée. Sans doute, ceux-là ne sont-ils pas ces pauvres fous pétris de misère et nourris de prodiges qu'on a vus courant dans la nuit vers une aube sublime. Mais eux aussi sont marqués de la croix et d'une façon ou d'une autre, pour eux aussi l'au-delà commence à l'horizon.

DEUXIÈME PARTIE

« Les pauvres, sans vous ils ne peuvent vivre, sans eux vous ne
pouvez être sauvés. »

L'évêque du Puy Adhémar de Monteil
aux chevaliers, le 1ᵉʳ août 1098, devant Arqa.

I

LES CHEMINS DE CONSTANTINOPLE

Ridicule – Des cuissards d'or – Salut et amour – Des paroles
trompeuses – Cohue au palais – Plus de pain – Le serment de
Godefroi – Besants et petite monnaie – Tu vas être comblé –
Une ville d'hérétiques – Tels des mille-pattes – De la chair
crue pour Bohémond – Déçus par nos chefs – Des cheveux de
la Vierge – Comte très aimé – Toulouse! Toulouse! – Au
mépris de la justice – Tant d'eunuques – Comme on quitte un
père – Ocre et bleu

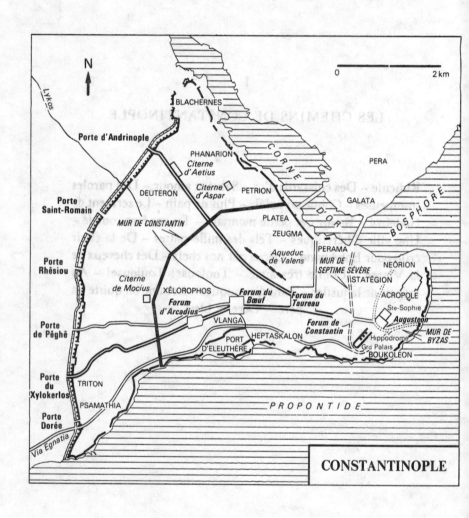

CONSTANTINOPLE

N

0   2 km

LYKOS

BLACHERNES

Porte d'Andrinople

PHANARION

Citerne d'Aetius

DEUTERON

Citerne d'Aspar

PETRION

PLATEA

ZEUGMA

CORNE D'OR

PERA

GALATA

BOSPHORE

Porte Saint-Romain

MUR DE CONSTANTIN

Aqueduc de Valens

PERAMA

MUR DE SEPTIME SÉVÈRE

STATÉGION

NEÓRION

ACROPOLE

Porte Rhêsiou

Citerne de Mocius

XÉLOROPHOS

Forum d'Arcadius

Forum du Bœuf

Forum du Taureau

Ste-Sophie

Augusteon

MUR DE BYZAS

Porte de Pêghê

VLANGA

Forum de Constantin

Hippodrome

Grd Palais

BOUKOLÉON

PORT D'ELEUTHÈRE

HEPTASKALON

Porte du Xylokerlos

TRITON

PSAMATHIA

PROPONTIDE

Porte Dorée

Via Egnatia

La lettre que le frère du roi de France Hugues le Maisné, comte de Vermandois, a fait porter à l'empereur d'Orient Alexis Comnène – « Il convient que l'on m'accueille avec une pompe digne de ma haute naissance » – a bien amusé les Grecs. « Message ridicule », se rappellera Anne Comnène, la fille du basileus, quand elle entreprendra, une quarantaine d'années plus tard, la chronique de ce temps-là.

L'empereur, pourtant, écrit aussitôt à son fils Jean Commène, duc de Durazzo, lui demandant de « guetter sur la terre et le long de la côte, à charge de lui signaler par un prompt message l'arrivée de ce (Latin) qu'il devrait recevoir avec honneur ». Il écrit aussi au chef de la flotte, Nicolas Maurokatakalon, dont les bateaux patrouillent le long des côtes, pour lui donner l'ordre de « se tenir continuellement en éveil ».

C'est qu'Alexis a décidé d'utiliser à son profit la force et l'impétuosité de ces barbares « celtes » qui s'annoncent. Il veut reconquérir l'Asie mineure et prendre sur les Turcs la revanche de Manzikert, subie vingt-cinq ans plus tôt, mais les Grecs n'ont plus envie de se battre – ils préfèrent commercer, philosopher, calculer l'avenir dans les astres, regarder les courses de chevaux, attendre à l'ombre la saison prochaine et payer des mercenaires. Alexis n'a jamais demandé au pape autre chose qu'une armée de chevaliers venant servir un temps. Les soldats qu'il emploie déjà, comme les Varanges et les Petchenègues, suffisent à peine à garder les palais et les frontières. La réponse de l'Occident le stupéfie.

« Urbain, pontife de Rome, à Alexis empereur de Constantinople :

« Lorsqu'il eut été résolu à Clermont en Auvergne, que par suite du vœu unanime la guerre serait faite aux Sarrasins, une si grande multitude d'hommes prit la croix que le nombre s'en éleva à trois cent mille (22). L'ardeur des puissants chefs est telle que nous devons beaucoup espérer de rentrer en possession de Jérusalem. Le premier de tous, Pierre l'Ermite s'est mis à la tête d'une armée innombrable. Godefroy et ses frères Eustache et Baudouin, comtes de Bouillon, se sont joints à lui, et ont levé des corps nombreux de troupes. Viennent ensuite l'évêque du Puy commandant en chef de cette expédition, et le comte Raimond de Saint-Gilles; enfin les comtes Hugues le Grand, frère de Philippe roi des Français, Robert de Normandie, un autre Robert de Flandre, et Étienne de Chartres. Que dirai-je de Bohémond, qui, animé d'un incomparable courage, s'est joint à eux avec sept mille hommes appartenant à la plus brillante jeunesse de l'Italie, après avoir laissé le soin des affaires à son frère avec lequel il avait eu de longs et sanglants démêlés.

« Aux immenses préparatifs de guerre qui ont été faits, il ne manque qu'une seule chose, c'est que de si grands rassemblements d'hommes trouvent dans vos États les secours et les approvisionnements nécessaires. Je vous prie donc, de la manière la plus instante, de favoriser autant qu'il pourra dépendre de vous cette guerre juste et glorieuse. Quoique je ne doute pas que vous n'agissiez dans ce sens, j'ai voulu néanmoins que vous apprissiez par nos lettres que votre concours serait très-agréable soit à moi soit à toute la République chrétienne. Salut. »

Jusqu'alors, Alexis n'a vu que des hordes d'illuminés et

de brigands, sans discipline, sans chefs militaires et même sans armes. Et l'arrivée des barons lui fait craindre le pire : « En apparence, devait noter sa fille, ils faisaient une expédition à Jérusalem; en réalité, ils voulaient détrôner l'autocrator et s'emparer de la capitale. » Il est vrai que l'annonce que Bohémond de Tarente, ennemi juré de Byzance, a pris la croix, a de quoi inquiéter les Grecs.

Mais, pour les politiques, de tout mal peut naître un bien, et Alexis ne laissera pas passer cette occasion, unique, de retrouver les anciennes frontières de l'empire. Il lui faudra seulement 1. convaincre les Occidentaux de bien vouloir lui remettre leurs conquêtes; 2. éviter qu'ils ne tournent leurs armes contre lui. On le verra donc tour à tour et simultanément manœuvrer, ruser, promettre et menacer; les chefs francs, il va les convaincre, les séduire, les éblouir ou les corrompre. Il jouera de son art, de sa richesse, de sa patience, et de l'infinie séduction de sa ville.

Constantinople, les soldats à la croix n'ont jamais rien vu de pareil. Ville de marchands, de soldats et de moines née de la volonté d'un empereur romain, elle tient de Rome l'orgueil, la cruauté, les jeux du cirque, les intrigues de palais et les émeutes populaires; d'Athènes la langue, la culture et l'art des voluptés. Aux frontières, les Barbares convoitent sa richesse et sa légende, mais aussi sa position stratégique : elle tient les clés des routes du blé, de l'or, du cuivre, de l'étain, des étoffes, au débouché des pistes caravanières et des voies maritimes.

Pour obtenir que les barons d'Occident combattent pour son compte, et non contre lui, Alexis a l'idée d'amener ces grands jureurs à lui prêter serment de vasselage pour la durée de la campagne – moyennant quoi il les ravitaillera et les protègera. Il n'y réussira que s'il parvient à négocier avec les chefs les uns après les autres, à éviter qu'ils ne se concertent. Le risque le plus grand est pour lui que les différentes armées ne se regroupent devant Constantinople : comme on les connaît, ils s'éblouiraient de leur nombre et ne manqueraient pas d'attaquer la ville.

Le pari est osé. Mais Alexis est trop fin politique pour ne pas tenter d'asservir la force de l'armée considérable qui s'annonce.

Voilà pourquoi Sa Gloire Alexis Comnène, basileus, autocrator, empereur de Constantinople, fait disposer des guetteurs sur les plages pour accueillir le frère quasiment sans terre du roi obscur d'un lointain fief barbare.

Alors qu'il se dirigeait vers Rome, Hugues le Maisné a été rejoint par trois des rescapés de la bande d'Emich mise en pièces par les Hongrois : le redoutable Guillaume le Charpentier, Drogo de Nesle et Clairambaud de Vendeuil. Ils ont ensemble gagné l'Italie du sud et atteint Bari en octobre. Là, des Normands se sont joints à eux, notamment un neveu de Bohémond de Tarente, Guillaume, qui n'avait pas la patience d'attendre le départ des siens.

De Bari, Hugues s'est fait précéder à Durazzo par une ambassage de vingt-quatre chevaliers conduite par Guillaume le Charpentier – « Ils étaient revêtus de cuirasses et de cuissards d'or », se rappellera Anne Comnène. D'après elle, ils s'adressèrent en ces termes à Jean Comnène : « Sache, duc, que notre seigneur Hugues est sur le point d'arriver et qu'il apporte de Rome l'étendard d'or de Saint Pierre. Sache également qu'il est chef de toute l'armée franque. Aussi prépare-toi à le recevoir d'une manière digne de sa puissance, lui et les troupes qu'il commande, et à te rendre à sa rencontre. »

Hugues le Maisné s'est alors embarqué à son tour, mais, à peine au large, sa flottille fut prise dans une violente tempête qui éparpilla les bateaux, en coula quelques-uns, noyant rameurs, pèlerins et chevaux. L'embarcation où se trouvait Hugues fut jetée à la côte et s'échoua, démantibulée, près de Durazzo, où il se fit reconnaître par deux des guetteurs mobilisés par l'empereur et à qui on avait fait la leçon. « Le duc, lui dirent-ils, attend impatiemment ta venue et désire beaucoup te voir. » L'un des deux lui prêta sa monture, et c'est ainsi, naufragé, sur un cheval d'emprunt et quasiment seul que le frère du roi de France se présenta chez le duc de Durazzo. Celui-ci le réconforta, l'attabla – et le retint jusqu'à ce qu'arrivent les instructions d'Alexis.

Alerté, le basileus envoie Boutoumitès accueillir et ramener le prince français, avec mission d'éviter la route directe et de faire le tour par Philippopoli, sans doute pour éviter qu'Hugues ne rallie à son nom tous les pèlerins italiens qui progressent alors le long de la route directe, la via Egnatia.

Alexis ne lésine ni sur l'honneur ni sur la pompe que le comte de Vermandois estime dûs à son sang royal. Il le comble de « toutes espèces de prévenances », lui offre des cadeaux, lui donne de l'argent, fait briller à ses yeux toutes les séductions de Constantinople... et le persuade bientôt de lui prêter serment d'allégeance. L'engagement du sire de Vermandois, c'est pour lui un premier succès, et considérable. Mais il sait déjà que tous les seigneurs latins ne se laisseront pas convaincre aussi facilement – aussi naïvement [55].

Godefroi de Bouillon a pris la précaution avant de se mettre en marche, d'envoyer en Hongrie l'un de ses fidèles, Geoffroi d'Esch, pour préparer le passage. Mais, alors que son armée était déjà en chemin – remontant le Rhin, descendant le Danube jusqu'à Tollenburg, près de la rivière Leitha – des rescapés des massacres de l'été l'ont rejointe et on mis Godefroi en garde contre les Hongrois. Il a alors à nouveau dépêché au roi Coloman Geoffroi d'Esch, avec douze hommes de sa maison et un message :

« Au roi des Hongrois Coloman, Godefroi duc de Lorraine, et les autres premiers seigneurs de la Gaule, salut et tout bien en Christ!

« Nos seigneurs et princes s'étonnent qu'étant attachés à la foi chrétienne vous ayez fait subir un si cruel martyre à l'armée du Dieu vivant, que vous lui ayez défendu de passer sur votre territoire et dans votre royaume et que vous l'ayez chargée de tant de calomnies. C'est pourquoi, frappés maintenant de crainte et d'incertitude, ils ont résolu de s'arrêter à Tollenburg jusqu'à ce qu'ils apprennent de la bouche du roi pourquoi un si grand crime a été commis par des chrétiens persécutant d'autres chrétiens. »

Coloman reçut les ambassadeurs à sa table et les logea en son palais pendant une semaine. Puis, ayant pris avis de son conseil, il leur remit sa réponse à Godefroi :

« Le roi Coloman au duc Godefroi et à tous les chrétiens, salut et amour sans dissimulation !

« Nous avons appris que tu es un homme puissant et prince sur ton territoire et que tu as toujours été jugé fidèle par ceux qui t'ont connu. Aussi, appréciant ta bonne réputation, je désire maintenant te voir et te connaître. J'ai donc décidé que tu aies à te rendre auprès de nous au château de Ciperon sans redouter aucun danger. Nous nous arrêterons chacun sur une rive du marais et nous aurons ensemble des entretiens sur toutes les choses que tu nous demandes et au sujet desquelles tu nous crois coupable. »

Godefroi se rendit donc au lieu dit avec trois cents cavaliers. Là, il laissa son escorte et s'avança vers le roi seulement accompagné de son proche parent Garnier de Grez et des frères Renaud et Pierre de Toul. Il embrassa Coloman, qui lui proposa de le suivre en Hongrie. Godefroi accepta et, confiant son armée à son frère Baudouin, n'emmena avec lui que douze chevaliers.

En Hongrie, il put se faire une idée sur le passage de Pierre l'Ermite et de Gottschalk – « C'est tout juste, disaient les Hongrois, si, avec l'aide de Dieu, nous avons réussi à nous défendre. » Cette fois, Coloman voulait des gages « garantissant la sécurité de son royaume et les biens de tous les siens ».

On s'accorda sur une remise d'otages, Godefroi demandant seulement que son armée puisse acheter ce qui lui serait nécessaire. Traité conclu, les deux hommes prêtèrent serment. Les otages, à la demande de Coloman, étaient le propre frère de Godefroi, Baudouin, avec sa femme Godvère et les gens de sa maison.

Au camp de Godefroi, où l'on commençait à s'inquiéter – la négociation avait duré huit jours – la nouvelle fut accueillie avec soulagement. Sauf par Baudouin, qui « résista vivement » à l'idée de jouer les otages et ne finit par accepter que lorsque Godefroi eut proposé de se livrer lui-même.

Le duc de Lorraine fit proclamer « dans toutes les tentes » que la moindre entorse au traité serait punie de mort ; Coloman pour sa part décréta que tout ce dont aurait besoin l'armée de Godefroi – pain, vin, bestiaux, volatiles – serait vendu « avec quelque diminution » sur les prix habituels. La traversée de la Hongrie se fit sans incident. Avec une forte escorte de cavalerie et ses otages, le roi Coloman suivait les Francs à peu de distance ou progressait sur une voie parallèle.

A Semlin, Godefroi resta cinq jours au bord de la Save, le temps de tresser des claies d'osier ou d'assembler des troncs en nombre suffisant pour passer la rivière, le temps aussi d'envoyer des éclaireurs sur l'autre rive où, disait-on, des mercenaires à la solde des Grecs les attendaient pour leur interdire l'entrée de la Bulgarie. Le roi Coloman vint rendre ses otages, offrant à Godefroi et à Baudouin de nombreux présents avant de leur donner le baiser de paix et de s'en retourner.

L'armée traversa la Save – personne ne les attendait de l'autre côté – et entra dans Belgrade, ville désertée par ses habitants depuis que la multitude de Pierre l'Ermite l'avait pillée et incendiée quelques semaines plus tôt [56]. Dès le lendemain, elle s'enfonça dans les profondeurs de la forêt bulgare.

A mi-chemin de Nisch apparurent des émissaires de l'empereur Alexis. Ils étaient porteurs d'un message : « Alexis, empereur de Constantinople et du royaume des Grecs, au duc Godefroi et à ceux qui le suivent, parfait amour!

« Je te demande, duc très chrétien, de ne pas souffrir que les tiens ravagent et dévastent mon royaume et mon territoire sur lequel tu es entré. Reçois la permission d'acheter, et qu'ainsi les tiens trouvent en abondance dans notre empire toutes les choses qui sont à vendre. »

Les émissaires escortèrent Godefroi jusqu'à Nisch, où l'armée trouva grains, vin et huile à discrétion; le gouverneur Nicétas fit même porter de la part de l'empereur du gibier à Godefroi. Puis l'armée gagna Sofia, et Philippopoli, où le duc de Lorraine resta huit jours, « comblé des mêmes dons de l'empereur et trouvant avec profusion toutes les choses nécessaires. »

On était alors au début de décembre, et on apprit dans l'armée que Hugues de Vermandois était arrivé à Constantinople, où on le couvrait de « merveilleux cadeaux ». La rumeur était si convaincante que dès le lendemain, à l'aube, Baudouin de Hainaut et Henri d'Esch quittèrent le camp : ils voulaient, ces avides, être les premiers à la distribution.

Godefroi était furieux. Il gagna Andrinople, puis Silivri et fit dresser ses tentes au milieu d'agréables prairies. Là, pendant huit jours, ses hommes dévastèrent le pays d'alentour; pour venger Hugues le Maisné et ses compagnons, explique Albert d'Aix, prisonniers de l'empereur et tenus « dans les fers » – explication peu vraisemblable, à moins qu'il ne se fût agi d'une contre-rumeur destinée à éviter que d'autres chevaliers ne suivent Baudouin de Hainaut et Henri d'Esch dans leur course au trésor.

Quoi qu'il en soit, Alexis envoya deux ambassadeurs – deux Français à son service – à Godefroi pour lui demander de mettre fin aux pillages. Godefroi leva le camp et gagna

Constantinople, qu'il atteignit le 23 décembre. Il fit dresser les tentes sous les murs, entre Kosmidion et Saint-Phocas.

Aussitôt surgissent des rescapés de Pierre l'Ermite; ils l'avertissent de se méfier de l'empereur et de ses « paroles trompeuses ». Arrivent aussi, envoyés par Alexis, Hugues le Maisné et Guillaume le Charpentier, porteurs d'une invitation à rencontrer l'empereur. Godefroi – refuse-t-il l'idée d'avoir à prêter serment à ce souverain étranger? Veut-il attendre le comte de Toulouse et Adhémar du Puy pour se concerter? – élude l'invitation et passe Noël « en plein repos et en parfaite joie devant les murs de Constantinople ».

Obsédé par l'idée d'un groupement des colonnes armées, Alexis a disposé plusieurs réseaux de troupes auxiliaires entre le camp de Godefroi et l'armée de Bohémond qui se rapproche, avec mission d'intercepter tout messager de l'un à l'autre. Il profite de ce qu'il commence à pleuvoir, à faire froid, pour proposer à Godefroi de quitter les tentes et la boue pour s'installer dans des bâtiments du faubourg de la Corne d'or, où il le surveillera plus aisément. Le Lorrain finit par accepter, malgré l'irréductible méfiance avec laquelle il considère toutes les propositions d'Alexis. Exemple de message qu'il fait tenir au basileus :

« Godefroi, duc, à l'empereur, fidélité et soumission!

« J'irais volontiers et selon vos désirs auprès de vous; j'admirerais les pompes et les richesses de votre palais; mais j'ai été effrayé par les mauvais bruits qui sont parvenus à mes oreilles sur votre compte... »

Nouveaux échanges d'ambassades. Conon de Montaigu, Baudouin du Bourg et Geoffroi d'Esch sont les négociateurs habituels de Godefroi. Leurs façons bruyantes, leur mépris pour la soigneuse étiquette du palais choquent les dignitaires pontifiants et les fonctionnaires chargés de faire respecter le protocole. C'est la cohue au palais. Imaginez un garde tentant d'interdire la porte au terrible Guillaume le Charpentier sous prétexte que l'heure des audiences n'a pas sonné, que son nom ne figure pas sur la liste depuis longtemps établie de ceux qui sont admis à paraître devant Sa Gloire pour lui offrir leurs hommages, ou encore qu'il n'est pas passé au vestiaire revêtir l'habit de gala qu'on porte pour cette circonstance avant d'attendre dans le silence le plus total qu'on veuille bien l'appeler...

Les semaines passent. A la fin de mars, en plein carême, l'armée de Bohémond est annoncée. Alexis doit faire vite. Il décide d'utiliser la seule arme dont il dispose sans faire la guerre : couper les vivres à l'armée des « Celtes ». Il fait disparaître des marchés l'orge, puis le poisson, enfin le pain. Ses mercenaires resserrent leur surveillance autour des cantonnements; des escarmouches font des victimes.

La tension devient telle que Godefroi décide de quitter le faubourg où il risque l'encerclement pour retourner planter ses tentes en plein champ. Le départ de l'armée est l'occasion d'un pillage en règle. Les pèlerins mettent même le feu aux bâtiments qu'ils évacuent. Craignant une intervention de l'armée grecque, Godefroi fait occuper par son frère Baudouin le pont et les accès qui lui permettront de se dégager. Le gros de l'armée se masse sous le mur, à hauteur du palais des Blachernes. L'ennui de trois mois d'inaction, le sentiment d'une menace, l'occasion d'une manœuvre proprement militaire : il en faudrait plus que cela pour empêcher l'impatiente armée de Dieu d'attaquer et d'incendier la porte qui se trouve au sud des Blachernes, et dite Gyrolimne.

Alexis, comme on s'en doute, fait tout pour éviter un affrontement qui risquerait de compromettre l'ensemble de sa politique. Il envoie un message à Godefroi de Bouillon, dans lequel il se dit choqué à l'idée de se battre pendant la semaine sainte : « Si vous voulez combattre, laissez passer Pâques; rendez-vous après le jour de la Résurrection du Seigneur, nous serons prêts nous aussi ». Mais, en même temps, il rassemble les détachements de mercenaires qui se trouvent dans la ville et ordonne une sortie par la porte Saint-Romain, davantage semble-t-il pour impressionner les chefs francs que pour livrer bataille. Au soir, d'ailleurs, chacun reprend ses positions.

Le matin, en l'absence de tout ravitaillement, les hommes de Godefroi commencent à piller les environs, rapportant de la nourriture pour eux et pour les chevaux. Le lendemain, il leur faut aller plus loin, et le troisième jour plus loin encore. Alexis charge Hugues le Maisné de faire comprendre à Godefroi que son attitude ne mène à rien.

Il est possible que se soit alors déroulé une bataille et que Godefroi y ait été vaincu – les récits d'Albert d'Aix et d'Anne Comnène sont ici absolument contradictoires. La seule certitude est que duc de Lorraine Godefroi de Bouillon, jusqu'alors intransigeant, accepte soudain de prêter à l'empereur Alexis le serment de fidélité.

Des navires impériaux viennent chercher Godefroi et les principaux chefs de son armée – Baudouin reste avec les troupes. Ils sont introduits en grande cérémonie dans la salle du trône où les attend, assis, le basileus. Godefroi, selon l'usage, s'agenouille alors devant lui, met ses mains dans les mains de l'empereur et s'engage à être son homme, promet de lui rendre toutes les villes ayant appartenu aux Grecs qu'il reprendrait aux Turcs. Alexis s'incline, embrasse le duc et déclare qu'il l'adopte comme fils.

Quand les principaux chefs de l'armée de Godefroi ont ainsi prêté le serment, Alexis leur fait distribuer de l'or, de l'argent, des chevaux, des étoffes, des mulets. Il s'engage à assurer le ravitaillement de l'armée dès qu'elle aura quitté Constantinople, et même à faire à l'ensemble des pèlerins des distributions d'argent : une fois par semaine et jusqu'à la Pentecôte, quatre hommes apporteront des besants d'or pour les chefs et dix muids de petite monnaie pour les pauvres.

Albert d'Aix le chroniqueur n'est pas dupe des manœuvres d'Alexis : « Chose singulière, dit-il, tout ce que le duc distribuait ainsi aux chevaliers de la part de l'empereur

retournait-sur-le champ au trésor de ce dernier en échange
des vivres qu'ils achetaient. Et ce n'était point étonnant car
dans tout le royaume, nul excepté l'empereur, ne pouvait
vendre des denrées telles que le vin et l'huile, le froment et
l'orge, et toutes sortes de provisions de bouche; c'est ce qui fait
que le trésor de ce souverain est toujours abondamment
pourvu d'argent et ne peut être épuisé par aucune prodiga-
lité. »

Le lendemain du jour où il a prêté serment, Godefroi fait
crier à son armée l'accord conclu et ordonne de lever le camp.
Les navires entreprennent aussitôt le transport des troupes.
Passée en Asie, elles y trouvent les débris de l'armée de Pierre
l'Ermite, et s'installent à Pélékan, au sud-ouest de Chalcé-
doine.

Pendant ce temps, d'autres troupes continuent d'arriver
à Constantinople. Alexis utilise les noms de Godefroi et de
Hugues pour les convaincre de prêter à leur tour le serment
d'hommage. C'est ainsi qu'il invite un jour Godefroi et
Baudouin à parrainer un de ces rituels. A la fin de la
cérémonie, l'un de ces petits seigneurs « celtes » qui se
comportent assez grossièrement va s'asseoir sur le trône du
basileus. Celui-ci, qui a appris à connaître, dit sa fille Anne,
« la nature arrogante des Latins », n'intervient pas. C'est
Baudouin qui, prenant l'homme par la main, le fait
lever :

— Ce n'est pas ici la coutume des empereurs de laisser
leurs sujets s'asseoir sur le trône, dit-il. Ceux qui sont
devenus les vassaux de Sa Majesté doivent aussi observer les
coutumes du pays.

L'homme est furieux. Il se lève néanmoins en protestant
que cet empereur ne sait pas vivre, qu'on ne reste pas assis
quand « tant de valeureux capitaines restent debout ». Alexis
attend que la cérémonie prenne fin pour rappeler « l'impu-
dent Latin », lui demande qui il est, d'où il vient :

On voit bien l'autre lever le menton pour dire :

– Je suis pur Franc, et noble! A l'un des carrefours du pays où je suis né, se trouve un sanctuaire où celui qui désire se battre va se poster pour demander l'aide de Dieu et attendre qu'on vienne le défier. Eh bien ce que je sais, c'est qu'à ce carrefour j'ai attendu longtemps, et que l'homme assez audacieux pour me provoquer n'est jamais venu...

Alexis se fait traduire la tirade.

– Si tu as cherché à te battre sans en trouver l'occasion, répond-il, tu vas être comblé!

Et il s'autorise de « sa grande expérience » pour lui donner des conseils sur la façon d'affronter les Turcs – en évitant notamment de les poursuivre inconsidérément pour ne pas tomber dans leurs embuscades [57].

L'armée de Godefroi est passée en Asie le 9 ou le 10 avril [58]. Pour Alexis, il était temps : Bohémond le Victorieux, Bohémond le Redoutable, Bohémond le Rusé se présente le même jour à Constantinople.

Le Normand a quitté l'Italie à la fin d'octobre, son armée embarquant à Bari, Otrante et Brindisi pour se regrouper, traversée faite, à Avlona le 1ᵉʳ novembre.

L'Albanie, c'est un rivage hostile, avec une côte marécageuse et une barrière de montagnes coupée de défilés profonds [59], mais Bohémond connaissait bien le pays pour l'avoir, en compagnie de son père, conquis, puis perdu, quinze ans plus tôt. Les Normands n'y avaient pas laissé que de bons souvenirs : « A Castoria, raconte le chevalier anonyme qui tient le journal de route de l'armée italienne, nous cherchâmes à nous ravitailler, mais la population ne voulut pas y consentir, parce qu'elle nous redoutait beaucoup. Elle refusait de voir en nous des pèlerins et croyait que nous voulions dévaster sa terre et la massacrer. Aussi, nous nous emparions des bœufs, des chevaux, des ânes et de tout ce que nous trouvions. » Bohémond a passé Noël à Castoria avant

d'entrer en Pélagonie et de tomber sur « une ville d'hérétiques » : les soldats du Christ « s'en emparent aussitôt et la
brûlent avec tous ses habitants ».

Il fallut à Bohémond environ sept semaines pour
parcourir 170 kilomètres très accidentés : expliquent cette
lenteur la nature du terrain, l'hiver, les difficultés de
ravitaillement et les incidents de route, comme celui qu'ils
eurent, vers la mi-février, au bord du fleuve Vardar.

A défaut de pont, il fallait passer sur des radeaux
improvisés, traverser à la nage, ou encore s'accrocher à la
queue des chevaux dans l'eau glacée. Bohémond et Tancrède
étaient passés. Geoffroi, comte de Russignolo, et son frère
évêque étaient encore sur l'autre rive quand des Pètchenègues
à la solde des Byzantins les attaquèrent soudain, sans doute
pour venger les « hérétiques » et l'incendie de la ville [60].

Voyant cela, Tancrède plongea à nouveau, bientôt suivi
de deux mille de ses hommes qui coururent à la rescousse des
leurs. Les Pètchenègues jetèrent leurs arcs et s'enfuirent.
Tancrède put néanmoins en capturer une soixantaine et les
ramener à Bohémond :

— Malheureux, leur demanda celui-ci, pourquoi vous
en prendre à l'armée du Christ?

— Ce sont les ordres de l'empereur, répondirent les
mercenaires. Nous sommes payés pour obéir.

— Mais je n'ai aucune querelle avec votre empereur!

Pour bien montrer sa bonne volonté, Bohémond fit
libérer les prisonniers et, tandis que Raoul de Caen chantait
la gloire de Tancrède — « Heureux les aïeux d'un tel
descendant! Heureux les descendants d'un tel aïeul! Béni
sois-tu toi qui protèges ce peuple par la force de ton bras! » —
envoya des ambassadeurs à Alexis.

Un messager de l'empereur se présenta bientôt pour
accompagner l'armée jusqu'à Constantinople, avec mission
de pourvoir à son ravitaillement et d'empêcher qu'elle ne
pénètre dans les villes. Bohémond accepta sans discuter les

conditions de l'empereur – il savait déjà ce qu'il voulait, Bohémond de Tarente – au point qu'il dut s'opposer à son neveu Tancrède, fort de sa jeune gloire, intransigeant sur l'honneur et suivi d'une partie de l'armée.

A Serra, deux émissaires d'Alexis attendaient Bohémond : « On m'a annoncé ton arrivée, disait l'empereur dans son message, et j'ai appris cette nouvelle avec des entrailles de père. Maintenant en effet tu te consacres à une œuvre digne de tes vertus en dirigeant contre les barbares ta passion pour la guerre... » Il lui annonçait que les autres chefs l'attendaient pour partir et que, comme eux, il recevrait des cadeaux, mais encore plus beaux, qu'il aurait tout ce qu'il désirait des trésors de Constantinople. Il lui suggérait de précéder son armée avec une petite escorte; « quant au reste de la multitude, après que tu lui auras laissé des chefs, la marche lui sera d'autant plus aisée qu'elle ira plus lentement... »

Bohémond n'était certainement pas dupe : il s'agissait de le faire prêter l'hommage avant l'arrivée de son armée. Il montra sa bonne foi aux curopalates en faisant restituer « tous les animaux dont les nôtres s'étaient emparés en maraudant ». Le geste fut bien vu et, les instructions d'Alexis aidant, les habitants de la ville de Roussa sortirent « tout joyeux à la rencontre du seigneur Bohémond en nous apportant d'abondantes provisions » [61].

Un de ces jours-là les ont rejoints la troupe d'un oncle de Bohémond, Richard du Principat, qui se méfiait de la flotte impériale et avait décidé de tirer directement sur Chimara. Il avait loué pour 6 000 pièces d'or un trois-mâts de grandes dimensions, avec deux-cents rameurs et trois chaloupes en remorque. Il y avait embarqué 1 500 soldats armés et 80 chevaux. Le 6 décembre, pour la Saint-Nicolas, il était tombé sur la flotte de l'amiral Maurokatakalon commandant ses birêmes, ses trirèmes et ses dromons « tels des mille-pattes ». Richard du Principat, continuant la guerre commencée quinze ans plus tôt avec son frère Robert Guiscard,

avait engagé le combat malgré les appels au calme des Grecs,
qui découvrirent avec étonnement les arbalètes des Normands
dont les traits étaient capables de « traverser un bouclier, de
perforer une cuirasse de fer épais, de traverser une statue de
bronze ou de pénétrer dans l'épaisseur d'un rempart – telle est
l'action de la tzangra, action réellement diabolique ». Autre
étonnement des marins grecs : dans les rangs normands, un
prêtre se battait comme un forcené; « l'idée qu'on se fait d'un
prêtre n'est pas la même chez les Latins que chez nous »,
commentera Anne Comnène.

Au bout de vingt-quatre heures, Richard du Principat
avait dû se rendre. Le seul à se battre encore était le prêtre;
blessé trois fois, il continuait pourtant à bombarder les Grecs
avec une fronde. Et quand il n'eut plus de pierres, il
poursuivit le combat en lançant des pains d'orge! Enfin
ramené à terre, le prêtre chercha le chef grec qu'il avait tenté
de tuer en mer puis, l'ayant trouvé, il lui commenta le beau
combat, l'embrassa, lui offrit une coupe d'argent et... mourut [62].

Sans doute l'irréductible tonsuré n'aurait-il pas mieux
que Tancrède accepté la façon dont Bohémond composait
avec Alexis. Au tout début d'avril, en effet, le prince de
Tarente souscrivit à la proposition de l'empereur et, laissant
l'armée avec Tancrède passer Pâques « en grande dévotion » à
l'écart de la route, il gagna Constantinople avec seulement dix
de ses chevaliers.

Dès l'annonce de son arrivée, le 9 avril, Alexis le fait
mander au palais – avant qu'il puisse rencontrer Godefroi,
qui prépare son embarquement. « Le basileus, raconte Anne
Comnène, le regarda en souriant, s'informa de son voyage,
[...] avec bienveillance lui rappela ses entreprises de jadis
contre Durazzo et Larissa...

– Sire, répond alors Bohémond, j'ai été votre adversaire,
mais aujourd'hui je viens de plein gré en ami.

Sans doute les deux hommes se mettent-ils d'accord à ce

moment-là : Bohémond prêtera le serment de vasselage et, en contrepartie, il recevra, « au-delà d'Antioche, une terre de quinze journées de marche en longueur et de huit journées en largeur (23) ». Le cynisme et le calcul ne font défaut ni à l'un ni à l'autre; la méfiance non plus. Alexis fait accompagner Bohémond au monastère des saints Côme et Damien, non loin des Blachernes. Là, devant une table richement garnie, des cuisiniers lui présentent les mets les plus variés : « Ces plats, disent-ils, nous les avons préparés selon nos habitudes. Mais s'ils ne sont pas à ton goût, voici de la chair crue que tu peux faire accommoder comme tu voudras. » S'agit-il d'une vraie délicatesse ou d'une manœuvre à double fond pour amener le Normand à prendre la nourriture empoisonnée pour ne pas paraître se méfier de son hôte? Bohémond – « le rusé Bohémond », dit Anne Comnène – n'hésite guère. La nourriture préparée, il ne la goûte pas, ne la touche même pas du bout des doigts; il la fait distribuer aux gens qui sont là : c'est encore le meilleur moyen de savoir si Alexis voulait l'empoisonner. Pour lui, il demande à ses cuisiniers de préparer la viande crue. Le lendemain matin, il s'informera de la santé de ceux qui ont mangé la cuisine locale... [63]

Ce Bohémond fascine les Grecs, et particulièrement la fille de l'empereur, la jeune Anne Comnène, alors âgée de quatorze ans. « Sa taille, écrira-t-elle cinquante ans plus tard, était si haute qu'il dépassait d'une coudée les hommes les plus grands. Le corps était assez étroit au ventre et aux hanches; mais les épaules et la poitrine présentaient de l'ampleur et, bien en muscles, sans trop de maigreur ou d'embonpoint, il avait d'admirables proportions. Les mains puissantes, la démarche ferme, la nuque et le dos articulant d'harmonieuses attaches, on l'eût dit sorti du ciseau de Polyclète. [...] Sa peau avait la carnation très blonde et son teint était blanc avec du roux. Sa chevelure, qui tirait sur le fauve, ne retombait pas sur ses épaules, selon le goût stupide des barbares, et il était tondu jusqu'aux oreilles. Ses yeux verts révélaient à la fois de la fougue et de la gravité... Ses traits avaient quelque chose de doux et de charmant, mais il se dégageait parfois de tout son être, aussi bien de son visage que de son corps, une expression sauvage et inexorable. »

La seconde fois que Bohémond se rend au palais, c'est pour prêter serment. Alexis a fait venir Godefroi et Baudouin, témoins de haut vol dont la présence est destinée à garantir l'accord de deux méfiances.

Bohémond s'agenouille à son tour devant le basileus et se dit son homme lige. Mais s'il s'engage comme se sont avant lui engagés Hugues le Maisné, Godefroi et Baudouin, il demande aussitôt à être nommé Grand Domestique d'Orient, c'est-à-dire chef des armées de l'Empire en Asie. La requête surprend et embarrasse Alexis, qui ne trouve d'autre réponse, pour gagner du temps, que de promettre, dit le chevalier anonyme de l'armée normande, « qu'il nous accompagnerait avec son armée par terre et par mer ». Lui présent, il assumera évidemment les fonctions de chef des armées. De plus, il promit qu' « il assurerait avec fidélité notre ravitaillement, qu'il réparerait exactement toutes nos pertes et qu'en outre il ne voulait ni ne permettait que nul de nos pèlerins fût molesté ou contrarié sur la route du Saint-Sépulcre ».

Puis, dans une salle du palais, il fait disposer sur le sol « des richesses de toutes sortes » : vêtements, monnaie d'or et d'argent, objets de valeur. « Il avait tellement rempli la pièce qu'il était impossible d'y faire un pas. » Bohémond, qui prend un instant tant de largesse pour du mépris et commence par refuser les cadeaux, finit par les accepter.

Tancrède est alors avec l'armée des italo-normands qui, sans doute dès son arrivée, le 26 avril, traverse le Bosphore et va s'héberger à Pélékan avec les troupes de Godefroi de Bouillon, et ce qui reste de celles de Pierre l'Ermite. Beaucoup, dans l'armée, sont déçus de voir le « très courageux Bohémond » [...] prêter serment sans se faire prier : « Peut-être arrivera-t-il encore que nous soyons déçus par nos chefs, note tristement le chevalier anonyme. Comment des chevaliers si braves et si rudes ont-ils agi ainsi? Sans doute étaient-ils contraints par une dure nécessité. »

Quant à Tancrède, il refuse toute excuse et toute explication : il ne prêtera pas l'hommage. « Voyant, constate Raoul de Caen, les chefs francs ficelés par les cadeaux, Bohémond par les ruses du roi, lui-même par ses propres angoisses », il décide d'éviter Constantinople, s'habille d'un vêtement grossier, se mêle aux hommes de troupe et rame avec les autres. Débarqué en Asie, il reprend ses riches effets et son nom. Et c'est Bohémond, furieux qui devra se porter garant pour lui et promettre « qu'il viendrait mettre les mains de Tancrède entre les mains du roi. »

Le lendemain du jour où il a prêté serment, Bohémond est convoqué au palais avec tous les comtes déjà arrivés. Alexis, ce jour-là, leur parle de ce qui les attend en route et leur donne des conseils sur la façon de combattre les Turcs. « Ainsi, commente sa fille, après avoir par de l'argent et des conseils adouci leur sauvagerie, il leur donna les avis opportuns et les engagea à faire la traversée. »

Tancrède, sur l'autre rive du Bosphore, s'impatiente déjà. Soutenu par son grand-oncle Richard du Principat, qui refuse lui aussi de prêter l'hommage, il envoie même deux chevaliers, Atrope et Garin, à Constantinople pour rappeler Bohémond à ses devoirs. Le neveu ne pardonne pas à l'oncle de s'être engagé en son nom auprès d'Alexis. Les retrouvailles sont violentes : « Je rachèterai le parjure! » promet le jeune Tancrède.

Quant à Alexis, à peine débarrassé de Bohémond, il doit accueillir Robert de Flandre.

Robert de Flandre, Robert Courteheuse et Étienne de Blois s'étaient donné rendez-vous à Pontarlier. En route, les rejoignit Eustache, le frère aîné de Godefroi de Bouillon, qui, en tant que comte de Boulogne, hommageait aux seigneurs de Flandre. Mêlées, leurs troupes formaient la plus puissante armée de la croisade.

Entre Pavie et Parme [64], ils avaient bifurqué vers Lucques, où ils avaient rencontré le pape Urbain, qui les avait bénis, eux et leurs troupes. A Rome, alors qu'ils se trouvaient dans la basilique Saint-Pierre, ils avaient été bombardés depuis le toit par les partisans de l'anti-pape Guibert – les partisans d'Urbain tenaient une autre partie du même édifice. Les chefs enregistrèrent alors un grand nombre de défections, soit parce que la guerre des papes troublait certains de ceux qui avaient pris la croix, soit, plus vraisemblablement, parce que le voyage à Rome comptait comme un pèlerinage majeur, au même titre que Jérusalem et Saint-Jacques de Compostelle [65].

A Bari, où ils avaient choisi d'embarquer, ils trouvèrent une sale mer d'hiver balayée par les vents froids, et les marins refusaient de quitter le port. Robert Courteheuse s'enfonça en Calabre pour hiverner, tandis qu'on vit des gens de pied « vendre leurs arcs, reprendre le bâton de voyage et regagner leurs demeures », désertion, note le chroniqueur de ce voyage, Foucher de Chartres, qui « les avilit aux yeux de Dieu comme à ceux des hommes et répandit sur eux une honte ineffaçable ».

Robert de Flandre était alors entré en rapport avec le duc de Pouille, Roger Borsa, demi-frère de Bohémond de Tarente, qui avait épousé quatre ans plus tôt Alaine, la sœur de Robert, veuve du roi de Danemark Knut. Roger Borsa lui avait offert des cadeaux et de l'argent, mais Robert de Flandre avait refusé, demandant seulement quelques reliques et obtenant des cheveux de la Sainte Vierge, des ossements de saint Matthieu et de saint Nicolas, reliques qu'il avait aussitôt fait parvenir en Flandre, à sa femme Clémence [66]. Il avait aussi demandé à son beau-frère de lui assurer les moyens de traverser l'Adriatique. En décembre, il débarquait vers Durazzo et gagnait Constantinople apparemment sans incident majeur.

Le comte de Flandre, l'homme qui fait son signe de croix tous les jours, est un pèlerin sans histoire, et, à l'exemple de ceux qui l'ont précédé, il prête lui aussi serment. Avec Raimond de Toulouse, qui arrive à son tour, Alexis sait déjà que les choses seront moins simples.

Le palais ne désemplit pas, et les Francs continuent à entrer à l'improviste – comme chez leur seigneur de Flandre ou de Bourgogne, où l'on s'entasse encore dans la paille et où c'est l'humeur du moment qui règle la vie du château – pour quelque visite impromptue ou quelque récrimination. Le soir, quand Alexis s'esquive pour aller souper dans ses appartements privés, la salle à manger est aussitôt envahie : « C'étaient non seulement ceux qui n'avaient pas pu se faire entendre dans le courant de la journée, mais encore les précédents qui revenaient entretenir l'empereur. Le bavardage intempestif de ces gens ne connaissait pas de bornes. » Alexis, qui a donné l'ordre aux dignitaires du palais de ne pas les interrompre – opération aléatoire et non sans risques –, feint de les écouter en mangeant des plats que les serviteurs lui passent dans la cohue.

Raimond de Toulouse et Adhémar du Puy, avec leurs recrues « venant de Bourgogne, d'Auvergne, de Gascogne, de Gothie et de Provence », se sont mis en marche vers le milieu d'octobre 1096. Par l'Italie du Nord, ils ont gagné la côte dalmate – l'Esclavonie, disait-on – « déserte, montagneuse, dépourvue de chemins, dans laquelle nous ne vîmes pendant trois semaines ni animaux ni oiseaux » – c'est Raimond d'Aguilers qui parle; les habitants, « sauvages et grossiers », ne voulaient pas commercer, et même ils suivaient l'armée et massacraient « les hommes faibles, les vieilles femmes, les pauvres et les malades qui ne suivaient que de loin à cause de leurs infirmités ».

Raimond de Saint-Gilles a alors pris en charge lui-même la protection de l'arrière-garde. Harcelé, et même un jour cerné par une bande de Slaves, il ne s'est dégagé qu'avec peine. C'est ce jour-là qu'ayant fait six prisonniers, il donna l'ordre, pour décourager les poursuivants, de leur arracher les yeux, ou de leur couper les pieds, ou encore le nez et les mains avant de les laisser sur le chemin. N'arrivant souvent au bivouac qu'au milieu de la nuit ou au matin, il tenait son rôle à merveille : Raimond d'Aguilers souligne qu'il ne perdit pas un homme en bataille rangée et que jamais, durant la traversée de ce désert d'hiver, les vivres ne manquèrent.

A la frontière de l'empire, Raimond de Saint-Gilles et Adhémar du Puy entrèrent en rapport avec Jean Comnène, duc de Durazzo, fils du sébastocrator Isaac. Il leur transmit un message d'Alexis adressé à Raimond : « Depuis long-temps, comte très aimé, la renommée de ta sagesse et le parfum de ta probité répandus de toute part sont parvenus jusqu'à nous. [...] Nous te recommandons avec insistance de traverser nos terres sans troubles ni scandales, de te hâter d'arriver auprès de nous... »

Amical mais toujours prudent, le basileus faisait serrer de près par ses mercenaires l'armée de Toulouse, interdisant tout écart. D'où d'inévitables échauffourées qui n'épar-gnaient pas plus les chevaliers que les gens de pied : un seigneur, Pons de Renaud, trouva la mort dans un de ses engagements, son frère étant grièvement blessé à son côté.

A la mi-février se produisit un incident au cours duquel l'évêque du Puy Adhémar de Monteil, s'étant sur sa mule quelque peu éloigné du camp, fut attaqué par les Petchenè-gues et jeté au sol ; il ne dut son salut qu'à la rixe qui opposa ses agresseurs, l'un d'eux le protégeant des autres pour avoir son or.

Mal remis sans doute, l'évêque du Puy resta à Salonique

pour se soigner – l'un de ses frères, malade, était déjà resté à Durazzo. En son absence, les choses se gâtèrent rapidement. Atteignant Roussa le 12 avril – douze jours après que les habitants furent sortis « tout joyeux » à la rencontre de Bohémond – les hommes de Raimond de Saint-Gilles perdirent patience, devaient-ils expliquer, devant l'hostilité que leur manifestait la population. Au cri de « Toulouse! Toulouse! », les remparts furent enlevés et la ville subit un sac total.

La riposte des Petchenègues, six jours plus tard, fut repoussée. On était alors à quatre jours de Constantinople, et les émissaires que Raimond de Saint-Gilles avait envoyés à l'empereur revinrent le rejoindre; ils avaient été, dirent-ils, reçus à merveille et comblés de cadeaux. Ils ajoutèrent que le basileus l'attendait avec impatience pour traiter avec lui de l'expédition contre Jérusalem. Avec eux étaient venus des représentants de l'empereur chargés d'inviter Raimond à précéder ses troupes; étaient là aussi des envoyés des seigneurs français déjà arrivés : Alexis, disaient-ils, avait pris la croix, et conduirait l'armée de Dieu jusqu'à Jérusalem.

Raimond a fini par céder à tant d'arguments et par se mettre en route pour Constantinople, où il est arrivé le 21 avril [67].

Alexis traite avec honneur le personnage considérable qu'est le comte de Toulouse et l'installe dans un palais. Mais quand il lui demande de prêter, comme les autres, le serment de fidélité, il reçoit un refus net, Raimond répondant qu' « il n'était pas venu pour reconnaître un autre seigneur ni pour combattre pour un autre que celui pour lequel il avait renoncé à son pays et à ses biens ». Il ajoute pourtant que si l'empereur part lui-même à Jérusalem, il servira sous son autorité. Alexis ne peut que refuser de prendre un tel engagement, avec tous ces voisins qui menacent l'empire, dit-il, les

Bulgares, les Hongrois, les Coumans, sans compter les peuples barbares qui rêvent des richesses de Constantinople...

A ce moment, parvient à Raimond une nouvelle qui le met dans tous ses états : son armée, derrière lui, a été attaquée par les Byzantins et a subi une défaite complète, les Provençaux abandonnant armes et bagages. Il fait accuser Alexis de forfaiture par ses chevaliers : on l'a attiré à Constantinople pour détruire son armée. « Parlerai-je, demande son chapelain Raimond d'Aguilers, de l'artificieuse et détestable perfidie de l'empereur ? Dirai-je la fuite honteuse de notre armée et le désespoir inconcevable auquel elle s'abandonna ? »

L'empereur a beau jeu de répondre que le comte est mal venu de se plaindre quand ses troupes, occupées à piller et à ravager le pays, se sont débandées en se heurtant à un détachement de l'armée grecque. Pour prouver sa bonne foi, il accepte qu'une enquête soit menée, et il donne comme caution son nouvel allié, Bohémond le Rusé soi-même – otage que Raimond doit relâcher quand, « au mépris de la justice », dit Raimond d'Aguilers, l'enquête tourne à la confusion du comte de Toulouse.

L'incident n'arrange évidemment pas les relations du comte et du basileus. Il faut attendre l'intervention de Godefroi de Bouillon et du comte de Flandre – « Il est insensé de combattre des chrétiens quand on est menacé par des Turcs! » font-ils valoir – puis l'arrivée de l'évêque du Puy, pour qu'il renonce à la terrible vengeance qu'il rumine. On ne le fera néanmoins pas prêter le serment de fidélité. Tout juste consent-il à répéter une formule de serment courante dans le Midi de la France, selon laquelle il jure « de n'enlever la vie ou l'honneur à Alexis, ni par lui, ni par tout autre ».

Il ne reçoit que peu de cadeaux et fait traverser son armée le 28 avril.

A cette date, on n'attend plus que Robert Courteheuse et Étienne de Blois.

Après avoir hiverné en Italie du Sud, – Robert Courteheuse dut y porter en terre son oncle l'évêque Odon de Bayeux – les hommes de Robert et d'Étienne de Blois s'étaient regroupés aux beaux jours près de Brindisi, où le départ était fixé au dimanche de Pâques, le 5 avril.

La flotte avait mis à la voile au son des busines, mais l'un des premiers navires à quitter le port revint soudain se briser au rivage : quatre cents personnes, hommes et femmes, avaient péri noyé, ainsi que des chevaux et des mulets. Par chance, la mer avait rejeté au rivage les corps dont on s'aperçut que certains portaient, imprimés dans leur chair, le signe de la croix : « Ainsi donc, explique le chroniqueur Foucher de Chartres, qui est du voyage, le Seigneur voulut que ces gens, morts à l'avance pour son service, conservassent sur leur corps le signe victorieux qu'ils avaient pendant leur vie porté sur leurs habits. » Miracle opportun mais insuffisant : « A la vue de ce malheur, nous fûmes tous tellement troublés par une frayeur sans bornes que beaucoup de ceux qui n'étaient point encore montés sur les vaisseaux se montrèrent faibles de cœur, renoncèrent à continuer leur pèlerinage et retournèrent chez eux. »

Le bateau où se trouvait Foucher a manqué de vent au large pendant trois jours mais a pu néanmoins atteindre la côte. Les hommes se sont regroupés à Durazzo, d'où ils ont pris le chemin de Constantinople – marche pénible à travers les Balkans déserts hantés par les démons et coupés de gués dangereux. A Salonique, l'armée a pris quatre jours de repos puis, par la vallée du Strymon, Christopolis, Rodosto et Salambrina, a gagné Constantinople, où elle arrive le 14 mai.

Les pèlerins ne peuvent entrer dans la ville que par petits groupes de cinq ou six, mais cela n'empêche pas Foucher de Chartres d'apprécier : « Quelle noble et belle cité est Constantinople! Combien on y voit de monastères et de palais construits avec un art admirable! Que d'ouvrages étonnants à contempler dans les places et les rues!» Il n'en revient pas de voir tant d'or, tant d'argent, tant d'étoffes de mille espèces, tant de reliques très saintes – et tant d'eunuques!

Robert Courteheuse et Étienne de Blois ne font aucune difficulté pour prêter serment d'allégeance à Alexis. Au contraire. Étienne de Blois, d'ailleurs, écrit son emballement à sa chère Adèle :

« Étienne, comte, à la comtesse Adèle, son épouse et sa très-douce amie, tout ce que son âme peut lui inspirer de meilleur et de plus affectueux. Que ta tendresse sache que Rome a jeté sur mon heureux voyage toute sorte d'honneur et de bien-être corporel. J'ai eu soin, à Constantinople, de t'écrire pour te faire connaître les détails successifs de ma vie et de mon voyage. Mais dans la crainte qu'il ne soit arrivé quelque accident à l'homme chargé de te remettre ma lettre, je t'en adresse une seconde. Par la grâce de Dieu, je suis arrivé rempli d'une grande joie devant la cité de Constantinople. L'empereur s'est empressé de me recevoir avec beaucoup de distinction et de bienséance. Il m'a comblé des dons les plus précieux ; et, dans toute l'armée, il n'est pas un duc, pas un comte, pas un personnage puissant, envers qui il ait montré plus de confiance et de bonnes dispositions. En vérité, ma chère, Sa Dignité impériale m'a souvent proposé et me propose de lui confier un de nos fils. Il m'a promis de le combler de tant d'honneurs que cet enfant n'aura pas à envier notre propre sort. Vraiment, je te l'assure, il n'est pas aujourd'hui sous le ciel un tel homme vivant. Il comble en effet tous nos princes de ses largesses, enrichit les simples chevaliers, prodigue la bonne chère sur la table des pauvres.

« Près de la ville de Nicée est une place forte nommée Civetot, voisine d'un bras de mer par le moyen duquel les

navires de l'Empereur communiquent jour et nuit avec
Constantinople, et de là portent à cette place forte des vivres
qui sont journellement distribués aux pauvres gens de
l'armée, qu'on y trouve réunis en grand nombre. Il n'y a pas,
à mon avis, en ce temps-ci, un prince aussi distingué par
l'honnêteté universelle de ses mœurs. Ton père, ma chère, t'a
richement dotée; mais ce n'est presque rien en comparaison
de ce que j'ai reçu ici. J'ai désiré t'écrire sur le compte de ce
prince ces quelques détails, afin de te le faire un peu
connaître.

« Après dix jours de séjour, pendant lesquels il m'a
comblé de la bienveillance la plus affectueuse, je l'ai quitté
comme on quitte un père. Il m'a fait préparer des navires, au
moyen desquels j'ai, en peu d'instants, traversé le bras de mer
tranquille qui fait le tour de la ville. Quelques personnes
disaient que ce bras de mer de Constantinople était un
passage difficile et dangereux. Mais cela est faux; car on n'a
pas plus à s'en inquiéter que si l'on traversait la Marne ou la
Seine... [68] »

Étienne de Blois et Robert Courteheuse sont les derniers
des grands seigneurs à rejoindre la considérable armée qui,
depuis plus de cinq mois, s'amasse là comme se gonfle un
orage, bannière après bannière – il y a déjà Hugues le
Maisné, frère du roi de France; Godefroi de Bouillon, ses
frères Eustache et Baudouin de Boulogne et leur cousin
Baudouin du Bourg; Bohémond de Tarente, son neveu
Tancrède et leurs Longobards, comme les Grecs les appellent; Robert, comte de Flandre; Raimond de Saint-Gilles,
comte de Toulouse, à la tête de ses Provençaux; Adhémar du
Puy, l'évêque à qui le pape a confié la charge de toutes ces
âmes... Il y a aussi la foule des moindres seigneurs et des
chevaliers, et les survivants de Pierre l'Ermite, et des
marchands et des pauvres, des femmes, des vieillards, des
boiteux et des aveugles, des soldats de métier, des voleurs, des
lépreux... On y trouve, au hasard, l'abbé d'Allerheilinger, qui

a quitté son monastère « pour l'amour de Dieu », et Baudouin, un autre abbé, qui s'est fait au front une brûlure en forme de croix et a prétendu, pour attirer des aumônes qu'il s'agissait d'un stigmate divin ; pris de remords, il a avoué sa supercherie et depuis, il expie en chemin. On trouve encore, parmi tant d'autres, un enfant de dix ans à peine, un Robert, qui vient de Corbie, en Vermandois, et qui sans doute cligne des yeux dans la lumière de l'Orient...

Quand Étienne et Robert Courteheuse arrivent à Pélékan, la considérable armée est déjà en chemin vers Nicée. Ils suivent. Derrière encore arrive Alexis lui-même. « L'autocrator, explique sa fille, désirait marcher avec les Celtes contre les barbares, mais il redoutait leur immense multitude. Aussi jugea-t-il qu'il devait gagner Pélékan ; de la sorte, se trouvant près de Nicée, il serait au courant des faits et gestes des Celtes... » En vérité, et Anne le dit quelques lignes plus loin, Alexis veut tout simplement « s'emparer lui-même de Nicée pour n'avoir point à la recevoir des Celtes, tenus pourtant par leurs serments ».

Mais la gent Notre-Seigneur, qui piétine depuis des mois, ne se retourne pas. Elle porte en elle un rêve immense qui dépasse infiniment les ambitions et les calculs de quelques-uns de ses chefs. Forte d'elle-même, braillant sous le blanc soleil d'Asie le *Veni Creator* ou reprenant la mélopée lente et rude de ce *Cantique de l'Oultremer* qui va devenir son chant de marche, elle s'avance vers Jérusalem, là-bas, par-delà le désert ocre et bleu.

Écoute-nous, Christ-roi !
Écoute-nous, Seigneur, dirige nos pas !
Aie pitié, Dieu !
Aie pitié Dieu, dirige nos pas !
Donne-nous un chef,
Envoie-nous un ange
Qui nous mène jusqu'à toi [69]...

II

LES BARBARES

La bouche ouverte – Un élan insurmontable – Comme un homme ivre

(Pas plus Alexis Comnène que sa fille Anne ou ses conseillers n'ont soupçonné que ce qui poussait ces « nations barbares » vers l'Orient n'était pas le seul appétit de conquête; ils n'ont pas reconnu la nature apocalyptique et sentimentale de la course à Jérusalem. Pratiquant depuis longtemps l'art, la beauté, les honneurs, les raffinements théologiques, l'amoralité politique, le commerce et la corruption, les « nouveaux Romains » n'ont pensé qu'à utiliser pour leur propre compte la force et l'élan de ceux qui s'appelaient « les soldats du Christ » et à en faire leurs mercenaires. L'incompréhension était totale. Voici ce qu'ils disaient) :

. . . .

[Alexis redoutait l'arrivée des Francs] car il connaissait leur élan irrésistible, leur caractère instable et versatile. [...] Il savait qu'ils ont toujours la bouche ouverte devant les richesses et qu'à la première occasion on les voit enfreindre leurs traités sans scrupules.

. . . .

En apparence, ils faisaient une expédition à Jérusalem, en réalité, ils voulaient détrôner l'autocrator et s'emparer de la capitale.

Doués d'une loquacité qui défie celle de toute autre race humaine, les comtes celtes n'observaient aucun ordre pour se présenter chez l'empereur. Chacun d'eux arrivait en amenant

*avec lui tous ceux qu'il voulait. Un autre venait après lui, et
encore un autre après celui-là.*

. . . .

*La race des Latins étant très cupide, quand en outre elle
s'est résolue à attaquer un pays, il n'y a plus pour elle frein ni
raison qui tienne.*

. . . .

*La race celte, entre autres caractéristiques, est indépen-
dante et ne demande pas volontiers conseil; ils ne font jamais
usage de la discipline militaire ni de l'art stratégique, mais
quand il s'agit de combattre et de mener la guerre, la colère
aboie dans leurs cœurs et ils sont irrésistibles, aussi bien les
simples soldats que les chefs eux-mêmes, car ils se précipitent
au milieu des rangs ennemis avec un élan insurmontable pour
peu que leurs adversaires faiblissent légèrement; au contraire,
si les ennemis ne cessent de leur tendre des embuscades et les
attaquent suivant les règles de l'art, ils passent du plus grand
courage à l'extrême opposé. Pour tout dire, aux premières
charges, les Celtes sont irrésistibles; mais ensuite ils sont même
très faciles à vaincre à cause du poids de leurs armes et de
l'emportement irréfléchi de leur caractère* [70].

. . . .

(Et quand ces « Celtes » barbares, cupides, bruyants
étaient passés, le Grec soupirait de soulagement, ainsi
l'archevêque d'Ochrida, Théophylacte, dans une lettre) :

*Le passage ou l'invasion des Francs, je ne sais quel terme
employer, m'a fermé la bouche. [...] Cette amère potion m'a
saoûlé et j'ai été victime d'une complète aliénation mentale, ou
plutôt, ayant bu jusqu'à la lie réservée aux pécheurs, je suis
resté abasourdi comme un homme ivre, et ma raison a sombré.
[...] Maintenant que nous avons, bon gré mal gré, pris
l'habitude des outrages des Francs, je supporte un peu mieux
nos malheurs* [71].

III

VICTOIRE VOLÉE

Sang et eau – Plus de trois cents tours – Celui qui survécut –
Têtes coupées – Le renard et la tortue – Des bateaux dans la
nuit – Tout fracassé – Chrysobulle – Un Turc enflammé –
Une montagne d'or – Priez pour nous

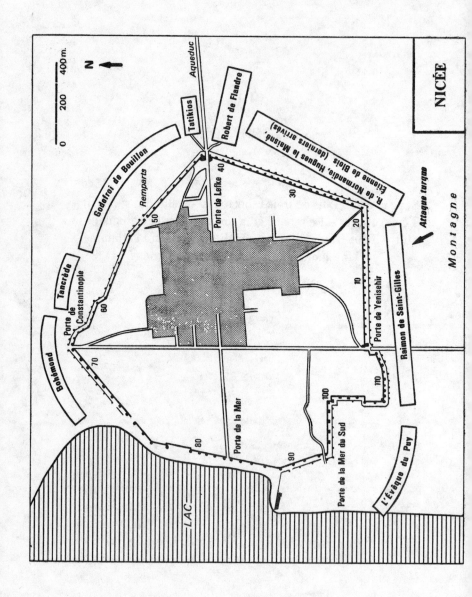

NICÉE

LAC

Montagne

Attaque turque

0 200 400 m.

N

Aqueduc

Tatikios

Robert de Flandre

R. de Normandie, Hugues le Maisné, Étienne de Blois (derniers arrivés)

Godefroi de Bouillon

Remparts

Tancrède

Porte de Constantinople

Bohémond

Porte de Lefke

Porte de Yenisehir

Raimon de Saint-Gilles

Porte de la Mer

Porte de la Mer du Sud

L'Évêque du Puy

40

30

20

10

50

60

70

80

90

100

110

« A son véritable seigneur Manassès, archevêque de Reims par la grâce de Dieu, Anselme de Ribemont, son vassal et humble serviteur en Dieu, salut.

« Puisque tu es notre seigneur et que le royaume de France tout entier est remis à ta garde, nous te faisons connaître ce qui nous arrive et l'état dans lequel se trouve l'armée de Dieu... »

Anselme de Ribemont est comte d'Ostrevant et de Valenciennes. Il fait partie de l'armée de Robert de Flandre. Pour authentifier sa lettre, il rappelle à Manassès qu'il lui a « envoyé des tapisseries par Raymond de Châtel ». Il n'écrira sa première lettre que dix mois après les événements, mais reprendra alors l'essentiel du chemin d'Asie.

« Pour commencer, bien que nous n'ignorions pas que l'élève n'est pas au-dessus du maître, ni le serviteur au-dessus de son seigneur, nous t'exhortons et te conjurons au nom du Christ de considérer ce que tu es et ce qu'est la charge d'un prêtre et d'un évêque. Veille donc à ce que, sur notre terre, les grands restent en paix entre eux, que les humbles, pour ce qui leur revient, travaillent en sécurité et que, vivant dans la tranquillité, les ministres du Christ aient du temps pour Dieu. Je vous prie aussi, toi et les chanoines de la sainte mère église de Reims, mes pères et seigneurs, de vous souvenir de nous, non seulement de moi, mais de tous ceux qui suent sang et eau pour le service de Dieu et aussi de ceux de l'armée du Seigneur abattus par les armes ou qui ont trouvé la paix du repos.

« Laissant cela, revenons à notre promesse.

« Après que l'armée eut atteint Nicomédie, nous nous trouvions aux portes du pays des Turcs. Les puissants aussi bien que les humbles, purifiés par une confession, nous nous sommes fortifiés nous-mêmes par le contact avec le corps et le sang du Seigneur, et de là, transportant notre camp, nous avons assiégé Nicée... [72] »

C'est Godefroi et son armée qui ont les premiers quitté Pélékan, le 26 avril – il est vrai qu'ils y campaient depuis quatre mois. Ils ont bivouaqué trois jours à Nicomédie, où les ont rejoints l'armée d'Italie aux ordres de Tancrède – Bohémond était resté à Constantinople pour organiser le ravitaillement – ainsi que Pierre l'Ermite et ce qu'Albert d'Aix nomme « les malheureux débris de sa malheureuse expédition ».

Ils ont pris ce même chemin étroit et difficile où avait été anéantie l'armée des pauvres; huit mois après, les ravins étaient encore jonchés de squelettes éparpillés par les bêtes sauvages : « Que de têtes coupées, que d'ossements d'hommes tués nous trouvâmes! », raconte Foucher de Chartres.

Godefroi, comprenant comment Pierre l'Ermite s'était laissé surprendre, a décidé de faire élargir la voie : trois mille hommes armés de haches et de pics ouvrirent un chemin dans les défilés et les abrupts de l'Ouzoun Tchaïr Dagh, qui culmine à 1600 mètres. « Sur leur passage, précise le chevalier anonyme qui fait route avec Tancrède, ils fabriquaient des croix de fer et de bois qu'ils plaçaient sur des socles afin qu'elles servissent d'indication à nos pèlerins. »

Le 6 mai, la gent Notre-Seigneur découvre Nicée : « Plus de trois cents tours, ma chère, écrit le bon Étienne de Blois à son Adèle, et des murs d'une merveilleuse structure. » Des tours, en réalité, Nicée n'en compte que deux cent

quarante, mais il est vrai que la ville est bien défendue, entre
les montagnes au sud et le lac Ascanien à l'ouest, avec un
périmètre de remparts de près de sept kilomètres – une de ces
villes « imprenables sans le secours de Dieu ». Un fossé empli
d'eau borde la muraille percée de meurtrières permettant aux
défenseurs à pratiquer, d'une tour à l'autre, le tir croisé.

Conquise sur les Grecs seize ans plus tôt par les Turcs
seldjoukides, Nicée est devenue le siège de leur puissance en
Anatolie, et la résidence du sultan Kilij Arslan, fils de
Soliman. Impossible de laisser derrière soi une telle forte-
resse; Nicée est le premier objectif de toute pénétration en
Asie.

Arrivant sous les remparts, les chevaliers à la croix
caracolent, paradent, vont et viennent, crient des défis, font
flotter les bannières éclatantes, que les Turcs sachent bien qui
arrive – mais les archers Turcs, peu impressionnés, visent et
souvent touchent ceux qui s'approchent trop : « C'était,
raconte Foucher de Chartres, une douleur à faire soupirer de
compassion de voir les Turcs, lorsqu'ils réussissaient d'une
manière quelconque à égorger quelqu'un des nôtres au pied
des murs, jeter du haut en bas sur le malheureux des crocs de
fer, l'enlever et tirer à eux son corps privé de vie [...] puis
dépouiller le cadavre et le rejeter hors de la muraille. »

Godefroi dispose ses troupes au nord-est *(voir carte)*,
avec Tancrède à sa droite et, à sa gauche, la division que
l'empereur Alexis a envoyée en renfort : deux mille hommes
sous le commandement du grand primicier Tatikios, un
général au nez coupé. Puis, de l'est vers l'ouest, il est prévu
que prendront position, au fur et à mesure de leur arrivée,
Robert de Flandre, Courteheuse, Hugues le Maisné et
Étienne de Blois, enfin Raimond de Saint-Gilles et l'évêque
Adhémar du Puy s'appuyant au lac.

Mais en attendant que tout soit en place, plusieurs jours
se passent et les vivres commencent à manquer : « Il y eut une
telle disette de pain parmi nous qu'un seul pain se vendait

jusqu'à vingt ou trente deniers. Mais après que le sage Bohémond fût arrivé, il fit venir par mer un abondant ravitaillement. Il en venait des deux côtés à la fois, par terre et par mer, et une grande prospérité régna dans l'armée du Christ. »

Le jeudi 14 mai, jour de l'Ascension, se déroule la première attaque : « Nous commençâmes, dit l'Anonyme qui combat avec Tancrède, à attaquer la ville de tous côtés et à construire des machines (24) et des tours de bois afin de pouvoir renverser les tours de l'enceinte. Pendant deux jours, nous abordâmes la ville avec tant de courage et d'ardeur que nous sapions les murailles. »

Les assiégés ont envoyé des messagers à Kilij Arslan, – le Rouge-Lion, comme l'appelle Richard le Pèlerin – qui ne se trouve pas dans la ville mais est occupé à mater la révolte d'une dynastie rivale à Mélitène [73]. Il prend si peu au sérieux les troupes chrétiennes – il n'a eu à faire jusqu'alors qu'à Pierre l'Ermite – qu'il a laissé à Nicée sa femme et ses deux fils. Le rivage du lac n'est pas gardé, et les espions qui rentrent sont aussi nombreux que les espions qui sortent : les uns sont envoyés par Alexis qui tente d'obtenir la reddition des Turcs; les autres sont des Turcs chargés d'évaluer les forces et les intentions des Latins, ou d'aller au-devant de Kilij Arslan.

On capture ainsi un jour deux Turcs déguisés en soldats chrétiens. « Celui qui survécut » déclare qu'il est prêt à se convertir et révèle que Kilij Arslan arrive à marches forcées, et qu'il entrera par la porte sud, qui n'est pas encore gardée. Manquent encore, en effet, Courteheuse, Hugues le Maisné, Étienne de Blois et Raimond de Saint-Gilles. Celui-ci, qui s'est attardé à Constantinople – « pour se concerter avec l'empereur, dit Anne, contre les entreprises de Bohémond » – est en route, et on l'alerte. Les Provençaux marchent toute la nuit du 15 au 16 mai et prennent position le samedi matin – juste comme l'avant-garde des Turcs se présente; Raimond de

Saint-Gilles, « protégé par la vertu divine et tout resplendissant dans son armure terrestre, [...] armé de tous côtés du signe de la croix, les chargea vigoureusement et les vainquit ».

Au cours de cette escarmouche, raconte Raoul de Caen, Tancrède – qui pourtant se tient au nord – tue un Turc et provoque la panique dans les rangs des ennemis, qui s'enfuient dans la montagne « à l'exception de celui dont Tancrède avait envoyé l'âme dans le Tartare pour y proclamer sa vaillance ». Le chroniqueur y voit le signe que « dès le commencement des siècles, (Tancrède) avait été élu à l'avance pour être le plus invincible de tous dans les combats ». L'épisode est pour le moins douteux, Raoul de Caen préférant célébrer le seigneur pour qui il écrit plutôt que s'attarder à décrire les manœuvres, les ordres, les chants de guerre. Ah! qu'elle nous manque, cette ambiance quotidienne du camp, avec les fumées, les odeurs, les rumeurs, les vagues que font les chevaux encordés, les tentes où l'on boit, celles où l'on joue aux tables, et le grand pavillon du conseil des barons, et les prêtres disant la messe ou confessant; qu'ils nous manquent, ces interprètes, ces cuisiniers, ces forgerons, ces filles follieuses, ces prêteurs dont personne ne nous parle, et les chiens, les chèvres, les poules et les cochons noirs...

Alexis a délégué son homme de confiance, Boutoumitès, pour négocier en secret avec les Turcs la reddition de la ville. Après la dispersion des premières troupes de secours, ceux-ci lui font parvenir un laissez-passer pour entrer dans la ville : « Ils trouvaient en effet préférable, note sobrement Anne Comnène, de se rendre au basileus que de tomber aux mains des Celtes. » Boutoumitès les assure qu'ils seront comblés de faveurs par Alexis s'ils lui rendent Nicée : il leur montre même des engagements écrits de l'empereur. Mais quand, le 21 mai, se présente le sultan à la tête de son armée, Boutoumitès est expulsé de Nicée [74].

« De nouveaux Turcs, raconte l'Anonyme, vinrent au secours des premiers, pleins d'allégresse et tout joyeux d'une victoire certaine, traînant avec eux des cordes pour nous amener garrottés dans le Khorassan. Remplis de joie, ils commencèrent à descendre progressivement du faîte d'une hauteur, mais, à mesure qu'ils descendaient, ils restaient sur place, la tête coupée par la main des nôtres. Et, à l'aide d'une fronde, les nôtres lançaient dans la ville les têtes des tués, afin de jeter l'effroi parmi les Turcs. »

Les choses, en réalité, ne furent pas aussi expéditives. La comparaison des différents témoignages permet de supposer que s'est livrée devant Nicée la première vraie bataille, entre les Turcs comptant sur l'effet de surprise et sur la faiblesse d'une armée qu'ils croyaient aussi dépenaillée que celle de Pierre l'Ermite, et les chrétiens bénéficiant des renseignements de l'espion capturé et s'organisant en conséquence : Raimond de Saint-Gilles supporte le choc, aussitôt secouru par Robert de Flandre et Godefroi de Bouillon, tandis que Bohémond et Tancrède gardent leurs positions pour bloquer la fuite de l'ennemi.

C'est alors que « les chrétiens coupèrent les têtes des morts et des blessés et les attachèrent aux courroies de leurs selles pour les porter dans leur camp ». Certaines sont fichées au bout des lances, d'autres sont utilisées comme projectiles et catapultées par-dessus les remparts ; « en outre ils choisirent mille autres têtes de Turcs qui furent renfermées dans des sacs, déposées sur des chariots, transportées jusqu'au port appelé Civetot, et de là embarquées pour être envoyées à l'empereur de Constantinople... »

Puis ont prises les testes de la gent mescréant
El mangonel les metent no Crestien vaillant
En la cité de Nique les jetent en lançant.
Por çou le font François que Turc soient dolant.
Troi mil prisrent no Franc de Turs qui sont vivant,

Tous les ont envoiés par haute mer najant,
Droit à Constantinople l'emperéor poissant.

Il y a aussi des pertes dans les rangs des chrétiens, dont
le comte de Gand, qui combattait avec Robert de Flandre.
Mais, n'ayant plus à craindre d'intervention dans leur dos, –
le Rouge-Lion, ce jour, abandonne à son sort la garnison de
Nicée, où se trouvent encore sa femme et ses fils – les barons
décident de s'appliquer au siège, qui sera d'autant plus
efficace qu'arrivent enfin Robert Courteheuse, Hugues le
Maisné et Étienne de Blois; ils prennent place entre les
troupes de Raimond de Saint-Gilles au sud et celles de
Tatin-au-nez-coupé, ainsi qu'Albert d'Aix appelle le général
grec Tatikios.

En récompense de la victoire, Alexis envoie au port de
Civetot « une énorme quantité de vivres », grain, viande, vin,
huile : « Les fidèles, accourus en foule, trouvaient à acheter
des provisions de toute espèce pour réparer leurs forces. » Le
basileus fait en outre parvenir des machines de siège.

C'est sans doute à ce moment que l'armée du Christ est à
son plus haut : « Le blocus par terre fut tel que nul n'osait
sortir de la ville ou y entrer; et en cette occasion, tous ne
formaient qu'un seul corps. Qui pouvait dénombrer cette
formidable armée du Christ? Nul, je pense, n'a jamais vu et
ne pourra jamais voir un pareil nombre de chevaliers aussi
accomplis. » Moment heureux de la guerre, quand tout
concourt à fondre dans la même exaltation des hommes que
n'ont encore divisés ni les victoires ni les défaites.

Comme le siège menace de durer, les chrétiens cherchent
le moyen d'approcher les murailles en dépit des archers turcs.
Vers le 10 juin, les hommes de Raimond de Saint-Gilles
entreprennent la construction d'une *tortue,* tandis que dans
un autre coin du camp, deux seigneurs, Henri de la Hache et
le comte Hermann, construisent « à leurs frais » un *renard :*
vaste construction de poutres de chêne et de planches où

logent vingt chevaliers des deux princes. « Mais, raconte Albert d'Aix, comme elle ne put être amenée sur un terrain uni, ni dirigée en droite ligne et par un mouvement régulier, les poutres, les planches et toutes les ligatures cédèrent en un instant et écrasèrent dans leur chute les hommes qui y étaient enfermés. Henri de la Hache et Hermann, « déplorant la malheureuse fin de leurs chevaliers, les firent enterrer avec honneur. »

Quant à la tortue, c'est une sorte de tour ronde à deux étages dont les parois, charpentées de poutres, sont faites d'osier tressé pour l'intérieur et de peaux tendues pour l'extérieur. Quand elle est prête, les archers s'installent au premier étage, avec mission de battre la muraille et de protéger les sapeurs qui, en bas, vont attaquer le pied de la tour. On comble le fossé, on avance la tortue. Les sapeurs, à mesure qu'ils enlèvent des pierres, étayent avec des madriers, progressant ainsi jusqu'à « voir la lumière » par une fissure du mur. Ils entassent alors des fagots et mettent le feu avant de se retirer.

C'est le soir. Après les flammes et la fumée, quand les étais ont brûlé, la tour s'écroule en partie - fracas, poussière. cris de triomphe. Mais au matin, les chrétiens constatent que les Turcs ont trouvé le moyen de fermer dans la nuit le mur béant. Il faudra recommencer.

Comme on s'aperçoit aussi que les assiégés peuvent continuer de sortir pour s'approvisionner ou se renforcer du côté du lac, le conseil des chefs sollicite le secours d'Alexis. Celui-ci fait parvenir des bateaux légers à Civetot, où ils sont chargés sur des chariots à bœufs ou traînés « comme du bois, attachés à des cordes de chanvre et à l'aide de courroies en cuir fixées aux épaules des hommes et des chevaux ». Les bateaux font ainsi dix kilomètres dans la nuit et sont mis à l'eau à Kios. On y fait embarquer des soldats bien armés sous le commandement de Boutoumitès et « afin de les faire paraître plus nombreux, on leur distribua plus d'étendards qu'il n'était nécessaire, avec des trompettes et des tambours ».

Le siège alors bat son plein. Les catapultes et les mangonneaux bombardent les murailles, les archers de Tatin-au-nez-coupé tiennent les créneaux sous leur tir, des béliers ferrés, mus dans leurs longues carcasses de poutres, battent inlassablement le pied des remparts. D'en haut les Turcs jettent de l'huile bouillante, de la poix enveloppée d'étoupe enflammée. Un Turc, « quoique percé de vingt flèches encore attachées à son corps », fait des ravages chez les Francs en lançant des quartiers de roc : Godefroi lui-même l'abat d'un carreau d'arbalète.

Un matin où l'on s'aperçoit que les assiégés ont encore comblé une brèche ouverte la veille au soir, un des chevaliers de Robert Courteheuse s'avance seul vers le rempart. Il porte sa cotte de maille, son chapeau de fer et son bouclier. Il franchit le fossé et entreprend de dégager une à une les pierres empilées dans la faille. Bien vite il est la cible des archers turcs. Les flèches tombent sur lui « comme la grêle ». Il s'aplatit contre la muraille, lève son bouclier sur sa tête pour se protéger, mais « des milliers de pierres » sont lâchées des créneaux. Le chevalier s'écroule « tout fracassé » sous les yeux des chrétiens.

Alors les Turcs font descendre « une chaîne garnie de crochets pointus et mordants, fabriqués avec beaucoup d'art et semblables à des hameçons ». Ils pêchent le chevalier par l'anneau de sa cuirasse, le montent le long du mur et le tirent sur le rempart. Là, ils le dépouillent, puis rejettent au fossé « le cadavre tout nu ». Les chrétiens le recueillent avec honneur et l'ensevelissent avec les autres morts, après que les prêtres ont fait, « à leur intention, des distributions d'aumônes ».

C'est aussi par cette même voie des airs que s'est sauvé le prisonnier turc qui prétendait vouloir se convertir. « Craignant pour sa vie », il a profité d'une négligence de ses

gardiens pour se sauver à toutes jambes vers les fossés en
hurlant pour appeler l'attention de ses amis, lesquels lui ont
lancé une corde comme à un naufragé : « Il se suspendit à la
corde et fut ainsi soulevé jusqu'en haut au milieu des cris des
assiégés et des assiégeants. Aucun chrétien n'osa le poursuivre
et tenter de le reprendre à cause de la grande quantité de
traits que les Turcs ne cessaient de lancer... »

Une autre machine est en chantier. C'est un Lombard
qui, ayant convaincu les chefs, a obtenu 15 livres et tous les
matériaux nécessaires pour la construire. Il s'agit encore
d'une tour-abri, mais celle-ci est couronnée de cloisons
inclinées sur lesquelles doivent rebondir les projectiles des
Turcs. Achevée, elle est poussée à bras d'hommes jusqu'au
pied du rempart, où le Lombard, effectivement, travaille « en
pleine sûreté ». Creusement du mur, étayage, mise à feu : on
connaît le travail. Mais cette fois encore, si un pan de mur
s'effondre dans la nuit – « Tous ceux qui se réveillèrent de
leur sommeil crurent entendre le roulement du tonnerre » – la
brèche est insuffisante pour un assaut.

Au cours de cette nuit, note Albert d'Aix, la femme du
sultan Kilij Arslan décide de quitter la ville : elle se fait
transporter à la porte donnant sur le lac et s'embarque avec
ses deux fils. Mais elle est repérée par un des bateaux de
Boutoumitès, arrêtée et conduite à l'empereur.

C'est par cette même porte que Boutoumitès a repris ses
négociations secrètes avec les assiégés. Il lit à ses interlocu-
teurs le texte – le chrysobulle, dit-on à Constantinople – que
le basileus avait dicté, promettant l'amnistie à tous sans
exception si la ville se rendait à lui. Les assiégés, intéressés,
font alors entrer à nouveau Boutoumitès.

Le Grec mène la négociation avec les Turcs puis fait
parvenir à Tatin-au-nez-coupé, le général intégré à l'armée
des Latins, un message secret : « Nous tenons la proie dans
nos mains. Il faut se préparer à l'assaut ; faites en sorte que les
Celtes s'y disposent également, mais veillez à ce qu'ils se

bornent à combattre autour des remparts et à encercler complètement les murs comme il convient, en ne donnant l'assaut qu'au coucher du soleil. »

On ne sait si Alexis avait, comme le croit sa fille, aussi parfaitement monté son affaire, calculé d'aussi loin le superbe artifice, placé ses pions maîtres – Tatikios, Boutoumitès – comme à la demande des Latins, mais le plan a parfaitement réussi.

Au matin du vendredi 19 juin, trompettes, clameurs, les assiégeants se préparent pour l'assaut général. Le signal est donné. *Dieu le veut! Toulouse! Toulouse!*

Saint sepulcres!... Ferés, franc pelerin!

Bruit terrible. Nuées de flèches, fagots jetés dans les fossés, échelles plaquées le long des murs – l'histoire souvent ne retient que le nom du vaillant qui prend pied le premier sur le rempart.

Mais cette fois, ce ne sera pas un de ceux qui viennent de si loin. Là-haut, Boutoumitès a déjà accroché aux créneaux les étendards de l'empereur, d'autant plus facilement qu'il était resté à l'intérieur de la ville. C'est lui, le malin, qui a pris Nicée. Et qui, méfiant, s'y enferme : il garde les clés de toutes les portes, ne laissant ouverte que la porte du lac, que ses soldats contrôlent. C'est par là que, la nuit suivante, il fait évacuer les Turcs par petits groupes.

Parmi ceux qui se rendent, une femme se présente spontanément aux pèlerins d'Occident. C'est cette religieuse du couvent de Sainte-Marie de Trèves que nous avons vue tout quitter pour suivre Pierre l'Ermite et être emmenée comme prisonnière à Civetot. Elle raconte comment elle a été « contrainte à contracter un commerce honteux avec un Turc et quelques autres hommes ». Tandis qu'elle s'explique en pleurant, elle reconnaît soudain son « pays » Henri de la Hache et lui demande de l'aider « à réparer ses malheurs ». Le seigneur la reconnaît aussi et intervient auprès de Godefroi. Elle obtient finalement que l'évêque Adhémar

lui-même fixe la pénitence qu'elle mérite « en raison de son
péché de chair ». Le clergé consulté, on lui fait remise « de ce
commerce illicite avec un Turc, et on lui allégea sa pénitence,
puisqu'elle n'avait subi que par la force et contre sa volonté
les indignes traitements de ces hommes impies et scélé-
rats ».

Or, la nuit suivante, la retrouve un messager envoyé par
son Turc; il l'invite « par de douces paroles et belles
promesses à reprendre cette union illicite et criminelle ». Sa
beauté, explique Albert, le grave chanoine d'Aix, avait
« enflammé le Turc », au point qu'il lui promettait de se faire
chrétien si elle revenait et s'il échappait à la captivité.

Et voilà que notre nonne tourne le dos aux chrétiens et
retourne « auprès de son impie époux et rentre dans ce
commerce adultère à l'insu de toute l'armée en trouvant le
moyen de s'échapper par artifice. On sut ensuite par divers
rapports qu'en se rendant ainsi auprès du Turc, [...] elle
n'avait fait que céder à l'emportement de sa passion. »

Son Turc et elle, comme les autres assiégés de Nicée,
sont placés sous la protection de l'empereur. Si les seigneurs
qui ont prêté l'hommage à Alexis doivent bien accepter que la
ville lui revienne puisqu'elle faisait jadis partie de l'empire, la
majorité des guerriers de Dieu sont frustrés de butin et de
pillage. Un mois et demi d'effort et d'attente pour se faire, et
sans bien comprendre comment, souffler la victoire sous le
nez! Et ils n'ont même pas la consolation de voir les Turcs
rançonnés ou châtiés : « Plein de vanité et de malveillance,
note l'Anonyme avec amertume, l'empereur ordonna qu'ils
s'en iraient impunis et sans rien craindre. [...] Il les ménageait
soigneusement afin de les avoir tout prêts pour dresser des
embûches et des obstacles aux Francs. »

Boutoumitès est si conscient de cette mauvaise humeur
qu'il n'autorise les Latins à entrer dans Nicée que par
groupes d'une dizaine d'hommes faciles à surveiller, et « pour
visiter les églises ». Alexis fait distribuer aux pauvres des

tonneaux de tartarons à son effigie et invite les chefs à venir le voir à Pélékan : « Ce serait pour eux, écrit-il à Boutoumitès, l'occasion de recevoir encore une fois de nombreux présents. »

En vérité, il s'agit surtout pour lui de leur faire renouveler leur serment avant de les laisser partir pour Antioche. Bohémond jure ce qu'on veut, « tant cet homme, note Anne Comnène, avait la passion effrénée du lucre ». Son neveu Tancrède, qui s'obstine à refuser tout engagement, ne finit par accepter de prêter l'hommage que sous la pression des barons. Mais quand Alexis lui demande quel cadeau il souhaite, le jeune Normand lui demande sa tente remplie d'or – une tente « dans laquelle on entrait comme dans une ville par des portes garnies de tours ; vingt chameaux suffisaient à peine pour la transporter ». Devant l'insolence, le beau-frère de l'empereur se précipite sur Tancrède, l'empoigne. Coups, insultes. L'empereur et Bohémond les séparent [75]... Baudouin de Boulogne ne perd pas son temps à ces enfantillages. Un Arménien du nom de Bagrad – « Pancrace », dit Baudouin –, au service d'Alexis, lui explique que les seigneurs de son pays cherchent des hommes comme lui pour les délivrer des Turcs, qu'ils sauraient se montrer reconnaissants...

Quant à Raimond de Saint-Gilles, il a préféré ne pas faire le voyage. Il reste au camp avec Étienne de Blois. « Tous nos princes, écrit celui-ci à sa très-chère épouse Adèle, s'empressèrent de se rendre (à Pélékan) pour se réjouir avec (l'empereur) d'une si grande victoire. Il les accueillit tous avec une grande affection, ainsi qu'il le devait. Il se réjouit beaucoup de ce que j'étais resté auprès de Nicée pour empêcher toute surprise de la part des Turcs soit contre la ville soit contre notre armée. Pendant le peu de temps que se prolongea ma surveillance, il reçut comme une montagne d'or provenant du butin recueilli.

« Dans l'île où il avait fixé son séjour, le grand empereur disposa ainsi les dépouilles de la ville de Nicée : les chevaliers eurent les objets les plus précieux, à savoir l'or, les gemmes, l'argent, les manteaux, les chevaux, et autres choses de ce genre. Aux gens de pied, on distribua tout ce qui se trouvait de vivres. Les princes furent tous enrichis par les libéralités provenant des propres trésors de l'empereur. »

Anselme de Ribemont, le seigneur de Valenciennes, ne fait pas preuve du même enthousiasme : « Les chefs de l'armée, écrit-il à son ami l'évêque de Reims, coururent à la rencontre de l'empereur qui arrivait pour rendre grâce, et, après avoir reçu de lui des cadeaux d'une valeur inestimable, s'en allèrent les uns de bon gré, les autres autrement. »

Le même Anselme n'oublie pas ceux qui ne reprendront pas la route de Jérusalem : « Je vous demande, ajoute-t-il en terminant, à toi et à tous ceux que cette lettre atteindra, de prier Dieu pour nous et pour nos morts. Reposent en paix à Nicée : Baudouin de Gand, Gui de Vitry, Eudes de Verneuil, Hugues de Reims...

« Encore et encore je vous exhorte, lecteurs de cette lettre, de prier pour nous... »

Après ce siège qui « dura sept semaines et trois jours », précise l'Anonyme, l'armée se met en marche, la tête quittant Nicée le 26 juin, l'arrière-garde le 29. Étienne de Blois termine sa lettre à Adèle par un calcul singulièrement optimiste : « Tu sauras, ma chère, que nous devons arriver en cinq semaines de Nicée à Jérusalem, à moins qu'Antioche n'arrête notre marche. Adieu. »

IV

LA TRAVERSÉE DU DÉSERT

Deux corps – Allachibar! – Tant d'os brisés – Saisis d'effroi –
La grâce d'En-Haut – Butin – On aurait pu en rire –
Extrême-onction – Baudouin contre Tancrède – Une grande
tristesse – Un ours énorme – Guinemer le pirate – Défi – Ta
tendresse – La couronne au front – La montagne du diable –
Que dis-je mourir? – Direction Antioche

C'est la première fois que *l'ost Nostre-Seigneur,* comme dit Richard le Pèlerin, va marcher d'un seul corps, échelon après échelon, étirant sur des heures les hommes, les troupeaux, les chariots sur la vieille route byzantine d'Asie mineure, le long du fleuve Sangarius. Plus loin, la voie s'enfonce au sud vers la Phrygie. Il faudra laisser à main gauche la grande piste qui mène à Ancyra (Ankara) et éviter sous peine de mourir de soif la région du Grand Lac salé, totalement désertique.

L'armée se regroupe le 29 juin au pont sur le Gallus, où le chemin commence à monter vers le plateau. Au village de Leuce, les princes tiennent conseil. Puis l'armée se scinde en deux corps, sans qu'on puisse deviner aujourd'hui s'il s'agit d'une décision ou d'un accident de route. « Le troisième jour, raconte l'Anonyme, les nôtres se levèrent avant l'aurore et, comme il faisait encore nuit, ils n'y virent pas assez pour tenir le même chemin et se partagèrent. » Foucher de Chartres, lui, attribue la séparation à ce que ceux qui marchaient derrière furent « trompés par un chemin qui se partageait en deux ». Pour Albert d'Aix, au contraire, les pèlerins « résolurent de faire une division dans leur nombreuse armée afin d'avoir plus d'espace et de liberté pour dresser leur camp et de trouver ainsi plus facilement les vivres pour eux-mêmes et le fourrage pour leurs chevaux. » De même Robert le Moine :

« Comme ils allaient entrer dans une terre déserte et sans eau, ils délibérèrent de se séparer et partager en deux troupes, car une seule terre, une seule contrée, ne suffisait pas à tant d'hommes, tant de chevaux, tant de bestiaux. » Quant à Raoul de Caen, il se dit persuadé qu'il s'agit d'une erreur de marche, mais ajoute que « l'opinion d'un grand nombre attribua cette erreur à une intention, et imagina que l'on avait espéré trouver plus de ressources en occupant un plus vaste espace de terre qu'en demeurant serrés sur une seule ligne. »

Mais c'est peut-être le trouvère Richard le Pèlerin qui a vu juste : Bohémond quitte le gros de l'armée sous prétexte de chercher des vivres, mais en réalité il ne pense qu'à se trouver un royaume :

> *Buiemons de Sezile vout de l'ost desevrer*
> *Par son barnage cuide le païs conquester.*

Personne ne se fait d'illusion sur les raisons qui ont fait prendre la croix à Bohémond, et il ne faut pas s'étonner de le voir foncer, et en tête de sa colonne, sur la voie directe qui mène vers Dorylée. Nous n'en saurons pas plus sur la division de l'armée ce jour-là, 29 juin – pas plus, en vérité, que la plupart des pèlerins qui ne participent pas aux débats du conseil des barons, et n'en apprennent souvent les décisions que par bribes et sans explications, avec toutes les distorsions du ouï-dire.

On s'est donc séparés. Bohémond mène un premier corps qui comprend, avec ses Normands d'Italie, les Normands de Courteheuse, les troupes de Robert de Flandre, celles d'Étienne de Blois et le détachement byzantin de Tatin-au-nez-coupé. Godefroi de Bouillon, Hugues le Maisné et Raimond de Saint-Gilles prennent plus au sud, avec l'évêque Adhémar du Puy.

Dans la matinée du 1er juillet, alors que les deux armées sont séparées depuis deux jours, Bohémond fait halte dans une vallée proche de Dorylée : « Tous les pèlerins se répandirent aussitôt dans les prairies et sur les bords des ruisseaux pour dresser leur camp, prendre leur repas et satisfaire à leurs besoins. » Soudain, toutes les hauteurs d'alentour se couvrent d'ennemis.

C'est Kilij Arslan, qui a perdu sa ville, sa femme, ses fils et la première bataille, et qui vient chercher sa revanche. Depuis qu'il a dû renoncer à Nicée, il a eu le temps de faire la paix avec l'émir danishmendite Ghazi et les deux hommes se sont unis pour affronter ensemble ce péril mortel que représente l'armée des Latins. D'autres chefs turcs d'Anatolie et de Cappadoce les ont rejoints. Ils sont plusieurs dizaines de milliers. Pensent-ils avoir ce matin la totalité de l'armée devant eux? Ou, au contraire, veulent-ils l'anéantir en deux temps? Le terrain, en tout cas leur est favorable, et l'effet de surprise, total [76].

« Aussitôt, raconte l'Anonyme, les Turcs commencèrent à grincer des dents, à pousser des huées et des cris retentissants, répétant je ne sais quel mot diabolique dans leur langue... » C'est leur cri de guerre, « Allah akbar! Allah akbar! Dieu est grand! », que Raoul de Caen pour sa part enregistrera « Allachibar! Allachibar! »

Dieu. Par-delà le faisceau des circonstances qui mettent aujourd'hui face à face les chrétiens et les musulmans, on en revient à ce qui les jette les uns contre les autres quand tout le reste est dit : ils n'ont pas le même Dieu.

Peut-être, sur le tracé d'une frontière, sur la réparation d'un outrage, pourraient-ils malgré tout s'arranger. Mais ce qui va se jouer entre eux dépasse singulièrement les querelles de territoires et de traités. On ne transige pas sur l'au-delà. Nés de la même nuit inconnaissable, ils ont conçu pour en supporter le mystère des sacrés qui s'excluent. Plongeant ses racines dans l'obscur remuement des consciences, défini au nom de dogmes intangibles, le conflit est irréductible : il oppose un ordre du monde à un ordre du monde, une vérité absolue à une vérité absolue.

Comme s'il suffisait, pour abolir le dieu des autres, d'en supprimer les fidèles, ils vont se parer, pour le temps de cette bataille, des couleurs du Bien et du Mal et s'entre-tuer avec exaltation. Il leur est interdit de douter : douter, c'est tout perdre. Leur salut est au bout de leurs armes.

La volonté de l'Éternel s'accomplira une fois de plus dans la haine et dans l'horreur. Il n'y aura ni héros ni victimes : seulement des martyrs. Quand l'homme combat pour sa foi, la mort donne un sens à la vie. Ils gagneront donc des paradis concurrents – mais la même vieille terre de cet Orient commençant, comme maudite d'avoir enfanté tant de dieux et de croyances, recouvrira leurs os brisés après tant d'autres os brisés. Ils n'auront pour tout linceul qu'une prière posthume, des jurons de soldats et la chanson du vent dans les chardons. Pourquoi donc Jérusalem fut-elle promise à tous ?

« Allah akbar! Allah akbar! »

« Dieu le veut! Saint-Sépulcre! »

Les Turcs fondent sur le campement à peine installé, où leur premier passage fait une trouée sanglante. Bohémond, qui est un homme de guerre, a déjà jugé la situation. Il envoie immédiatement un messager à l'autre partie de l'armée, qui doit progresser quelque part au sud, dans les montagnes. Puis il groupe sa chevalerie : « Sires et vaillants chevaliers du Christ, voici que nous attend de tous côtés une bataille difficile... »

Trois des nôtres sont dans ce piège. Richard le pèlerin, dans l'armée de Robert de Flandre; le bon Foucher de Chartres, qui suit Étienne de Blois; et l'Anonyme, qui assure sa lance dans son poing et se prépare pour la dernière bataille : « Les Turcs nous entouraient de tous côtés, combattant, lançant des javelots et tirant des flèches à une distance merveilleuse. Et nous, bien qu'incapables de leur résister et de soutenir le poids d'un si grand nombre d'ennemis, nous nous portâmes cependant à leur rencontre d'un cœur unanime. »

La charge s'ébranle, bouscule le Turc, taille et pourfend.
Devant va Guillaume, jeune frère de Tancrède :

On l'apeloit Guillerme, un chevalier membré
En lui ot moult bel home de novel adobé ;
Son sens ne puet tenir puis que on l'ot armé,
En la plus grande presse a son cheval torné...

Bohémond essaie de le retenir. En vain, tant le « novel
adobé » veut prouver sa vaillance. Et déjà le jeune Guillaume
tombe, percé de flèches. Tancrède, à son côté, ne peut même
pas ramener son corps.

La contre-attaque des chrétiens a failli réussir, mais les
Turcs sont trop, et c'est comme un puissant ressort qui
maintenant repousse les Francs, brise leur formation :

Dolens fu Buiemons quans sa gent vit plaisier...

Bohémond fait descendre les chevaliers de leurs montures ; ils combattront à pied, à la lance et à l'épée ; ils
protégeront ceux qui regroupent en hâte le camp et les
chevaux autour des sources ; là se tiendront les non-
combattants, au centre du dispositif, et les femmes approvi-
sionneront en eau les chevaliers.

L'un d'eux, pourtant, refuse de démonter et charge avec
ses hommes. C'est celui-là même qui à Constantinople s'était
assis sur le trône de l'empereur et qui ne rêvait que d'en
découdre. Il charge donc, mais ses hommes sont aussitôt
massacrés et lui-même revient grièvement blessé – encore un
qui aura trouvé sa vérité en chemin...

Toute l'armée ennemie a maintenant pris position. « Les
nôtres, notera l'Anonyme, se demandaient avec étonnement
d'où avait pu sortir pareille multitude de Turcs, d'Arabes, de
Sarrasins et autres, impossibles à énumérer, car toutes les
hauteurs et les collines et les vallées, et toutes les vallées et

toutes les plaines, à l'intérieur et à l'extérieur, étaient entièrement couvertes de cette race excommuniée. »

Les Turcs emploient leur tactique habituelle : des vagues d'archers se placent en première ligne, « lancent la mort comme une pluie épaisse » et se retirent, laissant la place à d'autres vagues ou à de rapides charges de cavalerie. Chez les Francs, les victimes sont nombreuses, surtout chez ceux qu'aucune armure ne protège des flèches.

Poussière, sueur, cris terribles, blessures béantes. Et les femmes dans leurs robes de couleur qui vont et viennent entre les sources et les premières lignes, portant de l'eau, soignant, encourageant. Le soleil est au plus haut.

« Serrés les uns contre les autres, raconte Foucher de Chartres, comme des moutons dans une bergerie, tremblants et saisis d'effroi, nous sommes de toutes parts cernés par les Turcs et n'osant bouger. » Lui le prêtre qui n'a pas la ressource de combattre, il se demande pourquoi Dieu permet que Son armée soit ainsi assaillie : « Un tel malheur parut n'avoir pu se produire qu'en punition de nos péchés. La luxure en effet souillait plusieurs d'entre nous, et la cupidité ainsi que l'orgueil en corrompaient d'autres. »

Les assauts des Turcs se succèdent. Les troupes du Rouge-Lion « se répandirent dans le camp, massacrant tout ce qu'elles rencontraient, [...] tuant les gens de pied, les pèlerins, les jeunes filles, les vieillards, les jeunes enfants... » Le chevalier Robert de Paris s'interpose pour les protéger : une flèche l'abat. Foucher en est aux dernières prières : « Déjà, perdant tout espoir de sauver notre vie, nous nous reconnaissons tous pécheurs et criminels et nous implorons pieusement la commisération divine. »

Fallait-il donc, ô Dieu, quitter nos villages et nos châteaux pour venir mourir dans cette vallée du bout du monde ? Pourquoi nous as-tu laissé tomber dans ce piège ? Pourquoi nous abandonnes-tu ?

Mais Dieu n'abandonne les siens que quand ils s'abandonnent eux-mêmes. Cette fois encore il va nous sauver.

Car voici que surgissent Godefroi et Baudouin, et Hugues le frère du roi de France, alertés par le messager de Bohémond. Ils tombent comme foudre sur l'arrière des païens occupés à la curée. Foucher de Chartres remercie le Seigneur : « La grâce d'en haut se manifeste miraculeusement en notre faveur. Nous nous ranimons, nos rangs s'épaississent par l'arrivée de nos compagnons. »

Les soldats de Dieu ordonnent leurs batailles. De la gauche vers la droite, Bohémond, Robert Courteheuse, Tancrède, Robert d'Ansa, Richard du Principat, Étienne de Blois, Saint-Gilles et ses Provençaux, Godefroi et ses Lorrains, Hugues le Maisné, Robert de Flandre « et plusieurs autres dont j'ignore les noms », dit l'Anonyme qui reprend courage : « Il y eut entre nous un entretien intime ; nous disions : « Soyez de toute manière unanimes dans la foi du Christ et dans la victoire de la Sainte Croix, car aujourd'hui, s'il plaît à Dieu, vous deviendrez tous riches ! » Ne manque à l'appel que l'évêque du Puy.

Nous formions un front uni, large et puissant. Nous emplissions la vallée. Quand nous avons chargé, la formidable armée de Turcs, de Persans, de Pauliciens, de Sarrasins, d'Angulans, sans compter les Arabes dont nul si ce n'est Dieu ne connaît le nombre, et tous les peuples barbares, s'enfuirent aussitôt. « Ils s'enfuirent à une vitesse extraordinaire », dit l'Anonyme. Et c'est alors que surgit derrière eux Adhémar du Puy, qui est arrivé par les défilés, et leur coupe la retraite, aggrave leur panique et leur pagaille.

Poursuite, massacre. Gérard de Chérisy va rattraper un Turc, mais celui-ci se retourne, lâche une flèche qui traverse le bouclier du chevalier et « perce Gérard entre le foie et le poumon » ; le Turc le jette au sol, saute sur le cheval et s'enfuit.

L'ennemi par moments se regroupe, le temps de lâcher une nuée de flèches, « comme une grêle d'orage », puis

reprend sa fuite. Il fait chaud, les montures n'en peuvent
plus : « Les flancs des chevaux battaient fortement et la fumée
qui en sortait s'élevait au milieu des rangs en forme de
nuage. »

Beau souvenir pour l'Anonyme : « Nous les pour-
suivîmes en les tuant pendant tout un jour ; et nous fîmes un
butin considérable, de l'or, de l'argent, des chevaux, des ânes,
des chameaux, des brebis, des bœufs et beaucoup d'autres
choses que nous ignorons. » Albert d'Aix ajoute « une
quantité infinie d'argent et des pavillons ornés de décorations
et d'ouvrages admirables ». Richard le Pèlerin, toujours
réaliste, se félicite de ce que l'armée turque aura du mal à se
remettre de cette défaite, mais regrette qu'on n'ait pas eu le
temps de l'achever :

> La perte qu'il ont faite n'iert jamais rétablie
> Sé la nuis ne fust près, tout fust morte et périe.

Un seul absent de marque pour fêter la victoire, le sage
Anselme de Ribemont que ses pairs ont envoyé en ambassade
auprès de l'empereur Alexis. Il rejoindra quelques jours plus
tard.

On reste deux pleines journées [77] dans ce « val de
Gurhenie », à reprendre son souffle, à enterrer ses morts :
« Les évêques, les prêtres et les moines qui étaient là
rendirent à la terre les corps des tués. » Prières, psaumes,
répons repris par tous. Que Robert de Paris, que le jeune
Guillaume, qu'Onfroi de Monte-Scabioso et tous les autres
qui maintenant sont dans la gloire de Jésus-Christ nous
assistent et nous protègent !

Deux jours parmi les sources et la fraîche végétation de
ce « val fleuri ». Étrange réflexion de l'Anonyme : « Si les
Turcs, pense-t-il, avaient gardé la foi chrétienne, on ne
trouverait personne qui puisse leur être égalé en puissance, en
courage, en science de la guerre ». Et il ajoute : « Et pourtant,

par la grâce de Dieu, ils furent vaincus par les nôtres. »

Deux jours de répit, deux jours de repos, puis il faut à nouveau lever le camp. La route s'annonce difficile. Sans l'encombrement des bagages et des non-combattants, peut-être pourrait-on, avec de bonnes provisions d'eau et de foin, couper par le Grand Lac salé. Mais il faudra prendre, vers l'ouest, l'ancienne route qui reliait Antioche et Constantinople. C'est sans doute le conseil que donne Tatin-au-nez-coupé – mais peut-être ignore-t-il que, depuis le départ des Grecs, le pays a été ravagé par des guerres locales, détruit, pillé et presque abandonné, villages rasés, puits empoisonnés ou éboulés, citernes éventrées, ponts écroulés... Les rares habitants qui s'y trouvent encore s'enfuiront à l'approche des Francs et ne leur seront d'aucun secours pour les ravitailler ou même les guider.

Ils passent Dorylée le 4 juillet, jour de la Saint-Martin d'été. Terrible été de ces contrées-là. Avec ce soleil vertical et cette lumière qui brûle, ce palpitement de l'horizon et l'obsédante chanson des fontaines à venir.

Et les Turcs, qui ne sont jamais bien loin. « Nous les poursuivions à travers des déserts et une terre dépourvue d'eau et inhabitable. »

Jour après jour.

« La faim et la soif nous pressaient de toutes parts et nous n'avions presque plus rien à manger, sauf les épines que nous arrachions et frottions dans nos mains ; voilà de quels mets nous vivions misérablement. »

Les chevaux commencent à mourir, les lourds et beaux chevaux de guerre aussi bien que les chevaux de somme et que les mulets.

Jour après jour, sous le ciel blanc.

Les voyez-vous, ces soldats de Dieu, dans leurs cuirasses brûlantes et leurs robes de fer, ou portant en réconfort la main à la croix roide de sueur et de crasse qu'ils ont cousue à leur vêtement – c'était il y a si longtemps... Armée de misère

s'étirant d'un bout à l'autre de la terre... Dépenaille...
Calamiteuse caravane...

Foucher de Chartres : « Beaucoup des nôtres, faute de
bêtes de somme (chargeaient) leurs effets, leurs vêtements,
leur pain sur

                                                    des moutons
                                        des chèvres
                            des cochons
            et des chiens

animaux trop faibles et dont le dos était écorché par le poids
de charges trop lourdes. »

L'Anonyme : « Nous nous servions de bœufs en guise de
destriers! »

Foucher : « On aurait pu en rire, ou peut-être aussi en
pleurer de pitié... »

> *Li seignor vont à pié dolent et aïré*
> *Lor cauces sont rompues, lor solier sont crevé*
> *Dont lor saignent li pié. Teurement ont ploré.*

Et « ces femmes grosses, ayant la bouche et les entrailles
desséchées, et les veines de tout le corps épuisées par l'ardeur
insupportable des rayons de soleil et de la plage brûlante,
accouchaient devant tout le monde et abandonnaient ensuite
leur enfant. »

Et ces chiens de chasse et ces faucons qui meurent auprès
de leurs maîtres...

Jour après jour. Moïse aussi a connu le désert. Peut-être
y a-t-il toujours un désert avant la Terre Promise?

Et ce samedi d'août où se lève une tempête de sable :

> *Ce fut un samedi que de fi le sait-on*
> *Que leva la porriere et vola li sablon*
> *Et une si grans caure de male afaiteson.*
> *Mil en sont mort de soif qui autre mal n'en ont*
> *Que dames, que pucieles, que sergent, que guiton*

Sans doute ce même « certain jour de sabbat » où, rapporte Albert d'Aix, « cinq cents personnes [...] succombèrent au tourment de la soif ».

L'adversité rassemble. Foucher de Chartres s'en réjouit : « Quoique divisés par le langage, nous semblions tous autant de frères et de proches parents unis dans un même esprit par l'amour du seigneur [78]. »

Raimond de Saint-Gilles tombe lui aussi. Il halète sur sa couche. Guillaume, évêque d'Orange, lui administre l'extrême-onction. Son chapelain, Raimond d'Aguilers, est là quand se présente un seigneur allemand : par sa bouche, saint Gilles lui-même fait dire qu'il veille sur le comte de Toulouse, qu'il a obtenu un délai et que le comte ne mourra pas cette fois.

Raimond de Saint-Gilles, c'est un fait, peut rejoindre l'armée quand celle-ci sort de l'enfer et se présente devant Iconium vers le 15 août – après quarante jours au désert.

Les Turcs, maîtres de la ville depuis treize ans, l'ont abandonnée à l'arrivée des Francs : la bataille de Dorylée a fait grande impression jusqu'en Arménie. Ils ont emporté tout ce qu'ils pouvaient – mais restent les vergers, les sources, les fleurs de la délicieuse vallée du Méram. Là encore il faudra enterrer des pèlerins : ceux qui se jettent à l'eau et boivent sans pouvoir s'arrêter...

Deux jours de repos, comme à Dorylée. Puis à nouveau la piste et le plein soleil : « Les habitants nous avertissaient d'emporter avec nous des outres pleines d'eau », se rappellera l'Anonyme. Izmir, Anbar, Héraclée. Les Turcs fuient devant la gent Notre-Seigneur, qui s'empare au passage de villes et de châteaux où elle laisse de petites garnisons. Les chrétiens arméniens ou grecs heureux d'être délivrés des Turcs les accueillent avec joie.

A Héraclée, raconte Foucher, « nous vîmes un prodige dans le ciel ; il y parut en effet une lueur brillante et d'une blancheur resplendissante, ayant la forme d'un glaive dont la pointe était tournée vers l'Orient. Ce que ce signe annonçait pour l'avenir, nous l'ignorions. Mais le futur comme le présent, nous le remettions entre les mains de Dieu. »

Ils restent quatre jours à Héraclée, du 10 au 13 septembre. Cela fait maintenant plus d'un an qu'ils sont partis d'Occident, un an et demi pour Pierre l'Ermite. Il y a longtemps qu'ils ne se retournent plus sur leur chemin.

A Héraclée, en plein repos, Tancrède rassemble cent cavaliers et deux cents hommes de pied et quitte le camp sans s'encombrer de bagages superflus : il va falloir aller vite. Il pique au sud-est, vers Tarse et la Cilicie, terrible chemin entre le Taurus et l'Anti-Taurus, avec des sommets de 3 000 mètres et plus, mais c'est le plus droit vers Antioche. Part-il avec l'accord du conseil des barons ? Pour son seul compte de seigneur sans seigneurie ? Bohémond ayant raté son affaire à Dorylée, le neveu chevauche-t-il pour son oncle ?

Il ne se passe pas longtemps en tout cas avant qu'un autre cadet sans fief se lance sur ses traces, Baudouin, le jeune frère de Godefroi. Lui aussi est ambitieux, lui aussi compte sur l'expédition à Jérusalem pour trouver une terre et des richesses. Il rassemble cinq cents cavaliers et deux milles hommes de pied et prend la piste derrière Tancrède. Il laisse avec le gros de l'armée sa femme Godvère, ses enfants et ses gens. Il emmène, par contre, cet Arménien rencontré à Nicée, – « Pancrace », comme il l'appelle – et dont les histoires font rêver les Francs. Partent aussi avec lui son cousin Baudouin du Bourg, Renaud de Toul, Pierre de Stenay.

La seule chance de Baudouin de rattraper Tancrède est de couper tout droit vers Tarse, par Tont, Zanapa, Mintos et Namrun. Mais c'est un chemin affreux, où, sans provisions, il crève de chaud, de soif, de faim. D'autant qu'il s'égare et erre dans les montagnes. Enfin, à bout de forces, il débouche sur la plaine où est bâtie Tarse, la ville de Saint-Paul. Coup au cœur :

Et gardèrent devant; virent Crestienté
Seigneur, c'estoit la gent Buiemont et Tangré.

Tancrède en effet est arrivé depuis la veille, mais sa
troupe est trop peu nombreuse pour prendre et même pour
assiéger la ville, où s'est enfermée une garnison turque de
cinq cents hommes. Il a eu le temps de prendre langue avec les
Turcs, annonçant l'arrivée de Bohémond et ses gros batail-
lons, leur promettant la vie sauve s'ils lui livraient la
ville.

Les hommes des deux armées tombent dans les bras les
uns des autres. Les Normands de Tancrède partagent leurs
vivres avec les Lorrains, ce qui n'empêche pas les chefs de
continuer leurs calculs. La population civile – des Grecs et des
Arméniens – choquée d'avoir vu Tancrède négocier avec les
Turcs, vient dans la nuit avertir Baudouin que la garnison
s'apprête à déserter. Il s'arme, s'embusque et décime les
Turcs.

Au matin, Baudouin découvre que Tancrède a accroché
sa bannière à une tour, pour signifier que la ville est à lui.
Baudouin la fait enlever par « un sien ami privé » et dresse la
sienne à la place. Les Turcs, argumente Tancrède, se sont
enfuis parce que je leur ai annoncé l'arrivée de mon oncle
Bohémond. S'ils ont eu peur, répond Baudouin, c'est parce
qu'ils ont craint que mon frère Godefroi n'arrive...

Ils sont près d'en venir aux mains, les deux seigneurs
d'Occident, à se battre pour une ville de nulle part. Mais
Tancrède doit reconnaître « l'infériorité de sa troupe en forces
et en armes ». Couplet de son biographe Raoul de Caen : « Il
s'arrête enfin à dédaigner ce qu'il a conquis, à rechercher en
hâte de nouvelles conquêtes. Ainsi l'épervier cède à l'aigle, le
léopard au lion; ainsi les plus faibles, quels qu'ils soient,
cèdent aux plus forts... »

« Avec une grande tristesse », Tancrède rassemble ses
hommes et part vers l'est, direction Antioche.

Baudouin s'installe dans Tarse. Le lendemain soir survient une troupe de trois cents hommes envoyés par Bohémond en secours à Tancrède. Baudouin leur interdit l'entrée de la ville, même pour se ravitailler. Mais les Normands sont épuisés par leur marche forcée, et les Arméniens les prennent en pitié : depuis les créneaux, ils leur font parvenir « avec des cordes, du pain et de la viande ». Ils s'endorment sous la muraille. En pleine nuit, les survivants de la garnison turque qui rôdaient encore, surgissent dans le bivouac mal gardé et massacrent les Normands, pratiquement jusqu'au dernier.

Au matin, Baudouin doit faire face à une véritable émeute. Les Arméniens et certains de ses propres hommes lui reprochent son attitude. Il doit, lui l'orgueilleux, présenter ses excuses pour « se réconcilier avec son peuple ». C'est aussi, dit-il, qu'il n'imaginait pas « la cruauté des Turcs ». Alors, pour son édification, « plusieurs femmes illustres de la ville » s'avancent pour lui montrer « les oreilles et les narines que (les Turcs) leur avaient coupées parce qu'elles n'avaient pas voulu consentir à se prostituer avec eux ».

Le gros de l'armée a quitté Héraclée le 14 septembre en direction du nord-est par l'ancienne piste qui, contournant l'Anti-Taurus, reliait Constantinople à Antioche par Césarée et Marasch. Elle est bordée de petits domaines appartenant à des chrétiens arméniens jadis vassaux de l'empereur byzantin et qui voient arriver avec soulagement la fin de l'occupation turque.

On s'arrête dans l'après-midi pour dresser le camp. Godefroi installe sa tente « vers la montagne, dans une position agréable, au milieu des prairies, se plaisant à admirer ce beau et riche pays où l'on trouve de superbes chasses », dit Albert d'Aix. Godefroi, justement, s'éloigne du camp, cherchant quelque gibier.

Soudain, il voit un ours attaquer un pèlerin qui s'était éloigné pour faire du bois. Il éperonne son cheval, tire son épée et fonce à travers les broussailles. L'ours fait face, « ouvre la gueule comme pour le mettre en pièces », se dresse et l'arrache de son cheval. C'est une bête énorme dont « les horribles grognements ébranlent la forêt et les montagnes ». Corps à corps. Godefroi tente de saisir son épée, qui « s'est embarrassée entre ses jambes ». Il se fait une profonde entaille à la jambe « et dans les nerfs qui s'y rattachent ». Sang. Godefroi se bat toujours.

Enfin surgit un de ses compagnons d'armes, un nommé Husechin, qui plante son épée dans la poitrine de l'ours en « lui brisant les côtes ». Godefroi, qui a perdu beaucoup de sang, « tombe presque en défaillance ». On l'allonge sur un brancard, on le ramène au camp « au milieu des pleurs des hommes et des hurlements des femmes ». On soigne ses blessures tandis que l'ours est partagé entre les princes, – ils n'en ont, disent-ils, « jamais vu de pareille grosseur » [79].

Le lendemain, l'armée se remet en marche, mais le duc de Lorraine ne peut ni marcher ni chevaucher, et il faut le porter. On progresse au long de vallées profondes bordées de hauts sommets. On arrive à une petite ville dont les Turcs se sont enfuis et on commerce avec les habitants, « recevant d'eux et achetant en paix ». Là meurt de maladie un chevalier de la maison de Godefroi, Adelrard de Guizan. Godvère de Toeni, la femme que Baudouin a laissée derrière lui pour aller prendre Tarse, est elle aussi bien malade. On envoie un messager à la recherche de son époux.

Baudouin, toujours à Tarse, est appelé aux remparts. Dans le lointain, vers le sud, où le Ceynan se jette dans la mer, se présente une flotte considérable. Navires de tous tonnages, voiles aux couleurs vives. Des Turcs? Sinon qui? On s'arme, on galope jusqu'à la baie.

Ce sont des chrétiens. Ils crient qu'ils viennent de Flandre, d'Anvers, de Frise, de France; et même du Groënland. Leur chef est Guinemer, il est au comte Eustache de Boulogne, le propre frère de Baudouin! Prodigieuse rencontre!

Ce Guinemer est un des plus fameux pirates vikings de l'époque. Quand il a compris que l'expédition vers Jérusalem aurait besoin de bateaux, il a rassemblé les écumeurs de la mer du Nord et mis à la voile au printemps depuis les Pays-Bas (25).

Quand les hommes de la terre et les hommes de la mer se sont reconnus, on débarque le butin accumulé depuis le départ – «moult estoit riches» – et ils vont ensemble s'enfermer dans Tarse où, pendant plusieurs jours, ils se livrent à une fête digne de leur rencontre.

La fête finie, ils s'engagent «réciproquement, en se donnant la main, à faire tous ensemble le voyage de Jérusalem». Ils laissent à Tarse trois cents hommes de Guinemer et deux cents de Baudouin et partent vers l'est, «le long de la route royale, marchant au son de trompettes et de cors».

Depuis qu'il a quitté Tarse, le jeune Tancrède a pris lui aussi vers l'est. La ville d'Adana lui a ouvert ses portes pour qu'il se ravitaille, – à sa grande surprise, un autre seigneur à la croix, un Bourguignon du nom de Guelfe, s'y était déjà installé – et il a continué vers Mamistra, où les Turcs étaient encore.

L'assaut a duré la journée, et on se battit surtout dans la ville :

> Or sont Fraçois et Turcs tot ensemble meslé,
> Des espées d'acier a l'un l'autre frapé...

Richard le Pèlerin raconte que les Normands allaient devoir se retirer quand Tancrède, aux prises avec le commandant de la garnison turque, réussit à lui trancher la tête. Les Turcs alors avaient pris la fuite.

De Mamistra, Tancrède s'est dirigé vers Choros, ville importante qu'il assiège en vain pendant une journée. C'est alors que, comme à Tarse, il voit arriver Baudouin. On le connaît, le jeune Normand qui ne voulait pas prêter serment à l'empereur; il n'a certainement pas pardonné l'humiliation que le frère de Godefroi lui a infligée. L'occasion de se venger lui est fournie par son parent Richard du Principat, qui lui propose de défier Baudouin en combat judiciaire : les deux seigneurs menant chacun quelques chevaliers choisis. « Moult volentiers, cher sire », répond Tancrède.

Mais Baudouin refuse le défi. Il ne veut pas, dit-il, « combattre envers Crestienté », et propose la paix.

Il installe son camp et, comme il faut s'y attendre, les hommes se cherchent querelle, toutes les occasions sont bonnes pour se provoquer, et bientôt les deux troupes se jettent l'une contre l'autre. La garnison turque, qui assiste avec effarement au combat entre les chrétiens, en profite pour faire une sortie – il faut bien alors que les chrétiens s'unissent pour les repousser et les mettre en fuite.

Le lendemain, quand même, on s'avise de réfléchir. On juge enfin « que c'était folie que ceux qui étaient sortis de leur pays pour combattre les ennemis tournassent ainsi leurs armes contre eux-mêmes... »

Tancrède et Baudouin échangent leurs prisonniers. Le Normand, qui cette fois est l'offenseur, s'avance vers Baudouin en chemise en pieds nus :

> *Tangres ala encontre, par moult grant amitié*
> *Descaus piés et en langes; merci li a crié.*
> *Et Bauduins li a maintenant pardoné;*
> *Devant tous s'entrebaisent et se sont acordé.*

Baudoin ne s'attarde pas. Le messager de la grande
armée vient d'arriver : son frère, lui dit-il, a été gravement
blessé par un ours, et sa femme est bien malade. Il laisse
Choros à Tancrède et file, encore plus à l'est, vers Marasch, à
la rencontre de l'ost Notre-Seigneur.

La grande armée s'était remise en route, avec Godefroi
blessé et Godvère mourante, cueillant sans grand mal des
villes, des villages, des châteaux où les chrétiens arméniens se
soulevaient à leur arrivée contre les garnisons turques. On ne
s'arrêtait plus guère. Une fois, même, on laissa sans la
prendre une place forte qui résistait, ainsi qu'Étienne de
Blois raconte à « sa très douce et très aimable épouse Adèle » :
« Ayant appris qu'un prince turc nommé Assam régnait dans
la Cappadoce, nous nous sommes dirigés de son côté. Nous
avons emporté toutes les places et l'avons contraint de se
renfermer dans un château puissamment fortifié qu'il pos-
sédait au sommet d'une roche élevée. Nous avons donné la
terre de cet Assam à l'un de nos princes et nous l'avons laissé
en ce lieu avec un certain nombre de soldats du Christ pour
qu'il eût à guerroyer contre ce même Assam. Ensuite, nous
avons mis en fuite jusqu'au grand fleuve de l'Euphrate, à
travers l'Arménie, ces abominables Turcs qui ne cessaient de
nous inquiéter. »

Étienne de Blois, parti sans enthousiasme, était maintenant comblé. Les barons l'avaient en effet honoré, sans
doute parce qu'il est sage et qu'on ne peut le soupçonner de
désirer autre chose que ce qu'il a : « Tiens pour certain, ma
chère, écrit-il encore, que je possède maintenant de l'or, de
l'argent et beaucoup d'autres choses précieuses, en quantité
double de ce que ta tendresse me savait possesseur le jour où je
t'ai quittée. Car tous les princes m'ont établi jusqu'à nouvel
ordre, malgré la résistance que j'ai opposée, leur seigneur
dans le grand Conseil de l'armée, le directeur et l'administrateur de toutes les affaires [80]. »

Césarée de Cappadoce, où l'on ne s'est pas arrêté.

Comana, « cité magnifique et très riche ». Les Turcs, qui l'assiégeaient depuis trois semaines, se sont enfuis à l'arrivée des chrétiens. Comana « se rendit aussitôt entre nos mains avec une grande joie ». Un seigneur provençal, Pierre d'Aups, qui s'était jadis engagé auprès de Robert Guiscard et était resté servir Alexis Comnène, demanda la ville aux seigneurs. Il s'engageait à tenir et défendre la terre « en toute fidélité de Dieu et du Saint Sépulcre, des seigneurs et de l'empereur ». Les barons lui ont accordé « de très bonne grâce » et Tatin-au-nez-coupé l'a investi gouverneur au nom du basileus. Bohémond, ayant appris que les Turcs qui assiégeaient Comana restent à proximité, a décidé de les « chasser de partout » et est parti la nuit suivante « avec ses seuls chevaliers ».

Coxon [81], où l'on a passé trois jours dans une vallée fertile : « Les nôtres purent s'y refaire entièrement. »

Dans chaque ville et dans chaque forteresse il faut laisser une garnison, et l'armée menace de s'étioler dangereusement. C'est sans doute la raison pour laquelle Adhémar du Puy, légat du pape et chef spirituel de la croisade, rejoint depuis peu par Siméon, le patriarche titulaire de Jérusalem replié à Chypre, signent ensemble dans ces jours-là une lettre aux chrétiens des pays scandinaves : « Vous tous qui habitez du côté du Nord, dans les pays septentrionaux, nous vous exhortons à ne pas tarder à venir à nous; mais que, de tous ceux qui veulent venir pour leur salut, ne viennent que ceux qui ont la sûreté de leur corps ou qui sont capables de supporter le voyage. Si même vous n'avez que peu de ressources pour pouvoir venir à nous, Dieu, à son tour, dans sa toute-puissance pourvoira à votre existence... »

Il faut des renforts actifs, par des poids morts – des bras, pas des bouches. Mais comment convaincre ceux qui ne sont pas déjà partis?

« Nous les chrétiens, frères bien-aimés, poursuit la missive, nous trouvons en Romanie. Nous avons soumis et placé sous notre domination la grande ville de Nicée, non sans grande difficulté il est vrai ; nous avons eu trois batailles. De Nicée, notre armée a fait mouvement vers Antioche, et nous avons pris d'assaut nombre d'autres villes et forteresses turques.

« Nous disposons de cent mille chevaliers montés et hommes cuirassés ; mais qu'est-ce que cela ? Nous sommes peu nombreux par rapport aux païens. Mais il est bien vrai que Dieu combat pour nous. La preuve, frères, écoutez le miracle que le très saint patriarche fait connaître à tous les chrétiens : comment le Seigneur lui-même lui est apparu en rêve, et a promis à tous ceux qui peinent dans cette expédition qu'au jour redoutable du Jugement dernier, chacun d'eux s'avancera devant lui la couronne au front.

« Vous donc, qui savez bien que sont excommuniés tous ceux qui ont été marqués du signe de la Sainte Croix et sont demeurés dans l'apostasie, nous vous exhortons, nous vous conjurons, par cette même Sainte Croix et pour le sépulcre du Seigneur, de les frapper tous du glaive de l'excommunication s'ils ne nous suivent pas et ne se pressent pas pour se trouver à la prochaine Pâques là où nous sommes en Romanie.

« Adieu, et de nous qui sommes à la peine nuit et jour, souvenez-vous et priez pour nous. »

Avec l'annonce des premiers succès militaires, la promesse d'un Jugement privilégié et la menace de l'excommunication, l'appel ne laissera sans doute là-bas, dans les lointaines brumes, personne indifférent.

Une autre lettre est partie après la bataille de Dorylée : celle que l'empereur Alexis a écrite à l'abbé de Monte-Cassino, Oderisio de Marsi : les affaires de l'expédition en Terre Sainte, lui apprend-il, sont prospères, et les porteurs de la lettre lui donneront de plus amples détails de vive voix.

Alexis ne reste pas inactif : il a monté une expédition à la fois maritime et terrestre pour reprendre Smyrne, Ephèse et la Phrygie jusqu'à la piste qu'ont suivie les armées, ouvrant ainsi une route sûre pour le ravitaillement. Le désert le sépare maintenant des « Celtes », mais il a toute confiance en Tatikios pour le représenter.

Alors que l'armée se repose à Coxon, une rumeur embrase le camp : la garnison turque d'Antioche a quitté la ville! Antioche est ouverte! Antioche la ville aux quatre cents tours, la perle de l'Orient!

Aussitôt, Raimond de Saint-Gilles réunit son conseil. Bohémond n'est toujours pas rentré de sa poursuite, et l'occasion est trop belle d'accrocher les bannières de Toulouse à la plus haute muraille d'Antioche. Il décide d'envoyer cinq cents cavaliers en avant sous le commandement de Pierre de Castillon, avec Guilhem de Montpellier, Pierre-Raimond d'Hautpoul et Pierre de Roaix. S'ils ne peuvent occuper la ville au nom du comte de Toulouse, qu'au moins ils s'assurent une position – et donc une part de butin – privilégiée.

Mais, atteignant un château tenu par des hérétiques pauliciens près de l'Oronte, Pierre de Castillon apprend que non seulement les Turcs ne quittent pas Antioche, mais qu'au contraire des renforts convergent de tous les pays d'alentour et se concentrent dans la ville. Il fait demi-tour – l'un de ses compagnons, Pierre de Roaix, poursuit l'aventure pour son compte, pénètre la nuit suivante dans la vallée de Riha en direction d'Alep, surprend et bouscule un parti de Turcs, occupe une petite ville et plusieurs châteaux.

L'armée quitte Coxon le 9 ou le 10 octobre et s'engage dans « la montagne du diable ». Ces défilés de l'Anti-Taurus seront un des plus mauvais souvenirs du chemin : « La montagne est si élevée et si étroite, raconte l'Anonyme, que dans le sentier situé sur le flanc nul n'osait précéder les autres; les chevaux roulaient dans les ravins et chaque bête de somme en entraînait une autre. De tous côtés, les chevaliers montraient leur désolation et se frappaient de leurs propres mains, de douleur et de tristesse, se demandant que faire d'eux-mêmes et de leurs armes. Ils vendaient leurs boucliers et leurs bons hauberts avec les heaumes pour une somme de trois à cinq deniers ou pour n'importe quoi. Ceux qui n'avaient pu les vendre les jetaient pour rien loin d'eux. »

« Sortis de cette exécrable montagne, nous parvînmes à une ville appelée Marasch. »

A Marasch, on n'est plus loin d'Antioche. On attend que rejoignent Baudouin, Bohémond et Tancrède.

Ce dernier, après avoir, à Choros, obtenu, « descaus piés et en langes », le pardon de Baudouin, était reparti suivant la côte, raflant quelques châteaux au passage. Pour prendre Alexandrette, il avait demandé le secours du pirate Guinemer et l'avait investie par mer et par terre. Il y avait laissé garnison avant de rejoindre la grande armée.

Quand Baudouin de Boulogne arrive à Marasch, il trouve son frère Godefroi remis de sa blessure à la jambe, mais sa femme Godvère est au plus mal.

Bohémond rentre à son tour à Marasch, sans avoir pu rejoindre l'émir qu'il poursuivait.

C'est peut-être de Marasch qu'Adhémar du Puy, les évêques de l'armée, Siméon le patriarche de Jérusalem et les évêques grecs de Syrie écrivent conjointement à l'Église d'Occident : « Apprenez que Dieu a fait triompher son Église de quarante grandes villes et deux cents armées, tant en Romanie qu'en Syrie [...]. La perte de l'ennemi a été mille fois plus considérable (que la nôtre). Où nous avons laissé un soldat, il a laissé un chef; où nous avons laissé un homme de pied, il a laissé un comte; enfin où nous avons perdu un camp, il a perdu un royaume. [...]

« De la part de Dieu et de la nôtre, patriarche et évêques, nous vous prions et nous vous ordonnons et votre mère spirituelle vous crie : venez, mes fils chéris, venez à moi ; prenez en mon nom la couronne portée par les fils de l'idolâtrie, cette couronne qui vous est destinée depuis le commencement du monde. Venez donc, nous vous en prions, combattre dans la milice du Seigneur, dans les mêmes lieux où il a combattu, dans les lieux où il a souffert pour vous. [...]

« Est-ce qu'un Dieu innocent n'est pas mort pour vos péchés ? Mourons donc non pour lui mais pour nous-mêmes, afin qu'en mourant au monde, nous vivions par Dieu. Que dis-je mourir ? Il n'est plus besoin de mourir, ni même de combattre, le plus difficile est fait. Mais le besoin de garder nos camps et nos villes a considérablement affaibli notre armée. Venez donc prendre part à la récompense qui doit être accordée même sans avoir participé aux travaux de l'expédition.

« Les chemins sont marqués par notre sang ; que les hommes seuls viennent, que les femmes restent encore. Dans la maison où il y a deux hommes, que le plus fort à la guerre prenne les armes, surtout ceux qui ont fait des vœux ; car s'ils ne se rendent ici pour les accomplir, nous les excommunions et nous les éloignons de la société des fidèles. Patriarche apostolique et évêques, faites en sorte qu'ils soient même privés de la sépulture après leur mort, s'ils n'ont une cause valable pour rester (26).

« Salut et bénédiction. »

Ce besoin en hommes devient si pressant que le conseil délibère longuement sur la suite de l'expédition. Avec cette armée « dispersée dans les châteaux », seront-ils assez nombreux pour assiéger Antioche ? Et peuvent-ils gagner la Palestine en laissant la menace turque derrière eux ? Ne ferait-on pas mieux d'attendre qu'Alexis envoie des renforts ? Ne serait-il pas sage d'hiverner en attendant qu'arrivent de France des troupes fraîches ?... Le plus ardent à poursuivre est Raimond de Saint-Gilles : pour lui, l'ost Notre-Seigneur est venue « par l'inspiration de Dieu », et tout jusqu'à maintenant s'est bien passé ; il n'y a donc pas à hésiter : il faut continuer.

C'est son point de vue qui l'emporte, et l'évêque du Puy exhorte les « compaignons Jhesu » :

« O frères et fils très chéris, leur dit-il, maintenant que nous nous voyons si près de cette ville d'Antioche, sachez qu'elle est solidement défendue par de fortes murailles que ni le fer ni les pierres ne sauraient détruire, qui sont liées par un ciment inconnu et indissoluble, et construites avec des pierres d'énormes dimensions ! »

Il explique que « tous les ennemis du nom chrétien » s'y sont enfermés et les attendent : « Nous devons donc nous tenir extrêmement sur nos gardes, ne pas nous séparer les uns des autres, ne pas nous porter en avant trop téméraire-ment.., »

Il annonce enfin qu'on partira le lendemain à l'aube.

Antioche, si Dieu veut, c'est la dernière bataille avant Jérusalem.

V

BAUDOUIN L'ARMÉNIEN

La force et l'adresse – Les tourments de Pancrace – Tout nu –
Un complot – Honniz à tozjorz – Le bonheur de gouverner un
si beau pays

Ce Baudouin de Boulogne hautain et brutal, on ne sait même pas s'il a attendu que sa femme fût morte pour repartir en campagne. Tandis que la grande armée descend, plein sud, vers Antioche, il quitte la piste principale et reprend sa conquête là où il l'avait interrompue : il rafle Ravendel puis se dirige vers Edesse, à l'est[83].

Peut-être a-t-il obtenu des autres barons ce statut particulier en faisant valoir qu'il nettoierait ainsi le pays d'alentour, pourrait veiller sur leurs arrières et même, en cas de besoin, les approvisionner. Ou peut-être encore, après le massacre des trois cents Normands devant Tarse, lui font-ils subir une sorte de quarantaine. Au-delà de l'Euphrate, son chemin ne risque plus de croiser celui de Tancrède. De toute façon, les promesses de son ami arménien « Pancrace » ne sont sans doute pas étrangères à sa hâte, et il a peut-être déjà reçu les émissaires du prince d'Edesse Thoros : l'Arménien, vieillissant, menacé, cherche en effet à mettre à son service quelque mercenaire de haut vol, et la renommée de Baudouin a vite fait de traverser le pays.

Baudouin, qui ne conduit qu'une petite troupe, emmène avec lui un nouveau chapelain, Foucher de Chartres, qui quitte donc, sans nous donner d'explication, le comte Etienne de Blois. Il laisse Ravendel, qui commande la route d'Antioche, sous la responsabilité de son ami « Pancrace », mais celui-ci, pour suivre Baudouin, la laisse à son tour à son fils.

Baudouin prend Turbessel, non loin de l'Euphrate, place forte qu'il confie à l'ancien gouverneur arménien rallié, un certain Far, puis plusieurs châteaux, « tant par force que par adresse ». Les Arméniens le fêtent : « Ce fut, raconte Foucher, un spectacle digne d'admiration de voir comment, sur le bruit que nous venions les défendre contre les Turcs, sous le joug desquels ils gémissaient opprimés depuis si longtemps, tous s'avançaient humblement et pour l'amour du Christ au-devant de nous, avec des croix et les bannières déployées, et baisaient nos vêtements et nos pieds. »

Incident de parcours, dans ces jours-là : Far, le gouverneur arménien de Turbessel, peut-être jaloux de l'influence de « Pancrace » sur Baudouin le dénonce comme étant en train de conspirer contre lui avec les Turcs. Rien n'est impossible, d'autant que le bruit court que Kerbôga, le puissant émir de Mossoul, se prépare à lever une armée ; et Baudouin qui a enlevé « Pancrace » à l'empereur Alexis, est bien placé pour savoir que la fidélité de son ami a des limites. Il fait donc sans autre forme de procès torturer et « accabler de tourments » ce Pagrat dit Pancrace, finalement assez heureux pour s'évader et rejoindre loin des Francs son frère Kogh Vasil.

D'Edesse, dont Baudouin se rapproche, Thoros fait parvenir de nouvelles propositions – soit de son plein gré, soit sous la pression du conseil de la ville. Les habitants souhaitent en effet qu'un homme à poigne les débarrasse de l'émir Balduk, un voisin turc qui vient régulièrement enlever le bétail des Arméniens et même, à l'occasion, rançonner Edesse.

Ce que la première ambassade officielle – l'évêque d'Edesse et les douze principaux notables – vient proposer à Baudouin, c'est tout simplement le partage du pouvoir, « aussi bien les revenus que les tributs ». Mais Baudouin est un de ces hommes d'ambition qui n'ont rien tant qu'ils n'ont pas tout. L'accueil qu'il reçoit à travers le pays l'incite à faire monter les enchères, et Thoros, qui est âgé et n'a pas d'enfant, lui propose maintenant de faire de lui son héritier légitime : à sa mort, Baudouin deviendra prince d'Edesse. En attendant, il partagera le pouvoir.

Baudouin cette fois accepte. Et le voici, ce cadet sans avenir un jour parti des rives boulonnaises, qui passe l'Euphrate au gué de Karkemisch et s'enfonce toujours plus avant vers l'Orient, pays de villes à prendre et de couronnes à cueillir. Et il n'a pas derrière lui cent hommes montés!

A la nouvelle de son arrivée, les Edessiens sortent à sa rencontre, l'accueillent, l'honorent, font sonner les fanfares, jettent des fleurs sous ses pas, et il entre dans la cité au milieu des réjouissances :

> *Bauduin ont rechu a moult grant seignorie*
> *Li Sires de la ville li a la clef baillie...*

Conformément aux promesses des ambassadeurs, Thoros et sa femme l'adoptent pour fils au cours d'une cérémonie rituelle.

> *Volez-vous la costume oïr que je vous die?*

« Et voici ce que l'on rapporte de la formule consacrée par l'usage de ce pays pour une adoption : le vieillard le fit passer tout nu sous le vêtement de lin qu'il portait lui-même et que nous appelons la chemise, il le serra dans ses bras et confirma cet engagement par un baiser : sa femme fit de même après lui. »

Quant à Baudouin, il doit lui aussi tenir son engagement et part en expédition contre l'émir Balduk. La campagne n'est pas une marche triomphale, loin de là : il échoue à prendre la ville de Samosate, perd six chevaliers et « un

millier » de miliciens arméniens. Mais elle permet quand
même d'installer une solide garnison franque dans un fort
proche des centres de Balduk et confirme que les chevaliers de
Baudouin sont des guerriers autrement efficaces que « ces
Arméniens efféminés qui combattaient lâchement et sans
précaution ».

A peine Baudouin est-il rentré à Edesse que les
habitants tentent de se débarrasser du prince Thoros. Le
brave Foucher de Chartres se dit assuré que Baudouin « se
dispose à résister pour protéger le vieillard », mais le
chroniqueur arménien Matthieu d'Edesse avance qu'au
contraire le Français n'est peut-être pas absolument étranger
à la conspiration.

Thoros, en tout cas, poursuivi par la foule, se réfugie
dans une tour. Il propose à Baudouin tous ses trésors pour
garder la vie, mais les citoyens refusent le marché et se
préparent à donner l'assaut. Thoros essaie de s'échapper en
se laissant glisser d'une fenêtre au bout d'une corde, mais on
l'aperçoit... Des archers le prennent pour cible... Il tombe...
On lui coupe la tête et on la promène par toute la ville...

Baudouin, troisième fils d'Eustache II comte de Boulogne et de la comtesse Ida, petit fils de Godefroi le Barbu et
descendant de Charlemagne par sa grand-mère Mathilde, est
maintenant prince d'Edesse.

Il négocie avec l'émir Balduk la ville qu'il n'a pu lui
prendre, épouse la fille d'un riche Arménien et, dit-on, laisse
pousser sa barbe à la façon des Orientaux. Un jour qu'il se
trouve avoir besoin d'argent, il annonce à son beau-père qu'il
a été contraint d'engager sa barbe auprès de ses créanciers
pour garantir une somme considérable. L'Arménien est
horrifié : si son gendre se rase, il sera « honniz à tozjorz » et
que « autant li vaudroit, s'il perdoit la barbe, comme s'il se
laissoit chastrer ». Pour éviter pareil opprobre sur la famille,
il lui verse trente mille besants – à condition jurée que son
gendre n'engagerait jamais plus son système pileux.

Baudouin a vite compris le danger qu'il y a à règner, et ne se fait garder que par des Francs venus avec lui du lointain Boulonnais. Pour la Noël suivante, il lui paraît qu'on a monté un complot contre lui. Il donne l'ordre à tous les Francs de s'armer pour se rendre à la messe – épées, cottes de maille et boucliers. Rien ne se passe, ni pendant l'office, ni après. Le lendemain, il fait arrêter tous ceux qui sont soupçonnés d'avoir pris part à la conspiration et prend la précaution de « ne laisser à aucun d'eux la possibilité de nier », ainsi que le rapporte benoîtement Guibert de Nogent. Puis il rend son jugement : « Les principaux habitants étant ainsi convaincus, Baudouin fit couper les pieds aux uns, aux autres les mains, à d'autres le nez et les oreilles, à quelques-uns la langue et les lèvres ; tous furent en outre soumis à la mutilation des eunuques, et envoyés de tous côtés en exil. [...]

« Lorsqu'enfin il ne resta plus personne dans la ville qui pût soulever contre lui la masse des habitants, Baudouin commença à jouir en sécurité du bonheur de gouverner un si beau pays. Il vivait au milieu des richesses et dans une grande prospérité. »

Baudouin semble avoir tout à fait oublié Jérusalem.

VI

ANTIOCHE LA BELLE

Quatre cent soixante tours! – La faim, la soif, la ruse – Hé! biax fis – Les cuisses du bœuf – Un pont de bateau – Un cheval pour Gontier d'Aire – Famine – Courteheuse va dormir – Misère – La terre a tremblé – Qui es-tu ? – Mouille, rouille, souille – Six flèches – Les déserteurs – Grandes manœuvres – Des espions au souper – La bataille du 9 février – Plus de chevaux – D'un seul cœur – Un Turc en deux – Six mois – Le sourire de Bohémond – Une très vive affection – Étienne est parti – Plus est de mienuit – A deux jours près

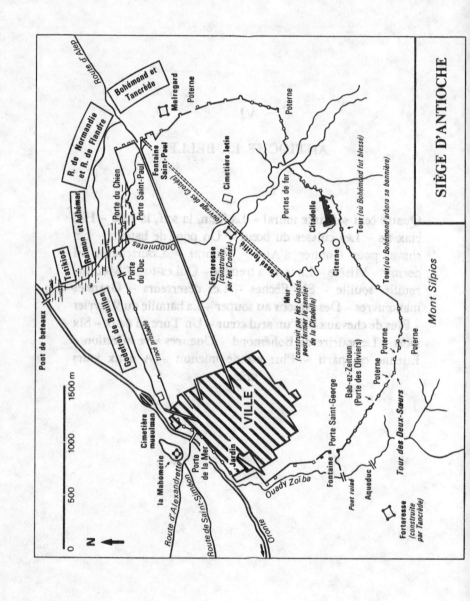

SIÈGE D'ANTIOCHE

Bohémond et Tancrède

R. de Normandie et R. de Flandre

Tatikios

Raimon et Adhémar

Godefroi de Bouillon

Route d'Alep

Melregard

Poterne

Poterne

Fontaine Saint-Paul

Cimetière latin

Porte du Chien

Porte Saint-Paul

Ouobuietes

Porte du Duc

Fossé fortifié (ouvrage des Croisés)

Portes de fer

Citadelle

Tour (où Bohémond fut blessé)

Tour (où Bohémond arbora sa bannière)

Forteresse (construite par les Croisés)

Mur (construit par les Croisés pour fermer le sentier de la Citadelle)

Tour

Citerne

Pont de bateaux

1500 m

1000

500

0

tracé probable

Mont Silpios

Poterne

Poterne

Poterne

Poterne

VILLE

Cimetière musulman

Bab-ez-Zeitoun (Porte des Oliviers)

Porte Saint-George

Tour des Deux-Sœurs

la Mahomerie

Porte de la Mer

Jardin

Fontaine

Porte d'Alexandrette

Route de Saint-Siméon

Ouady Zoïba

Oronte

Pont ruiné

Aqueduc

Forteresse (construite par Tancrède)

N

Quittant Marasch, la grande armée du Christ s'est dirigée vers Antioche, où elle s'est présentée « au milieu du jour de la quatrième férie, qui est le douzième jour avant les calendes de novembre », soit le 21 octobre, un an jour pour jour après le massacre, à Civetot, de la multitude de Pierre l'Ermite. Un an ! Arriverions-nous jamais à Jérusalem ? Sans doute n'avions-nous pas encore assez marché, assez combattu, assez souffert pour mériter notre salut, sans doute n'avions-nous pas encore vu tomber assez des nôtres ni coupé en deux assez de ces « fils du démon », comme dit Robert le Moine. Mais le chemin de Jérusalem est une inépuisable attente. Malheur à qui ne désire plus Jérusalem !

L'ost, donc, s'est déployée devant Antioche, ville « magnifique et grandiose », avec des remparts courant sur plus de quinze kilomètres et ponctués de quatre cent soixante tours ! Cette muraille englobe la ville elle-même et des escarpements qui s'étagent vers la masse imposante de la citadelle, à trois cents mètres au-dessus de la plaine. Elle est elle-même protégée des assauts par l'Oronte et des marécages au nord et à l'ouest, par le relief montagneux à l'est et au sud.

Au temps de Rome, c'était la troisième ville du monde, « centre et reine de toutes les provinces qui sont situées en Orient » ; on disait « Antioche la belle ». Saint Pierre y avait fondé un siège épiscopal qu'il avait été le premier à occuper, le septième devant être saint Luc, lui-même né à Antioche et qui lui avait dédié son évangile. Mais surtout, c'était là que s'était tenu le premier des conciles de l'Église, celui où les Nazaréens ou les Galiléens, comme on disait alors, avaient décidé de se donner le nom de chrétiens.

Victime d'un tremblement de terre, d'un sac par les Perses et de la concurrence d'Alep au temps des invasions arabes, elle avait perdu beaucoup de son prestige et de sa population, mais les Grecs, peu avant l'an mille, l'avaient remontée et restaurée pour en faire la plus formidable forteresse de leurs frontières. Aucun homme de guerre ne pouvait penser la prendre de vive force : « La ville, constate Raimond d'Aguilers, est tellement garnie de murailles, de tours et d'ouvrages avancés qu'elle n'a à redouter ni les efforts des machines ni les assauts des hommes, dût tout le genre humain se réunir contre elle. »

D'autant que l'émir d'Antioche, Yaghî Siyan – « Cassian » pour l'Anonyme, « Garsion » pour Richard le Pèlerin – était un chef redoutable, et qu'il avait fait appel à Ridwan l'émir d'Alep, à Duqâq l'émir de Damas, à Kerbôga l'atabeg de Mossoul et même au sultan de Perse et au calife de Bagdad pour en finir une bonne fois avec les Francs. Tous sans doute ne viendraient pas – Ridwan lui ferait certainement payer une récente trahison – mais il pourrait néanmoins compter sur d'importants renforts extérieurs [84].

Quant au danger intérieur pouvant venir des chrétiens syriaques, grecs ou arméniens – trois communautés habituellement rivales (27) mais qui pourraient bien s'unir pour l'occasion –, il le prévint en jetant en prison le patriarche grec Jean l'Oxite, en chassant de la ville les principaux notables chrétiens et en transformant pour l'exemple la basilique Saint-Pierre en écurie pour ses chevaux.

On savait bien qu'on ne prendrait pas d'assaut cette ville aux murailles comme des falaises. Restaient la faim, la soif et la ruse, et c'est par ruse que les Turcs, douze ans plus tôt, l'avaient ravie aux Grecs.

L'affamer ? Les Turcs avaient eu le temps d'amasser des quantités considérables de vivres et, de loin, on pouvait voir paître des troupeaux au pied des montagnes, vers la citadelle. L'assoiffer ? Un torrent traversait la ville, des aqueducs alimentaient des fontaines et une citerne gigantesque assurait une ultime réserve...

Pourtant, en arrivant, comme dit joliment l'Anonyme, « nous assiégeâmes admirablement trois portes de la cité ». C'est qu'on ne doute pas quand on est soldat du Christ. Antioche était le verrou de la Palestine, et il n'était pas question de passer sans le faire sauter. Comment ? Nul ne savait. Parmi les barons, un seul se prononçait pour un assaut immédiat : Raimond de Saint-Gilles, qui comptait sur Dieu pour compenser les insuffisances de l'armée. Les autres préféraient attendre – l'empereur Alexis, disait-on, devait arriver en renfort, ainsi qu'une flotte génoise. Et puis les hommes étaient fatigués. Après ces mois de désert et de montagne, ils avaient besoin de s'arrêter un peu.

De Marasch à Constantinople, ils avaient encore dû livrer bataille à deux reprises. La première fois devant Artah, dont la troupe de Robert de Flandre s'était emparée d'autant plus facilement que les habitants chrétiens se révoltèrent contre les Turcs et « les occistrent tous, les têtes gîtèrent par-dessus les murs à nostre gent, puis ouvrirent les portes et les reçurent en la ville à grant joie ». Cette attitude des chrétiens à l'approche des Français, le chroniqueur musulman Kemal al-Din ne devait pas s'en étonner : « Telles furent, écrirait-il, les conséquences des excès et de la tyrannie de Yaghî Siyan dans les pays qu'il gouvernait. »

C'est dans cette logique que l'émir d'Antioche, apprenant ce qui s'était passé à Artah, avait envoyé une forte troupe avec mission de reprendre la ville aux Francs et de châtier pour l'exemple les populations chrétiennes. Le commandant du détachement avait employé la tactique habituelle des Turcs – une formation d'archers se porte en avant, comme isolée, et provoque l'armée ennemie jusqu'à ce que celle-ci se lance à sa poursuite et... tombe dans l'embuscade préparée un peu plus loin. Le piège avait une fois de plus fonctionné. Bataille. Les Francs avaient pu se réfugier dans la ville, mais non sans pertes. Les Turcs avaient assiégé Artah jusqu'à ce que leurs sentinelles annoncent l'arrivée du gros de l'armée chrétienne. Ils s'étaient alors repliés sans attendre.

En arrivant, le comte de Montaigu avait appris la mort de son fils Gozelon :

> *Li pères dent Gosson ne s'est mie atargiés*
> *Son fils a demandé ; il li est enseigniés.*
> *Qui là veist li pères qui ert agenoilliés,*
> *Son mort enfant baisier et devant et derriers,*
> *Entre ses bras le prent, puis est sor lui cochiés :*
> *– Hé ! biax fis, sire Gosse, come dolent me laissiés*
> *Jou irai au sepulcre, n'i porterés vos piés !*
> *Or es de mes enfans li contes abaissiés... »*
> *Et li pères se pasme qui moult fut courechiés.*
> *Li duels que il demaine est tant fors et tant griés*
> *Mil chevalier en plorent por ses grans amistiés.*

Les Turcs nous attendaient au pont sur l'Oronte, qu'on appelait le Pont de fer, un ouvrage fortifié défendu par deux tours – « deux torz forz et hautes » – occupées chacune par trente arbalétriers. L'infanterie était placée en bon ordre de l'autre côté et les archers étaient répartis sur la rive opposée pour interdire tout franchissement.

Les Normands de Robert Courteheuse avaient donné l'assaut, mais la grêle de flèches était telle qu'ils avaient dû reculer. Il avait fallu que l'évêque du Puy exhorte les soldats du Christ à se reprendre : « Ne redoutez pas le choc de vos ennemis ! Tenez bon ! Marchez contre ces chiens dévorants, car c'est aujourd'hui que Dieu combattra pour vous! »

Les chrétiens avaient alors fait la tortue – serrés les uns contre les autres, leurs boucliers leur couvrant la tête et les épaules – et s'étaient élancés sur le pont tandis que d'autres, plus loin, avaient trouvé un gué et traversaient le fleuve. Le combat avait fait rage un moment, puis les lignes turques avaient cédé d'un coup.

Comme en récompense, les chrétiens avaient saisi une très importante caravane d'approvisionnement et s'étaient partagé « un énorme butin de chevaux, de chameaux, de mulets, d'ânes chargés de blé et de vin », tandis que Bohémond allait prendre position devant la ville.

Depuis Constantinople, Bohémond attendait le moment de s'emparer d'Antioche, ville digne de lui. Mais il la voulait pour lui seul. Son calcul excluait une conquête collective, qui eût entraîné, après pillage et mise à sac, la remise de la ville entre les mains de l'empereur aux termes mêmes du serment prêté à Constantinople. Il fallait donc qu'il trouve le moyen de se faire livrer Antioche la belle comme Alexis s'était fait livrer Nicée – à la barbe de ses alliés et sans dégâts. Comment allait-il s'y prendre, Bohémond le Rusé, Bohémond le Magnifique ?

Il s'était installé devant la porte Saint-Paul, d'où partait la route d'Alep ; Tancrède, arrivant d'Alexandrette, le rejoignit. A leur droite, entre les portes Saint-Paul et du Chien, s'étaient établis Robert Courteheuse et les autres Francs du Nord : Robert de Flandre, Étienne de Blois, Hugues de Vermandois. Puis, toujours sur la rive gauche, Raimond de Saint-Gilles et Adhémar du Puy, avec les Grecs de Tatin-au-nez-coupé. Enfin, toujours sur leur droite, de l'autre côté du torrent, depuis la porte du Duc jusqu'au point où le fleuve vient baigner le pied même du rempart, Godefroi de Bouillon avait mis en place ses contingents « lorrains, frisons, souabes, saxons, franconiens et bavarois ».

Mais Antioche était loin d'être encerclée. Seules étaient

bouclées les portes du Nord et du Nord-Ouest – les
principales il est vrai –, les faces de l'Ouest, de l'Est et du Sud
ne pouvant l'être : « Nous n'avions pas la place nécessaire à
conduire un siège, parce que nous étions resserrés par une
montagne haute qui ne laissait qu'un passage étroit. » Ainsi la
porte Saint-Georges, où arrivait la route de Laodicée,
n'était-elle pas gardée, ni la porte de la Mer, où l'on arrivait
en venant d'Alexandrette ou de Port-Saint-Siméon, à une
vingtaine de kilomètres.

« Durant les quinze premiers jours, s'étonne l'Anonyme,
nul d'entre eux n'osa attaquer les nôtres. » Et encore : « On ne
voyait personne sur les remparts, si ce n'est les hommes de
garde. » Inutile de dire que « les nôtres » en profitaient pour
courir le pays, saisir villages et châteaux, chacun pensant à soi
et « nullement à l'intérêt public », regrettait Raimond d'Aguilers, qui remarquait que l'armée s'éparpillait et que la
discipline se relâchait au point qu'on ne prenait même plus la
peine « d'établir des sentinelles ». C'est encore le chapelain du
comte de Toulouse qui s'indignait du gaspillage de nourriture : « On ne prenait d'un bœuf que les cuisses, le haut des
épaules, quelques-uns, mais rares, la poitrine; et quant au
grain et au vin, on ne saurait dire avec quelle extrême facilité
on s'en procurait. »

En vérité, au camp, il n'y avait rien à faire, sinon piquer
des pieux pour attacher les chevaux, planter des palissades,
rapetasser les cottes de mailles, fourbir les armes ou jouer aux
dés. En attendant que se modifie la situation, les « compaignons Jhesu » profitaient de la belle arrière-saison.

L'émir Yaghî Siyan, qui se méfiait toujours des chrétiens de la ville, avait alors imaginé un stratagème pour se
débarrasser des chefs de famille : « Un jour, raconte le
chroniqueur arabe Ibn al-Athir, il fit sortir de la ville les
musulmans pour leur faire nettoyer les fossés. Le lendemain, il fit sortir à leur tour les chrétiens. Mais le soir,
quand ceux-ci voulurent retourner à leurs demeures, il fit

fermer les portes devant eux en disant : « Antioche vous
a jadis appartenu ; abandonnez-la moi jusqu'à ce que
nous voyions l'issue de la lutte ouverte entre moi et les
Francs. » Il s'engageait seulement à prendre soin de leurs
familles.

Les hommes n'eurent d'autre ressource que de rejoindre
le camp des chrétiens d'Occident. Parmi eux s'étaient glissés
un certain nombre d'espions chargés d'estimer les forces des
assiégeants et d'apprendre leurs projets : « Ils s'enquéraient
habilement de nous et de notre situation, remarqua l'Anonyme, et rapportaient tout à ces excommuniés qui étaient
dans la ville. Après que les Turcs furent suffisamment
instruits de ce qui nous concernait, ils commencèrent peu à
peu à sortir de la ville et à cerner nos pèlerins. Ce n'était pas
d'un seul côté mais partout qu'on les trouvait cachés sur notre
passage, vers la mer ou la montagne. »

Coups de mains et harcèlements étaient favorisés par la
présence, sur les arrières des chrétiens, de la forteresse de
Harenc, dont la garnison faisait des sorties fréquentes et
d'autant plus meurtrières que « les nôtres allaient ouverte-
ment et sans armes dévaster les maisons de campagne et les
champs ».

Les barons décidèrent bientôt de couper les ponts par
lesquels les Turcs effectuaient leurs sorties d'Antioche et
notamment, près de la porte du Chien, un pont de pierre
« basti de grant ancesserie ». Munis de masses et de « grans
picois d'acier », les hommes s'attaquèrent à l'ouvrage : « Si
commencerent à férer au pont pour le despecier ; mès le mur
estoit si dur et de si fort oevre que onques ne le domagiè-
rent... »

Les chrétiens construisirent alors une machine de
poutres, protégée du feu par des cuirs frais tendus sur une
armature d'osier. Ils l'avaient poussée au milieu du pont pour
en boucher l'accès, mais les Turcs avaient réussi à l'enflammer. On n'avait finalement pu condamner le pont qu'en y

faisant tirer et pousser par des centaines d'hommes des troncs énormes et des blocs de rochers.

Puis, pour aller fourrager en sécurité ou se rendre à Port-Saint-Siméon, ils avaient construit leur propre pont en arrière du camp de Godefroi, un pont de bateaux « recouverts de claies en osier attachées avec des cordes ». Les premiers à utiliser le passage avaient été des vivandiers, au nombre de trois cents, mais les Turcs les avaient vus sortir et étaient allés en massacrer la plus grande partie. Bohémond et Robert de Flandre avaient pu les venger en attirant un fort parti de païens dans une embuscade et en faisant décapiter leurs prisonniers devant les murailles, « afin d'augmenter la douleur de ceux qui étaient dans la ville ».

Vers cette époque – mi-novembre – étaient arrivés les premiers bateaux de Génois qui avaient eux aussi pris la croix à l'appel du pape, et il fallait garder ouverte la route de Port-Saint-Siméon. L'accès en était d'autant plus important que la période de la belle abondance était passée et qu'avec l'hiver se manifestaient les premiers manques.

La pression des Turcs ne se relâchait pas un seul jour. Défis, provocations, huées. Il leur arrivait ainsi d'enfermer le patriarche grec dans une cage et de le descendre le long de la muraille pour narguer les chrétiens. Un jour, une femme fut tuée d'une flèche près des tentes de Bohémond. Une autre fois, derrière le camp de Godefroi, Adalbéron, clerc et archidiacre de Metz, fils du comte de Lutzelbourg, « jeune homme très noble, issu de sang royal et proche parent de l'empereur », était en train de jouer aux dés (28) avec une dame très noble et très belle quand ils furent surpris par des ennemis qui coupèrent la tête d'Adalbéron et entraînèrent la dame dans Antioche. « Pendant toute la nuit, [...] ils lui firent subir tous les excès de leur brutale débauche », puis, au matin, la décapitèrent et, plaçant sa tête avec celle de l'archidiacre dans une baliste, les envoyèrent dans le camp de Godefroi. Le duc de Lorraine « fit réunir dans un même sépulcre les membres qui avaient appartenu à un homme d'une si grande noblesse ».

« Le matin, à midi, le soir, tous les jours, rapporte Albert d'Aix, on voyait recommencer ces attaques par surprise, ces incursions, ces scènes de carnage. » Les Turcs s'en prenaient particulièrement aux chevaux. Eux, qui combattaient surtout de loin, redoutaient ces charges des Francs qui emportaient tout sur leur passage : « Ils ne savent pas, remarque Raimond d'Aguilers avec mépris, faire la guerre avec les lances et les épées. »

Un jour, un jeune écuyer flamand, Gontier d'Aire, a aperçu, par-delà le fleuve, mais devant la ville, un magnifique cheval qui broutait sous la garde de sentinelles. Pour un tel trésor, Gontier était prêt à n'importe quelle folie. Il traversa l'Oronte, prit pied sur la berge opposée, surprit et tua les sentinelles puis, sous les vivats des Francs qui assistaient à l'exploit, enfourcha la monture superbe, repassa l'Oronte et s'en vint cueillir les compliments de son seigneur Robert de Flandre :

Tel cheval a conquis en cest ost n'a si bon :
Qui tort vous en fera jà n'ait s'arme pardon,
Car bien l'avés conquis à loi de campion.

Le 23 novembre [85], après un mois passé sous Antioche, le conseil des barons décida de faire construire un fort face à la porte Saint-Paul « afin d'être en sécurité et de nous affranchir de la crainte des Turcs ». Les chefs le tiendraient à tour de rôle. On entreprit par ailleurs d'autres terrassements : tertres, tranchées, ouvrages divers d'un camp qui s'installe. Les valets travaillaient à isoler des ruissellements les tentes des seigneurs; les pauvres se construisaient des cabanes de branchages et de peaux, où s'entassaient les familles.

Sorties, embuscades, échauffourées, vrais affrontements : le temps passait. L'hiver s'installait, et les premières pluies noyaient le camp. La nourriture, dont on avait été si prodigue, commençait à manquer. On n'avait plus de foin pour les chevaux. Les vivandiers devaient aller de plus en plus loin, s'exposant évidemment aux coups de mains de l'ennemi. « Le blé et tous les aliments commençaient à renchérir. Nous n'osions presque plus sortir du camp, et dans la terre des chrétiens on ne trouvait presque plus rien à manger... »

Les hommes se groupaient par unités de quelques centaines pour partir ensemble chercher des vivres, « s'engageant par serment à partager entre eux, à proportions égales et de bonne foi, tout ce qu'ils pourraient recueillir dans leurs expéditions ». Mais ils revenaient souvent les mains vides – quand les Turcs les laissaient revenir.

Au milieu de décembre, « à peine avait-on pour 2 sous assez de pain pour un seul homme à un seul repas. Un bœuf ou une génisse qu'on avait au début pour 5 sous coûtait alors 2 marcs; un agneau ou un petit chevreau, qu'on avait coutume de payer 3 ou 4 deniers, valait alors 5 ou 6 sous. La nourriture nécessaire à un cheval pour une nuit valait plus de 8 sous ».

Les chevaux dépérissaient rapidement. La faim et le froid les tuaient les uns après les autres.

Robert Courteheuse, qu'on avait souvent vu en Normandie interrompre les campagnes d'hiver pour aller s'abriter dans quelque château, ne faillit pas à son habitude et disparut sous prétexte que des Anglais l'appelaient à la rescousse à Laodicée, sur la côte. (Laodicée avait été prise par Guinemer, le pirate de Boulogne, puis des Byzantins s'étaient emparé de la ville par surprise et avaient jeté Guinemer en prison, et maintenant des bandes turques menaçaient la ville où venaient de débarquer 12 000 hommes – surtout des Normands et des Voeringues scandinaves – menés par Edgar Aetheling, roi déchu des Anglais, et Robert Godvinsson.) Robert Courteheuse faisait la sourde oreille aux appels de ses

compagnons d'Antioche; il leur envoyait de temps en temps
quelques provisions et « se livrait au sommeil et au repos » en
attendant le printemps.

Devant Antioche, la situation empirait de jour en jour.
Godefroi de Bouillon était malade. Il pleuvait sans cesse.
« Les tentes pourries et déchirées par les torrents de pluie qui
les inondaient étaient tellement hors d'usage que beaucoup
des nôtres n'avaient plus d'autre abri que le ciel. » Les
vêtements pourrissaient, et pourrissaient les maigres provisions. « Il était devenu impossible de mettre sa tête au sec ou
ses effets à l'abri. » Une de ces vilaines maladies de misère et
de boue faisait « de tels ravages dans l'armée que déjà l'on ne
savait plus où ensevelir les corps et que les offices des morts
n'étaient plus célébrés pour les funérailles ».

« Quant aux armes, tout ce qui était de fer ou d'airain,
la rouille s'en était emparée; les boucliers avaient perdu leurs
clous et leur cuir; parmi les lances et les selles, beaucoup
étaient réparées, aucune n'était nette; les arcs n'avaient plus
de cordes, les flèches n'avaient plus de barbes; de tout côté, ce
n'était que misère, calamité, désolation. »

La rigueur de cet hiver était une rude surprise : « On dit
que dans toute l'étendue de la Syrie, écrit Étienne de Blois à
sa chère Adèle, on peut à peine supporter les ardeurs du
soleil; cela est faux, car leur hiver est semblable à nos hivers
d'Occident. [...] Nous avons jusqu'à ce jour, par la grâce de
Dieu, supporté de grandes fatigues et des maux innombrables. Plusieurs déjà dans ce martyre ont consommé tout ce
qu'ils possédaient. Plusieurs de nos Français auraient trouvé
la mort dans les horreurs de la faim si la clémence divine et
notre propre bourse n'étaient venues à leur secours. »

Et le brave comte doit pour une fois avouer son
impuissance : « Nous avons reconnu que la grande ville
d'Antioche était forte au-delà de toute expression et inexpugnable. »

Le 23 décembre, le conseil des barons a pris acte de la

démoralisation des troupes et a décidé que Bohémond et Robert de Flandre partiraient sans attendre en territoire sarrasin pour saisir des vivres. Godefroi étant toujours malade, les autres resteraient devant Antioche sous l'autorité du comte de Toulouse.

On célébra Noël « en grande pompe » malgré la misère de tous et le lundi 28, Bohémond, Tancrède et le comte de Flandre quittèrent le camp avec une forte troupe : deux mille chevaliers, dont notre Anonyme, et des piétons. L'émir Yaghî Siyan, prévenu par ses espions, les a regardé s'éloigner et, dès le lendemain, à l'aube encore noire, a commandé une sortie en masse contre ceux qui gardaient le camp.

Raimond de Saint-Gilles – peut-être s'y attendait-il – était prêt à la riposte et a chargé à la tête de sa chevalerie. Les Turcs commençaient à se replier vers la porte de la Mer et déjà on s'apprêtait à les poursuivre jusqu'à l'intérieur des murs quand... Quand un cheval démonté s'est échappé du combat, aussitôt poursuivi par un, par deux, par dix Provençaux – il n'y avait pas en cette époque de plus désirable prise de guerre qu'un cheval (29). Les hommes de pied, croyant à une débandade, ont commencé à refluer, à s'éparpiller. Poursuivis par les Turcs, ils s'accrochaient aux chevaliers pour se sauver, à la crinière ou à la queue de leurs chevaux... Panique jusque dans le fleuve... Quinze chevaliers au moins furent tués ce matin-là, dont Bernard Raimond de Béziers, le porte-bannière du comte de Toulouse. La bannière qu'il tenait et où était figurée la Vierge Marie fut saisie par les Turcs qui l'accrochèrent sur les remparts et lui firent subir tous les outrages.

Le lendemain soir 30 décembre, on a vu dans le ciel « un certain signe de couleur blanche, représentant une sorte de croix et se dirigeant en droite ligne vers l'Orient ». Puis, dans la nuit, la terre a tremblé. Un tremblement terrifiant.

Juste à ce moment, un paysan provençal, Pierre Barthélemi, seul dans sa cabane trempée, fut pris d'épou-

vante. Puis soudain deux hommes lui apparurent, brillam-
ment vêtus [86].

– Que fais-tu ? lui demanda le plus âgé des deux, qui
avait des cheveux gris, des yeux noirs et une barbe blanche
très large et très longue.

Pierre Barthélemi, terrifié, ne put que demander :

– Qui es-tu ?

– Lève-toi, ne crains rien et écoute ce que j'ai à te dire.
Je suis André, l'apôtre.

Et l'apôtre André ordonna à Pierre Barthélemi de dire à
l'évêque du Puy qu'il fallait prêcher plus souvent et bénir le
peuple de sa croix. Puis il l'emmena faire un voyage
prodigieux : il l'entraîna comme il était, en chemise, et
l'introduisit miraculeusement au cœur de la ville assiégée. Ils
entrèrent dans la basilique Saint-Pierre, où deux lampes
répandaient une lumière de plein midi.

– Attends ici ! ordonna saint André.

Son compagnon, plus jeune que lui, plus grand, et plus
beau « que ne sont les enfants des hommes », disparut alors
dans le sol, puis reparut en tenant une lance à la main. Il la
remit à Pierre Barthélemi en disant :

– Voici la lance qui a percé le flanc d'où est sorti le salut
du monde entier !

Pierre Barthélemi, pleurant d'émotion et de joie, proposa de porter la Sainte Lance au comte de Toulouse, mais
celui qui était « plus beau que ne sont les enfants des
hommes » dit alors :

– Tu le feras dès que la ville sera prise. Tu viendras
alors avec douze hommes et tu chercheras la lance là où je l'ai
prise, et où je vais la remettre.

Ce qu'il fit aussitôt, puis, allant « par-dessus les
murailles », il ramena Pierre Barthélemi à sa cabane et « se
retira de lui ».

Le malheureux pèlerin, raconte Raimond d'Aguilers,
« réfléchissant sur [sa] pauvreté et [leur] grandeur, n'osa pas

aller trouver l'évêque Adhémar et le comte Raimond pour leur faire part de sa vision ».

Le lendemain 31 décembre, Bohémond, Tancrède et Robert de Flandre sont rentrés de leur expédition « plus légers que chargés de butin », dit l'Anonyme. Alors qu'ils s'en revenaient avec leur maigre récolte, ils ont dû faire face à une forte coalition turque – le prince de Damas Duqâq qu'accompagne l'un des fils de Yaghî Siyan, l'atabeg de Homs et l'Arabe Janah al-Daoula, beau-père du prince d'Alep Ridwan – accourant au renfort des assiégés d'Antioche. Sachant à quel point les Turcs redoutent le combat de près, Bohémond, Tancrède et Robert de Flandre se sont groupés pour une charge formidable. Leur seul objectif était de s'ouvrir un passage dans les rangs ennemis, mais ils ont si bien fait, et si fort, et si vite, que l'armée de secours s'est disloquée et éparpillée dans les montagnes. Duqâq et Janal al-Daoula sont rentrés chez eux – « Et nous, écrira l'Anonyme, revenant avec allégresse, nous louâmes et exaltâmes Dieu. »

Mais il n'y avait pas pour autant à manger pour tous – et qu'allions-nous devenir ? Il était clair en tout cas que nous passerions l'hiver ici.

JANVIER. Mouille, rouille, souille. Le temps qui nous sépare encore de Jérusalem se mesure en souffrances, en jours sans pain, en prières, en épreuves. « Écoute-nous, Christ-roi ! chanterons-nous encore et encore, aie pitié, Dieu ! Aie pitié, Dieu, et dirige nos pas !... Envoie-nous un ange qui nous mène jusqu'à toi ! » Priez pour nous, vous tous qui êtes partis avec nous et que Jésus a déjà pris dans sa gloire, vous dont les os blanchissent dans les lits secs des rivières d'Anatolie, et vous que nous avons ensevelis ici et dont la chair déjà se transforme en boue sous nos pieds, priez pour nous, puisque nous vivons et que Dieu nous a choisis pour délivrer Son Sépulcre ! Nous attendrons tout le temps qu'Il voudra,

jusqu'à ce que nous ayons suffisamment payé pour toutes nos
fautes.

Car il ne fait de doute pour personne que Dieu punit ses
soldats « pour la multitude de leurs péchés ». D'Édesse, où il
se trouve – à l'abri de l'hiver et de la faim – Foucher de
Chartres en est le premier convaincu : « Nous pensons, quant
à nous, que les Francs ne souffraient tous ces maux [...] qu'en
punition de leurs péchés dans les liens desquels vivaient
beaucoup d'entre eux : grand nombre en effet se livraient
lâchement et sans pudeur à l'orgueil, à la luxure et au
brigandage. »

Les évêques et les membres du clergé se réunissent pour
« bannir de l'armée toute injustice et toute souillure ». Il est
d'abord décidé de punir sévèrement ceux qui voleraient ou
tricheraient dans des transactions entre chrétiens. Puis
« toutes les foles femmes et les meschines de mauvèse vie
fussent gitées fort de l'ost », pour éviter que les hommes ne
soient « corrompus par les souillures de la débauche ». Qui
serait pris en délit d'adultère ou de fornication, « l'en li
couperoit la teste ». Les « buveries », les jeux de dés, les
blasphèmes seraient de même punis de mort. Adhémar enfin
ordonne le 2 janvier un jeûne de trois jours, des processions,
des prières, afin que, « les corps abattus, les âmes pussent
s'élever à la prière avec plus de force ».

Des Arméniens et des Syriens des environs se débrouil-
lent pour apporter au camp des vivres qu'ils trouvent en
courant les montagnes. Mais ils vendent « la charge d'un âne
8 hyperpères, qui valaient 120 sous en deniers », calcule
l'Anonyme, qui conclut : « Alors moururent beaucoup des
nôtres qui n'avaient pas les moyens d'acheter aussi cher. » A
Port-Saint-Siméon, arrivent parfois quelques bateaux, de
Chypre par exemple, mais la flotte d'Alexis n'est toujours pas
en vue.

Une triste nouvelle vient aggraver l'abattement qui
s'empare des moins vaillants : un nommé Suénon, fils du roi

de Danemark, qui arrivait de Constantinople pour rejoindre l'ost Notre-Seigneur avec quinze cents hommes en armes, a été surpris par les Turcs dans les déserts d'Asie. A peine s'il est resté des survivants pour raconter comment, parmi les victimes, se trouvait la fille du duc de Bourgogne, Florine, veuve d'un baron franc, et qui devait épouser Suénon au bout du voyage... Frappée de six flèches, racontent les survivants, elle a encore trouvé la force de monter sur sa mule et de s'enfuir vers la montagne. Mais les païens l'ont poursuivie et achevée, comme ils ont massacré ceux qui s'étaient cachés dans les vapeurs de sources chaudes.

Un archidiacre de Toul, « réduit à la mendicité [...] et poussé par la faim », a quitté le camp avec trois cents clercs et laïcs pour se retirer dans la montagne. Mais des espions avertissent l'émir d'Antioche, qui les fait massacrer.

Au camp, Raimond de Saint-Gilles capture un jeune cavalier turc dont la famille a la garde d'une tour. On fait secrètement proposer à ses parents, s'ils veulent retrouver leur fils, de laisser entrer les Francs. Ils refusent mais offrent de l'argent. Les « conférences secrètes » se poursuivent jusqu'à ce que l'émir ait vent de l'affaire. Il chasse de la tour les parents du prisonnier. Les Francs ayant appris par les chrétiens grecs les dégâts que le jeune cavalier a déjà faits dans leurs rangs, n'ont plus de regrets à le torturer et à lui couper enfin la tête devant les murailles de la ville.

Godefroi retombe malade, puis Raimond de Saint-Gilles.

Ceux qu'on prend à contrevenir aux décrets destinés à purifier le camp sont sévèrement punis : « Les uns furent chargés de chaînes, d'autres battus de verges, d'autres subirent la tonsure ou la marque du fer rouge. » Un homme et une femme surpris à commettre l'adultère sont déshabillés et contraints de parcourir toutes les allées du camp les mains liées dans le dos, entre les pèlerins qui les fouettent « afin que la vue des plaies horribles dont ils étaient couverts servît à détourner tous les autres d'un crime aussi abominable ».

Parmi les moins résolus, parmi ceux qui finissent par perdre l'espoir, certains désertent. C'est ainsi qu'on signale un jour – stupeur! – la disparition de Guillaume le Charpentier et de Pierre l'Ermite [87]. Tancrède se lance sur leurs traces et les ramène au bout d'un chemin de honte.

Pierre l'Ermite, depuis le massacre de Civetot, c'est comme s'il n'était plus rien ni personne. Petit-Pierre le presque saint, celui qui avait reçu une lettre de Dieu, celui qu'on quittait tout pour suivre tant ses mots brûlaient les cœurs, n'en pouvait sans doute plus. Il était parti pour autre chose que cet enlisement dans les fossés d'Antioche.

Quant à Guillaume le Charpentier, le colosse de Melun, réchappé de la bande d'Emich de Leisingen, celui qu'il valait mieux avoir avec soi que contre soi, certains se rappellent alors qu'il a déjà fui une fois, en Espagne, et même, dit-on, trahi les siens avant de rançonner les hommes de sa vicomté et de massacrer les Juifs du Rhin [88]. Tancrède l'emmène dans la tente de Bohémond, où il passe la nuit étendu sur le sol « comme un vil objet ». Au matin, il comparaît devant le chef normand, qui ne le ménage pas :

– Misérable! Honte de la France! Déshonneur et crime de toutes les Gaules! O le plus détestable que la terre supporte! Pourquoi as-tu fui si ignominieusement? Peut-être voulais-tu livrer ces chevaliers et l'armée du Christ comme tu en as livré d'autres en Espagne?

Guillaume le Charpentier n'ouvre pas la bouche. Des Français intercèdent pour lui – après tout, il est de la famille du roi de France –, demandent qu'on le libère. Bohémond répond qu'il y consent à condition que Tancrède n'y voie pas d'objection et que le vicomte de Melun « jure de tout son cœur et de toute son âme que jamais il n'abandonnera le chemin de Jérusalem, soit dans la bonne soit dans la mauvaise fortune ». Le Charpentier jure, et on le renvoie.

Notre Anonyme a assisté à la scène. Pour lui, les trahisons, la famine, les maladies, les pluies incessantes forment un tout. Il l'exprime à sa façon, avec des mots de chevalier chrétien : « Telle fut la pauvreté, telle fut la misère que Dieu nous réserva pour nos péchés : car, dans toute l'armée, on n'eût pu trouver mille chevaliers qui eussent des chevaux en bon état. »

FÉVRIER. Quand il ne pleut pas, c'est du froid que souffrent les soldats du Christ, qui se calfeutrent comme ils peuvent dans leurs cabanes de branches ou leurs tentes de guenilles.

On envoie un nouveau rappel à l'ordre à Robert de Courteheuse, qui hiberne à Laodicée, et l'évêque du Puy le menace cette fois d'excommunication.

Bohémond le Victorieux commence ses grandes maœuvres. Avec un esprit de méthode et d'entreprise à long terme qui tranche sur la politique d'improvisation et d'humeur de la plupart des autres barons – Baudouin d'Edesse mis à part – il va s'attaquer avec le plus grand réalisme aux problèmes qu'il lui faut résoudre pour entrer en possession d'Antioche. Tout d'abord, et avant même de trouver le moyen de prendre la ville, il doit éloigner Tatikios : le Grec en effet ne manquerait pas de se faire remettre la cité au nom de l'empereur.

Il rencontre en secret ce Tatin-au-nez-coupé. Les barons francs, lui dit-il, viennent d'apprendre que le basileus a passé un accord avec les Turcs. La nouvelle a « bouleversé leurs âmes » et ils ont décidé, en représailles, de s'en prendre à lui, Tatikios :

– Quant à moi, conclut-il, j'ai fait mon devoir en te prévenant du danger qui te menace. A toi désormais de pourvoir à ton salut comme à celui de tes troupes [89].

Tatikios, qui a toujours été tenu à l'écart par les Francs et qui voit le siège prendre mauvaise tournure, ne se fait pas dire deux fois. Laissant ses tentes au camp, il se rend avec les siens à Port-Saint-Siméon sous prétexte de ravitailler et s'embarque pour Chypre – on ne le reverra pas.

Chez les Francs, qui ignorent évidemment le stratagème de Bohémond, c'est l'indignation. On voue le Grec à tous les châtiments. « Il demeure et demeurera à jamais dans son parjure! », dit le chevalier anonyme. Raimond d'Aguilers : « Honte éternelle pour lui et les siens! » Bouc émissaire parfait sur qui l'ost Notre-Seigneur décharge ses doutes et sa misère – nous avions raison de nous méfier de ces Byzantins. Quant à Bohémond, sans doute savoure-t-il sa réussite : l'expédition désormais affranchie de la tutelle de l'empereur, il ne sera pas question de rendre Antioche à l'empire.

Il va maintenant travailler à se rendre indispensable. Godefroi et Raimond de Saint-Gilles sont mal rétablis, Baudouin est à Edesse, Courteheuse dort au loin. Il laisse entendre qu'il pense à rentrer en Italie s'occuper de ses affaires. S'il partait, c'en serait fini de tout. On le supplie de rester. Pour le moment, il n'en demande pas plus.

Il ne perd pas une occasion de se faire applaudir. L'affaire des espions, par exemple. « Il y avait dans notre camp un grand nombre de ces espions », faux ou vrais Syriens, Arméniens ou Grecs chargés de renseigner l'émir de tout ce qui se passe ou se prépare dans le camp des croisés. Ils travaillent avec tant de diligence que le conseil des barons se réunit pour chercher une riposte. On décide d'abord de restreindre le nombre de ceux qui sont tenus au courant des délibérations du conseil. Mais ce n'est pas assez. Bohémond a une idée, dit-il, et demande qu'on le laisse faire.

A la nuit tombante, il fait allumer un grand feu « comme pour préparer le souper ». Puis il ordonne qu'on sorte de prison « quelques Turcs qu'il tenait dans les fers » et les livre aux bouchers de sa terre. « Cil leur coupèrent les gueules et les enfondrèrent (embrochèrent) et les atornèrent (préparèrent) por rostir. »

Tout le monde est bientôt là pour voir « cele merveille ».

« Tel sera désormais le sort réservé aux espions », fait dire
Bohémond, « ils serviront de nourriture aux princes et au
peuple. » Le camp s'allège ce soir-là d'un certain nombre de
faux chrétiens qui vont répétant dans la « païennerie » que les
Francs, en matière de cruauté, « passoient ils ours et lyons,
car les bestes sauvages menjoient les genz toutes crues, mès cil
les rostissent avant et puis les déveurent. »

« Ainsi, conclut la chronique, par l'œuvre et les soins de
Bohémond, le camp fut-il en grande partie purgé de cette
peste d'espions... »

C'est encore dans ces jours-là [90] qu'arrive une ambassade
de « l'amiral de Babylone », c'est-à-dire le calife du Caire
Mustali. Ses représentants, qui sont quinze et « habiles à
parler plusieurs langues », sont porteurs d'un message de
bienvenue et d'une proposition d'alliance contre les Turcs.
Ceux-ci en effet ont enlevé aux Fatimides du Caire Jérusalem et une bonne partie de leur empire. Comme Alexis,
Mustali et son vizir Al-Afdal pensent profiter du passage de
l'armée de Dieu pour rentrer sans trop de peine dans leurs
possessions. En échange, ils proposent un traité d'amitié,
l'attribution aux Francs de la ville de Jérusalem ; ils assurent
même qu'ils envisagent de prendre la foi chrétienne si, après
débat, sa supériorité est prouvée sur la religion musulmane.

On ne sait ce que pensent de cette armée épuisée les
ambassadeurs de Babylone, mais Raimond d'Aguilers les dit
impressionnés de ce qu'obtient le Dieu des chrétiens « par le
bras de ses pauvres ». En tout cas, ils s'installent dans le camp
et observent avec intérêt les mœurs, l'armement et les
tactiques des Francs. Anselme de Ribemont, dans une
nouvelle lettre à Manassès, l'archevêque de Reims, considé-
rera qu'il s'agit d'un « événement favorable », et le résumera
de la sorte : « Le roi de Babylone nous a fait dire par ses
envoyés qu'il se soumettait à notre volonté. »

Autre événement favorable : le retour de Robert Cour-

teheuse, avec des hommes et des chevaux nourris et reposés. Il
était temps. Une nouvelle armée turque de secours se présente
et s'empare de la forteresse de Harenc. Cette fois, il s'agit de
l'émir d'Alep Ridwan qu'accompagnent son cousin Soqman
et son beau-frère l'émir de Hama. Leur plan est le plus
simple du monde : tandis qu'ils dévaleront la montagne et
forceront les Francs à leur faire face, la garnison d'Antioche
sortira sur leurs arrières. Du diable s'ils ne viennent pas à
bout de cette armée de faméliques où il ne reste pas mille
chevaux.

Le lundi 8, le conseil des barons se réunit dans la tente de
l'évêque Adhémar de Monteil. L'heure est grave et c'est
encore Bohémond, qui prend de plus en plus d'importance
dans l'ost, qui propose un plan. Ils ne pourront pas éviter
l'attaque des Turcs, dit-il, mais ils peuvent au moins essayer
de choisir un terrain qui leur soit favorable. Il propose que les
hommes de pied restent au camp dans une formation de
défense pour s'opposer à la sortie des assiégés, tandis que la
chevalerie – ou ce qu'il en reste – prendra position entre le
fleuve et le lac, à une dizaine de milles de Harenc.

On s'accorde sur le projet. A la tombée de la nuit, sept
cents cavaliers quittent discrètement les différents campe-
ments, passent l'Oronte sur le pont de bateaux et vont prendre
position. Au point du jour, deux éclaireurs – Gautier de
Drommedard et un Turc que Bohémond le sage a convaincu
de devenir chrétien et de se faire baptiser sous le nom de...
Bohémond – viennent annoncer que « des Turcs innombrables » sont en route – « Les voilà! Ils viennent! Préparez-vous
tous, car ils approchent! » Deux escadrons d'archers à cheval
précèdent le gros de l'armée.

Bohémond fait aussitôt ranger la chevalerie, ordonnant
« que chacun des chefs plaçât son corps avec méthode ». On
forme six batailles. Cinq d'entre elles occupent toute la
largeur de terrain entre le fleuve et le lac : elles ne pourront se
faire déborder sur les ailes, comme d'habitude, par les

formations tourbillonnantes des archers turcs. La sixième est celle de Bohémond, qui reste derrière, en réserve.

Les Turcs lâchent sur la cavalerie immobile un premier nuage de flèches, « comme des bandes innombrables de corbeaux ou de grives obscurcissant l'éclat du soleil lorsqu'elles prennent leur vol ».

Notre Anonyme est de l'aventure. « Les nôtres ayant pris heureusement contact avec l'ennemi, raconte-t-il, un corps à corps s'engagea, les cris résonnaient jusqu'au ciel, tous combattaient à la fois et des pluies de flèches obscurcissaient l'air. Puis, lorsqu'arriva le gros de leur armée, les nôtres furent attaqués avec un tel acharnement qu'ils reculaient déjà peu à peu. A cette vue, le très savant Bohémond gémit et appela son connétable Robert, fils de Girard. »

C'est Robert, chef des chevaliers de l'armée de Bohémond, qui porte la bannière de flammes écarlates. Bohémond le lance dans la mêlée. « Muni de tous côtés du signe de la croix, raconte encore l'Anonyme, tel un lion qui a souffert de la faim pendant trois à quatre jours sort de son antre en rugissant, altéré du sang des troupeaux, s'élance comme à l'improviste au milieu du bétail, déchirant les brebis qui fuient çà et là, ainsi il se comportait au milieu des rangs des Turcs; et il les poursuivait si ardemment que les flammes de sa bannière volaient par-dessus leurs têtes. »

L'exemple est contagieux, les chrétiens se reprennent, contre-attaquent et repoussent l'ennemi jusqu'au pont de fer. Les Turcs rescapés regagnent au plus vite Harenc, y raflent à la hâte ce qu'ils peuvent et se sauvent en mettant le feu. Les habitants de la région – « hommes perfides, juge Guibert de Nogent, qui se tenaient entre les deux armées, attendant l'issue du combat pour s'attacher au parti vainqueur » – tendent des embuscades aux vaincus en fuite, et « en tuèrent ou en prirent un grand nombre ». A Harenc, les soldats du Christ ont le bonheur de trouver « mille chevaux vigoureux dont ils avaient le plus grand besoin et [...] d'immenses dépouilles ».

Devant Antioche, le combat a aussi fait rage, mais les piétons ont tenu jusqu'à ce que les guetteurs de Garsion annoncent l'arrivée des Francs vainqueurs et brandissant des têtes coupées aux Turcs – cent, d'après l'Anonyme; cinq cents d'après Guillaume de Tyr, dont deux cents furent lancées par-dessus les remparts et les autres plantées sur des pieux en face même des murailles « afin que ce spectacle fût pour eux comme une épine dans leur œil ». Cela fut fait là où les ambassadeurs de l'émir de Babylone avaient pris leurs quartiers, peut-être pour les honorer, ou pour les impressionner.

C'était aussi une revanche. « En effet, explique Raimond d'Aguilers, les ennemis nous ayant enlevé naguère la bannière de la bienheureuse Marie toujours vierge, l'avaient enfoncée en terre par la pointe, comme pour nous faire honte; et ce que j'ai raconté fut fait afin que, voyant les têtes de leurs compagnons dressées en l'air, ils renoncent à nous insulter ainsi. »

Le lendemain de cette victoire, 10 février, Pierre Barthélemi se trouve à Edesse, avec un groupe chargé de rapporter des vivres. C'est le mercredi des cendres. « Au premier chant du coq », une grande clarté illumine soudain la maison où il a couché et saint André lui apparaît comme la nuit du tremblement de terre à Antioche; avec le même compagnon « plus beau que les enfants des hommes ».

– As-tu dit ce que je t'ai demandé de dire? demande saint André.

– Seigneur, répond Pierre Barthélemi en tremblant, dans ma pauvreté, je n'ai pas osé aller à eux.

Saint André tente de convaincre le paysan que les pauvres sont justement ceux que Dieu a élus parmi les nations, Puis ils disparaissent. Pierre Bartélemi est accablé à cause de sa « négligence pour la vision de l'apôtre ». Il en tombe malade et perd la vue pendant quelque temps.

Il n'ose entreprendre la démarche ordonnée par saint

André et son compagnon; il craint, dira-t-il, qu'on l'accuse d'avoir voulu faire l'intéressant pour obtenir un peu de nourriture.

C'est que la disette est maintenant terrible. « Poussés par la faim, nos gens mangeaient des tiges de fèves qui commençaient à peine à croître dans les champs, des herbes de toutes espèces qui n'étaient même pas assaisonnées avec du sel, des chardons que faute de bois on ne pouvait faire assez cuire pour qu'ils ne piquent pas la langue, des chevaux, des ânes, des chameaux, des chiens même et des rats. Les plus misérables dévoraient les peaux de ces animaux et, ce qui est affreux à dire, les souris et les graines qu'ils trouvaient dans les ordures. »

Raoul de Caen raconte un des artifices des Provençaux pour se procurer de la nourriture : « S'ils trouvaient moyen, en l'absence de tout témoin, d'atteindre un cheval ou un mulet gras, ils lui faisaient une blessure dans les intestins en le perçant par derrière et l'animal ne manquait pas d'en mourir. » Pour ceux qui l'avaient vu quelques jours plus tôt en bonne santé « et quelquefois en rut », la mort de l'animal sans blessure apparente est inexplicable et suspecte. Seuls les auteurs du stratagème osaient en manger : « Mieux vaut encore mourir ainsi que mourir de faim », disaient-ils en se partageant la viande entre eux.

Le manque de chevaux reste un des grands problèmes de l'armée. Les prises de guerre sont loin de compenser les milliers de montures mortes de froid et de privations. Les conséquences sont multiples. Ainsi, lorsque les pauvres – qui sont en majorité avec Adhémar du Puy et Raimond de Saint-Gilles – traversent le fleuve pour aller fourrager, ils sont d'autant plus exposés aux sorties ennemies qu'il ne se trouve plus guère de chevaliers pour les escorter : « Il ne restait que des chevaux très faibles et toujours affamés, écrit Raimond d'Aguilers, et même en très petite quantité puisque, dans toute l'armée du comte et de l'évêque, on n'en pouvait plus trouver qu'une centaine au plus. »

Ce voyant, Raimond de Saint-Gilles fait remettre 500 marcs d'argent, à ajouter aux « autres associations de fraternité ». Cette somme devra être utilisée pour remplacer les chevaux que les chevaliers pourraient perdre au combat ; la perte de son cheval est en effet si grave pour un chevalier qu'il hésite à le risquer, d'autant qu'il se sent peu sûr de soi sur une monture famélique.

« A la suite de cet arrangement, conclut le chapelain du comte de Toulouse, nos chevaliers ne redoutèrent plus de se porter à la rencontre des ennemis, surtout ceux qui n'avaient que de mauvais chevaux ou des chevaux fatigués, sachant que s'ils perdaient les leurs, on leur en donnerait de meilleurs. »

Le siège dure maintenant depuis quatre mois, et on n'en voit pas le bout. Il pleut. Le ciel, le mur de la ville, le cloaque où s'englue l'armée de Dieu, tout est noir et morne. La boue couvre tout, tout s'y dissout, les gens, les choses, l'avenir. Accroupis sous des bâches pourries comme des bêtes au fond de leur trou, immobiles, transis, nous avions froid jusqu'au cœur.

Pâques approche jour après jour, et on compte bien qu'arriveront alors des renforts d'Occident. Le retour de la belle saison va permettre aux bateaux de naviguer, et il faut donc assurer la sécurité de la route qui mène à Port-Saint-Siméon. On renforce les défenses face à la porte de la Mer, qu'on prend sous le tir de machines ainsi que le pont par où les Turcs font leurs sorties.

MARS. Le 5, on apprend qu'une flotte arrivant de Pise vient de mouiller à Port-Saint-Siméon, transportant des pèlerins et des vivres. Le conseil, aussitôt réuni, décide d'envoyer une troupe jusqu'au port pour escorter les nouveaux venus ; on en profitera pour ramener le matériel et les ouvriers charpentiers nécessaires à la construction d'un

nouveau fort dont la nécessité est devenue évidente si on ne
veut pas « perdre notre gent ». Ce fort, lui aussi face à la porte
de la Mer, sera bâti sur un monticule, entre deux mosquées et
près du cimetière musulman – on l'appelle déjà le fort de la
Mahomerie.

Bohémond et Raimond de Saint-Gilles se mettent en
route aussitôt avec 1 600 cavaliers, selon Étienne de Blois, et
non sans que le très-sage Bohémond recommande que ceux
qui restent au camp « se fortifient de tous les côtés pour se
défendre ». Les émissaires du vizir de Babylone profitent de
l'escorte pour regagner la mer; après plusieurs semaines
passées devant Antioche, ils en savent sans doute assez sur les
Francs. Ils emmènent avec eux une ambassade de chrétiens.

Notre chevalier anonyme, cette fois, n'est pas de
l'expédition. Mais son sort n'est pas plus enviable : « Nous,
dit-il, qui restâmes groupés en un seul corps, nous commencions le château quand, les Turcs s'étant préparés, firent une
sortie et vinrent au-devant de nous pour combattre. Ils
s'élancèrent sur nous, mirent les nôtres en fuite et en tuèrent
plusieurs, ce qui nous causa une grande douleur. »

Anselme de Ribemont, qui est là aussi, voit les choses un
peu différemment : « Ceux qui étaient restés pour garder les
bagages, écrit-il, désirant avoir leur part de gloire, se
portèrent [...] après le dîner et sans précaution au-devant de la
porte [...]. Mais ils furent honteusement repoussés et mis en
fuite. »

Le lendemain, les Turcs, qui ont appris que Bohémond
et le comte de Toulouse ont quitté le camp, vont leur tendre
une embuscade sur leur route de retour. Ils réussissent
d'autant mieux que les troupes chrétiennes avancent sans
ordre ni discipline, encombrées de tout le matériel et le
ravitaillement qu'elles rapportent de Port-Saint-Siméon, et
notamment une grande quantité de poutres et de bois divers
pour construire des machines de siège. C'est la panique chez

les Francs qui s'éparpillent dans la montagne, abandonnant chariots et bagages – seul, pratiquement, un seigneur du Nord, Hugues de Saint-Pol, s'efforce de faire front :

> *Onques n'i ot un sol qui tornast por joster*
> *Fors Huon de Saint Pol qui nel pot endurer,*
> *Qui véist le baron, la main au branc jeter*
> *De grant chevalerie li péust remembrer...*

Un messsager court au camp, donne l'alerte :

> *Adonc fu Saint Sepulcres huchiés et reclamés*
> *A val par tote l'ost ont ces graisles sonés.*

Les hommes jaillissent des tentes et des cabanes, « recouvrent leurs épaules de leurs vêtements à écailles de fer », ils attachent les bannières sur les lances, sellent et brident leurs chevaux en toute hâte. Godefroi de Bouillon, Robert de Flandre, Robert Courteheuse, l'évêque du Puy se précipitent vers le pont de bateaux et forment aussitôt leurs batailles, bientôt rejoints par Bohémond revenu chercher ses troupes.

Alors, dit l'Anonyme, « enflammés par le massacre des nôtres, après avoir invoqué le nom du Christ et confiants dans l'espoir d'atteindre le Saint Sépulcre, nous étant groupés ensemble, nous parvînmes à engager le combat avec eux et nous les attaquâmes d'un seul cœur et d'une seule âme ».

Ce sont les Turcs, maintenant, qui sont encombrés du butin pris aux Francs, et ils se défendent mal. Des remparts d'Antioche, l'émir Yaghî Siyan voit la situation et décide de jouer son va-tout pour tenter d'en finir avec les Francs. Il fait sortir le gros de sa garnison et, dès que ses troupes ont quitté la ville, il ferme les portes derrière elles pour leur ôter tout espoir de retraite : aujourd'hui, il faudra vaincre ou mourir.

Ce qui n'était qu'un accrochage de plus est devenu un combat décisif.

L'Anonyme peut en parler, il y était : « Ils croyaient nous vaincre et nous exterminer [...] mais Dieu tout-puissant ne le leur permit pas. Les chevaliers du vrai Dieu, armés du signe de la croix, s'élancèrent sur eux avec violence et les attaquèrent vaillamment. Eux s'enfuirent rapidement par le pont étroit jusqu'à l'entrée de la ville ; ceux qui ne purent traverser le pont vivants par suite de la cohue que formaient les hommes et les chevaux, reçurent là une mort éternelle avec le diable et ses anges.

« Et nous, ayant pris le dessus, nous les poussions et les précipitions dans le fleuve. Les flots rapides du fleuve étaient rougis du sang des Turcs et, si l'un d'eux cherchait à grimper sur les piles du pont ou s'efforçait de gagner la terre à la nage, il était blessé par les nôtres qui couvraient la rive du fleuve. La rumeur et les cris des nôtres et des ennemis résonnaient jusqu'au ciel. »

C'est là que Godefroi de Bouillon « fist un coup tel dont il sera touzjorz parlé » : « Chose incroyable ! Il frappa du tranchant de son glaive et coupa en deux un Turc revêtu de sa cuirasse ! [...] La partie supérieure de son corps tomba aussitôt sur le sable, la partie inférieure, fortement attachée au cheval par les jambes, fut emportée par l'animal vers les remparts de la ville. »

Ah ! oui, on en parlera longtemps de ce coup d'épée « parmi le nombrill ». On en parlera plus longtemps encore que de la fuite folle de l'armée turque prise au piège du pont. Et pourtant : « L'amas des cadavres, écrira sans frémir Robert le Moine, interrompait le cours du fleuve et le forçait de remonter vers sa source. » En aval d'Antioche, les piétons et les charpentiers éparpillés dans la montagne et qui n'ont pas eu le temps de rejoindre apprennent la victoire des chrétiens en voyant passer au fil de l'eau tous ces cadavres ennemis.

Pendant ce temps, Yaghî Siyan a quand même ordonné d'ouvrir la porte de la ville pour éviter à son armée un massacre total. « La nuit seule parvint à nous séparer, eux et nous, poursuit l'Anonyme. [...] Nos ennemis furent vaincus par la puissance de Dieu et du Saint Sépulcre et, dans la suite, ils n'eurent plus le même ressort qu'auparavant, soit pour crier, soit pour agir. Et nous, ce jour-là, nous nous refîmes bien en ressources nécessaires, et en particulier en chevaux. » Raimond d'Aguilers en témoigne : « C'était un charme de voir quelques-uns de nos pauvres [...] qui parcouraient les tentes conduisant plusieurs chevaux (ou) couverts de deux ou trois vêtements (ou) portant en main trois ou quatre boucliers... »

Une telle victoire est signalée en bonne place par nos deux épistoliers : « Nous avons tué trente émirs ou princes, précise Etienne de Blois à sa chère Adèle, et trois cents cavaliers turcs de noble condition, sans compter les autres Turcs et païens. » Il estime à 1 230 le nombre des ennemis tués ce jour-là. « Près de 1 400 de nos ennemis, confirme Anselme de Ribemont, périrent par le fer ou dans les eaux du fleuve grossi par les pluies d'hiver. »

Le lendemain, dans les brumes de l'aube, des équipes de Turcs sortent pour enterrer les corps des leurs dans le cimetière situé non loin de l'endroit où les Francs ont décidé de construire le fort, à la Mahomerie. « Ce qu'ayant appris, dit Robert le Moine, les valets de l'armée chrétienne coururent en grand nombre au cimetière, et ceux que les Turcs avaient ensevelis avec de grands honneurs, ils les en jetèrent dehors avec beaucoup d'ignominie. Car les Turcs les avaient [...] enveloppés de plusieurs étoffes, et avaient mis en terre avec eux des byzantins d'or, des arcs, des flèches, et beaucoup d'autres choses; car leur coutume est d'enterrer ainsi leurs morts, celle des nôtres est de leur enlever joyeusement toutes ces choses. »

Les cadavres sont décapités et les têtes apportées au

camp, sauf celles dont on charge quatre chevaux qu'on mène aussitôt à Port-Saint-Siméon, où les ambassadeurs de l'« amiral de Babylone » se trouvent encore : « Quand ils virent ce, liez (joyeux) furent de la mort à leurs anemis, mès poor (peur) orent en avant de la nostre gent. » On ne sait à qui attribuer l'idée de ce singulier hommage, mais il serait étonnant que le sage Bohémond n'y fût pas pour quelque chose : les Fatimides devaient se convaincre que mieux valait prendre au sérieux leurs nouveaux alliés.

On retourne au chantier du fort de la Mahomerie. On utilise les poutres et les madriers rapportés de Port-Saint-Siméon et abandonnés dans leur fuite par les Turcs, on apporte aussi les pierres enlevées au cimetière musulman. La redoute est entourée d'un double fossé. « Les archers et ceux qui dirigeaient les balistes étaient chargés d'empêcher les sorties. [...] Les autres et les princes eux-mêmes ne cessaient de disposer les terrassements, de porter les pierres, d'élever les murs. » Il pleut. Le ruissellement des eaux fait ébouler les parois des fossés et rend pénible le travail des hommes dans la boue. Mais le fort est prêt le 20 mars. Qui l'occupera ? L'endroit est exposé, et on peut supposer que les volontaires ne se bousculent pas. Certains reprochent à Raimond de Saint-Gilles d'avoir montré jusque-là « paresse et avarice ». Il s'indigne – d'abord malade il est resté « amolli » – et il est « sur le point de se séparer de ses compagnons ». Pourtant, il accepte finalement de tenir le fort et s'y installe avec quelques-uns de ses meilleurs hommes : Gaston de Béarn, Pierre de Castillon, Raimond de Turenne, Guilhem de Montpellier, Gouffier de Lastours et Guillaume de Sabran.

Ce même 20 mars, le paysan Pierre Barthélemi est sous une tente loin du camp avec un certain Guillaume Pierre – sans doute essaient-ils, comme beaucoup d'autres, de fuir le calvaire du siège, manger, survivre, peut-être tenter de s'embarquer...

Il est couché quand saint André et son compagnon lui apparaissent pour la troisième fois. Le bienheureux apôtre lui reproche à nouveau de n'avoir pas encore parlé et Pierre à nouveau répond qu'un moins pauvre que lui aurait plus de chance d'être écouté. « De plus, ajoute-t-il, les Turcs sont sur la route, et tuent ceux qui vont et viennent.

– Ne crains rien, dit saint André, ils ne te feront pas de mal.

Il complète ses instructions :

– Tu diras en outre au comte que lorsqu'il sera arrivé près du fleuve Jourdain, il ne s'y baigne point mais qu'il passe en bateau. Et lorsqu'il aura passé, revêtu de sa chemise et de son justaucorps de lin, qu'il se fasse asperger avec les eaux du fleuve, et lorsque ses vêtements seront séchés, qu'il les dépose et les conserve avec la lance du Seigneur.

Puis il disparaît avec son compagnon. Pierre Barthélemi reprend le chemin d'Antioche.

Il pleut toujours. Il pleut tant que les fossés du fort de la Mahomerie s'éboulent à nouveau. Les Turcs en profitent pour attaquer, un matin à l'aube. Les Provençaux du comte de Toulouse subissent « sans se laisser effrayer [...] les nuées de flèches et de pierres ». D'autres chrétiens accourent en renfort. Les Turcs doivent se replier.

Une fois rétablis les fossés et consolidés les murs, il devient clair que la porte de la Mer et son pont sont bien bouclés : la route de Port-Saint-Siméon peut désormais être parcourue sans risques.

Pierre Barthélemi la prend peut-être pour arriver au camp. Mais il n'ose pas plus que les fois précédentes s'adresser aux seigneurs considérables – d'ailleurs Raimond de Saint-Gilles est toujours dans son fort. Il repart, Pierre Barthélemi, et se dirige vers Mamistra avec l'intention de s'embarquer pour Chypre. Au troisième jour, saint André lui adresse « les plus fortes menaces » s'il ne retourne pas aussitôt s'acquitter de sa mission. Pierre Barthélemi pleure amèrement, mais s'embarque. Son bateau navigue jusqu'au coucher du soleil, puis la tempête se lève et, en moins de deux heures, il est ramené au port d'où il était parti le matin. Pierre Barthélemi, seul à comprendre le prodige, tombe à nouveau, et gravement, malade.

AVRIL. Le sixième mois de siège. Le blocus d'Antioche s'affirme. Les Turcs ne peuvent plus sortir de la ville que par la porte Saint-Georges, dans le rempart sud, sur la pente de la montagne commençante; c'est un passage que les chrétiens n'ont jamais contrôlé et que les assiégés utilisent pour sortir leurs troupeaux ou commercer avec les Grecs et les Syriens. Au début du mois, le conseil des barons décide d'utiliser les ruines de l'ancien monastère Saint-Georges pour construire une redoute qui achèvera le blocus d'Antioche.

C'est Tancrède qui en aura la responsabilité. Mais le poste est si exposé et si isolé qu'il demande quarante marcs d'argent par mois – ce qui lui permettra de régler une partie de ses nombreuses dettes. Raimond de Saint-Gilles à lui seul verse cent marcs. Le jour de son installation, Tancrède a la bonne fortune de surprendre une importante caravane de marchands qui arrivait ravitailler la ville « en blé, vin, orge, huile et autres denrées de ce genre ». Son chroniqueur Raoul de Caen signale qu'une autre fois, alors qu'il patrouille seul avec un écuyer, il tue trois Turcs de sa main : « Lorsqu'il frappe, chante-t-il, il fait d'un casque une mitre, d'un bouclier un manteau de femme, d'une cuirasse une chemise; il transperce le bois comme du lin, l'acier comme du chanvre, une plaque de fer comme un tissu de laine... »

Cette fois, les cinq portes d'Antioche sont contrôlées par les « vigoureux athlètes du Christ ». Les Turcs ne peuvent plus s'approvisionner ni sortir leurs troupeaux.

Il semble bien qu'alors une trêve ait été convenue entre assiégeants et assiégés : « On dressa les articles, on régla le

temps et on se fit mutuellement serment d'observer la trêve »,
écrit Robert le Moine. Les chrétiens espèrent peut-être
simplement que Garsion, complètement assiégé et désormais
coupé de toute source d'approvisionnement, se rendra. Et
l'émir, pour sa part, a besoin d'un peu de temps : l'atabeg de
Mossoul est en train de lever la plus formidable armée qu'on
puisse imaginer. « Le sultan de Perse Barkyarok a adressé à
ses troupes l'ordre de marcher à la guerre sainte », témoigne
le chroniqueur arabe Aboul Modafer Youssof ibn Kizoglou.
C'est le redoutable Kerbôga qui conduira les armées du
Prophète.

La trêve, vraisemblablement conclue pour quinze jours,
est rompue semble-t-il à la suite du meurtre de Galon,
connétable de France, ou de celui de Renaud Porquet, un
chevalier normand fait prisonnier et dont la tête – souriante –
est un jour jetée du haut des remparts. Les négociations n'ont
pas eu le temps d'avancer, mais Bohémond paraît singulièrement sûr de lui quand, au conseil suivant, il s'adresse aux
barons :

– Chevaliers très prudents, dit-il, considérez dans
quelle pauvreté, dans quelle misère nous sommes tous, grands
et petits, et nous ignorons à peu près de quel côté nos affaires
s'amélioreront...

Il propose que si l'un d'entre eux, « d'une manière
quelconque ou par son industrie », parvient à gagner
Antioche, il la gardera pour lui. Les barons refusent
sèchement :

– Nous avons tous supporté les mêmes maux, disent-ils,
nous recevrons tous le même honneur. Nul ne recevra la
possession de cette cité, mais nous l'aurons tous à part
égale.

« A ces mots, rapporte l'Anonyme, Bohémond sourit
légèrement et se retira aussitôt. » Ah! ce sourire de Bohémond! Anne Comnène disait qu'il a « quelque chose de
sinistre ».

Les barons, qu'inquiète l'annonce de la prochaine arrivée de Kerbôga, envoient des messagers à Alexis, alors occupé en Asie mineure à prendre possession des villes conquises par les Francs avant l'hiver ; ils lui demandent de les rejoindre de toute urgence. Ils tentent même une démarche auprès de l'émir de Damas Duqâq : ils n'ont aucune visée sur ses domaines, lui font-ils dire, et verraient d'un bon œil qu'il reste neutre. Mais Duqâq refuse : il se joindra lui aussi à l'armée de Kerbôga.

Ce siège est sans fin. Cela fait plus de six mois maintenant que l'ost Notre-Seigneur est enlisée sous Antioche. On attend des renforts qui ne viennent pas, et la menace ennemie se précise. La hantise de la faim reste obsédante, et ce ne sont pas les secours et les cadeaux envoyés d'Edesse par Baudouin à son frère et aux principaux seigneurs – de l'or, des chevaux légers élégamment harnachés, des armes de prix – qui nourrissent les milliers et les milliers de sans ressources. Le pays depuis longtemps ravagé ne fournit plus aucun secours et le bruit court que les pauvres du Nord – les « Tafurs », comme les appelle Richard le Pèlerin – se nourrissent sans vergogne de la chair de prisonniers ennemis (30).

MAI. Kerbôga cette fois s'est mis en marche. Approchant d'Edesse, il envoie un ultimatum au nouveau prince de la ville, Baudouin. Mais on sait que le frère de Godefroi n'est pas un homme « de petit cuer ». Les « grosses paroles » de l'atabeg l'impressionnent si peu qu'il fait même une sortie pour affronter et mettre en déroute l'avant-garde ennemie. Kerbôga, furieux, assiège Edesse et passe là trois semaines pour rien, avant d'entendre les conseils de ses émirs :

La cité et les Frans prendrons au retourner.

Il se remet en marche vers Antioche, franchit l'Euphrate, entre en Syrie et va camper au nord d'Alep. L'émir de Damas Duqâq, l'émir de Homs et Soqman l'Ortoqide le rejoignent ainsi que Kilij Arslan, toujours en quête de sa revanche. En attendant le grand affrontement, des détachements vont châtier les communautés arméniennes et syriennes soupçonnées d'être favorables aux Francs.

L'inquiétude s'est emparée de l'ost Notre-Seigneur. Pour faire taire les rumeurs les plus folles qui circulent sur l'importance de l'armée qui s'avance, le conseil décide d'envoyer des groupes de reconnaissance prendre l'exacte mesure des effectifs de Kerbôga, de son armement, de son rythme de marche.

Dreux de Nesle, Clérambault de Vendeuil, un certain Ives et Renaud de Toul, hommes de guerre compétents, partent chacun dans le secteur qui lui est affecté. Ils sont de retour le vendredi 28 mai. En fait, les informations qu'ils rapportent sont pires que les rumeurs qui couraient. Ils n'en font part qu'aux barons, et en secret, « de peur que le peuple, déjà affligé de la longueur du siège et de l'extrême pénurie qu'il éprouvait, ne tombât dans le désespoir ».

Que faire? Fallait-il donc survivre à tant de batailles pour finir ici, dans cette plaine où l'herbe ne pousse plus? Godefroi, Robert de Flandre et plusieurs autres, pour qui le pire serait d'attendre, proposent de sortir « bannières déployées et en bon ordre de bataille ». D'autres préféreraient partager l'armée en deux corps, dont l'un resterait à garder Antioche. D'autres encore...

C'est l'heure de Bohémond. Il annonce brusquement qu'il est en relation depuis plusieurs semaines avec l'un des assiégés auquel on a confié la garde d'une tour. Il a pu avoir avec lui, pendant la trêve, « plusieurs conférences particulières » : Cet homme, dit-il, lui voue à lui, Bohémond, « une très vive affection », au point qu'il est prêt à lui livrer la tour.

Oh! sans doute Antioche n'est pas encore à eux, mais

dans l'atterrement général, c'est bien la seule lueur d'espoir. Bohémond le très-sage en profite pour rappeler qu'il a dû engager de gros frais; il a promis beaucoup d'argent à cet homme, qu'il prendra avec lui, dont il élèvera le fils comme son propre fils, et qu'il enrichira « non moins que Tancrède ». Enfin, il rappelle sa proposition du mois de mars : la ville reviendra à qui la prendra.

– Se il vous plest en ceste manière, dit-il, poez avoir la ville. Se ne vost plest et vos y puissiez trouver autre manière, je suis prez à quitter toute la moie part à un de vous, se il nous puet la cité délivrer.

Bohémond, sans doute par l'intermédiaire du Turc converti à qui il a donné son nom, reprend contact avec son homme dans la place, un certain Firouz, fabricant de cuirasse arménien passé à l'islam. Yaghî Siyan lui a confié la garde de la tour des Deux-Sœurs, gros ouvrage pentagonal situé tout au sud de la ville, près de la porte Saint-Georges qui domine la vallée de l'Akakir.

Pourquoi est-il prêt à trahir? Parce qu'il voulait se convertir, disent les chroniqueurs chrétiens; parce qu'il avait dissimulé du grain, avancent les chroniqueurs musulmans [91], et que Yaghî Siyan lui a confisqué son bien. Mais quelle qu'ait été sa position d'esprit, un événement imprévu vient de le décider : son fils a surpris sa mère avec l'un des principaux capitaines turcs de la garnison et s'est empressé de rapporter! C'est ainsi que finissent toujours par être prises, nous dit l'histoire des hommes, les villes imprenables. Les murs les plus hauts du monde, les fortifications les plus épaisses qu'inventent les architectes ne peuvent rien dès lors qu'un défenseur reçoit une blessure à l'âme, ou à l'orgueil.

Firouz a aussitôt, pour prouver sa détermination, fait sortir son fils en cachette, l'envoyant à Bohémond en gage de sa sincérité.

Mais Kerbôga n'est plus qu'à quelques jours – cinq, peut-être quatre. Les moins forts des « compaignons Jhésu » commencent à fuir dans la montagne, les marchands syriens et arméniens disparaissent, présage habituel de l'imminence d'un grand péril. On ne sait même pas si les émissaires des chrétiens ont pu trouver Alexis pour l'alerter.

LUNDI 1ᵉʳ JUIN. Bohémond revient devant le conseil, où les seigneurs sont au bord de la panique. Son homme, dit-il, est prêt à ouvrir la tour dans la nuit du 2 au 3. Cette fois, la menace est trop pressante pour tergiverser. Malgré Raimond de Saint-Gilles, les barons acceptent la proposition de Bohémond : s'ils prennent la ville grâce à son « industrie », ils la lui abandonneront. Leur seule réserve est en faveur d'Alexis : s'il arrive à leur secours, Bohémond devra respecter ses engagements vis-à-vis de lui et par conséquent lui remettre Antioche.

MARDI 2 JUIN. Une nouvelle incroyable assomme le camp : celui que les seigneurs avaient nommé à la tête du conseil, celui qui venait encore d'écrire sa résolution à « sa très chère Adèle », Étienne, comte de Blois et de Chartres, s'est dit malade et a quitté le siège avec une partie de son contingent! Sa décision est incompréhensible. Peut-être reviendra-t-il.

L'angoisse gagne l'ensemble du camp. Seuls les barons et quelques-uns de leurs capitaines sont dans le secret de l'opération Firouz. Les hommes savent que quelque chose est prévu pour le soir, mais pensent qu'il s'agit d'aller affronter Kerbôga en terrain découvert.

Le soir, les troupes font mouvement de manière à tromper les Turcs qui les observent des remparts : l'infanterie s'engage au sud sur les pentes du mont Silpios tandis que les chevaliers suivent l'Oronte. En fait, les deux corps vont marcher toute la nuit pour se retrouver avant l'aube à proximité de la tour des Deux-Sœurs. Il faudra être discret et opérer vite : un porteur de torche parcourt les remparts toute la nuit pour inspecter les gardes.

MERCREDI 3 JUIN. Les deux troupes se sont rejointes vers 4 heures du matin (31). Les chevaliers se dissimulent dans les ravins. Par chance, c'est une de ces nuits de grand vent où l'on n'entend rien.

Firouz lance une corde. Un homme y monte et lui remet une bague de Bohémond pour se faire reconnaître – il s'assure en même temps qu'aucun piège n'attend les chrétiens. Firouz presse les Francs :

Plus est de mienuit, pres est l'aube crevée...

L'homme redescend. On attache à la corde une longue échelle « en cuir de bœuf » que Firouz remonte et fixe solidement à la tour. Les hommes commencent à monter silencieusement.

Les premiers arrivés en haut courent vers les tours voisines, massacrent tous ceux qu'ils rencontrent, y compris le propre frère de Firouz et le porteur de torche qui survenait à ce moment.

« Où est cet ardent Bohémond ? demande Firouz. Où est cet invincible ? » Il demande à un sergent de redescendre chercher Bohémond, qui se tient prudemment à l'écart :

– Que fais-tu là, homme prudent ? lui demande-t-il. Nous tenons déjà trois tours !

Bohémond alors rejoint les autres, « et tous parvinrent joyeusement à l'échelle ». L'Anonyme est là lui aussi. « Ceux qui étaient déjà dans les tours, raconte-t-il, se mirent à crier d'une voix joyeuse : « Dieu le veut ! » Nous-mêmes poussions le même cri. Alors commença l'escalade merveilleuse... »

Mais l'échelle surchargée se rompt, « ce qui nous

plongea dans une grande angoisse », et il faut attendre qu'une porte soit ouverte au pied de la tour ; on l'agrandit même, sans doute pour les chevaliers en armes. C'est par là qu'entre l'Anonyme.

Le tapage maintenant est terrible et les Turcs sonnent l'appel aux armes. Les chrétiens arméniens et syriens de la ville, plus habitués au commerce qu'à la guerre, aident les Francs comme ils peuvent, font sauter les serrures, montrent les passages.

Tandis que les « vaillants athlètes du Christ » submergent la ville, Bohémond court vers la citadelle, c'est le point fort d'Antioche, pratiquement inexpugnable, et on ne tient pas Antioche tant qu'on ne tient pas la citadelle. Une flèche lui traverse la cuisse, il perd son sang. Il ordonne qu'on plante sa bannière le plus haut possible près du fort.

Partout on traque le Turc et on le tue. Des fuyards s'engagent par erreur dans un sentier étroit terminé en cul-de-sac ; ils se bousculent, tombent dans les précipices, s'écrasent sur les rochers : « Ce fut pour nous une véritable joie de les voir ainsi tomber, raconte Raimond d'Aguilers, mais nous avons à regretter plus de trois cents chevaux qui périrent dans la même rencontre... »

L'émir d'Antioche Yaghî Siyan, de son palais, voit la bannière écarlate de Bohémond flotter tout en haut de la ville. Il croit la citadelle prise et s'enfuit.

« Ces événements, conclut l'Anonyme, eurent lieu le troisième jour de juin, cinquième férie, trois jours avant les nones de juin. Toutes les places de la ville étaient encombrées de cadavres. »

Le 5 juin, deux jours plus tard, l'armée de Kerbôga passe le pont de fer et se présente devant Antioche.

Les barons ont eu tout juste le temps d'envoyer des hommes à Port-Saint-Siméon chercher les derniers vivres disponibles sur le port et Pierre Barthélemi celui de rejoindre la gent Notre-Seigneur à l'abri des murailles et des portes verrouillées.

A quarante-huit heures près, c'en était fini de tout.

VII

LES DEUX ÉPOUVANTES

La tête de Garsion – Roger de Barneville – Maître des Francs – Les funambules – Alexis prend la route – Rencontre à Philomélion – Abandonnement – Antioche en feu – La Sainte Lance – Famine – Dieu nous aide! – Veillée d'âmes – A vingt contre vingt – Le 28 juin – En tenailles – Une grande joie

Yaghî Siyan, dit Cassian, dit Garsion, avait selon Albert d'Aix « une tête d'une grosseur étonnante, ses oreilles étaient très larges et toutes couvertes de poils; il avait des cheveux blancs et une barbe qui descendait depuis le menton jusqu'au milieu du corps ». Cette tête, des bûcherons arméniens l'avaient apportée dans un sac au marché d'Antioche, cherchant à en tirer le meilleur prix. Des hommes de Bohémond les entendirent raconter comment ils avaient surpris l'émir en fuite alors qu'il abreuvait son cheval et comment ils l'avaient décapité. Ils les menèrent à leur chef. Bohémond était prêt à donner cent besants pour avoir la preuve que Garsion était mort. Les bûcherons ouvrirent alors le sac [92].

Bohémond, sans perdre de temps, était allé à la citadelle, cette « tour quarrée » qu'il avait été impossible de prendre et où des centaines de Turcs s'étaient réfugiés sous le commandement d'un fils de Yaghî Siyan, Shams ed-Daoula – Sensadolus, disent les Francs. Par l'intermédiaire de son « latinier », il avait proposé une négociation aux défenseurs, leur démontrant que toute résistance était vaine, puisque leur chef était mort :

Lor monstra la teste, moult en sont esmaié.

Mais à ce moment était apparue l'avant-garde de
l'armée de secours, et les défenseurs de la citadelle avaient
rompu les pourparlers.

C'était Kerbôga – les Francs disent Courbaram, Cor-
bahan, Corbaran – qui arrivait. Au passage, il avait submergé
le Pont de fer et fait massacrer la totalité de la garnison qui s'y
trouvait, à l'exception de son commandant.

Amère victoire que celle des chrétiens. « On ne pouvait
circuler dans les rues qu'en marchant sur les cadavres des
morts », se rappellerait le chevalier anonyme, frappé par la
« puanteur » que dégageaient tous ces corps sous le soleil de
juin – on les jeta par-dessus les murs. La ville était riche en or,
en argent, en vases précieux, en pierreries, en tapis magni-
fiques, mais vide de vivres, et c'est à peine si on trouva « cinq
cents chevaux propres au combat; encore étaient-ils tous
maigres et exténués ».

Il fallait garnir les quatre cent soixante tours, surveiller
les quinze kilomètres de remparts, tenir en respect les
défenseurs de la citadelle. On ne pouvait songer à prendre du
repos et les hommes devaient rester « en attirail de combat ».
Ils n'avaient même pas eu le temps, sauf le premier jour, de
vraiment profiter des maisons et des femmes de tous les Turcs
qu'ils avaient tués.

Tout recommençait, les gardes, et la faim, et l'attente, à
cette différence que l'ost Notre-Seigneur n'était plus hors les
murs, mais dedans. Les seuls à se réjouir des événements
étaient peut-être les bûcherons arméniens qui avaient « tren-
cié le chief » de Garsion. Non contents d'avoir tiré cent
besants de Bohémond, ils ont encore trouvé le moyen de
vendre, pour soixante besants, le ceinturon et le fourreau du
cimeterre de l'émir d'Antioche.

L'avant-garde de la cavalerie de Corbaran vient parader
sous les remparts [93] : « Les ennemis parcouraient les champs

et la plaine, nous défiant et nous accablant d'injures outrageantes; ils jetaient en l'air leurs lances et leurs glaives, et les rattrapaient dans leurs mains en riant et se jouant. » Leur but est évidemment, comme d'habitude, d'attirer quelque formation de chrétiens jusqu'à l'endroit où ils ont tendu une embuscade. Mais, fatigués ou enfin méfiants, les chrétiens aujourd'hui ne bougent pas. Les Turcs commencent à s'en retourner quand sort soudain par la porte de la Mer Roger de Barneville, un compagnon de Robert Courteheuse réputé pour ses prouesses. « Troi chevalier le sivent. » Ils chargent les Turcs pour les châtier de leurs bravades. Les Turcs se dérobent, Barneville et les siens tombent dans l'embuscade. Ils peuvent se dégager, mais Barneville est soudain touché :

Ot de Turs entour lui assés plus d'un millier
A lor espées nues le corent destrenchier.

Ils fichent sa tête « sur un grant pel agu » et l'emportent à Corbaran, tandis que les compagnons de Roger de Barneville viennent chercher son corps décapité, qui sera enterré avec honneur sous le portique de la basilique Saint-Pierre « en présence des princes et de tout le peuple ».

Corbaran a fait entrer une centaine d'hommes dans la citadelle ainsi qu'un commandant, Ahmed ibn Merwan. La garnison harcèle sans arrêt les Francs sans que ceux-ci puissent intervenir efficacement. En effet, le mont qui domine la ville est creusé par un profond ravin, dont la forteresse surplombe l'escarpement occidental :

Bien avoit de hautesse un trait d'arbalestrier.

Impossible de l'aborder par le gouffre, et, au sud, elle s'adosse au rempart. Le seul sentier qui y accède, lui aussi très escarpé, se trouve à l'ouest. On décide donc d'établir là une troupe d'hommes solides, auxquels on laisse des armes et des vivres : ils devront s'opposer à toute sortie des Turcs de la citadelle.

Godefroi tient la porte Saint-Paul et le fort de Malregard, les Provençaux de Raimond de Toulouse occupent la porte de la Mer et le fort de la Mahomerie. Quant à Bohémond, eh bien! il n'a pas pris Antioche la belle pour la reperdre aussitôt. On le voit partout. Avec l'aide de son neveu Tancrède, et malgré sa blessure à la cuisse, il a l'œil à tout, organise tout, prend tout en charge. Le pire est sans doute, pour lui, que le seul espoir de secours qu'espèrent les Francs est l'arrivée de l'empereur Alexis, dont des coureurs ont annoncé la mise en marche, à la tête d'une immense armée. Encore faudrait-il qu'il arrive à temps.

Kerbogâ, lui, ne doute pas. Il est même si sûr de lui, si arrogant, que certains des émirs venus avec lui commencent à regimber. Il écrit au sultan de Perse et au calife de Bagdad en leur envoyant des armes saisies à quelque guerrier chrétien – une épée, une lance et un arc émoussés, rouillés, tordus, quasiment hors d'usage : « Voyez les brillantes défenses de ceux qui veulent nous chasser de notre patrie! Ces Francs, [...] je les tiens assiégés dans cette même Antioche qu'ils avaient prise, et j'occupe dans l'enceinte de la place une citadelle qui la domine entièrement. Il dépend tout à fait de ma volonté de mettre à mort ceux qui sont ainsi enfermés ou de les réduire à un esclavage perpétuel. [...] Je suis maître des Francs. »

Les Francs meurent de faim. Dans la ville, on mange les chameaux, les ânes, les chevaux et les mulets. On dit que Godefroi a payé 15 marcs d'argent pour un chameau, et Baudri, son porte-mets, 3 marcs pour une chèvre. A l'effroyable cours de la disette, une poule vaut jusqu'à 15 sous, un œuf 6 deniers; pour 1 denier, on achète dix fèves ou une noix; pour 6 deniers, un pied de chameau, de bœuf ou d'âne;

pour 5 sous, les entrailles d'une chèvre et pour 2 ou 3 sous une tête de cheval sans langue ; une tête complète de bœuf ou de chameau se vend 1 besant, soit le prix d'un petit pain – mais qui vendrait un petit pain ?

Le 8 juin, alors que le paysage se couvre de tentes jusqu'à l'horizon, Godefroi décide une sortie pour empêcher les Turcs de submerger le fort de Malregard. Mais il est bientôt contraint de se replier sous l'assaut de l'armée ennemie. A peine ses hommes peuvent-ils évacuer Malregard, et la bousculade est telle vers la porte Saint-Paul que le duc de Lorraine perd là deux cents des siens, tués, blessés ou faits prisonniers.

En même temps, la garnison de la citadelle profite de la diversion pour dévaler par les sentiers, poursuivant et frappant tous les chrétiens isolés, certains Turcs entrant même jusqu'à l'intérieur de la ville, lâchant leurs flèches dans les rues ou visant les fenêtres. Bohémond et Raimond de Toulouse décident alors de faire creuser un fossé et d'élever une muraille de pieux et de pierres pour leur couper la route *(voir carte)*. Des hommes de Bohémond s'installent juste derrière, dans une redoute rudimentaire.

Le jeudi 10 juin, on se bat toute la journée. Il faut se battre hors les murs pour conserver les forts qu'on tient encore, comme l'importante Mahomerie qui protège le pont de pierre ; il faut se battre à l'intérieur de l'enceinte, où les Turcs de la citadelle attaquent sans relâche les chrétiens occupés à consolider la nouvelle redoute – combat acharné, longtemps incertain, où se distinguent, parmi les plus vaillants, Évrard du Puiset, Raoul de Fontenay, Rimbaud Creton... Robert de Flandre et Courteheuse surviennent alors qu'ils vont devoir céder.

Journée épuisante où rien n'a été gagné. La faim a considérablement affaibli les combattants, au point que certains d'entre eux se sont endormis pendant la bataille... Le découragement gagne. Combien de temps pourront-ils repousser toute cette « païennerie » ? Aux remparts, on guette l'immense nuage de poussière que ne manquerait pas de lever l'armée d'Alexis approchant...

Mais, dans cette nuit du 10 au 11 juin, des ombres silencieuses lancent des cordes du haut des remparts et basculent dans la nuit. A l'heure de la désespérance et du renoncement, voici les déserteurs qui s'arrachent la peau des mains au long des murailles de l'ouest : Guillaume et Aubri de Grandmesnil, compagnons de Robert Courteheuse, – ce même Guillaume qui a épousé la propre sœur de Bohémond [94]! –, Guy Trousseau, seigneur de Montlhéry, Lambert le Pauvre, comte de Clermont, près de Liège, Guillaume de Bruille, Raoul de Fontenelle, et le récidiviste Guillaume le Charpentier, vicomte de Melun, malgré son serment. Sans compter, écrit Guillaume de Tyr « plusieurs autres dont nous avons oublié les noms; effacés du livre de vie, ils ne méritent pas d'être inscrits sur ces feuilles ».

Ceux-là,

Fuiant vont à la mer, où sont li nautonier,

mais il y a pire encore : certains se réfugient chez les Turcs et, pour un peu de nourriture, renient Dieu et fournissent tous les renseignements qu'on leur demande.

Et à peine est-on dans Antioche depuis une semaine! Ah! oui, amère, amère victoire que celle qui conduit à douter de tout.

Adhémar du Puy et Bohémond le Magnifique, Bohémond le Victorieux, Bohémond le Très-Sage ordonnent qu'on laisse aux créneaux les cordes des « funambules », que leur honte reste aux yeux de tous. Mais ils placent pour tenir les tours des hommes sûrs qui s'engagent par serment à empêcher aussi bien les Turcs d'entrer que les chrétiens de sortir. Bohémond lui-même « veille jour et nuit ».

Les déserteurs, profitant de l'obscurité, ont pu gagner Port-Saint-Siméon, où des bateaux génois sont au mouillage. « Que faites-vous là, malheureux ? disent-ils aux matelots. Tous les nôtres sont tués, et c'est à grand-peine que nous avons échappé nous-mêmes à la mort. » Et comme pour accréditer leurs dires, les Turcs surgissent alors. « Coupez les cordages ! Fuyez vite ! » Ceux qui ont le temps de mettre à la voile sont sauvés, mais pas les navires embossés dans l'embouchure de l'Oronte, qui sont mis à sac et incendiés.

Les déserteurs débarquent à Alexandrette, où ils retrouvent Étienne de Blois, qui attend là depuis qu'il a quitté le siège. Ils lui apprennent que les chrétiens ont pris Antioche le lendemain de son départ, mais qu'ils sont eux-mêmes maintenant assiégés par Corbaran.

Remords ? Étienne de Blois revient vers Antioche avec ses hommes. « Il gravit secrètement une montagne voisine, raconte l'Anonyme, et il aperçut des tentes innombrables. Saisi d'une grande terreur, il se retira et s'enfuit à la hâte avec sa troupe. Revenu dans son camp, il le déménagea et battit rapidement en retraite. » Direction : « Droit vers Constantinople[95]. »

On dirait que Corbaran a renoncé à prendre la ville d'assaut. On note encore quelques escarmouches – c'est Tancrède qui, porte Saint-Paul, profite de l'insouciance de quelques cavaliers turcs qui ont mis pied à terre, pour faire une sortie éclair et en tuer six ; c'est Robert de Flandre, enfermé avec cinq cents hommes dans la Mahomerie, qui parvient, de nuit, à évacuer le fort et à y mettre le feu – mais l'immense armée de Corbaran pèse maintenant de tout son poids sur Antioche, l'étreint, l'étouffe. Sans doute les déserteurs ont-ils rapporté à l'atabeg l'état d'extrême misère dans lequel se trouvent les chrétiens : il lui suffit de laisser faire le temps.

« Ces sacrilèges et ennemis de Dieu nous tenaient si étroitement bloqués dans Antioche, écrit le chevalier anonyme, que beaucoup moururent de faim. Tout était hors de prix ; la famine était si grande qu'on faisait cuire pour les manger des feuilles de figuier, de vigne, de chardon. D'autres faisaient cuire et mangeaient des peaux desséchées de chevaux, de chameaux, de bœufs, de buffles. »

Les hommes épuisés ne parviennent plus à porter leurs armes. « Là poist l'en veoir les chevaliers et les sergenz qui avoient esté si fort et si dur et si preu en totes besoignes, or estoient si febles et si ateint qu'il s'en aloient par les rues apoiant as bastons, les testes abessiées et demandant du pain. » La vigilance s'en ressent. Un soir, les Turcs dressent des échelles près de la tour des Deux-Sœurs. Une trentaine d'entre eux sont déjà sur le rempart quand l'homme chargé cette nuit-là de la surveillance générale lève les yeux par hasard et les aperçoit. Il donne l'alarme aux factionnaires des tours voisines. C'est Henri de La Hache qui arrive le premier avec deux chevaliers de sa parenté, Francon et Siegmar. Ils tuent les assaillants ou les précipitent du haut du rempart – mais Siegmar est tué aussi, et on emporte Francon mortellement blessé.

L'empereur Alexis a depuis un moment quitté Constantinople. « L'autocrator, raconte Anne Comnène, gardait très grande la volonté de se porter lui-même au secours des Celtes. Mais en dépit de son impatience, il était retenu par le pillage et la dévastation complète des villes et des régions côtières. » C'est-à-dire qu'il reprend méthodiquement possession de cette immense Asie mineure dont les Turcs avaient dépouillé l'Empire et que les Francs lui ont regagnée.

Il progresse par voie de terre tandis que son beau-frère Jean Doukas commande la flotte qui le suit le long de la côte ; c'est Jean Doukas qui exhibe maintenant la femme de Kilij

Arslan capturée à Nicée. Smyrne et Éphèse sont tombées dans leurs mains; les Turcs en fuite traversent le Méandre (32) mais Jean Doukas les devance et les attend à Polybotos pour une dernière embuscade et un butin considérable.

Alexis, lui, « après avoir massacré en chemin beaucoup de barbares », arrive à Philomélion. Il n'est qu'à quelques jours des Francs assiégés.

Dans Antioche, un prêtre nommé Étienne Valentin vient trouver les chefs, alors réunis face à la citadelle, et leur rapporte une vision qu'il a eue alors qu'il était couché dans l'église Sainte-Marie. Le Seigneur lui-même, dit-il, lui est apparu et s'est fait reconnaître. Il a reproché aux chrétiens de s'être livrés « à de criminelles amours » avec les mauvaises femmes qu'ils ont trouvées à Antioche, « d'où une immense puanteur est montée jusqu'au ciel ». Étienne Valentin s'est jeté à ses pieds, en compagnie de la Vierge et de saint Pierre; alors le Seigneur a dit :

– Va, et dis à mon peuple qu'il revienne à moi, et je reviendrai à lui. D'ici à cinq jours, je lui enverrai un grand secours.

Pour convaincre les incrédules, le prêtre Étienne Valentin propose de se jeter du haut d'une tour :

– Si je suis sauf, ajoutez foi à ce que je dis, et si je subis quelque mal, décapitez-moi ou jetez-moi au feu!

L'évêque du Puy se contente de le faire jurer sur les Évangiles et sur la Croix. C'est pour les grands seigneurs, Bohémond le premier, puis le comte de Toulouse, puis Robert de Normandie, puis le duc Godefroi, puis Robert de Flandre, le prétexte à jurer sur l'Eucharistie « que nul d'entre eux, tant qu'ils seraient vivants, ne fuirait pour échapper à la mort ni pour sauver sa vie ». Tancrède, qui se singularise toujours au moment de prêter serment, précise que « tant qu'il aura avec lui quarante chevaliers, il ne s'écartera pas, non seulement

de cette guerre, mais même de la route du Saint Sépulcre ».
« Cinq jours », a promis Étienne Valentin.

Une troupe approche de Philomélion, où s'héberge
l'empereur Alexis. C'est celle d'Étienne de Blois et des
déserteurs d'Antioche, à qui s'est joint Pierre d'Aups, le
chevalier qui avait la garde d'une place forte près de Césarée,
et qui cherche l'empereur pour l'avertir que les Turcs ont en
masse convergé vers Antioche...

Tout peut encore arriver, et les Francs peuvent convaincre Alexis de presser sa marche. Mais ils sont si désireux
de justifier leur fuite, les déserteurs, qu'ils jurent que les
chrétiens d'Antioche « sont complètement perdus ». Le comte
de Chartres et de Blois, l'ancien chef du conseil des barons,
insiste sur l'inutilité de tout secours : s'il n'était pas trop tard,
il y serait, lui, à défendre Antioche, mais il est allé reconnaître
l'ennemi de près, sur une montagne, et il n'y a plus rien à
faire... D'autant que « le froid, la faim, la chaleur, les
combats, les massacres ont tellement réduit la force de notre
peuple [...] qu'il est presque hors d'état de pourvoir à sa
défense » Son avis ? Le mieux est de se retirer, « sans tenter
une entreprise impossible ».

Alexis réunit son conseil, où se trouve un demi-frère de
Bohémond passé au service de l'empire dix ans plus tôt, à la
suite de l'expédition de Robert Guiscard contre Byzance[96].
Ce Gui prend Étienne de Blois à parti, l'accuse de lâcheté, en
cela suivi par un certain nombre de pèlerins qui arrivent
d'Occident au secours de l'expédition et qu'Alexis a incor-
porés à son armée.

Le basileus, rapporte sa fille, à écouter les malheurs des
Francs, se montre « encore plus impatient de les secourir »,
mais la description de l'armée de Corbaran le fait réfléchir,
et même changer d'avis – « de peur qu'en voulant secourir Antioche, il ne perde aussi Constantinople ». Et il fait
demi-tour, en compagnie du comte de Blois, celui « qui
si laidement s'estoit parti des autres », avec Gui et les

pèlerins « plongés dans une douleur amère et mortelle ».

A Antioche, l'armée de Dieu est épuisée, abattue, sans force, déjà presque sans vie. Bien des hommes, prostrés au fond des maisons, « se laissent cheoir en désespérance », s'abandonnent à cette lente mort qui les envahit peu à peu... Images liquides des pays quittés il y a si longtemps... Odeur forte d'herbe foulée... Fumée droite sur un toit de torchis... En avons-nous pourtant tué de ces païens!... Batailles... Dix fois ils auraient dû nous submerger, nous anéantir, et dix fois nous en avons triomphé... Qui sonne ainsi du cor? Roland à Roncevaux? Roland qui nous appelle?... Pourquoi faut-il se rappeler les temps où nous apprenions les gestes de la vie – la guerre, l'amour, la chasse... Ces odeurs d'herbes écrasées sous le sabot des chevaux, ces fumées au-dessus des villages... C'était donc si loin, Jérusalem?

Malgré les appels des sonneurs et des hérauts, Bohémond ne trouve plus personne pour assurer les gardes ou faire face aux attaques. Ainsi, un soir que les Turcs arrivent avec des échelles et que personne ne se présente à la défense, Bohémond l'irréductible emploie les grands moyens : il fait mettre le feu à la ville. Dans la lueur tragique de l'incendie se rassemble alors par les rues le troupeau halluciné des soldats de Dieu brusquement tirés de leur abandonnement. Ils vont aux créneaux, se battent encore une fois. A minuit, le vent tombe, le feu s'apaise.

Dans la nuit du 10 au 11 juin, Pierre Barthélemi reçoit une nouvelle visite de saint André et de son compagnon « plus beau que les enfants des hommes ». Cette fois, il ose enfin se présenter devant l'évêque Adhémar et reprend par le détail toutes les révélations dont il a été gratifié – dit notamment que l'évêque doit s'adresser plus souvent aux pèlerins, et qu'il faut aller, pour vaincre l'ennemi, chercher la Sainte Lance qui se trouve enfouie dans l'église Saint-Pierre :

Biaus amis, envers moi entendeés
La dedens Antioche quant vous i enterrés
Droit au mostier saint Pierre qui du ciel tent les clés,
Bien pres de la masiere, a destre, si foués,
La troveras la lance de quoi Dieux fu navrés
Quant li fu en la crois traveilliés et penés.

Or, Adhémar du Puy ne croit pas à la vision de Pierre Barthélemi : « L'évêque, témoigne Raimond d'Aguilers, pensa que ce n'était là que de vaines paroles. » Peut-être parce que la vision le critique ; peut-être parce que ces visions de pauvres sont suspectes, et d'autant plus que la faim fait perdre l'esprit à beaucoup – les clercs prennent plus naturellement au sérieux les visions que peuvent avoir les clercs, médiateurs professionnels de Dieu, porte-parole en quelque sorte désignés ; peut-être enfin et surtout parce que la Sainte Lance, celle qui perça le flanc du Christ en croix, les pèlerins qui ont visité Constantinople ont pu la voir parmi d'autres très saintes reliques...

Au scepticisme de l'évêque, le comte de Toulouse oppose une adhésion immédiate et entière : la lance dans l'église, il y croit. Il confie Pierre Barthélemi aux soins de son chapelain, Raimond d'Aguilers, qui interroge le Provençal, s'assure qu'il connaît le *Pater*, l'*Ave*, mais aussi le *Credo* et d'autres prières. Il se fait répéter les révélations et les transcrit – sans doute alors leur donne-t-il la forme qu'on donne habituellement aux visions.

Le lundi 14 juin, selon les ordres du comte de Toulouse, on fait évacuer l'église Saint-Pierre, où seuls restent le comte lui-même, l'évêque d'Orange, Ferrand de Thouars, le chevalier Pons de Balazun et quelques autres, dont Raimond d'Aguilers. A l'endroit que désigne Pierre Barthélemi, on commence à creuser. On creuse toute la journée. Les hommes se relaient dans la fosse de plus en plus profonde.

Le comte de Toulouse se retire pour aller assurer une

garde, et on commence à désespérer. Enfin, Pierre Barthélemi
ôte sa ceinture et ses souliers, raconte Raimond d'Aguilers, et
descend en chemise dans la tranchée, « nous suppliant
d'implorer Dieu, afin qu'Il nous livrât la lance, pour rendre
le courage à Son peuple et assurer la victoire ».

Et soudain, un morceau de métal...

« Moi Raimond, qui écris ceci, au moment où on ne
voyait encore que la pointe de la lance paraître au-dessus de
la terre, je la baisai. »

La nouvelle court la ville.

« Cet homme découvrit la lance comme il l'avait indiqué,
écrit l'Anonyme; et on la reçut avec beaucoup de joie et de
crainte, et une immense allégresse régna dans toute la
ville. »

Et Anselme de Ribemont, dans sa deuxième lettre à
l'archevêque de Reims : « Dieu révéla l'existence de la lance
dont avait été percé le corps du Christ. Elle était enfouie sous
le pavé de l'église Saint-Pierre, à une profondeur double de la
hauteur d'un homme. Après donc que cette précieuse perle
eut été découverte, le cœur de tous les nôtres se sentit
réconforté. »

Et Bruno de Lucques, dans sa lettre aux gens de sa ville :
« Alors le Seigneur bon et miséricordieux, touché par les
gémissements, les cris et les larmes, manifesta ainsi sa
compassion : à un homme très pauvre et repoussé de tous,
d'origine provençale, saint André apparut... »

Et les princes ensemble au pape Urbain II : « La
clémence miséricordieuse du Dieu tout puissant venant à
notre aide et veillant sur nous, nous fîmes dans l'église du
bienheureux Pierre la découverte de la lance du Seigneur, au
moyen de laquelle le côté de notre Sauveur avait été percé par
les mains de Longin. [...]

« Nous fûmes tellement fortifiés et réconfortés par cette
découverte que nous qui étions auparavant pleins d'affliction
et de terreur, devenus pleins d'audace et d'impatience, nous
nous exhortions les uns les autres à combattre. »

Pour faire bonne mesure, saint André visite à nouveau Pierre Barthélemi la nuit suivante :

– Dieu, lui dit-il, a donné au comte de Toulouse ce qu'il n'a jamais voulu donner à aucun autre, et l'a institué porte-bannière de Son armée, pourvu toutefois qu'il persévère dans son amour.

Intervention apparemment destinée à redonner quelque peu de poids et d'autorité à Raimon de Saint-Gilles face à Bohémond, devenu par la force des choses le vrai chef de l'armée et de la ville. Saint André Provençal? Notre ami Raimond d'Aguilers, qui a pris Pierre Barthélemi sous sa très partisane protection, n'est peut-être pas étranger à l'affaire. « En vérité, fait annoncer saint André, le Seigneur aura compassion de son peuple. »

Mais quand?

Ils en sont à manger tout le cuir qu'on peut trouver dans les maisons; celui « qui s'était durci ou même gâté depuis plusieurs années, ils le faisaient tremper et ramollir dans de l'eau chaude » et l'assaisonnaient « de poivre, de cumin ou de diverses autres épices ». Quand ce cuir-là est épuisé, il leur reste « à dévorer leurs propres souliers » et même à manger « des cadavres d'animaux étouffés ou déterrés ».

« Les mères suspendaient à leurs mamelles leurs enfants mourant de faim, mais les enfants n'y trouvaient rien, et on les voyait haleter les yeux fermés. »

Nous sommes ainsi des milliers et des milliers, des clercs, des moines, des nonnes éperdues, des femmes dont les maris sont morts dans quelque assaut, des pauvres de Dieu que personne ne prend en charge et qui n'avons même pas la ressource de compter sur nos armes. Mais nous savons que nous ne mourrons pas de faim. S'il le faut, nous prendrons la Sainte Lance et nous sortirons jeter l'épouvante au milieu de toute cette païennerie. Quand donc les barons admettront-ils que Dieu est avec nous?

Les barons ont fini par apprendre la rencontre du comte

de Blois et de l'empereur Alexis, quelque part en Romanie.
Quand un lâche rencontre un traître... Ils ont compris par la
même occasion qu'il n'y a plus de secours à attendre de
personne – que d'eux-mêmes.

Attendre, c'est mourir à coup sûr. Sortir combattre? Et
avec quels chevaux? Et avec quels hommes? Et avec quelles
armes? Raimond de Toulouse mis à part, les chefs de l'armée
paraissent accorder moins de crédit à la Sainte Lance que
les pauvres. « Nous étions en proie à deux épouvantes »,
dit l'Anonyme : « D'un côté, nous étions minés par une
famine atroce; de l'autre, la crainte des Turcs nous obsédait. »

Ainsi passent les jours les plus longs et les plus cruels
qu'on puisse imaginer. Puis, quand le désespoir est devenu la
seule issue, le conseil des barons décide qu'on sortira livrer
combat.

Saint André est encore venu visiter Pierre Barthélemi :
« Que chacun, lui dit-il, s'en remette à Dieu de ses péchés et
fasse cinq aumônes à raison des cinq plaies du Seigneur. »
Ceux qui ne pourraient faire d'aumônes devront dire cinq
paters. Puis il faudra sortir en batailles; il n'y a plus à différer
le combat, car l'ennemi assiégerait les chrétiens « jusqu'à ce
que les uns mangent les autres ». Le cri de guerre sera « Dieu
nous aide! », et Dieu aidera. L'armée du Christ vaincra, mais
elle devra songer, avant de se disperser pour le pillage, à
poursuivre et exterminer l'ennemi. Enfin, si quelqu'un
doutait de la victoire, qu'on le laisse sortir vers les Turcs, ce
Judas, et il verrait comment leur dieu le sauverait?

D'abord, il faut fourbir les âmes et les armes. L'évêque
du Puy ordonne, au nom de Sa Sainteté le pape Urbain, trois
jours de purification : jeûne pour ceux qui auraient encore à
manger, processions, prières.

On se confesse « en toute sincérité de cœur ». On
communie « au corps et au sang du Christ ».

On se rend pieds nus d'une église à l'autre, pas lents

rythmant les mots du vieux chant des pèlerins une fois de plus
repris à voix grave :

> « *Écoute-nous, Christ-roi!*
> « *Écoute-nous, Seigneur!*
> « *Dirige nos pas.*
> « *Aie pitié, Dieu, aie pitié!* »

Marcher, prier, chanter jusqu'au vertige, jusqu'à ce que
les âmes enfin pures méritent Dieu.

Les milliers de clercs arrivés jusqu'ici organisent le
rituel, donnent sa forme liturgique à cette veillée d'armes. Les
gestes et les mots établissent des ponts entre la terre et le ciel,
et les choses prennent un sens.

Aie pitié, Dieu, aie pitié!

Comment est-il possible que les barons n'aient pas cru
que la Lance donnerait la victoire ? Un morceau de fer rouillé
trouvé dans un trou par un pauvre ? Nos péchés l'ont rouillé,
voilà tout, et seuls les pauvres ont le cœur assez pur pour
mériter pareille récompense : toucher de ses mains cette lance
qui toucha le corps du Christ! Pouvez-vous imaginer ?

Aie pitié, Dieu, aie pitié!

Il faut préparer les armes; aiguiser, affûter, appoin-
ter (33). A peine s'il reste deux cents chevaux, quand nous en
avions plusieurs dizaines de milliers! Robert de Flandre a dû
mendier de l'un à l'autre l'énorme somme dont il avait besoin
pour acheter une monture qui le porte, et Godefroi de
Bouillon, duc de Lorraine, doit pleurer pour que Raimond de
Toulouse lui en donne une.

Le dimanche 27 juin, deuxième jour de purification, le
conseil des barons décide d'envoyer une ambassade à Corbaran. Ce que les seigneurs voient de leur armée leur fait
craindre le pire et, selon Richard le Pèlerin, l'évêque du Puy
a eu une idée permettant d'éviter l'affrontement en batailles.
Reste à la soumettre à Corbaran. Qui ira ? Il ne se trouve pas

.n volontaire parmi les barons ou les chevaliers. C'est Pierre
'Ermite qui se présente enfin, entraînant un chevalier du
nom de Herluin, qui passe pour comprendre la langue des
Turcs.

Voyez-le, Petit-Pierre, qui sort de la ville et marche vers
la tente superbe, là-bas, tandis que s'ouvrent devant lui les
rangs serrés des ennemis – n'était-ce pas son rêve secret? On
l'introduit auprès de l'atabeg.

Là, racontera-t-il, sans s'attarder en vaines politesses, il
lui propose de se convertir à la religion du Christ, et les
chrétiens, non seulement lui remettront Antioche, mais le
serviront «comme leur seigneur et prince». Corbaran le
redoutable le fait taire et ordonne qu'on décrive devant lui les
rites de sa propre religion : que les chrétiens se fassent
musulmans, retourne-t-il, et les seigneurs recevront des cités,
les chevaliers des châteaux, les piétons deviendront chevaliers...

Plus certainement, Pierre se contente de transmettre la
proposition du conseil : au lieu que les deux armées
s'affrontent, dit-il, organisons un tournoi entre vingt chevaliers de chaque camp, et le parti vaincu se retirera. On voit
bien le calcul des chrétiens épuisés, remettant à ceux d'entre
eux dont le bras et le cœur sont restés fermes le soin de
défendre la réputation des guerriers d'Occident en même
temps que la cause de Dieu (34).

Corbaran refuse. Alors, dit Petit-Pierre, qu'il se prépare
à la bataille pour le lendemain.

Lundi 28 juin, veille de la saint Pierre. Encore un signe
favorable, puisque Pierre est le patron d'Antioche et que c'est
un autre Pierre, le paysan Barthélemi, que Dieu a choisi pour
porter sa parole.

Messe de toute notre ferveur, voix des cloches à la volée,
chants graves montant des chœurs.

Le rassemblement se fait derrière la porte de la Mer, sur une vaste place où les barons en armes tiennent le dernier conseil de guerre. Il est décidé que l'évêque Adhémar du Puy portera la Sainte Lance. Il est décidé aussi, étant donné l'insuffisance de cavalerie, que les piétons pour une fois iront devant, en rangs serrés, et obéiront aux ordres des commandants.

Tout est soigneusement prévu et annoncé, l'ordre de sortie, l'emplacement où il faudra se ranger. C'est le comte de Toulouse, à nouveau malade, qui restera dans Antioche avec deux cents hommes pour empêcher les Turcs de la citadelle d'envahir la ville. Ceux-là, justement, qui voient les chrétiens se préparer, hissent un drapeau noir tout en haut de la « tour quarrée » et font à coups de tambours et de trompes un vacarme de tous les diables pour alerter Corbaran.

C'est l'heure. L'évêque du Puy exhorte une dernière fois les soldats du Christ et, au nom de Sainte Marie

De l'aive beneoite lor fait grant departie.

La porte est alors ouverte. Le premier corps d'armée à sortir est celui qui groupe les batailles de Hugues le Maisné, Robert Courteheuse et Robert de Flandre. Anselme de Ribemont est le premier à passer le pont de pierre et à charger les Turcs qui sont là; il ouvre sans difficulté un passage vers la plaine. Près de Hugues s'avance Eudes de Beaugency, portant les bannières de France.

Les chrétiens vont lentement et leur troupe s'étire pour passer le pont. Corbaran aurait beau jeu de les attendre là et de les tuer à mesure qu'ils sortent, mais l'émir joue avec ostentation aux échecs (35) devant sa tente. Ses lieutenants lui demandent ce qu'il attend. « Laissons-les tous sortir, dit-il, ainsi nous en finirons en une fois. » Il se fait complaisamment expliquer par un déserteur franc les noms des princes qui se présentent.

Derrière les Français, voici les Provençaux et les Gascons du comte de Toulouse. C'est l'évêque Adhémar qui les mène. Il a passé sa cuirasse et porte sous sa mitre son chapeau de fer. Pour garder les mains libres, il a confié la Sainte Lance à Raimond d'Aguilers; le chapelain éclate d'importance : « Je vis ces choses, moi qui parle, et je portais la lance du Seigneur. »

Derrière les Français, les Normands de Normandie, les Flamands, les Provençaux, les Gascons, voici les Lotharingiens de Godefroi de Bouillon et d'Eustache de Boulogne. Sur les remparts, des centaines de moines et de prêtres en aube blanches et pieds nus chantent et brandissent des croix :

« *Écoute-nous, Seigneur!*
« *Dirige nos pas!*
« *Aie pitié, Dieu, aie pitié!* »

Enfin voici que se présente le quatrième corps d'armée : les Normands d'Italie et les Italiens que mènent Bohémond et Tancrède.

Combien sommes-nous? Vingt mille peut-être à porter une arme quelconque – beaucoup ont des armes prises aux Turcs ou trouvées dans Antioche – et des milliers aussi d'évêques, de clercs, de prêtres et de moines revêtus des ornements sacrés qui « sortirent avec nous en portant des croix, priant et suppliant le Seigneur de nous sauver et de nous garder de tout mal ».

Vingt mille à porter une arme, mais bien plus forts en vérité que vingt mille soldats, et même que cent mille. On aurait pu rire de nous – le seigneur allemand Herman allant sur un âne et brandissant un cimeterre! – mais on aurait aussi pu être saisi d'épouvante, tant nous étions soudés et résolus. Nous barrions la plaine, des montagnes au fleuve.

Corbaran l'insensé comprend maintenant que peut-être il n'eût pas dû nous laisser sortir à sa rencontre. Il envoie une ambassade proposer de régler la bataille en champ clos, à cinq contre cinq. Mais il est trop tard, et les seigneurs ne lui répondent même pas. Ils nous donnent l'ordre d'avancer.

Dieu nous aide !

Aujourd'hui nos superbes chevaliers ne chargeront pas en criant de bonheur sur leurs grands chevaux. Aujourd'hui, ce sont les piétons qui avancent lentement, du même pas, sur une même ligne, vers l'ennemi qui recule de même. C'est une autre sorte de charge, et on ne l'arrête pas non plus. Les archers turcs nous accablent de flèches, mais c'est comme si nous ne les sentions pas.

Corbaran va essayer de nous prendre en tenailles : il envoie Kilij Arslan, le Rouge-Lion, pour nous contourner sur notre gauche, mais Bohémond lance à sa rencontre un fort contingent prélevé sur les troupes de Godefroi et de Robert Courteheuse, placé sous le commandement de Renaud de Toul. De ce côté, la bataille fait rage.

Corboran, dont le gros de l'armée continue de reculer lentement devant nous, détache une nouvelle troupe, qu'il commande lui-même pour nous contourner sur notre droite.

Par devers la montagne s'en tourna Corbarans
De cele part estoit Buiemons li vaillans.

Bohémond le vaillant est bientôt submergé, entouré d'ennemis qui cherchent à le frapper de leur cimeterres et de leurs masses tournoyantes. Godefroi et Tancrède l'aident à se dégager. Eudes de Beaugency, qui porte la bannière de France, est tué d'une flèche ; aussitôt Guillaume de Belesme s'ouvre un chemin l'épée à la main et relève la bannière. Là-bas, ce sont les terribles Tafurs, pauvres parmi les pauvres, qui massacrent le païen a coups « de pierre et de maçue ».

Dieu aide! Saint-Sépulcre!

Les Turcs maintenant sont près de nous encercler, mais, alors que Corbaran et le Rouge-Lion sont venus sur nos arrières, c'est le ventre de l'armée turque qui se défait soudain. L'émir Duqâq est le premier à tourner bride, aussitôt suivi d'un autre, de tous les autres. Corbaran allume un feu d'herbes : c'est le signal qu'ils avaient prévu pour la retraite [97].

Et nous, nous rappelant ce qu'avait ordonné saint André, nous ne nous baissons même pas pour faire butin. Nous les poursuivons, ces ennemis de Dieu, et nous tuons tous ceux que nous rattrapons, nous sautons sur leurs chevaux, et nous frappons, et nous frappons, et nous frappons au nom de Dieu et du Saint-Sépulcre.

« Nous regagnâmes la ville avec une grande joie, dit l'Anonyme, louant et bénissant Dieu qui donna la victoire à son peuple. » Certains expliqueront sans doute que Corbaran a été trahi par des émirs que sa morgue avait indisposés – peut-être, mais n'était-ce pas une façon pour Dieu de nous aider ? Et « cette pluie légère et agréable » qui nous rafraîchit l'âme et le corps, n'est-ce pas Dieu qui nous l'a envoyée ? Ce qui est sûr, c'est que notre chevalier anonyme a vu, en pleine bataille, « sortir de la montagne des troupes innombrables, montées sur des chevaux blancs, et blancs aussi étaient les étendards. » C'étaient saint Georges, Mercure et Démetrius qui venaient au secours des Francs : « Ce témoignage, précise-t-il, doit être cru, car plusieurs des nôtres virent ces choses. »

Au soir de ce 28 juin, reste à ramasser l'énorme butin, à

abattre autant de bêtes qu'il faudra pour rassasier notre
formidable faim de vainqueurs et, en cette veille des saints
Pierre et Paul, à célébrer, comme dit Anselme de Ribemont
« avec une indicible joie, la fête des apôtres ».
   Indicible.

VIII

LES PAUVRES DE DIEU

Et si... – Le défi du roi des Perses – Chacun de son côté –
Adhémar est mort – A dix journées de marche – Notre père
très cher – Deux pigeons – L'impasse – La machine
merveilleuse – Beaucoup d'adultères – La mort la plus
prompte – De la chair humaine – La révolte des pauvres –
Pieds nus

Gloire à Dieu! Du haut de la citadelle d'Antioche, le gouverneur turc a tout vu du combat. Quand il a compris que Corbaran se sauvait, il a fait demander les bannières des chrétiens qui étaient là, les Provençaux de Raimond de Toulouse. Scandale chez les Normands de Bohémond, qui exigent qu'on les remplace par leurs gonfanons aux langues écarlates. Bohémond survient, et c'est avec lui que le gouverneur négocie les conditions de sa reddition : il se fera chrétien avec un certain nombre de ses hommes, les autres étant autorisés à quitter la ville librement. Tandis qu'Ahmed ibn-Marwan se prépare au baptême, les clercs chantent les louanges du Seigneur tout-puissant [98].

Gloire à Dieu! Les soldats du Christ mangent enfin à satiété, se partagent l'immense butin : or, argent, pierreries, vêtements précieux, soieries, vases, chevaux, « bétail gros et menu », denrées de toute sorte, vivres, tentes superbes dont on s'équipe en prévision du chemin qui reste à faire. On se retrouve aux processions d'actions de grâce, aux cérémonies d'enterrement de ceux qui sont morts à la bataille et qui ont déjà pris leur place au paradis.

Gloire à Dieu! Il s'en est fallu de si peu qu'Antioche la belle ne devînt un piège mortel pour l'armée à bout de force, un cul-de-sac au bout d'une si longue route! Et si Corbaran était arrivé quarante-huit heures plus tôt? Et s'il n'avait pas perdu, par entêtement, trois semaines à assiéger Edesse? Et si la femme de Firouz n'avait pas trompé son mari avec un capitaine turc? Et si Étienne de Blois n'avait pas déserté et incité Alexis à faire demi-tour? Et si Bohémond n'avait à ce point désiré Antioche pour lui? Et si Pierre Barthélemi s'était tu? Et si, et si... Et si, épuisée, découragée, à bout de volonté, l'armée n'avait pas trouvé en elle-même, au fond d'elle-même, ce mystérieux appel du martyre et de la gloire, l'aventure se fût terminée là, dans la plaine d'Antioche, entre la montagne et la mer – au bord d'un rêve.

Le conseil des barons se réunit le 3 juillet. Il ne peut que prendre acte de l'épuisement de l'armée : il est hors de question de s'engager en Syrie, pays sans eau, au plus torride de l'été, avec ces soldats aux ventres gonflés par la faim. Il va falloir se refaire. On décide donc d'attendre pour se mettre en route les calendes de novembre, en espérant que d'ici là arriveront d'Occident des renforts en hommes et en bateaux. Pour attirer des chevaliers, le conseil des barons a imaginé un pieux stratagème. Dans une lettre « à tous les fidèles de la chrétienté », il décrit les triomphes de Nicée et d'Antioche et annonce un retentissant défi : « Il faut encore que vous sachiez que le roi des Perses nous a mandé qu'il nous présenterait la bataille le jour de la fête de tous les saints, assurant que s'il reste vainqueur il ne cessera de faire la guerre aux chrétiens de concert avec le roi de Babylone et la plupart des autres rois païens. S'il perd la bataille, il se fera chrétien avec tous ceux qu'il pourra entraîner à sa suite. En conséquence, nous vous supplions de pratiquer à cette intention le jeûne et les aumônes, et de célébrer la sainte messe avec dévotion et assiduité. Et spécialement observez dévotement, par les aumônes et les prières, le troisième jour avant la fête, qui se trouve être un vendredi, jour du triomphe du Christ, que nous choisissons pour livrer cette mémorable bataille. »

L'annonce de cet affrontement ultime où tout se jouerait est très certainement destiné à exciter le zèle des chrétiens d'Occident et attirer des troupes fraîches pour la dernière partie du chemin. L'évêque de Grenoble, transmettant la lettre à l'archevêque de Tours, ne s'y trompera d'ailleurs pas : « Que les uns prodiguent les prières et les aumônes, et que les autres se hâtent d'accourir avec leurs armes [99]. »

Mais, en attendant l'automne, la grande question de l'heure est de savoir ce qu'il convient de faire d'Antioche. Aux termes du serment prêté par tous – sauf Raimond de Saint-Gilles –, l'ancienne ville byzantine doit être rendue à l'empire. Mais Alexis n'a-t-il pas lui-même trahi son engagement de venir rejoindre l'armée du Christ ? N'a-t-il pas par-là même délié les Francs de leur promesse ? Et les barons – sauf Raimond de Saint-Gilles – ne se sont-ils pas engagés vis-à-vis de Bohémond ? Pour ce dernier au moins la situation est claire : on a pris la ville grâce à « son industrie », et la ville lui revient.

Ils sont deux à lui contester ses « droits » : l'évêque du Puy, sans doute parce qu'une des deux missions que lui a confiées le pape est le rétablissement de liens fidèles avec l'église d'Orient ; et Raimond de Saint-Gilles, dont l'hostilité à l'égard de Bohémond ne fait que croître et embellir. Étrange situation : à Constantinople, Bohémond pressait Raimond de prêter serment à l'empereur ; et c'est au nom du serment qu'il n'avait pas prêté que le comte de Toulouse veut aujourd'hui soustraire à Bohémond cette ville qu'il faudrait rendre en vertu du serment prêté par Bohémond !

Finalement, Hugues le Maisné est chargé d'aller à Constantinople présenter la situation à l'empereur Alexis. Le frère du roi de France ferait un excellent ambassadeur, capable d'exposer au mieux les positions de chacun. Il part au début de juillet avec le comte Baudouin de Hainaut et une petite troupe. Sans doute Hugues n'est-il pas fâché, alors qu'il a quitté son cher Vermandois depuis près de deux ans, de rompre un peu avec ce chemin de bataille et de misère.

En attendant que l'accord se fasse sur l'une ou l'autre des positions, Raimond de Saint-Gilles, dont les troupes occupent encore les fortifications de la porte de la Mer et l'ancien palais de Garsion, refuse de les évacuer. Bohémond fait chasser de la citadelle les Provençaux qui s'y trouvaient et se comporte en seul maître de la cité. Ainsi, le 14 juillet, il concède aux Génois, par charte, une église, un marché et trente maisons : une liaison maritime active avec l'Italie est vitale pour la prospérité et la sécurité d'Antioche [100].

Les seigneurs font proclamer « que ceux qui se trouveraient dans la gêne et manqueraient d'or et d'argent pourraient, s'ils le désiraient, rester avec eux moyennant contrat et seraient retenus par eux avec plaisir ». Ces contrats assurant aux barons qu'ils retrouveraient des troupes à l'automne, ils peuvent partir en paix chacun de son côté : Courteheuse retourne à Laodicée, là où il a passé l'hiver; Godefroi de Bouillon s'apprête à rejoindre à Edesse son frère Baudouin, qui lui donne les villes de Turbessel et de Ravendel, et Bohémond à aller faire reconnaître son autorité en petite Arménie, dans les villes conquises par Tancrède : Tarse, Adana, Mamistra... Des chevaliers partent prendre des châteaux pour leur compte; ainsi Raimond Pilet, un Limousin, qui s'enfonce avec une petite troupe sur le territoire de l'émir d'Alep Ridwan.

A Antioche, la vie reprend, malgré une épidémie qui touche de nombreux pèlerins. Adhémar lui-même est atteint et, une fois de plus, Raimond de Saint-Gilles est malade aussi. On entreprend une vraie restauration des églises, dont les Turcs avaient renversé les autels, badigeonné les fresques à la chaux, décapité les statues, crevé les yeux des icônes. Le patriarche Jean, celui que les musulmans assiégés exposaient dans une cage de fer le long des murailles, est rétabli dans sa dignité.

Certains profitent de ce temps de repos pour écrire le récit des événements qu'ils viennent de vivre : c'est sans doute à ce moment que notre chevalier anonyme met sa chronique à jour [101], que Richard le Pèlerin organise en vers assonancés les notes qu'il a prises en route. Étienne de Blois n'est plus là pour écrire à sa chère Adèle, mais Anselme de Ribemont relate fidèlement, dans une deuxième longue lettre à son ami l'archevêque de Reims, la prise d'Antioche et la découverte de la Sainte Lance. Robert de Flandre, ce grand amateur de reliques qui avait déjà envoyé d'Italie à sa femme Clémence des cheveux de la Vierge et des ossements de saint Nicolas, lui écrit cette fois pour lui demander de fonder un monastère en l'honneur de saint André, l'apôtre qui a révélé l'endroit où était cachée la Sainte Lance (36).

Un coup terrible vient alors frapper l'armée des pèlerins : Adhémar de Monteil, l'évêque du Puy, dont l'état s'aggravait rapidement, meurt le 1er août. « Il en résulta, écrit l'Anonyme, une grande angoisse, une tristesse, une immense douleur dans toute l'armée du Christ, car il était le soutien des pauvres et le conseiller des riches. » C'est lui qui rappelait à leurs devoirs les seigneurs et les chevaliers : « Nul de vous, disait-il, ne peut être sauvé s'il n'honore et ne réconforte les pauvres ; sans eux, vous ne pouvez être sauvés, sans vous ils ne peuvent vivre. [...] Je vous supplie donc de les aimer pour l'amour de Dieu et de les secourir autant que vous le pourrez. »

De son lit de mort, il le dit à nouveau, exhorte les pèlerins à garder la foi et la charité pour mériter Jérusalem, puis il les bénit avant de rendre l'âme :

Et fois et carité remaigne avoques vos!
Lors a levé sa main, si les seigna trestos;
L'arme s'en est alee et li cors remest sols.
Li angle l'emporterent à grant procession.

L'émotion est telle qu'à l'heure de l'ensevelissement les assistants déchirent le suaire pour embrasser les pieds de l'évêque :

De la presse qu'il firent li suaires desront
Les piés li vont baisier li pelerin baron.

Adhémar est enterré dans la basilique Saint-Pierre, là-même où l'on avait trouvé la Sainte Lance. Bohémond fait le vœu de transporter son corps jusqu'à Jérusalem. Avec lui, c'est la seule autorité incontestée de l'armée qui disparaît. « On reconnut plus encore, écrira plus tard Raimond d'Aguilers, combien il avait été utile à l'armée de Dieu et à ses princes lorsqu'on vit après sa mort ceux-ci se diviser entre eux. »

L'appréciation du chapelain est d'autant plus méritoire qu'il n'a pas oublié l'incrédulité que l'évêque a manifestée devant le miracle de l'invention de la Sainte Lance. Pierre Barthélemi non plus. D'ailleurs, voici que reviennent le visiter saint André et son compagnon « plus beau que les enfants des hommes » ; avec eux, cette fois, paraît l'évêque du Puy, le corps couvert de plaies, le visage tuméfié, et c'est lui qui s'adresse à Pierre Barthélemi pour lui annoncer qu'il a été puni de son incrédulité :

— J'ai péché gravement, dit-il, après que la lance du Seigneur a été découverte. C'est pourquoi j'ai été dans l'enfer et là j'ai été flagellé très rudement, et ma tête et mon visage ont été brûlés, ainsi que tu peux le voir.

Il n'a finalement été sauvé, explique-t-il, que par la grâce d'un vêtement qu'il a offert à un pauvre le jour de son ordination, d'une chandelle que ses amis ont présentée à l'offrande et d'une aumône de trois deniers qu'il a déposée devant la Sainte Lance... Il demande que le comte de Toulouse veille sur sa famille, qu'on élise un autre évêque à sa place et souhaite enfin que Bohémond laisse son corps à Antioche.

Saint André intervient à son tour pour recommander que la justice et la paix, spécialement entre Raimond et Bohémond, règnent dans l'armée du Christ :

– Jérusalem, dit-il, est à dix journées de marche, mais si vous ne m'écoutez pas, de dix ans vous n'y parviendrez pas!

A ce que comprend Pierre Barthélemi, l'apôtre recommande de laisser Antioche à Bohémond sous réserve que celui-ci accompagne et soutienne l'armée jusqu'à Jérusalem. Le message embarrasse d'autant plus Raimond de Saint-Gilles qu'il est l'un des plus fervents zélateurs de la Sainte Lance et le protecteur du Provençal Pierre Barthélemi. Mais comme il n'est pas question de quitter Antioche avant l'automne, il maintient sa position et persiste à invoquer les droits d'Alexis sur la ville.

AOÛT. L'épidémie qui a tué Adhémar fait bien d'autres victimes. Henri de la Hache, par exemple, qui est parti avec Godefroi et meurt à Turbessel. Ou encore ces quinze cents hommes venus des bords du Rhin, débarqués à Port-Saint-Siméon et rejoignant Antioche pour y mourir sans même avoir combattu : « Pas un de ces hommes ne survécut à ce fléau destructeur. » En fait, il s'agit de la peste, et elle frappe indistinctement, dit Albert d'Aix, chevaliers, piétons, riches, pauvres et femmes.

La peste! Le mot n'apparaît pas dans les chroniques, mais le mal, on le connaissait, avec ses traînées de morts et l'effroi qu'il répand à l'entour. Ne manquait plus que la peste, vraiment, pour finir d'accabler cette armée qui vient de perdre son chef spirituel, dont les principaux commandants sont devenus rivaux et dont les effectifs fondent de jour en jour...

Est-ce la fin du chemin ? Les barons se décident à une démarche commune qu'il faut bien interpréter comme un appel au secours bien différent des précédentes demandes de renforts. C'est Bohémond qui dicte une lettre au pape : « Au Seigneur le saint et vénérable pape Urbain, Bohémond, Raimond comte de Saint-Gilles, Godefroi duc des Lorrains, Robert comte de Normandie, Robert comte des Flamands et Eustache comte de Boulogne, salut et fidèles services, et véritable soumission dans le Christ comme des fils envers leur père spirituel... »

Il fait d'abord le récit de l'expédition depuis Nicée, en s'attardant comme de juste sur la prise d'Antioche et l'importance de la découverte de la Sainte Lance, puis il annonce la mort d'Adhémar du Puy et demande tout simplement au pape de venir le remplacer :

« Maintenant, écrit-il, nous tes fils privés du père que tu leur avais donné, nous t'invitons toi notre père spirituel qui nous as ouvert cette voie et nous as fait à tous, par tes exhortations, abandonner nos domaines et tout ce que nous possédions sur la terre; toi qui nous as ordonné de suivre le Christ en portant nos croix et nous as engagé à glorifier le nom chrétien, nous te conjurons de venir à nous pour aider à accomplir ce que tu nous as conseillé, et de décider tous ceux que tu pourras gagner à se joindre à toi. »

Toutes les raisons paraissent bonnes à Bohémond : le besoin que les pèlerins ressentent d'un « père spirituel »; le fait que l'apôtre Pierre lui-même ait été évêque d'Antioche; la nécessité, maintenant que c'en est presque fini des Turcs et des païens, de s'attaquer aux « hérétiques grecs, arméniens, syriens et jacobites », étant sous-entendu qu'on ne va pas rendre Antioche à des hérétiques; l'arrivée enfin de troupes fraîches qui ne manqueraient pas d'accompagner le pape :

« Qu'y a-t-il donc de plus convenable dans l'univers entier que de te voir, toi le père et la tête de la religion chrétienne, venir à la ville principale et capitale du nom chrétien, et mettre de ta personne fin à la guerre que tu as provoquée ? [...] Nous t'invitons donc, notre père très cher, en renouvelant nos instances, à venir, toi qui es notre père et notre tête, sur le siège de la Paternité afin de t'asseoir dans la chaire de saint Pierre, dont tu es le vicaire. Tiens nous pour tes fils obéissants dans toutes les choses bonnes à entreprendre. Tu déracineras et détruiras, par ton autorité et le secours de notre valeur, toutes les hérésies quelles qu'elles soient. Ainsi tu ouvriras avec nous la voie de Jésus-Christ dans laquelle nous sommes entrés à la suite de tes prédications, ainsi que les portes de l'une et de l'autre Jérusalem...

« Si tu viens avec nous, et que tu achèves de parcourir avec nous la voie que tu nous as ouverte, le monde entier t'obéira. Que le Dieu qui vit en règne dans les siècles des siècles t'inspire cette résolution. Ainsi soit-il [102]. »

Sans doute le message est-il parti sur l'une des naves de Pise. Il parviendra à son destinataire on ne sait quand, et seulement si le bateau arrive à bon port. Encore alors faudra-t-il attendre la réponse. De même qu'on ne sait si Hugues le Maisné, parti par voie de terre, est parvenu sans encombre à Constantinople...

C'est l'été de toutes les attentes, et on apprendra bientôt à Antioche que l'amiral de Babylone, c'est-à-dire le vizir fatimide du Caire, celui-là même qui avait envoyé une ambassade aux chrétiens, a profité de la déroute des Turcs pour assiéger et prendre Jérusalem!

En effet, « granz haines estoient dès mout anciens tens entre les Turcs d'Orient et les (shiites) d'Égypte por ce que il se descordoient en leur mescreance et disoient les uns des autres qu'ils estoient faus Sarrazins. Por ceste raison se sont meintes fois entreguerroiez ». L'ennemi commun des Fatimides et des chrétiens étant pour le moment éliminé, les alliés d'hier vont se retrouver face à face.

Juillet, août, septembre, le temps s'est arrêté. Raimond Pilet a échoué à conquérir Marra, assommé par la chaleur. Sensadolus, le fils de Garsion, a racheté pour trois mille besants sa mère et ses deux fils qu'un certain Guillaume avait capturés lors de la prise d'Antioche. Beaucoup de ceux qui fuient la peste vont à Port-Saint-Siméon ou à Édesse, où Baudouin de Boulogne les accueille bellement. Un jour qu'un chevalier du château de Bouillon, Foucher, accompagné de sa femme et de ses frères, s'y rend en visite, il est attaqué par un parti de Turcs qui tuent les hommes et emmènent la femme en captivité à Azaz, à 40 kilomètres au nord d'Alep, une forteresse tenue par Omar, un vassal révolté de Ridwan. L'un des lieutenants d'Omar s'éprend au premier regard de la veuve chrétienne – et l'épouse. Aussi, lorsque Ridwan vient assiéger Azaz pour mettre à raison son turbulent vassal, la chrétienne suggère à Omar d'appeler Godefroi à l'aide, en lui envoyant pour prouver sa bonne foi son fils Mahomet.

Godefroi donne son accord : il ira au secours d'Azaz. Alors les Lorrains effarés voient les émissaires d'Omar se livrer à un étrange manège : « Tirant aussitôt de leur sein deux pigeons, oiseaux agréables et bien apprivoisés qu'ils avaient apportés avec eux, ils prirent en même temps du papier, sur lequel ils inscrivirent la réponse, et, l'attachant avec un fil sous la queue des pigeons, ils ouvrirent les mains et envoyèrent les deux pigeons porter ces heureuses nouvelles. » Aux Francs qui n'en reviennent pas, les Turcs expliquent les avantages de ce mode de communication rapide et peu vulnérable.

Godefroi, ayant décidé après bien des réticences Bohémond et le comte de Toulouse à l'accompagner, se met en route. Ridwan, qui a mis le siège devant Azaz, s'enfuit à l'approche des chrétiens. Omar sort de la ville et, s'agenouillant devant Godefroi, se reconnaît son vassal et son homme lige – il est le premier chef musulman qui se rallie aux barons francs sans avoir à renoncer à sa religion. Godefroi emmène tout de même Mahomet à Antioche, où il est servi par douze esclaves, pour garantir la fidélité de son père.

A la mi-septembre, les gardes qui veillent aux murs d'Antioche sont témoins d'un prodige : toutes les étoiles du ciel paraissent se réunir en un seul groupe puis s'éclaircissent et forment comme une couronne avant de rompre leur chaîne et de reprendre chacune leur place. La plus favorable des interprétations est que la vision « représente la ville de Jérusalem, entourée par les essaims de Turcs et de Gentils, dont les forces diminuent et s'éclaircissent peu à peu pour ouvrir enfin les portes de la ville aux enfants des chrétiens ».

Les pauvres, il est vrai commencent à s'impatienter – il faut encore attendre un mois et demi avant le départ de novembre.

Fin septembre, Raimond de Saint-Gilles à son tour entreprend une expédition au royaume d'Alep. Il s'empare d'Albara et massacre tous ceux qui ont résisté, « Sarrasins et Sarrasines, grands et petits », puis transforme la mosquée en église et y fait nommer un évêque – Pierre, prêtre de Narbonne – par le patriarche Jean.

Dans le courant du mois d'octobre, « lorsqu'approche le terme fixé, nos chefs revinrent tous à Antioche ». En chemin, Godefroi et sa petite troupe sont accrochés par « cent quarante Turcs ». Ah! le plaisir et les vivats quand le duc de Lorraine passe la porte de la ville « faisant porter les têtes des morts par ceux des Turcs qu'il menait vivants à sa suite, ce qui fut pour les nôtres un grand sujet de joie ».

Conseils, assemblées. On n'a de nouvelles ni du pape ni d'Alexis. Bohémond et Raimond de Toulouse sont restés sur leurs positions : le premier entend garder Antioche que le second refuse de lui abandonner. Le 5 novembre, alors qu'on devrait déjà être en chemin, tous les barons et moindres seigneurs se réunissent dans la basilique Saint-Pierre pour une nouvelle tentative de conciliation.

Bohémond ne peut que continuer à revendiquer Antioche, il fait état de la convention préalable à la prise de la ville et « montre son compte », c'est-à-dire ce que l'opération lui a coûté. Quant à Raimond, il répète que c'est justement à

la demande de Bohémond qu'il s'est engagé à Constantinople
à ce qu'il ne soit jamais porté atteinte à l'honneur d'Alexis.
Les évêques, Godefroi, Robert de Flandre, Robert Courteheuse et les autres principaux seigneurs quittent alors
l'assemblée et se retirent dans le chœur pour prononcer leur
arbitrage. Mais ils se rendent compte qu'ils risquent, à
favoriser l'un ou l'autre des deux princes, de casser en deux ce
qui reste de l'armée. Aussi refusent-ils de rendre un verdict.
C'est l'impasse.

En vérité, l'armée est déjà cassée, mais pas comme se
l'imaginent les seigneurs. Le divorce est maintenant clair
entre, d'une part, les barons et les chevaliers, et d'autre part la
« gent menue », le petit peuple des pauvres, des va-nu-pieds,
avec les moines exaltés, les ribauds du nord, la piétaille mal
armée, mal vêtue, mal logée, mal nourrie, celle qui avance au
jour le jour vers l'Ineffable et qu'impatientent les manœuvres
des grands. Une rumeur commence à courir· la ville : les
pauvres parlent d'élire un chevalier qui marcherait à leur tête
vers Jérusalem ; au diable l'or et les fiefs, et s'il le faut, dit-on
encore, les pauvres envisagent de renverser les murailles
d'Antioche : « Ainsi cette paix qui unissait les princes entre
eux avant que la ville fût prise les réunira de nouveau après
sa destruction. »

L'affaire alerte les barons. Bohémond et Raimond
s'accordent sur ce que le chapelain provençal nomme « une
paix mal plâtrée ». Les deux hommes jurent « entre les mains
des évêques que la marche vers le Saint Sépulcre ne serait
jamais troublée par eux d'aucune manière ». C'est-à-
dire qu'ils marcheront ensemble – après avoir toutefois
garni d'hommes, d'armes et de nourriture l'un la citadelle
d'Antioche et l'autre la fortification de la porte de la
Mer.

Le 23 novembre enfin, Raimond de Toulouse quitte
Antioche avec Robert de Flandre et la plus grande partie des
pauvres gens. Ils se dirigent vers Marra, la ville que Raimond

Pilet n'a pu prendre en juillet. Durant l'été, les Turcs ont eu tout le temps d'en organiser la défense, et ils défient les chrétiens : « Ils plaçaient des croix sur leurs murailles et les accablaient de toutes sortes d'insultes », note Raimond d'Aguilers, proprement outré. Bohémond rejoint les Provençaux et les Flamands et, tous ensemble, ils passent aussitôt à l'attaque. Ils sont repoussés faute de matériel : « Si nous avions eu quatre échelles de plus, la ville se fût trouvée prise. »

Au lieu de quoi il va maintenant falloir investir la place, construire des machines de siège, organiser le « vitaille » des hommes et des chevaux avant les privations de l'hiver qui vient. Raimond de Toulouse commence la construction d'une machine formidable, montée sur quatre roues, dont Richard le Pèlerin regarde avec émerveillement le montage :

> *Il le dolent et drescent, gentement le garnisent*
> *Les bendes sont de fer et roides les chevilles;*
> *Lors aloirs font cloer et lors soliers garnisent*
> *De sus le font terrer, que li Turc ne l'arsisent...*

Robert le Moine se l'est faite décrire, la machine de Marra : « Elle avait trois étages, tous bien garnis d'écus et de poulies : dans les deux étages supérieurs étaient des guerriers armés de cuirasses et fournis de traits, de pieux, de flèches, de pierres, de javelots et de torches; au-dessous étaient des hommes sans armes, qui poussaient les roues sur lesquelles était placée cette tour. »

La tour est roulée jusqu'au rempart. Tout en haut, Éverard le Veneur, qui sonne « très fort », embouche son cor pour effrayer l'ennemi et exciter les siens. Avec lui, Guilhem de Montpellier et des chevaliers qui, surplombant le rempart, « lançaient d'énormes pierres sur les défenseurs de la muraille et tapaient si raide sur leurs boucliers que le bouclier et l'homme tombaient à l'intérieur de la ville ». D'autres, avec des « hameçons de fer » tentent de crocher les Turcs et de les attirer à eux malgré le feu grégeois (37) que les défenseurs déversent sur la machine merveilleuse sans parvenir à l'enflammer. Rien n'y fait, et on combat en vain jusqu'au soir. Il faudra recommencer demain, et après-demain. Robert de Flandre retourne à Antioche.

Comme on a peu de provisions, il fait vite faim. Les Turcs, avant de s'enfermer dans Marra, ont raclé le pays jusqu'à l'os et Raimond d'Aguilers parle des milliers d'hommes qu'il voit « se répandre dans les champs comme des troupeaux, creuser la terre pour voir s'ils ne pourraient y trouver par hasard quelques grains ».

Pierre Barthélemi est gratifié d'une nouvelle vision. Saint André est cette fois accompagné de saint Pierre. Ils se font reconnaître dans un éblouissement et l'apôtre Pierre dresse un sévère réquisitoire contre les mœurs de l'armée :

– Parmi vous, dit-il sévèrement, règnent le meurtre, les rapines et le larcin... Il n'y a point de justice, il y a beaucoup d'adultères...

Il annonce quand même que si l'armée se conduit bien, Dieu lui donnera la victoire.

Pierre Barthélemi, le matin venu, décrit sa vision à l'évêque d'Orange, au nouvel évêque d'Albara, au comte Raimond et à tout le peuple assemblé. L'annonce de la victoire, rapporte Raimond d'Aguilers, redonna à tous un moral élevé, et l'évêque d'Orange, qui a repris une partie de l'autorité de l'évêque du Puy, ordonne des prières et des aumônes – en même temps que les chefs font fabriquer des échelles et entasser des projectiles de toute sorte.

Le samedi 11 décembre, on approche à nouveau du rempart la tour formidable. Derrière se tiennent les prêtres, les clercs, « revêtus de leurs ornements sacrés, qui priaient et adjuraient Dieu de défendre son peuple, d'exalter la chrétienté et d'abattre le paganisme ». Bombardements, cris terribles, chocs de métal. Un chevalier limousin, Goufier de Lastours, parvient à dresser une échelle contre la muraille et prend pied sur le rempart, suivi par quelques hommes. Mais l'échelle se rompt. On la remplace. D'autres chrétiens se hissent sur le mur d'enceinte, mais les Turcs les assaillent avec une telle violence, à l'arc et à la lance, « que beaucoup des nôtres, frappés de terreur, se jetèrent du haut du mur ».

Profitant de la diversion, les servants de la tour parviennent à la coller au mur. Les hommes d'en haut bombardent l'intérieur de la ville, ceux d'en-bas sapent le pied du rempart, bien qu'on « leur jette pêle mêle des pierres, des traits, des feux, des bois, des ruches remplies d'abeilles et de la chaux ».

La terreur change de camp et les défenseurs, comme le soir approche, quittent les remparts pour se réfugier dans la ville. L'obscurité venue, pourtant, craignant de se faire surprendre, les Francs se replient dans leur camp. Il fait nuit quand la sape produit son effet ; une partie du mur s'écroule, et là où les chevaliers ne veulent pas s'aventurer s'engouffrent alors « ceux à qui leur vie était moins précieuse et que de longs jeûnes avaient accoutumé à n'en faire aucun cas », autrement dit la piétaille et les pauvres. Eux ne craignent pas d'affronter le Sarrasin dans l'obscurité – « en sorte que les pauvres enlevèrent ainsi tout le butin de la ville et s'emparèrent des maisons. Le matin venu, les chevaliers ne trouvèrent plus que peu de choses à prendre pour eux-mêmes. » A partir de l'aube, c'est la tuerie. « Partout où ils trouvaient un ennemi, homme ou femme, ils le massacraient », dit l'Anonyme, qui est là. « Ils parcoururent les rues, raconte Robert le Moine, les places, les toits des maisons, faisant carnage comme une lionne à qui on a enlevé ses petits ; ils taillaient en pièces et mettaient à mort les enfants, et les jeunes gens, et ceux qu'accablait la longueur de l'âge ; ils n'épargnaient personne et, pour en avoir plus tôt fait, en pendaient plusieurs à la fois à la même corde. »

Bohémond le Rusé fait dire aux chefs sarrasins de se réfugier, eux, leurs femmes, leurs enfants et leurs bagages dans un fort situé au-dessus de la porte : il s'engage à les préserver de la mort. Mais quand ils sont là bien rassemblés, il « leur enleva tout ce qu'ils possédaient, or, argent et autres parures, fit tuer les uns et conduire les autres à Antioche pour être vendus ».

Afin de débusquer les ennemis qui se cacheraient dans les caves et dans les citernes, on allume des feux de soufre. On torture ceux qu'on prend pour leur faire donner leur or, et, puisque les Sarrasins passent pour avaler leurs pièces en cas de danger, on éventre les morts et on fouille leurs entrailles [103]. Certains païens, au moment d'être pris, préfèrent se jeter dans les puits, « aimant mieux chercher la mort la plus prompte »...

Comme rien n'est toujours décidé en ce qui concerne le sort d'Antioche, on s'installe à Marra, et on jette les cadavres par-dessus le rempart. Inévitablement, Raimond et Bohémond s'affrontent à nouveau, le premier reprochant au second de n'avoir pris qu'une faible part à l'assaut et de s'être réservé par subterfuge le meilleur du butin. Qui plus est, quand il est question de remettre la ville à l'évêque d'Albara, Bohémond objecte qu'il ne rendra les quelques tours qu'il tient que lorsque Raimond abandonnera les positions qu'il occupe à Antioche!

Noël, et la faim.

Certains, témoigne l'Anonyme, ont commencé à se nourrir de cadavres : ils « découpaient leurs chairs en morceaux et les faisaient cuire pour les manger ».

Foucher de Chartres en a entendu parler : « Je ne puis redire sans horreur comment plusieurs des nôtres, transportés de rage par l'excès du besoin, coupèrent un ou deux morceaux des fesses d'un Sarrasin déjà mort et, se donnant à peine le temps de les rôtir, les déchirèrent de leurs dents cruelles. »

De même Albert d'Aix : « Chose horrible à dire et à entendre raconter : on en vint dans tout le pays à un tel excès de détresse que les chrétiens n'eurent pas horreur, non seulement de manger les Turcs ou les Sarrasins morts, mais encore de dévorer les chiens qu'ils trouvaient après les avoir fait rôtir. »

Et encore Raoul de Caen : « J'ai entendu dire à des hommes que, poussés à bout par le défaut de vivres, ils en étaient venus à manger de la chair humaine; qu'ils avaient jeté dans des marmites de jeunes Gentils, qu'ils avaient embroché des enfants et les avaient dévorés après les avoir rôtis. »

Quand on sait la répugnance des clercs et des chevaliers à parler des pauvres gens, ces *ig-nobles*, sans doute faut-il cette fois englober dans ce terme : « les nôtres », bien d'autres cannibales que les terribles Tafurs. C'est la misère, la détresse, le malheur. Une saison après l'autre, une ville après l'autre, et quoi, jamais de fin ?

L'évêque d'Orange meurt à son tour.

Les plus pauvres s'assemblent avec quelques chevaliers et l'évêque d'Albara. Ils veulent se mettre en chemin. Ils vont voir le comte de Toulouse, se prosternent devant lui, et le supplient de prendre la tête de l'armée pour marcher sur Jérusalem. Même si les autres seigneurs ne viennent pas, disent-ils, il n'a rien à craindre, puisque c'est à son armée que Dieu a remis la Sainte Lance, l'arme des armes, le gage de la victoire. Qu'il fixe seulement le jour, et on partira.

Raimond hésite. Il est pris entre sa ferveur personnelle, qui n'est pas feinte, sa volonté de ne pas céder à Bohémond et l'idée qui sans doute lui est venue de prendre lui aussi une ville dont il serait le prince. Enfin il donne sa réponse : oui, il les conduira; on partira le 15 janvier.

Il tente de s'accorder avec Bohémond, qui ne veut pas partir avant Pâques. Raimond envoie alors à Antioche des messagers priant les comtes de bien vouloir se rendre le

4 janvier à Roha, à mi-chemin d'Antioche et de Marra. Godefroi, son frère Eustache, les deux Robert, Tancrède, viennent au rendez-vous, mais le conseil est un échec. Chacun trouve une bonne raison pour refuser de partir avec les Provençaux de Raimond, qui finit par leur proposer d'acheter leurs services : il se déclare prêt à payer 10 000 sous à Godefroi, 10 000 à Robert Courteheuse, 6 000 à Robert de Flandre, 5 000 à Tancrède, sommes proportionnelles sans doute au nombre de combattants que chacun peut solder et enrôler sous sa bannière. Quant à Bohémond, il refuse toujours toute idée d'accord tant que Raimond ne lui a pas reconnu la souveraineté d'Antioche. C'est à nouveau l'impasse. Si les barons maintenant semblent avoir défendu Bohémond, c'est à la fois parce qu'on n'a toujours pas de nouvelles de l'empereur Alexis et qu'on refuse de laisser le comte de Toulouse commander l'armée. Bohémond et les princes repartent pour Antioche.

A Marra, c'est l'enfer. Ceux qui avaient encore un cheval capable de les porter sont partis se réfugier sur les terres de Baudouin d'Edesse. Quant au peuple... Eh bien ! le peuple « dévorait avec avidité un grand nombre de cadavres de Sarrasins déjà tout puants, et qui avaient demeuré deux semaines et même plus dans les fossés de la ville ». C'est Raimond d'Aguilers qui témoigne, et il ajoute : « Ce spectacle jeta l'épouvante chez beaucoup de gens, tant de notre race que de celle des étrangers. »

Le peuple, donc, en est là quand lui arrive la nouvelle que le conseil des barons s'est à nouveau montré incapable de s'accorder. C'en est trop pour ces fantômes hagards et ballonnés qui errent dans les rues de Marra en s'imaginant que les seigneurs s'en disputent la propriété.

Alors, avec cet instinct panique du salut qui est leur plus profonde force, les voilà, les pauvres, qui vont d'un coup rendre dérisoires les calculs et les ambitions des princes, réduire à rien l'objet supposé de leurs querelles. Voyez-les, les va-nu-pieds, les crève-la-faim, les pue-la-sueur, les moins-que-rien, voyez-les qui s'assemblent, car leur force est d'être ensemble, eux qui un par un ne comptent pas, voyez-les qui s'assemblent et qui écoutent monter en eux des voix terribles. Dans la simplicité de leur cœur, ils vont raser la ville.

« Alors, écrit Raimond d'Aguilers, les faibles et les infirmes, se levant de dessus leurs couches et s'appuyant sur des bâtons, se rendirent vers les murailles et là, ces pierres que trois ou quatre paires de bœufs n'auraient tiré qu'avec beaucoup de peine, un homme épuisé par la faim les poussait sans effort au pied des remparts. »

Ils démontent les murs, brisent les pierres, abattent, sapent, cassent, frappent, démantèlent, renversent, abolissent enfin une à une les fortifications, mettent le feu aux habitations. L'évêque d'Albara tente en vain de les en empêcher – la ville, c'est vrai, doit lui revenir – il ne peut être partout et dès qu'il tourne le dos, les pauvres reprennent leur destruction avec l'inarrêtable exaltation de ceux qui agissent au nom de Dieu.

Raimond de Toulouse revient alors de Roha et découvre Marra déjà à demi ruinée. Ce n'est pas un cynique, Raimond de Toulouse, ni un calculateur sans scrupule comme peut l'être Bohémond. C'est au fond un homme simple, qui a le sens de son devoir et des entêtements de grand seigneur. Il considère la rage et l'application de cette armée d'ombres et, d'un coup, comprend.

Il ordonne qu'on finisse de renverser ces murailles puis organise une expédition de ravitaillement. Pendant son absence, « six ou sept de nos pauvres furent pris et tués par les païens et tous, lorsqu'ils furent morts, se trouvèrent avoir des croix marquées sur l'épaule droite ». L'un deux d'ailleurs ne meurt pas tout de suite. Il vit encore une semaine sans prendre de nourriture, et tous ceux de Marra viennent le voir, et voir la croix qu'il porte à l'épaule, et l'entendre jurer « que Dieu en est l'auteur ».

Le comte de Toulouse a rapporté quelques vivres, les fait partager et annonce qu'on va prendre le chemin de Jérusalem. On finit d'incendier Marra et on s'assemble pour partir vers l'ouest rejoindre la côte. Il n'y a que peu de chevaliers, mais la ferveur de l'énorme foule de non-combattants remplace les guerriers, et la Sainte Lance vaut toutes les armes du monde.

Devant, marche Raimond de Saint-Gilles. Pour bien montrer qu'il reprend ce jour-là le pèlerinage interrompu – l'armée est restée quinze mois en Syrie du nord! –, pour témoigner que Dieu n'a pas voulu que la sainte aventure meure à Antioche, pour dire enfin qu'il est lui aussi un pauvre de Dieu, il marche seul devant son armée de morts-vivants, le prince de Toulouse, de Rouergue et de Provence, il marche seul afin que tous le voient comme Dieu le voit : en robe de bure et les pieds nus.

« *Aie pitié, Dieu!*
« *Aie pitié, Dieu, et dirige nos pas!* »

TROISIÈME PARTIE

« Moins nous étions nombreux, plus la grâce de Dieu nous
rendait forts. »

Raimond d'Aguilers, chapelain du comte
de Toulouse, *Historia Francorum qui
ceperunt Jerusalem.*

I

DES BÊTES

Un gros pet – Dieu les condamne à l'enfer! – Le marchand de vin, le lit et la femme

(Quittant le pays turc, l'ost Notre-Seigneur entre en pays arabe, et les Francs vont très vite constater, de la part des habitants et de leurs chefs, une grande différence de mœurs et de comportement. Cette société policée, mi-urbaine mi-rurale, avec un commerce et un artisanat actifs, des structures sociales harmonieuses, a d'autres moyens d'expression que la guerre, et chaque fois qu'ils le pourront, les émirs et les gouverneurs des grandes villes préféreront la diplomatie à l'affrontement – d'autant que les soldats à la croix, terribles guerriers, sont aussi réputés manger leurs ennemis.

Nous ne savons ce qu'ils pensent des Francs en cette année 1098, mais nous trouvons dans la chronique de l'historien Ibn al-Athir et dans l'*Autobiographie* d'Usama ibn-Mundiqh, émir de Shaïzar, un certain nombre de notations, écrites une cinquantaine d'années plus tard, révélatrices de la façon dont un homme de culture voyait les croisés et pouvait expliquer la croisade :

Les choses commencèrent ainsi : leur roi Baudouin (roi imaginaire d'Occident) parent du Franc Roger qui avait conquis la Sicile, réunit un grand nombre de Francs et fit dire à Roger :

– J'ai réuni une forte armée, et je vais venir chez toi pour

*aller, en partant de tes bases, conquérir la côte d'Afrique et
devenir ainsi ton voisin.*

*Roger réunit ses compagnons et les consulta sur cette
proposition.*

*— Par l'Évangile, firent-ils, voilà une bonne chose, et
pour eux et pour nous. Ainsi ces pays deviendront chrétiens.*

*Là-dessus, Roger, levant une cuisse, fit un gros pet et leur
dit :*

— Par ma foi, ceci vaut mieux que votre discours !

— Et pourquoi ?

*— Parce que s'ils viennent ici, ils auront besoin d'un
grand arroi et de navires pour les transporter en Afrique, et
même de troupes de renfort. De plus, s'ils viennent à conquérir
le pays, il sera pour eux, mais ils prendront leur ravitaillement
en Sicile et moi j'y perdrai l'argent que me rapporte chaque
année la récolte. Si au contraire ils échouent, ils reviendront ici
et me feront bien des embarras. Tamin (le souverain de
Tunisie) dira que je l'ai trahi, que j'ai rompu notre traité...
L'Afrique est toujours à notre portée, et quand nous serons
assez forts, c'est nous qui la prendrons.*

Il appela donc l'envoyé de Baudouin et lui dit :

*— Si vous avez décidé de faire la guerre aux musulmans,
le mieux serait de conquérir Jérusalem. Vous la libéreriez de
leurs mains et vous en auriez la gloire. Mais pour l'Afrique, je
suis lié à ces gens par des serments et des traités.*

*Et ainsi les Francs se préparèrent à marcher contre la
Syrie* [104]...

. . . .

*Chez les Francs — Dieu les condamne à l'enfer ! — il n'est
pas de vertu humaine qui soit appréciée en dehors de la valeur
guerrière ; nul chez eux n'a de rang ou de prérogative en
dehors des chevaliers, seules personnes qui soient appréciées.
Ce sont eux qui donnent des conseils, qui jugent et qui
commandent.* [...]

*Une fois que les chevaliers ont rendu leur sentence, elle
ne peut être modifiée ni cassée par le roi ou par tout autre chef,
tant le chevalier a d'importance parmi eux. [...]*

*Ils ont d'autant plus d'admiration pour un chevalier que
celui-ci est grand et élancé.*

. . . .

(Un médecin, appelé pour soigner des Francs, raconte :)

*On me présenta un chevalier qui avait une tumeur à la
jambe et une femme atteinte de consomption. Je mis un
emplâtre au chevalier, la tumeur s'ouvrit et s'améliora; je
prescrivis une diète à la femme pour lui rafraîchir le
tempérament. Mais voici qu'arrive un médecin franc, lequel
déclara : « Cet homme ne sait pas les soigner! » et, s'adressant
au chevalier, il lui demanda : « Que préfères-tu, vivre avec une
seule jambe ou mourir avec les deux? » Le patient ayant
répondu qu'il aimait mieux vivre avec une seule jambe, le
médecin ordonna : « Amenez-moi un chevalier solide et une
hache bien aiguisée. » Arrivèrent le chevalier et la hache tandis
que j'étais toujours présent. Le médecin plaça la jambe sur un
billot de bois et dit au chevalier : « Donne lui un bon coup de
hache pour le couper net! » Sous mes yeux, l'homme la frappa
d'un premier coup, puis, ne l'ayant pas bien coupée, d'un
second; la moëlle de la jambe gicla et le blessé mourut à
l'instant même. Examinant alors la femme, le médecin dit :
« Elle a dans la tête un démon qui est amoureux d'elle.
Coupez-lui les cheveux! » On les lui coupa et elle recommença
à manger de la nourriture, ce qui augmenta la consomption.
« C'est donc que le diable lui est entré dans la tête, trancha le
médecin, et saisissant un rasoir, il lui fit une incision en forme
de croix, écarta l'os de la tête pour faire apparaître le cerveau
et le frotta de sel. La femme mourut sur-le-champ. Je
demandai alors : « Vous n'avez plus besoin de moi? » Ils me
dirent que non et je m'en revins après avoir appris de leur
médecine bien des choses que précédemment j'ignorais. »*

. . . .

Les Francs n'ont pas l'ombre du sentiment de l'honneur et de la jalousie. Si l'un d'entre eux sort dans la rue avec son épouse et rencontre un autre homme, celui-ci prend la main de la femme, la tire à part pour lui parler tandis que le mari s'écarte et attend qu'elle ait fini de faire la conversation ; si cela dure trop, il la laisse avec son interlocuteur et s'en va.

(Un marchand de vin franc) rentrant un jour chez lui trouva un homme au lit avec sa femme. Il lui demanda :

— Qu'est-ce qui t'a fait venir ici auprès de ma femme ?

— J'étais fatigué, répondit l'autre, et je suis entré ici pour me reposer.

— Et pourquoi es-tu entré dans mon lit ?

— J'ai trouvé le lit tout fait et je m'y suis mis à dormir.

— Et cette femme qui dort avec toi ?

— Le lit est à elle, est-ce que je pouvais l'empêcher d'entrer dans son propre lit ?

— Sur ma foi, si tu le fais encore une fois, je me fâche !

[...] Pensez un peu à cette contradiction ! Ils n'ont ni jalousie ni sens de l'honneur, et en même temps ils ont tant de courage !

. . . .

Quiconque s'est renseigné sur les Francs a vu en eux des bêtes qui ont la supériorité du courage et de l'ardeur au combat, mais aucune autre, de même que les animaux ont la supériorité de la force et de l'agression [105].

II

PRIEZ POUR PIERRE BARTHÉLEMI

Tout joyeux – Raimond ferme la marche – Le château des
Kurdes – La main du Seigneur – Un printemps heureux –
Mout gran courrouz – La mort d'Anselme de Ribemont –
Cinq classes – Un très grand feu – A-t-il traversé ? –
Ambassades – La voie de la marine – Deux remèdes – La
maisnie Judas – Emmaüs – Contre-jour

Écoute-nous, Seigneur, dirige nos pas!
Aie pitié Dieu!
Aie pitié Dieu et dirige nos pas!

Laissant derrière eux Marra détruite et fumante, les compaignons Jhésu ont repris derrière le comte de Toulouse le chemin de Jérusalem. Dans l'état d'extrême épuisement où ils se trouvent, ils n'avancent guère ce jour-là – une vingtaine de kilomètres, jusqu'à Kafartab.

Là, ils restent trois jours. Le temps de voir arriver Robert Courteheuse et Tancrède, celui-ci avec « quarante chevaliers et beaucoup d'hommes de pied », l'un et l'autre ayant très certainement accepté l'offre de service rémunéré que leur a proposé le comte de Toulouse. Se présentent aussi des ambassades des princes locaux et notamment de l'émir de Shaïzar, sur l'Oronte. Peu soucieux d'affronter les Francs – les Turcs disent qu'un soldat qui mange ses ennemis est invincible – la politique constante des chefs arabes va être de proposer à ceux-ci des cadeaux, des vivres, des guides même. L'émir de Shaïzar assure Raimond de Toulouse « qu'il assurerait volontiers le ravitaillement des chevaux et la nourriture corporelle ».

Dans ces conditions, « les nôtres vinrent prendre leurs quartiers près de Shaïzar ». Très près même, et trop près sans doute, puisque l'émir ordonne « de leur refuser le ravitaillement s'ils ne s'éloignent de l'enceinte de la ville ». Le lendemain, il leur envoie deux guides « pour leur montrer le gué du fleuve et les conduire où ils trouveraient bonne prise », c'est-à-dire chez un voisin. « Ils arrivèrent, raconte l'Anonyme, dans une vallée dominée par un château et ils pillèrent plus de cinq mille bêtes, pas mal de blé et d'autres denrées, ce qui permit de refaire les forces de toute l'armée chrétienne. »

On reste cinq jours dans cette vallée de paradis, puis le mardi 22 janvier, « nous en partîmes tout joyeux prendre nos quartiers près d'un château d'Arabes ». C'est Masyaf, dont le seigneur sort, à l'arrivée des Francs, conclure lui aussi un accord avec eux. Certains ont fait un tel butin qu'ils vont en vendre une partie à Shaïzar et à Émesse (Homs) pour acheter de beaux chevaux arabes : « Par ce moyen, note Raimond d'Aguilers, il arriva que nous eûmes jusqu'à mille chevaux de trait excellents. »

Tout maintenant va si bien qu'on envisage un moment de se détourner pour aller prendre Jabala (Gibel). Le comte est tenté, mais Tancrède lui fait valoir qu'une armée aussi faible que l'est devenue la leur ne peut pas se permettre d'attaquer successivement toutes les villes qu'elle rencontrera d'ici Jérusalem :

– Voulez-vous, lui demande-t-il, conquérir le monde à vous seul ?... De cent mille chevaliers, à peine nous en reste-t-il mille !... Allons plutôt à Jérusalem, pour laquelle nous sommes venus, et en vérité Dieu nous la donnera.

Le comte doit bien accepter la leçon du jeune Normand, mais n'empêche, ce pays, comme une proie offerte, réveille son goût des conquêtes. On passe avec regret au large de Gibel pour continuer vers le sud. Le comte assouvit ses humeurs guerrières dans un exercice où il excelle : l'extermination des pillards de toute sorte qui suivent l'armée pour dépouiller les traînards, les malades ou ceux qui s'éloignent un peu trop de

la colonne. Dès lors, l'ordre de marche est le suivant : Robert
Courteheuse va devant, puis vient Tancrède avec Pierre de
Narbonne, le nouvel évêque d'Albara – il n'a laissé pour
garder sa ville que sept chevaliers et trente hommes de pied –,
et enfin le comte de Toulouse en serre-file.

Pour ces mêmes raisons d'effectifs qui ont fait renoncer à
Gibel, on se détourne de la route de Damas – place trop forte
– pour se rapprocher de la mer « afin que, si les navires que
nous avions laissés dans le port d'Antioche venaient nous
rejoindre, nous pussions, par leur intermédiaire, entretenir
des relations de commerce avec l'île de Chypre et les autres
îles ». Le 24 janvier, « nous parvînmes à une ville magnifique
et remplie de sources » que ses habitants, à la nouvelle de
l'arrivée des Francs, abandonnent, ainsi que « ses jardins
remplis de légumes, ses maisons pleines de provisions de
bouche ».

Le 27 janvier, « après avoir franchi une immense et
haute montagne », l'armée entre dans la plaine de la Boquée,
que l'Anonyme appelle « la vallée de Sem », halte traditionnelle des caravanes et des nomades en raison de sa fertilité et
de « ses ressources abondantes ». Elle y restera près de trois
semaines, mais pas dans l'inaction.

En effet, rapporte l'Anonyme, « près de nous était un
château »... C'est Hisnal-Akrad, le « château des Kurdes »,
édifié sur un impressionnant promontoire. Raimond d'Aguilers est au regret de devoir rapporter que ceux qui le tiennent,
« forts de leur multitude et des défenses de leur château, ne
voulurent ni envoyer auprès de nous des émissaires pour
demander la paix, ni nous abandonner leur fort ». Les soldats
de Dieu ne feraient-ils plus peur ? Ils décident aussitôt
d'attaquer ce château des Kurdes. L'Anonyme est de l'assaut,
mais lui aussi est choqué des façons de ces « païens » : « Notre
victoire eût été certaine, dit-il, si... » On se rappelle comment,
devant Antioche, la formation des Provençaux s'était déban-
dée en pleine bataille pour courir derrière un cheval, eh! bien

le système a fait école : « ... si les Sarrasins n'avaient fait sortir des portes un immense troupeau de bêtes ». Aussitôt, les Francs abandonnent le combat. C'est la ruée, la course, la pagaille, à qui attrapera son chameau ou sa chèvre. Mieux, profitant de la formidable confusion, les défenseurs font une sortie. Le comte de Toulouse, disparaissant dans le nuage de poussière, abandonné par sa garde, mêle en vain ses appels aux cris des bêtes affolées – il s'en faut de bien peu qu'il ne soit capturé. Dès que tout est rentré dans l'ordre, il convoque un conseil pour dire sèchement ce qu'il pense à « ceux de ses chevaliers qui s'en étaient allés sans avoir obtenu la permission, et l'avaient ainsi exposé à la mort ». La peur qu'il a eue, on s'en vengera dès demain sur ceux du château [106].

Mais au tout matin, lorsqu'on escalade à nouveau le sentier escarpé pour attaquer le fort, on s'aperçoit que « la gent païenne » s'est enfuie dans la nuit : « Les nôtres y pénétrèrent et y trouvèrent en abondance du blé, du vin, de la farine, de l'huile et tout ce qui leur était nécessaire. » Ils s'installent même dans la forteresse et y fêtent, le dimanche 2 février, « la Purification de Sainte-Marie ».

La prise du château des Kurdes incite les voisins à envoyer aux Francs des messagers chargés de les assurer de leur bienveillance. Comme le roi de la Chamelle, l'ancienne Émèse, qui fait parvenir des cadeaux et de l'or au comte de Toulouse. Ceux qui veulent la paix demandent des bannières à exposer à leur plus haute tour : « Il était en effet d'usage dans notre armée, précise Raimond d'Aguilers, dès que la bannière d'un Franc était arborée sur une ville ou sur un château, que nul autre de la même race n'allât l'attaquer. »

Cette abondance est évidemment une récompense pour ceux qui ont repris leur saint pèlerinage. C'est « la main du seigneur », écriront plus tard ceux qui vivent cette période, qui « nous ouvrit les portes des villes et des forteresses des pays que nous traversions. A notre approche, on s'empressait

de nous envoyer des députés chargés de vivres et de présents :
on offrait de se rendre et de recevoir les lois qu'il nous plairait
de dicter. Mais comme nous étions en petit nombre et que le
désir unanime de l'armée était de marcher sur Jérusalem,
nous continuâmes notre route après avoir exigé des otages de
ces villes, dont la moindre renfermait plus d'habitants que
nous n'avions de soldats [107] ».

La tentation, pourtant, n'abandonne pas les Francs.
Quand l'émir de Tripoli adresse un message au comte pour
conclure un accord et, s'il le désire, « se lier d'amitié avec lui »,
– il lui envoie pour commencer dix chevaux, quatre mules et
de l'or –, Raimond répond « qu'il ne fera la paix avec lui que
s'il consent à devenir chrétien ». C'est que Tripoli intéresse
fort le comte de Toulouse ; les chevaliers qu'il y a envoyés en
reconnaissance ont été tellement frappés par la richesse de la
ville et de ses environs qu'ils lui recommandent de mettre le
siège devant Archas pour impressionner l'émir de Tripoli : on
doit pouvoir en obtenir plus, pensent-ils, qu'un modeste tribut
et de l'amitié.

Avant de quitter la « belle vallée », on envoie vers
Tortose Raimond Pilet et Raimond de Turenne avec
quelques hommes. Tortose est le seul port de la région et,
pour assiéger Archas, Raimond de Toulouse a besoin du
secours des naves anglaises, grecques et vénitiennes qui
suivent la progression de l'armée du Christ. Parvenus le
16 février sous les murs de Tortose, Raimond Pilet et
Raimond de Turenne font mine d'attaquer la ville, mais ils
sont si peu nombreux qu'ils renoncent vite. La nuit venue, ils
allument d'innombrables feux de camp pour faire croire aux
Tortosiens que toute l'armée des Francs est arrivée. La ruse
joue à merveille et, au matin, les deux Raimond trouvent la
cité vide : ils occupent le port.

Depuis le 14, donc, le gros de l'armée a planté ses tentes
sous Archas, très forte cité dépendant de l'émir de Tripoli. Le
pays est riche, et la ville « siet au pié del mont que l'en claime

Libane, en un tertre mont fort ; quatre mille ou cinq a d'ilec à la mer. Mout a pleinteive terre en tor et delitables de pastures et d'eaues ». C'est un de ces pays de vent bleu, avec des forêts sur les hauteurs, des oliviers et des vignes en terrasse, des jardins bien rangés dans la plaine. Les jours allongent, et à ceux qui sortent de l'enfer, sans doute ce printemps heureux donne-t-il envie de vivre – personne ne se plaint de s'arrêter là, entre les neiges des sommets proches et la respiration familière de la Méditerranée.

A Antioche, quelques jours plus tôt, Bohémond, Godefroi de Bouillon et Robert de Flandre ont tenu un conseil afin d'étudier les mesures à prendre pour éviter les désertions, de plus en plus nombreuses dans leurs troupes. C'est que les hommes sont à Antioche depuis bientôt dix-huit mois, et qu'ils n'ont pas quitté l'Occident pour tenir garnison au bout du monde. Les chefs s'accordent pour reprendre à leur tour la route de Jérusalem. Ils se donnent rendez-vous à Laodicée le 1ᵉʳ mars, bien décidés à ne pas rejoindre Raimond de Toulouse, dont ils refusent l'autorité : ils feront donc route à part.

A Laodicée, Godefroi de Bouillon fait libérer au passage le pirate Guinemer – tenu en captivité par la garnison que Robert Courteheuse a laissée là – après lui avoir fait solennellement jurer de renoncer à ses pratiques d'abordage et de pillage. Il devra mettre sa flotte au service de l'armée et suivre les côtes avec l'Anglais Edgar Aething [108].

De Laodicée, Godefroi de Bouillon et Robert de Flandre partent vers le sud. Mais Bohémond les quitte. Il tourne le dos au chemin de Jérusalem et regagne Antioche où il est désormais seul maître ; il a même réussi à expulser des points forts qu'ils y tenaient les hommes de Raimond de Toulouse. Peut-être ne supporte-t-il pas de s'en éloigner ? Peut-être craint-il que l'empereur Alexis, justement, n'attende que cela ? Quand on s'appelle Bohémond et qu'on tient Antioche la belle, on ne la lâche pas...

Godefroi et Robert de Flandre assiègent Gibel, l'ancienne Byblos, dont Raimond de Toulouse et Tancrède s'étaient détournés. Ils y sont encore quand arrive, au nom du comte de Toulouse, l'évêque d'Albara : l'armée, dit-il, assiège Archas et est menacée d'écrasement par l'émir de Tripoli et tous les princes d'alentour en train de se rassembler : « Li soudan de Perse avoit eu mout grant courrouz de ce que Corbogaz ses conestables avoit été deconfiz. » Bref, c'est la djihad, la guerre sainte!

Les deux seigneurs du nord, oubliant ce qui les oppose aux Provençaux, lèvent le siège de Gibel – non sans avoir traité avec le cadi de la cité et obtenu « des chevaux et de l'or » – et accourent à Archas... pour apprendre que la rumeur était sans fondement. « Les princes trouvèrent fort mauvais, et furent très irrités, d'avoir été trompés à ce point par les artifices et messages mensongers du comte Raimond. Ils renoncèrent à toute société et à toute communication avec lui. » Ils s'hébergent à distance, laissent dire que Raimond a été soudoyé par le cadi de Gibel... En réalité, dans cette affaire, c'est le comte de Toulouse qui a été manœuvré, et par ce même cadi de Gibel qui a eu l'idée de faire courir ce bruit : tout l'Islam convergeant vers Archas [109]...

Mais on l'ignore dans le camp des chrétiens, où l'on se tourne le dos. On ne s'accorde un moment que pour organiser une chevauchée vers Tripoli. Il s'agit, en fait, d'en impressionner le gouverneur : on s'en prend donc indistinctement à tous ceux qu'on rencontre, paysans ou notables de la ville : « Le massacre des païens et l'effusion de sang furent tels que l'eau qui coulait dans la ville et alimentait les citernes semblait rouge. » On écume aussi la plaine de la Boquée, dont on ramène trois mille bestiaux. Il semble que le gouverneur de Tripoli tente alors d'acheter la paix – 15 000 pièces d'or contre la levée du siège d'Archas

– mais on sait de quel entêtement est capable le comte de Toulouse.

Godefroi, à qui une victoire n'apporterait rien – la ville restant à Raimond – propose qu'on se remette en chemin. Il est soutenu par Robert de Flandre et Tancrède; ce dernier, qui est engagé à Raimond mais qui désapprouve le siège, décide de quitter le service de celui qui lui a remis « 5 000 sous et deux chevaux arabes très beaux et très bons » et passe chez le duc de Lorraine : « Tancrède se sépara méchamment du comte. »

Les pauvres commencent à nouveau à s'agiter, d'autant que la médiocre entreprise que constitue ce siège se paie cher. C'est là qu'est tué l'ami de Raimond d'Aguilers, le chevalier qui l'aide à tenir sa chronique des événements : « Mon très aimé Pons de Balazun mourut donc [...], mais comme je veux continuer mon ouvrage dans les mêmes sentiments de charité, que Dieu me soit en aide! » C'est là aussi qu'est tué d'un coup de javelot Guillaume le Picard, et d'une flèche Guérin de Pierremore. C'est là encore qu'est tué Anselme de Ribemont, celui qui demandait à son ami l'archevêque de Reims de ne pas l'oublier dans ses prières. Étrange mort en vérité. Une nuit, en dormant, il a revu un chevalier de ses amis, tué à Marra, et celui-ci lui a montré la superbe demeure qui est la sienne au paradis, lui annonçant : « On t'en prépare une, beaucoup plus belle encore, d'ici à demain. » Au réveil, Anselme demande des prêtres et se confesse. Puis il paie à « ses serviteurs et ses compagnons d'armes ce qu'il pouvait leur devoir de leur solde ». Enfin il s'arme pour le combat et quitte sa tente. Alors qu'il s'approche des murs de la ville, « une pierre lancée d'une machine » le frappe à la tête, et c'est ainsi que le seigneur de Ribemont part « habiter le lieu que Dieu lui a préparé [110] ».

Cil des Turs se deffendent, contre les nos s'aïrent,
Et getent de perieres, grant contraire lor firent;

Ansiel de Ribuemont le baron nos ocisent,
De lui fu li os Deu forment affebloïe.

C'est vrai qu'elle se dépeuple, notre armée. Baudouin de
Boulogne règne à Édesse, Étienne de Blois a déserté, Hugues
le Maisné, parti en ambassade à Constantinople, n'est pas
revenu, Bohémond est l'amant de sa ville, Adhémar du Puy
est mort, et mort l'évêque d'Orange, et mort celui qui, et mort
celui que, tant de morts déjà – qui de nous arrivera à
Jérusalem? Qui Dieu a-t-il choisi?

On est entré dans la semaine peineuse quand, le mardi
saint, Pierre Barthélemi révèle qu'il a été favorisé d'une
nouvelle vision. Cette fois, il a vu le Seigneur crucifié comme
au temps de la Passion, et le Seigneur lui a montré ses cinq
plaies, lui expliquant que l'armée est ainsi divisée en cinq
classes : la première comprend ceux qui ne craignent rien au
combat et qui, s'ils meurent, sont placés à la droite de Dieu ; la
deuxième comprend les hommes qui assistent ceux de la
première classe, et qui sont semblables aux apôtres ; la
troisième comprend ceux qui fournissent les pierres et les
traits aux combattants, et qui sont semblables à ceux qui
pleuraient et criaient à l'injustice sur le Golgotha ; la
quatrième comprend les hommes qui ne comptent pas sur
Dieu pour obtenir la victoire, et qui sont semblables à ceux
qui ont approuvé la Crucifixion ; la cinquième comprend
ceux qui font preuve de lâcheté et incitent les autres à déserter
– ceux-là sont semblables à Judas le traître et à Pilate le
juge.

– Mais, Seigneur, a répondu Pierre Barthélemi, si je dis
ces choses, on ne me croira pas!

Alors le Seigneur a donné des instructions : le comte doit
se préparer à prendre Archas ; le cri de guerre, que reprendra
trois fois le héraut le plus connu de l'armée, sera « Dieu nous
aide! ».

– Et alors, comme je t'ai dit, tu verras se former les diverses classes, et toi et tous ceux qui auront cru ces choses, vous distinguerez les incrédules.

Ces « frères de Judas », il ne faudra pas hésiter à les tuer, ajoute le Seigneur, et à partager leurs biens entre les hommes de la première classe :

– Va, a conclu le Seigneur, et annonce ce que tu sais, et que ce que tu sais te suffise !

La vision de Pierre Barthélemi, aussitôt révélée, se répand dans le camp. Les clercs, une fois de plus – sauf les Provençaux – s'étonnent que Dieu s'adresse ainsi « à un homme grossier et sans importance ». On reparle de la Sainte Lance. Celui qui mène le combat des « incrédules » est le chapelain de Robert Courteheuse, le fils de prêtre Arnoul de Choques, dit Malecorne. « Bien estoit lettrez hom, mès n'estoit pas de bone vie, le décrit Guillaume de Tyr ; malicieus estoit trop et porchacieres de descordes. » Pour Arnoul, ce Pierre Barthélemi « surgi au milieu de la race de Raimond » est « un homme plein de ruse et inventeur de mensonge ». C'est lui, dit-il, qui avait caché dans l'église d'Antioche cette lance qu'il a feint de découvrir, et qui n'était jamais qu'une vieille lance arabe toute rouillée. Il rappelle que l'évêque du Puy lui-même n'y a pas cru, pas plus que Bohémond : « Que le comte cupide et que le peuple imbécile attribuent s'ils le veulent leur victoire à cette ferraille, quant à nous, nous n'avons vaincu, nous ne vaincrons que par le nom de Notre-Seigneur ! »

Face à Arnoul de Choques, un autre chapelain, celui du comte de Toulouse, Raimond d'Aguilers. Il ne manque pas de rappeler que la victoire des meurt-de-faim d'Antioche sur la superbe armée de Corbaran ne peut recevoir d'explication humaine. Puis il cite ses témoins :

Le prêtre Pierre Désiderius, à qui l'évêque du Puy est apparu après sa mort, les cheveux et la barbe à moitié brûlés : « Comme j'avais douté, lui a-t-il dit, moi qui aurais dû croire plus que tout autre, j'ai été conduit en enfer ; je ne pourrai voir Dieu clairement que quand ma barbe et mes cheveux auront repoussé. »

Un autre prêtre, Éverard, vient raconter comment, un jour qu'il implorait la Vierge dans une église en faveur des pauvres de l'armée de Dieu, un chrétien syrien est venu lui raconter une vision : Marc l'évangéliste lui était apparu pour lui dire que « la race des chrétiens qui doivent prendre Jérusalem sera enfermée dans Antioche et qu'elle n'en pourra sortir qu'après avoir découvert la lance du Seigneur ». Si on ne le croit pas, Éverard se dit prêt à subir l'épreuve du feu.

Étienne de Valence, celui qui avait proposé à Antioche de sauter du sommet d'une tour, vient rappeler sa propre vision.

Enfin, témoignage de poids, l'évêque d'Apt lui-même, dont tout le monde sait qu'il a mis en doute l'authenticité de la Sainte Lance, vient affirmer qu'un homme vêtu de blanc et tenant la lance du Seigneur lui est apparu et lui a trois fois posé la question : « Crois-tu que cette lance est celle du Seigneur ? » Par trois fois, il a répondu qu'il le croyait, mais il est incapable de dire si cette vision lui est apparue en songe ou pendant qu'il était éveillé.

Le débat déchire l'armée, « les uns soutenant la vérité du fait, les autres la contestant, et nul ne demeurant impartial dans cette affaire ». La division entre ceux qui croient et ceux qui ne croient pas épouse à peu près la division qui sépare les gens du Nord et ceux du Midi ; c'est dire si entrent en ligne de compte des éléments qui n'ont pas grand-chose à voir avec la foi – certains accusent même précisément le comte de Toulouse d'avoir manigancé toute l'affaire pour ramasser les aumônes qu'on laissait devant la Sainte Lance.

On ne parle plus d'autre chose, on ne pense plus à autre chose. La dispute fait vibrer des cordes si profondes qu'elle serait sans fin possible si Pierre Barthélemi, sur le conseil de Raimond d'Aguilers, ne proposait aux barons – n'était contraint d'accepter, disent ses adversaires – un moyen de faire éclater la vérité :

— Je veux et je supplie, dit-il, qu'on fasse un très grand feu, et je passerai au travers avec la lance du Seigneur. Si c'est bien la lance du Seigneur, je passerai sain et sauf. Et si c'est une fausseté, je serai brûlé par le feu (38).

Le lendemain, vendredi saint 8 avril, toute la gent Notre-Seigneur se rassemble pour le jugement de Dieu. On entasse des branches sèches, de l'olivier et de l'épine, sur quatre pieds de haut et quatorze pieds de long – entre quatre et cinq mètres – de part et d'autre d'un étroit couloir. Quand sont prêts les bûchers jumeaux, Raimond d'Aguilers prononce les paroles du jugement :

— Si Dieu tout puissant, dit-il, a parlé à cet homme face à face, qu'il passe à travers ce feu sans être blessé... Si ce n'est qu'un mensonge, qu'il soit brûlé avec sa lance !

Les barons sont là, au premier rang, avec l'évêque d'Albara.

On allume le bois sec. Les flammes s'élèvent bientôt « à trente coudées », et personne ne peut s'approcher tant la chaleur est violente. L'évêque d'Albara bénit ce feu qui va dire à tous ce que Dieu veut. Puis s'avance Pierre Barthélemi. Il est seulement vêtu d'une tunique ; ses jambes et ses pieds sont nus.

Il s'agenouille devant l'évêque d'Albara, prend Dieu a témoin qu'il n'a pas menti et demande à tous de prier pour lui.

Priez, priez pour Pierre Barthélemi.

Il prend la lance dans ses mains, Pierre Barthélemi,
il fait le signe de la croix
au nom du Père, du Fils et de l'Esprit Très Saint,

il prend la lance dans ses mains
et entre dans le feu.

Priez pour Pierre Barthélemi, le paysan de Provence
grâce à qui Antioche fut prise, oh! oui, priez pour lui.

Le temps s'arrête.

Puis Pierre Barthélemi, tout le monde peut le voir, sort
du brasier, la lance dans ses mains. Il fait le signe de la croix
sur le peuple assemblé et crie : « Dieu nous aide! »

Le peuple alors, dit Raimond d'Aguilers, se jette sur lui,
« chacun voulant le toucher ou prendre quelque chose de son
vêtement ». On le bouscule, on le renverse, on l'étouffe, on le
piétine : « On lui fit ainsi trois ou quatre blessures aux jambes
en lui enlevant des morceaux de chair, on lui brisa l'épine du
dos et on lui enfonça les côtes. »

Richard le Pèlerin lui aussi peut témoigner :

François le voient outre, forment s'en esjoïrent
Il li kuerent encontre; Dex si mal baillirent
Les chevox li desrompent et les bras li descirent;
Des vestemens qu'il porte volent faire reliques...

Raimond Pilet et des hommes de Toulouse l'arrachent
enfin à la foule en folie, l'emportent pour le soigner. Raimond
d'Aguilers le rejoint, constate ses blessures et des brûlures aux
jambes. Mais pourquoi, lui demande-t-il, s'est-il donc arrêté
au beau milieu du feu ? Parce que, répond Pierre, le Seigneur
lui est alors apparu pour lui dire qu'en raison de son attitude
lors de la première apparition de saint André, il ne pouvait le
laisser traverser impunément le bûcher.

Dans le camp, le débat n'est pas clos pour autant. Oui ou
non, Pierre Barthélemi a-t-il traversé le feu ? Oui ? Alors la
lance est bien celle qui a percé le flanc de Notre-Seigneur au
jour de Sa Passion – un vendredi que ce vendredi peineux
justement commémore... Peut-être, mais on dit qu'il est brûlé
aux jambes, et si Dieu a permis que le feu l'atteigne, c'est que

cet homme est un menteur, et que donc la lance n'est qu'une ferraille rouillée... Tu as vu ses brûlures, toi qui parles ?

Pierre Barthélemi ne s'est pas levé le dimanche de Pâques. Lui aussi, qui vit sa passion, est tenté par l'amertume de ceux qu'on abandonne à la solitude de la mort qui vient. Il reproche à Raimond d'Aguilers de l'avoir incité à affronter l'épreuve pour tirer au clair ses propres doutes [111].

Au milieu des discussions arrive une ambassade de Grecs avec un message d'Alexis. Ils donnent des nouvelles de Hugues le Maisné, qui, disent-ils, a connu bien des tribulations en Romanie et n'est arrivée à Constantinople qu'en automne, sa troupe décimée, son compagnon Baudouin de Hainaut porté disparu ; le frère du roi de France s'en est retourné chez lui.

L'empereur, cependant, s'est beaucoup réjoui de la prise d'Antioche, disent-ils encore, et de la déconfiture des Turcs. Il fait savoir aux barons francs qu'il se prépare à se mettre en route pour rentrer en possession d'Antioche, et souhaite qu'on l'attende jusqu'à la Saint-Jean ; ainsi marcheraient-ils ensemble sur Jérusalem.

Le conseil se réunit aussitôt. Attendre l'empereur, avec son armée considérable, sa flotte, ses richesses, paraît souhaitable à Raimond de Saint-Gilles – qui espère bien d'ici la Saint-Jean avoir le temps de prendre Archas et Tripoli. Mais Godefroi, Robert Courteheuse, Robert de Flandre et Tancrède prétendent qu'Alexis cherche seulement à partager à moindres frais la gloire d'entrer à Jérusalem. Ils souhaitent donc qu'on parte le plus tôt possible. Le comte de Toulouse doit s'incliner : il est répondu aux ambassadeurs que l'empereur ayant le premier failli à ses engagements en ne les rejoignant pas sous Antioche, les soldats du Christ ne lui doivent plus rien. Quant à Antioche, cela ne concerne plus que Bohémond.

Le mercredi 20 avril, Pierre Barthélemi demande le comte de Toulouse auprès de lui. Il est au plus mal, et se sent près de mourir. Il jure à nouveau n'avoir jamais menti et demande qu'on édifie en Provence une église pour la lance du Seigneur. Puis il rend l'âme. On l'ensevelit à l'endroit exact où il est entré dans le feu pour le jugement de Dieu (39).

Triomphent alors, avec Arnoul de Choques, ceux qui doutaient du miracle. « En voyant ce qui était arrivé, devait écrire Raoul de Caen, le peuple reconnut qu'il avait été séduit par des paroles artificieuses, se repentit de son erreur et déclara dès lors que Pierre n'était qu'un disciple de Simon le Magicien. » Quant à Foucher de Chartres – qui n'était pas là, pas plus que Raoul de Caen – il salue avec soulagement « la fin de ce criminel imposteur qui mourut le douzième jour des suites de sa brûlure ». Et il ajoute vertueusement : « Cédant à la force de cette preuve, tous les nôtres qui, pour l'amour et la gloire de Dieu, avaient vénéré cette lance, cessèrent de croire à sa sainteté, mais furent cruellement contristés. »

Oh! oui, priez pour Pierre Barthélemi!

Sur ces entrefaîtes réapparaissent les messagers chrétiens partis l'année précédente de Port-Saint-Siméon avec les émissaires d'Al-Afdal, l'amiral de Babylone. Ils reviennent avec des présents destinés aux seigneurs. Ils ont, disent-ils, été tenus à l'écart tandis que les armées fatimides, profitant de la défaite de Corbaran, chassaient les Turcs de Palestine et reprenaient Jérusalem – Jérusalem où ils venaient de passer Pâques [112]. Par leur entremise, Al-Afdal propose aux chrétiens de leur ouvrir l'accès à la ville sainte, mais à condition qu'ils ne s'y rendent que pour leurs dévotions, par groupes de deux cents pèlerins au plus, et sans armes. La proposition est immédiatement rejetée par les barons, qui ajoutent, pour faire bonne mesure, qu'ils iront s'il le faut s'emparer de l'émir et de sa capitale [113]. Il est maintenant devenu clair qu'il faudra bien un jour ou l'autre affronter ces Fatimides; on n'a jamais fini de payer le prix de Jérusalem.

Devancer l'arrivée d'Alexis, prendre de vitesse les armées de l'amiral de Babylone : le comte de Toulouse, bien qu'il déploie « toute son adresse pour retarder le départ des pèlerins », ne peut rien contre ces deux raisons-là, d'autant que le peuple des pauvres s'impatiente. Le 13 mai, Godefroi de Bouillon, Robert de Flandre, Robert Courteheuse et Tancrède mettent le feu à leur camp et prennent le chemin du sud.

Raimond cette fois est celui qui reste, et qui voit partir une bonne partie de ses propres troupes. « Le comte fut troublé jusqu'aux larmes et en vint à se détester lui et les siens », note son chapelain. Triste temps en effet pour Raimond de Toulouse : non seulement il doit lever le siège d'Archas; non seulement il a perdu, avec la Sainte Lance, l'âme de son armée; non seulement il doit courir derrière ses troupes, mais il s'est en grande partie déconsidéré aux yeux du peuple, dont le héros est maintenant Godefroi, le duc de Lorraine prude et rude.

Raimond, à grand regret, doit lever le camp à son tour, rattrape l'armée devant Tripoli, tente à nouveau de convaincre les barons de mettre le siège sous cette ville juteuse, leur propose de les solder généreusement, mais en vain. Il s'entend même répondre (« Au milieu d'avril nous avions déjà du blé ») qu' « il y avait intérêt à accomplir le voyage de Jérusalem avec les fruits nouveaux ». L'heure du comte de Toulouse est bien passée.

Le gouverneur de Tripoli, avec qui l'on traite, fait libérer plus de trois cents pèlerins qui étaient là en captivité, donne aux principaux seigneurs « quinze mille besants et quinze destriers de grands prix », sans compter des chevaux, des ânes et du ravitaillement en quantité. Il promet aussi, si les Francs gagnent la guerre que leur prépare l'émir du Caire et s'ils s'emparent de Jérusalem, de se faire chrétien et de

« tenir d'eux sa terre », c'est-à-dire qu'il se reconnaîtra leur vassal. En échange, les barons s'engagent à ne rien piller sur les terres des Bnou Ammar. « Ainsi fut-il fait et conclu. »

Quittant Tripoli au bout de trois jours, les Francs, sur le conseil des chrétiens indigènes que le gouverneur leur a donnés comme guides, choisissent de ne pas prendre par l'intérieur, mais de suivre « la voie de la marine parce que leurs nefs les y costoieroient, ce qui leur feroit grant seureté et grant confort ; car en cele navire n'estoient mie seulement les nés (nefs) Guinemert qui vindrent de Flandres, ainz (mais aussi) i avoit nés de Gênes, de Venice, de Chipre, de Rhode et d'autres isles de la Grèce, chargiées de viandes et d'autres marchandises qui fesoient grant bien à l'ost. Li Suriens se mirent avant por conduire l'ost. Li bailli de Triple (Tripoli) leur bailla de sa gent qui bien savoient tout le païs [114]. »

« Nous suivîmes toute la nuit, écrit l'Anonyme, une route étroite et escarpée. Nous parvînmes à un château appelé Béthelon (Bâtroun), puis à une ville située près de la mer, qu'on nomme Zebar (Djebaïl). Nous y souffrîmes d'une grande soif et, ainsi épuisés, nous atteignîmes un fleuve qu'on nomme le Brahim, puis, pendant la nuit et le jour de l'Ascension du Seigneur, nous franchîmes une montagne par un chemin très resserré. »

C'est un sentier à flanc de rocher, coupé d'éboulements, miné par des pluies torrentielles, que menacent par endroits les vagues de la mer. « Nous pensions trouver des ennemis en embuscade, mais, par la permission de Dieu, nul d'entre eux n'osait approcher de nous. Nos chevaliers nous précédèrent et ouvrirent la route devant nous... »

Elle va le jour et la nuit, l'armée du Christ, elle ne s'arrête plus guère.

Beyrouth. La première place fatimide ne cherche pas à se défendre. Au contraire, des messagers apportent des présents et des paroles de paix. Ils offrent du ravitaillement et demandent qu'on épargne les vignes et les arbres. Eux aussi promettent de se faire vassaux des Francs si les Francs s'emparent de Jérusalem. A Beyrouth, le marin anglais Edgar Aething et ses hommes débarquent pour se joindre aux troupes à terre ; continuent par mer Guinemer le pirate et deux galères génoises appartenant aux frères Embriaco.

Après Beyrouth, Sagette (Sidon). Quelques-uns des nôtres, qui se reposent parmi les rochers, sont piqués par des serpents qu'on appelle tarenta. « Les membres enflés d'une manière extraordinaire et dévorés d'une soif insupportable », ils meurent rapidement. Les indigènes ne connaissent que deux remèdes : pour le premier, un des chefs de l'armée doit serrer fortement de sa main droite le membre piqué, afin d'empêcher le venin de se répandre dans le corps ; le deuxième moyen de guérir, disent-ils, est que l'homme piqué aille sans le moindre retard coucher avec une femme, ou, si c'est une femme, avec un homme : « L'un ou l'autre serait ainsi préservé du venin et de toute autre enflure. » Ils disent aussi que le plus sûr est de ne pas se faire piquer, et d'avancer en cognant l'un contre l'autre deux gros cailloux ou deux boucliers.

On attend toute une journée un chevalier parti s'approvisionner avec sa troupe.

Après Sagette, Sour (Tyr), où rejoignent des contingents arrivant à marches forcées d'Antioche et d'Édesse. Jérusalem sans doute leur manquait, Jérusalem au bout de la route [115].

Après Sour, Acre. Si nous parvenons à prendre Jérusalem, nous fait dire le gouverneur, ou si nous sommes capables de rester vingt jours en Judée sans que le roi de Babylone nous en chasse, ou si nous le vainquons, alors il nous livrera sa ville, et, en attendant, il reste notre ami.

Après Acre, Caïffa (Haïfa).

Après Caïffa, Césarée, où nous célébrons la Pentecôte. Nous sommes alors le 29 mai. Tandis que nous étions en train d'établir le camp, est tombé parmi nous un pigeon blessé par un épervier. Il portait un message adressé à l'émir de

Césarée par l'émir d'Acre, celui qui venait de nous jurer son amitié : « Une race de chiens, dit en substance le message, a passé chez moi, race folle et querelleuse, à laquelle, si tu aimes ta loi, tu dois chercher à faire beaucoup de mal, tant par toi que par les autres. Si tu le veux, tu le pourras facilement. Fais savoir ces mêmes choses dans les autres villes et dans les châteaux. »

Que Dieu éventre tous ceux de la maisnie Judas!

Païens! Dans quelques jours, nous aurons pris Jérusalem, et personne alors ne pourra plus rien contre nous.

Nous suivons la côte encore un moment, puis, évitant le port de Jaffa, nous prenons vers l'est, vers l'intérieur des terres. Sans doute, nous perdons l'appui des bateaux, mais dans deux jours, si Dieu veut...

Robert de Flandre et Gaston de Béarn sont partis en éclaireurs. Ils atteignent Ramla (Ramleh), ville où saint Georges, le protecteur des armées chrétiennes, a été jadis martyrisé. Les habitants ont fui la cité, laissant beaucoup de froment dans les greniers et toutes les récoltes qu'ils avaient déjà amassées. Nous allons prier sur le corps très précieux de saint Georges, qui repose dans une église vénérable. Puis nous décidons de nommer un évêque; ce sera un Normand, un certain Robert, originaire du diocèse de Rouen, auquel les barons accordent des dîmes et qu'ils enrichissent en or, en argent, en chevaux et autres animaux, afin qu'il puisse vivre là dévotement et honorablement avec ses hommes.

Nos chefs tiennent conseil. La chaleur est terrible et certains hésitent à s'aventurer dans cette Judée brûlante et désertique; mieux vaudrait, disent-ils, aller attaquer l'amiral de Babylone sur ses terres : lui vaincu, Jérusalem tomberait du même coup. Ils peuvent toujours dire. Depuis que nous sommes nés, nous prions en nous tournant vers l'Orient; il y a trois ans maintenant que nous portons en nous notre désir, et au moment de l'assouvir enfin, on voudrait nous détourner? Les pauvres déjà n'écoutent plus ce qu'on leur dit et commencent à se répandre dans le pays.

Nous quittons Ramla le lundi 6 juin, et notre cœur nous brûle d'impatience.

Nous ne trouvons en route ni source ni fontaine, et il faut envoyer un fort détachement chercher de l'eau et du fourrage. Dieu habite le silence de cet âpre pays (40) et nous ne chantons plus, nous ne jurons plus, nous avançons dans le raclement des pas et le grincement des harnais. Arrivent au-devant de nous des chrétiens que les musulmans, à notre approche, ont chassés de Jérusalem. Viennent aussi des chrétiens de Bethléem – Bethléem! – qui nous demandent de presser le pas. Le duc Godefroi envoie avec eux Tancrède et cent chevaliers – ils arriveront au point du jour, et les chrétiens de Bethléem accourront à leur rencontre, les aspergeront d'eau bénite, leur baiseront les yeux et les mains.

Nous campons le soir au lieu dit Emmaüs, là où le Christ, après sa résurrection, apparut à deux disciples. Il est passé là où nous sommes. Nous nous déchaussons et foulons de nos pieds nus ce sol de roc et de poussière ocre où Il a posé ses pieds nus.

Nuit. Nuit entre toutes les nuits, prières et chants autour des feux, Jérusalem va naître de cette nuit.

Et voici qu'une sorte d'éclipse de lune ensanglante le ciel : c'est le signe que les païens seront détruits dans leur sang, disent les prêtres, et ils entonnent des actions de grâce.

Il y a plus de mille nuits que nous sommes partis, nuits de guerre, de peur, de boue, de faim, de froid, de fièvre, nuits de nulle part, nuits de solitude et de désespérance, nuits sans plus jamais de matin. Mille nuits entre hier et maintenant, entre nos villages et ce village, mille nuits depuis que nous avons rompu la muraille qui nous retenait en nous, mille nuits entre nous et nous – qui sommes-nous donc devenus ?

Si nous avons survécu – un sur trois ? un sur cinq ? un sur dix ? – c'est que Dieu le voulait ainsi. Ceux qui au matin se présenteront devant Jérusalem, Sa main les a choisis un à un : ainsi le chevalier anonyme de l'armée de Bohémond ; ainsi Robert, l'enfant de Corbie, qui a survécu à tout et qui, en chemin, a bien grandi ; ainsi Godefroi, et le bouillant Tancrède, et le malheureux comte de Toulouse. Ainsi Pierre l'Ermite. Peut-être ne serions-nous jamais arrivés si Petit-Pierre n'avait pas désobéi quand le pape ne voulait que des hommes armés dans son expédition. Ce sont toujours les pauvres, les non-combattants, les désarmés, les compagnons Jhésu qui ont remis l'armée en marche à l'heure des plus dures épreuves. Ils étaient « riches de l'abondance de leur pauvreté », comprenez-vous ? Ils étaient la semence, ils étaient le ferment, et leur irremplaçable force était de ne rien désirer d'autre que Jérusalem.

Jérusalem.

Le mardi 7 juin à la pointe de l'aube nous nous sommes engagés sur un étroit chemin au flanc de profondes gorges. Nous nous bousculions, piétons et cavaliers, pour arriver plus vite.

Et puis soudain, du sommet d'une colline...

Des murailles, là-bas, des dômes à contre-jour, le ciel du matin avec encore des traînées d'or et de cuivre, une lumière comme on n'en connaît pas chez nous, fille de la mer et du désert, dirait-on, une lumière d'ailleurs, et c'est Jérusalem.

Alors le cœur nous manque, tout se fond et se mêle en nous, chacun de nous est le creuset où fusionnent en un éblouissement la Jérusalem terrestre et la Jérusalem céleste, la pierre et la lumière. En chacun de nous s'accomplit ce qui était promis depuis toujours.

« Lors commencierent à plorer et mistrent tuit à genoux

et rendirent grasces à Nostre Seigneur à molt granz soupirs
de ce que tant les avoit amez que ils verroient le chief de leur
pelerinage, la sainte cité que Nostre Sires ama tant que il i
vost (voulut) sauver le monde.

« Granz pitié estoit à veoir et à oïr les lermes et les criz de
cele bone gent. Ils vindrent un pou avant, tant que ils virent
les murs et les tors de la ville. Lors levèrent leurs mains vers
le ciel, puis après se deschaucièrent tuit et besoient la
terre. »

III

LA PORTE DU PARADIS

La fontaine de Siloé – Si les échelles... – Achard, fils de
Guichard – Deux machines – Le soulagement de Tancrède –
La grande procession – Amour et charité - La honte
Jesu-Crist – Un denier pour trois pierres – La tour de
Godefroi – Assaut général – Les prestiges des magiciennes –
Du vinaigre – Liétaud et Engelbert – Du sang jusqu'aux
chevilles – Sospirs et lermes

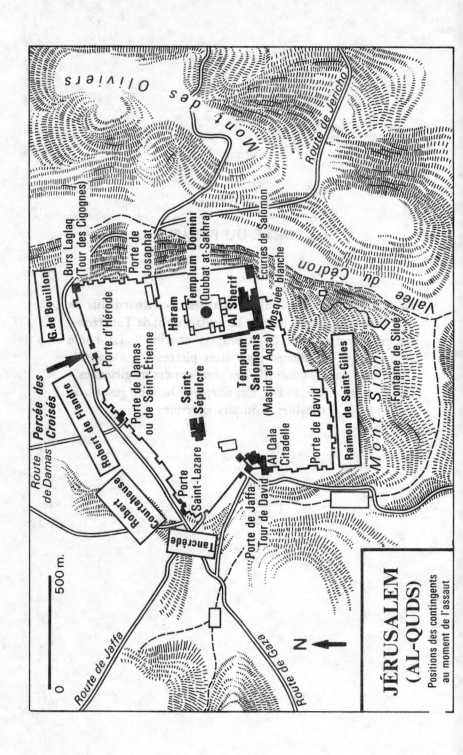

JÉRUSALEM (AL-QUDS)

Positions des contingents
au moment de l'assaut

N

500 m.

0

Mont des Oliviers

Route de Jéricho

Vallée du Cédron

Burs Laglaq
(Tour des Cigognes)

Porte de
Josaphat

Templum Domini
(Qubbat at-Sakhra)

Ecuries de Salomon

G. de Bouillon

Porte d'Hérode

Haram

Al Sherif

Mosquée blanche

Percée des
Croisés

Porte de Damas
ou de Saint-Étienne

Saint-
Sépulcre

Templum
Salomonis
(Masjid ad Aqsa)

Raimon de Saint-Gilles

Route
de Damas

Robert de Flandre

Saint-Lazare

Porte de David

Fontaine de Siloé

Mont Sion

Robert
Courteheuse

Porte
Saint-Lazare

Al Qala
Citadelle

Porte de David

Tancrède

Porte de Jaffa

Tour de David

Route de Jaffa

Route de Gaza

Notre chevalier anonyme ne laisserait sa place à personne : « Et nous, exultant d'allégresse, nous parvînmes jusqu'à la cité de Jérusalem, le mardi [7 juin], et nous l'assiégeâmes admirablement. »

Jérusalem, de sa hauteur, domine un pays de collines, d'escarpements, de torrents à sec. Pas de forêts, pas d'eaux coulantes, pas d'ombre quand le soleil est vertical. Les défenseurs ont eu le temps de stériliser le pays alentour : puits comblés, citernes éventrées, arbres abattus, buissons rasés. Les chrétiens n'y trouveront ni à boire ni à manger, ni pour eux ni pour leurs bêtes.

Robert de Normandie et Robert de Flandre s'installent au nord, près de l'église Saint-Étienne, là où fut lapidé le premier martyr au nom du Christ. A l'ouest, Godefroi et Tancrède dressent leurs tentes face à la Tour de David, véritable citadelle qui fait saillant dans le rempart près de la porte de Jaffa. A l'est, la muraille surplombe la vallée de Josaphat, où les apôtres enterrèrent la Vierge Marie :

A diestre, entre mont Olivet
Et cel Temple saintisme et net
Si est li vaus de Iosafas
Dont iou ramenbrance vous fas
Car illuec fu Sainte Marie
Des apostles ensevelie [117].

Le flanc opposé de la vallée s'élève jusqu'au mont des Oliviers – où tout parle de Jésus – et où l'on établit un poste de surveillance. De là, on voit, vers l'est, le désert s'effondrer par pans vers la mer Morte.

Raimond de Saint-Gilles occupe, lui, la face sud des fortifications. D'abord au pied du rempart, il a pris un peu de recul et s'est établi sur le mont Sion, où ses hommes découvrent « le moustier de madame Sainte Marie ». C'est, leur explique-t-on « li maisons là où Ihesu Cris chena avenc ses Apostles le Ieudi Absolu, et fist le sacrement de l'autel ». L'établissement du comte de Toulouse en ces lieux sacrés est critiqué, mais, par piété autant que par vanité, il refuse d'en bouger : c'est l'endroit où la Cène a été célébrée, mais c'est aussi là que le Seigneur ressuscité apparut à Thomas, là que « les apôtres reçurent le feu divin », là encore que se trouvent les tombeaux de David, de Salomon et de saint Étienne. Raimond une fois de plus se coupe des autres. Il solde de nouveaux chevaliers et hommes de pied.

Avant tout, on s'occupe de trouver de l'eau. La seule source accessible est la fontaine de Siloé, à plus d'une lieue, et « qui ne coulait que de trois jours en trois jours ». Les jours où elle coule, on se bat pour remplir des outres, et la presse est telle que des bêtes y sont étouffées et restent à pourrir dans l'eau stagnante. Tout autour, des malades et des vieillards, faute de pouvoir accéder à la source, mendient à boire à longues plaintes. Il fait si chaud, en ce début de juin, que l'on voit des mulets ou des bœufs soudain tomber, « desséchés par la force de leur soif ». Il va falloir s'éloigner de plus en plus pour trouver de l'eau : elle est déjà si rare que « cinq ou six écus par jour ne suffisaient pas à un homme qui avait soif et voulait boire de l'eau claire ». Mais s'éloigner, c'est risquer les embuscades et les accrochages. Le 9 juin, Raimond Pilet et Raimond de Turenne, ceux qui ont pris Tortose, et qui sont particulièrement « désireux de combattre », vont ainsi affronter une troupe d' « incrédules » : « Ils en tuèrent un grand nombre et saisirent trente chevaux ».

Comment prendra-t-on Jérusalem ?

Les chrétiens indigènes viennent donner des conseils et des renseignements. Les Sarrasins, disent-ils, ont fortifié les remparts et emmagasiné des quantités de vivres et d'armes. Deux sources coulent à l'intérieur de la ville et on ne peut compter assoiffer les défenseurs. Le gouverneur Iftikar et ses commandants ont enlevé aux chrétiens tout leur argent, ont expulsé les hommes et torturé Gérald, le chef de l'hôpital des pauvres, qu'ils soupçonnaient de préparer une ruse contre eux. La garnison peut comporter trois mille soldats, et vingt ou trente mille personnes se trouvent dans la ville.

Parmi ceux qui offrent leurs services aux Francs, Robert de Normandie voit arriver un certain Hugues Bunel, dont l'histoire est singulière : dépouillé de son héritage légitime par la comtesse Mabel, épouse de Roger de Montgomery, il l'a assassinée. C'était en 1082, dix-sept ans plus tôt. Condamné à mort par la puissante famille de la comtesse, il a dû fuir avec ses frères Raoul, Richard et Goislin. Il a gagné l'Apulie, puis la Sicile. Partout le poursuivaient les espions et les tueurs de Guillaume le Conquérant. Au point qu'il n'a trouvé d'autre solution que de quitter la chrétienté : il s'est dissimulé parmi les musulmans, a appris leur langue et leurs coutumes. Son arrivée est une bonne affaire pour Robert Courteheuse, car Hugues Bunel est familier des pièges et des ruses des païens [118].

DIMANCHE 12 JUIN. Les barons vont consulter un ermite retiré sur le mont des Oliviers.

– Si demain, leur dit celui-ci, vous attaquez la ville jusqu'à la neuvième heure, Dieu vous la livrera.

Les Francs objectent qu'ils n'ont pas de machines, ni d'engins de siège, ni même d'échelles, qu'ils ne peuvent trouver de bois pour en faire.

- Dieu est tout-puissant, répond l'ermite, et s'Il le veut, les soldats pourront escalader les murailles avec des échelles de jonc... Dieu est toujours avec ceux qui travaillent pour la vérité.

LUNDI 13 JUIN. Conformément au conseil de l'ermite, l'armée du Christ attaque Jérusalem « avec un tel élan que si les échelles avaient été prêtes, la ville tombait en notre puissance ». Avant de se retirer, ils ont pu toutefois franchir une première enceinte basse. Ils ont « perdu un grand nombre d'hommes ».

L'avantage de cet assaut est d'avoir prouvé que, malgré la conviction de l'ermite, on ne peut rien contre de telles murailles sans machines de siège, béliers, tours roulantes, engins de jet. On envoie un détachement « vers le pays de l'Arabie », où un chrétien syrien leur a indiqué une forêt. La troupe est menée par Robert de Flandre, Courteheuse et Gérard de Chérisy. « Ayant trouvé du bois, ils le posèrent sur le dos des chameaux, et revinrent au camp sans accident. »

JEUDI 16 JUIN. « Dès le point du jour, tous les ouvriers se mirent à l'ouvrage pour construire les machines et le bélier, les uns avec des haches, les autres avec des tarières. »

VENDREDI 17 JUIN. Se présentent à Jérusalem des messagers génois envoyés de Jaffa par les frères Embriaco, qui viennent d'arriver avec leurs deux galères et quatre navires anglais. Ils ont du matériel – bois, clous, outils, ferrailles – pour construire les engins de siège, des biscuits (41) et de la farine. C'est une aubaine : on n'a pas mangé de pain dans l'armée depuis qu'on est arrivé en Judée, et Raimond d'Aguilers craint que chacun ne songe plus « qu'à son ventre et à sa gueule ».

Le comte de Toulouse dépêche aussitôt vers Jaffa une escorte de trente cavaliers sous le commandement d'un noble de sa suite, Galdemar, dit Carpinelle. Puis on s'avise que l'escorte risque d'être insuffisante, et Raimond Pilet, Achard de Montmerle et Guillaume de Sabran partent à leur tour avec cinquante cavaliers. Il était temps. Entre Lydda et Ramla, des Sarrasins attaquaient le détachement de Galdemar, à qui ils avaient déjà tué quatre cavaliers – sans compter les piétons – quand survient Raimond Pilet.

Ces Sarrasins font partie d'une troupe de reconnaissance de l'amiral de Babylone. « Les nôtres, après avoir invoqué le nom du Christ, chargèrent sur ces incrédules avec un tel élan que chaque chevalier abattit son ennemi. » Les Sarrasins sont mis en fuite : « Ils en tuèrent un grand nombre, en prirent un vivant afin d'avoir par lui des renseignements et s'emparèrent de cent trois chevaux. » Mais le seigneur Achard de Montmerle est mort dans la bataille, celui-là même qu'on avait vu, trois ans plus tôt, le 12 avril 1096, signer un contrat de nantissement avec les moines de Cluny pour mille sous et quatre mules : « Moi, Achard, chevalier, du château que l'on nomme Montmerle, fils de Guichard dit aussi de Montmerle ; moi, dis-je, témoin de ce grand mouvement ou expédition du peuple chrétien s'apprêtant à marcher sur Jérusalem... » Il ne retournera pas, Achard, fils de Guichard, au château que l'on nomme Montmerle, et les moines de Cluny ajouteront son nom à l'interminable litanie des noms de ceux dont ils bénissent chaque jour la mémoire dans leurs prières.

A Jaffa, les matelots accueillent l'escorte « avec de vives démonstrations de joie ». Mais, en pleine nuit, alors qu'on a commencé le déchargement des marchandises, une flotte sarrasine se présente devant le port. Les chrétiens, trop inférieurs en nombre, renoncent à aller les affronter. Prenant avec eux « les voiles, les cordes, tous les objets d'armement, les ustensiles et les approvisionnements », ils se retirent dans la citadelle de Jaffa.

Le matin, le convoi se forme et, sous la protection de l'escorte commandée par Raimond Pilet et Carpinelle, prend

350 SI JE T'OUBLIE JÉRUSALEM

la route de Jérusalem, où il arrive sans encombre, sous les vivats et les applaudissements.

On est alors le 19 juin. Malgré le dramatique manque d'eau – on trouve de tout, même des sangsues, dans les outres en peau de chèvre dont on a raclé le bord fangeux des fontaines – le moral de l'armée est au plus haut. Vous pensiez délivrer Jérusalem, vous, sans avoir à souffrir un peu ?

On a entrepris deux grandes machines de siège. L'une pour Godefroi et les deux Robert, l'autre pour Raimond de Toulouse. Le maître d'œuvre de la première est Gaston de Béarn ; celui de la deuxième Guillaume Ricou, le commandant des Génois juste débarqués, surnommé l'Ivrogne. Raimond de Toulouse a soldé tous les Génois en bloc, avec leurs cordes et leurs outils, « car li notonier de Gene estoient mout bon charpentier et molt savoient fere mangoniaus et autres engins de guerre ». Comme tous les marins, « ils étaient fort habiles à couper le bois, à l'aplanir, à assembler les poutres et à dresser les machines ». Ils se sont installés au bas du mont Sion, où la piétaille s'affaire à aplanir le sol.

Le bois lui-même ne manque plus. On en a trouvé en Samarie, près de Naplouse, et Tancrède en a même découvert fortuitement. C'est son très dévoué biographe Raoul de Caen qui le raconte : Tancrède, dit-il, était fort travaillé par des flux de ventre et devait à tout moment descendre de cheval pour « se retirer à l'écart ». Un jour qu'il cherche du bois, il met brusquement pied à terre, s'éloigne de ses compagnons et s'arrête, hors de leur vue, à l'entrée d'une grotte. « Quel autre que ce Dieu, demande Raoul, transforma une maladie honteuse en un remède plus précieux que le plus précieux des métaux ? » Car, tandis qu' « il trouve quelque soulagement, le visage tourné vers la cavité du rocher [...] il aperçut dans le fond quatre pièces de bois telles qu'on ne pouvait en désirer de meilleures ». Il s'agit de poutres équarries qui avaient servi aux Fatimides assiégeant Jérusalem l'été précédent.

Tandis que les charpentiers scient, dressent et assemblent, des équipes vont ramasser des liens d'osier, de petites branches et même des arbustes : on en fera les claies sur lesquelles on tendra des peaux d'animaux juste écorchés, l'ensemble servant de protection, notamment contre le feu ; en même temps, d'autres équipes « cherchaient des cadavres des animaux tués ou morts par suite de la sécheresse et du manque d'eau, prenaient tous ceux qu'ils trouvaient, sains ou malades indifféremment, et les dépouillaient ».

Les travaux avancent vite, et tout serait pour le mieux si de fréquentes altercations n'opposaient les hommes de Tancrède à ceux du comte de Toulouse, « lequel refusait de payer à Tancrède la somme qu'il lui avait promise ». Raimond de Toulouse a envoyé ses hommes faire des prisonniers dans les environs pour lui servir de main-d'œuvre : « Ils se mettaient à cinquante ou soixante et transportaient ainsi sur leur cou une poutre énorme que quatre paires de bœufs n'auraient pas pu traîner. »

L'ermite du mont des Oliviers, à nouveau consulté dans les premiers jours de juillet, conseille aux Francs d'ordonner des jeûnes, des aumônes, des mortifications, des prières assidues, puis de livrer un nouvel assaut en toute confiance.

Le clergé prend l'affaire à cœur. C'est que Jérusalem n'est pas n'importe quelle place forte de Romanie. Ici est le centre de toutes les prières, chaque paysage illustre un psaume, chaque nom renvoie à l'Écriture, chaque mur parle du Christ. Les hommes d'église laissent aux hommes de guerre le soin d'agencer les machines et prennent la direction du siège : sans doute il faudra des tours roulantes, mais il est plus important de se concilier Dieu. C'est leur rôle. Déjà, ils ont rappelé Tancrède à l'ordre pour avoir, à Bethléem, accroché sa bannière à l'église de la Nativité « comme à une maison ordinaire » ; puis ils ont refusé en conseil la proposition des barons de nommer un roi de Jérusalem pour assurer, après sa conquête, le gouvernement et la défense : pas question, ont-ils objecté, d'élire un roi portant une couronne

d'or là où Notre-Seigneur a porté une couronne d'épines...

Il ne fait de doute pour aucun des soldats du Christ
que Jérusalem sera bientôt entre leurs mains. Mais encore
faut-il prier et se purifier avec suffisamment de foi et
d'ardeur.

Les 6 et 7 juillet sont consacrés au jeûne et au
recueillement. Le 8, les évêques organisent une immense
procession tout autour de la ville. Combien sont-ils alors, les
chrétiens ? Tous confondus, peut-être trente mille, guerriers,
nonnes, évêques et filles à soldats, pèlerins devenus vieux en
route ou enfants juste nés, trente mille – mais certainement
moins de quinze mille hommes d'armes, dont peut-être
quinze cents chevaliers – trente mille qui vont pieds-nus
autour de Jérusalem « afin que celui qui avait fait son entrée
dans l'humilité nous l'ouvrît en considération de notre
humilité, pour faire justice de ses ennemis [119] ». Les clercs
vêtus de blanc portent les saintes reliques et des cierges,
brûlent de l'encens, alternent les cantiques et les litanies, les
bénédictions et les prosternations.

Écoute-nous, Christ-roi !
Écoute-nous, Seigneur !
Aie pitié, Dieu !
Aie pitié !

A pas lents, à mots graves, le cortège prend peu à peu
possession de cette ville qui est au centre de l'espace et du
temps et personne ne s'étonnerait d'en voir les murailles
soudain s'ouvrir.

Au mont des Oliviers, l'armée des compaignons Jhesu
s'arrête « en toute dévotion et humilité » là où le Christ
enseigna à ses disciples à prier. Prennent tour à tour la parole
Raimond d'Aguilers, qui s'adresse aux Provençaux ; Arnoul de Choques, qui parle aux Français et aux gens du

Nord; Pierre l'Ermite, qui ne représente aucun baron, mais qui est la voix des pèlerins de toujours. Ils symbolisent à eux trois l'union qui doit régner entre tous les soldats du Christ, demandent « que chacun pardonne à celui qui l'a offensé afin que Dieu nous devienne favorable » – ainsi voit-on, parmi beaucoup d'autres, se réconcilier Tancrède et Raimond de Toulouse.

Puis, « tout le peuple ainsi réuni par les liens de charité et d'amour », la procession descend du mont des Oliviers pour gagner la colline de Sion, s'exposant alors aux flèches des Sarrasins qui, du haut des remparts, provoquent les chrétiens. « En témoignage de mépris et de dérision, ils dressèrent des croix et crachèrent [dessus], tandis que d'autres ne craignaient pas de les arroser de leur urine en présence de tout le monde. » Ils ne perdent rien pour attendre. La « honte Jesu-Crist » sera vengée, en même temps que ceux des nôtres qui tombent là, devant l'église de Sion.

La procession se termine quand la boucle est bouclée, quand tous les gestes ont été faits, quand tous les mots ont été dit. Il ne reste plus qu'à préparer l'attaque.

SAMEDI SOIR, 9 JUILLET. La décision est prise de transporter la tour d'assaut de Godefroi face au rempart nord-est, alors que les éléments en ont été préparés devant les murailles de l'ouest : là, en effet, les assiégés ont eu le temps de construire des défenses insurmontables, tandis que le nouvel emplacement paraît plus vulnérable et d'accès plus aisé.

On travaille toute la nuit à ce déménagement, et, à l'aube, la tour est entièrement assemblée sur sa nouvelle position. On monte aussi trois mangonneaux, qui commencent sans attendre à pilonner les murailles pour en éloigner les défenseurs. Mais ceux-ci fixent aux remparts des sacs de paille attachés à des cordes afin d'amortir le choc des pierres. Godefroi de Bouillon, excellent arbalétrier, y met le feu avec

des flèches enflammées : « Le feu s'attacha aussitôt aux
substances desséchées, un vent léger l'entretint et l'anima;
bientôt les sacs et les cordes furent brûlés et l'on recommença à
battre les murailles en brèches... »

Au sud, Raimond de Saint-Gilles fait crier que
« quiconque porterait trois pierres dans le fossé aurait un
denier ». Les Génois ont pratiquement terminé d'assembler
leur tour, et il faut pouvoir l'approcher des remparts.
L'opération prendra trois jours.

Pendant ce temps, côté nord, Godefroi, dont les mangonneaux ont continué jour et nuit à bombarder le rempart, à
l'écrêter, à le fissurer, fait donner le bélier. C'est un
gigantesque engin de bois à la tête de fer pouvant aller et venir
à l'intérieur d'une carcasse où le meuvent « une quantité
innombrable de pèlerins » protégés par un toit de claies
d'osier. Ses énormes coups de boutoir éventrent la première
enceinte tandis que les assiégés tentent de l'incendier : « Mout
i poïst l'en veoir les saietes ardanz (flèches enflammées),
tisons embrasez, poz pleins de soufre, d'uile et de poix et de
toutes choses qui sont norrissemenz de feu. » Mais la brèche
est bientôt assez large pour laisser passage à la tour
roulante.

L'engin que Gaston de Béarn a construit pour Godefroi
est un monstre, une merveille, avec ses trois étages, sa
passerelle prête à être abattue sur le rempart, ses agrès, ses
cloisons intérieures, ses étais superposés, ses claies doublées
de cuir de taureau, de cheval et de chameau, ses roues épaisses
et, tout en haut, « une croix resplendissante d'or et sur
laquelle avait été placée une figure du Seigneur Jésus ».

JEUDI 14 JUILLET. Le fossé du sud étant comblé, les
machines étant prêtes, reste à s'approcher des remparts sous
les flèches, le feu, les pierres des défenseurs. Ainsi tout le jour
et toute la nuit. « Vous ne sauriez croire les efforts prodigieux
et de toute espèce qui furent faits durant cette nuit des
deux côtés. »

VENDREDI 15 JUILLET. Au point du jour, tous les contingents sont à l'attaque, au nord, à l'ouest et au sud de la ville : « Nous donnâmes un assaut général à la ville », raconte l'Anonyme, qui se trouve du côté de la tour de ceux du Nord.

La tour, Godefroi la commande. Il a pris place à l'étage supérieur, avec son frère Eustache de Boulogne, quelques proches et des munitions en tout genre. Deux frères de Tournai, Liétaud et Engelbert, des vaillants, occupent l'étage intermédiaire – qui doit être au niveau du rempart – avec d'autres chevaliers. En bas, entre les roues, se trouvent ceux qui meuvent l'énorme machine et peu à peu l'approchent de la muraille, poussant, tirant, ahanant.

L'étage où se trouve Godefroi et son frère domine le rempart « de la hauteur d'une lance de frêne », et les hommes « tirent à coups de flèches sur ceux qu'ils voient dans la ville ». Les Sarrasins concentrent le tir de leurs machines et de leurs archers sur la tour de Godefroi, essayant sans succès d'abattre la croix qui la surmonte. Tandis que le duc de Lorraine charge et décharge son arbalète ou qu'il rattache les claies endommagées, son voisin est tué d'une pierre à la tête.

Au Sud, la machine du comte Raimond approche à son tour du rempart, attirant à elle une partie de la défense et soulageant d'autant les troupes de Godefroi.

Une patrouille de surveillance capture deux musulmans qui arrivent d'Ascalon porteurs d'un message demandant aux assiégés de tenir à tout prix : Al-Afdal sera là dans moins de quinze jours avec « de grandes forces afin d'exterminer les Français ».

Est-ce le cauchemar d'Antioche qui recommence ? Al-Afdal ainsi que Corbaran accourant assiéger les assiégeants ? Comme un des messagers n'est pas mort, ceux qui l'ont interrogé le placent tout ficelé dans un mangonneau « afin que son corps fût jeté par-delà les murailles de la ville ». Mais le tir est trop court, et « le malheureux Sarrasin tomba sur des rochers pointus, eut la tête et le corps fracassés et mourut, à ce qu'on rapporte, un instant après ».

Soudain, des femmes apparaissent, là-haut, debout sur le rempart. Ce sont des « magiciennes » sarrasines mobilisées pour jeter un sort aux machines de guerre des chrétiens. Mais tandis qu'elles opèrent leurs « prestiges », les mangonneaux les prennent pour cible. Un quartier de roc les attrape de plein fouet et « chassant leurs âmes de leurs corps, détourna les effets de leurs enchantements ». Quel soulagement (42)!

Lourdement, lentement, la tour de Godefroi continue de progresser vers la muraille. Elle en est maintenant assez proche pour que les défenseurs la bombardent de vases emplis de substances enflammées, mais les cuirs lisses et frais jouent leur rôle protecteur. Rien pourtant n'est encore décisif. Il est midi, on éprouve le besoin de souffler un peu.

« Puis, à l'approche de l'heure à laquelle Notre-Seigneur Jésus-Christ consentit à souffrir pour nous le supplice de la croix », on reprend le combat avec un nouvel élan. On se bouscule pour pousser la tour. A quelques pas derrière, les clercs en robe blanche brandissent des croix et des prières, exaltent les combattants, leur parlent de la victoire et du salut, et des sources d'eau claire qui coulent en paradis.

Dieu le veut!
Dieu aide!
Saint Sépulcre!

Cris, coups sourds des pierres battant les pierres, détentes sèches des machines, appels des femmes portant de l'eau boueuse aux soldats.

Au sud, la tour de Raimond se démantibule et ses occupants doivent se replier tandis que les Génois s'affairent à la réparer. Quant à celle de Godefroi, au nord-est, elle va enfin toucher la muraille, et les mangonneaux des Sarrasins, placés sur une terrasse proche ne peuvent plus l'atteindre, tirant trop haut ou trop bas. Les défenseurs sortent alors une nouvelle arme : un énorme tronc d'arbre garni de clous et de crochets de fer auxquels sont attachés des paquets d'étoupe imprégnée de poix, de cire, d'huile, de soufre, de résine, de lard. Il s'agit de le faire basculer du rempart sur la tour où il se fixera par ses crochets et à laquelle il mettra le feu du haut en bas. Et ce feu-là, l'eau ne l'éteint pas.

L'eau, non. D'ailleurs les chrétiens n'en ont pas. Mais le vinaigre, oui, et, avertis, ils ont pris soin d'en faire provision. Et quand, à grands efforts, avec des échelles et des leviers, les Sarrasins font basculer leur boute-feu qui se colle à la tour de tous ses crocs de fer, les chrétiens ont vite fait d'en éteindre les flammes, tandis que des grappes de pèlerins, pendus à la chaîne que les défenseurs tentent de retenir d'en-haut, finissent par la leur arracher.

Voyant le vent favorable, Godefroi fait mettre le feu à une paillasse. La fumée écarte un instant les défenseurs et masque les attaquants. Liétaud et Engelbert abattent aussitôt leur passerelle, mais elle est trop faible et ils la renforcent de deux poutres prises à l'ennemi un peu plus tôt [120].

Dieu aide!

L'épée à la main, les deux frères de Tournai prennent pied sur le rempart de Jérusalem, suivis de Godefroi de Bouillon et d'Eustache de Boulogne.

Les défenseurs du rempart nord se replient à l'intérieur de la ville, semant la panique, poursuivis par les chrétiens. Un contingent de chevaliers envoyé en renfort par Al-Afdal juste avant l'arrivée des Francs n'a que le temps d'abandonner ses chevaux et de s'enfermer dans la Tour de David avec le gouverneur Iftikar.

Les chrétiens maintenant font sauter les serrures et les barres de fer des portes. La porte Saint-Etienne est ouverte la première. Le fleuve hurlant des pèlerins s'y engouffre. Des chevaux qui étouffent mordent et ruent au hasard. Des hommes meurent écrasés dans la bousculade.

Au sud, Raimond voit des Sarrasins « sauter du haut du mur en bas », et comprend que la ville a été prise par le nord. Ses Provençaux se précipitent à leur tour pour prendre part à la poursuite sauvage, à la traque sans pitié qui emplit les ruelles, les places, les jardins, les terrasses, les cours, d'un hurlement sans fin, encore amplifié par le jeu des voûtes et des passages. Les ennemis de Dieu, « les nôtres les pourchassèrent, dit l'Anonyme, en les tuant et les sabrant jusqu'au temple de Salomon, où il y eut un tel carnage que les nôtres marchaient dans leur sang jusqu'aux chevilles ». Tous frappent et tuent, anges de justice, légion des derniers jours. Nous étions le bras de Dieu, et nous chassions de sa Jérusalem les imposteurs et les blasphémateurs, Juifs et mahométans au même titre. Ce n'était pas notre victoire, c'était la victoire de Dieu, l'Eternel Un et Tout-Puissant qui châtie les infidèles et renverse les royaumes. Ce n'était pas un épisode de l'histoire des hommes : l'histoire des hommes était derrière nous, nous en étions sortis au moment même où nous avions pris pied sur les murailles de Jérusalem, terrestre et céleste à la fois, nombril du monde, perle du désert... Nous nous délivrions en même temps que nous délivrions Jérusalem.

« On put voir dès lors des choses admirables », applaudit Raimond d'Aguilers en décrivant les ruisseaux de sang ou les brasiers : « On voyait dans les rues et sur les places de la ville des monceaux de têtes, de mains et de pieds. » Elle paie tout en une fois, la pute gent haïe : la mort du Christ et la misère des hommes, la faim, la peur, l'injustice de l'humaine condition.

Massacre, pillage, faut-il en dire plus ? décrire ? Les Juifs se sont réfugiés dans une synagogue et y ont été tués. Au Temple, Tancrède et Gaston de Béarn ont accordé la vie sauve aux quelques centaines de musulmans qui s'étaient réfugiés sur le toit – ils seront tués quand même. « Juste et admirable jugement de Dieu, dit encore Raimond d'Aguilers, qui voulut que ce lieu même reçût le sang de ceux dont les blasphèmes contre lui l'avaient si longtemps souillé. »

La victoire est déjà acquise quand un conseil des barons décidera l'extermination de tous les survivants et prisonniers, « de peur que leurs artifices ou leurs interventions ne suscitent contre nous de nouveaux malheurs ». Seuls seront épargnés le gouverneur Iftikar et la garnison de la Tour de David : ils se sont rendus au comte de Toulouse, qui les a fait escorter jusqu'à Ascalon.

Mais ce même soir, vendredi 15 juillet 1099, « tout heureux et pleurant de joie, les nôtres allèrent adorer le sépulcre de Notre Sauveur Jésus et s'acquittèrent de leur dette envers lui. »

« Lors se départirent li barons et se désermèrent en leurs osteus (hôtel); leurs mains et leurs piés et tous leur cors lavèrent mout bien; puis pristrent noveles robes en leu de celes qui estoient ensanglantées; lors commencierent à aler tuit nuz piés o (avec) sospirs et o lermes par les sainz leus de la cité où Jhesucrist li sauveur du monde avoit esté corporelement. Il besoient mout doucement la place par où si pié estoient alé... »

Voyez-les, ces terribles barons francs, nos aïeux, nos frères, parvenant au Saint Sépulcre, au bout de leur voyage, au bout d'eux-mêmes : ils tombent les bras en croix, foudroyés d'émotion :

« Iluec estoit douce chose a veoir et piteuse comment les pueples plouroient de joie et de pitié, comment ils se lessoient cheoir en croiz devant le Sepulcre. Il sembloit à chascun que il veist encore le cors (de) Jhesuscrist gésir tout mort [...]. Il leur estoit avis que il fussent à l'entrée de paradis. »

ÉPILOGUE

« Dieu nous a accordé Jérusalem ;
qui pourra nous l'enlever ? »

Robert le Moine, *Historia Hierosolymitana.*

Les larmes n'ont pas lavé le sang. Plus personne – et les musulmans moins que quiconque – ne se rappellera sans frémir cet « admirable » massacre du 15 juillet 1099 à Jérusalem. Les chroniques rédigées à froid parleront d'horreur et d'abomination – « La vue même des vainqueurs, écrira Guillaume de Tyr, couverts de sang de la tête aux pieds, était un objet d'épouvante » – et nos manuels scolaires le taisent ou le condamnent vertueusement. Oh! ce n'est pas que nous soyons devenus « meilleurs », ou que quelques siècles de plus nous aient civilisés. Mais sans doute sommes-nous hors d'état de comprendre comment, après trois ans d'épreuves inouïes, nous nous sommes trouvés ce jour-là au point de jonction de la terre des hommes et du royaume des cieux; nous étions au bout de l'Histoire, et nous avions pour mission de l'accomplir.

Le lendemain déjà tout avait changé, et les soldats du Christ étaient devenus des conquérants ordinaires, aux prises avec les difficultés inhérentes à toute entreprise de type colonial : organisation politique, défense, établissement de liens avec la métropole, recrutement de colons-soldats, recherche d'une identité, etc.

Godefroi de Bouillon, l'austère, le vaillant duc de Basse-Lorraine fut choisi comme roi sans couronne de Jérusalem – il prit le titre modeste d'« avoué du Saint

Sépulcre » – de préférence à Raimond de Saint-Gilles, qui perdait un à un tous les avantages qu'il avait pu espérer tirer de l'expédition.

La première tâche de Godefroi fut, moins d'un mois après son élection, d'aller éparpiller devant Ascalon la grande armée de l' « amiral de Babylone » Al-Afdal, qui arrivait enfin d'Égypte. Les indigènes étaient stupéfaits de l'efficacité de ces grands barons roux qui n'avaient peur de rien – Godefroi acquit chez les bédouins du désert une renommée durable en tranchant d'un coup d'épée d'un seul le cou musculeux d'un chameau. Ainsi était le premier chef de cet insolite Royaume latin de Jérusalem qui n'était encore constitué que d'une capitale.

La plupart des pèlerins, grands et petits, repartirent pour l'Occident. Ne restèrent que Tancrède et trois cents chevaliers. Godefroi mourut au bout d'un an, à moins de quarante ans, peut-être de la peste, peut-être d'extrême fatigue. Qui le remplacerait ?

Raimond de Saint-Gilles était à Constantinople, et se préparait à conduire à travers l'Asie Mineure les troupes fraîches arrivant d'Occident. Il refusa amèrement la succession de Godefroi.

Bohémond ? Il était revenu à Jérusalem accomplir son pèlerinage et était retourné à Antioche, où il avait fondé une principauté et où il poursuivait un double objectif : repousser les Grecs à l'Ouest et les Turcs à l'Est. Manœuvres, batailles. Quand Godefroi mourut, Bohémond venait d'être fait prisonnier et jeté au fond d'une prison de Cappadoce. Son neveu Tancrède alla assurer l'intérim à Antioche.

Robert de Flandre était reparti, ainsi que Robert de Normandie et Eustache de Boulogne : comme la plupart des pèlerins, ils s'estimaient démobilisés par l'exécution de leur vœu et la réussite de leur entreprise.

Restait le frère cadet de Godefroi : ce Baudouin cynique, froid et courageux qui avait abandonné la cause de Dieu pour devenir prince à Édesse. C'est lui qui succéda à son frère. Moins scrupuleux, il prit le titre de roi de Jérusalem et se fit couronner à Bethléem le jour de Noël 1100.

Il fut un vrai roi, ambitieux, conquérant, responsable, s'occupant à la fois d'agrandir le royaume, d'assurer sa sécurité et d'organiser son administration. De Beyrouth à Jaffa, il enleva un à un aux Fatimides les ports de la côte et donna au Royaume latin de Jérusalem, étroite bande de terre chrétienne accrochée au flanc de l'Islam, les caractéristiques qui furent les siennes au moins jusqu'à ce que Saladin, en 1187, reconquière Jérusalem.

On se rappelle comment Baudouin avait remplacé sa femme, morte à Aïntab, par une Arménienne d'Édesse. Celle-ci ne pouvant lui être d'aucune utilité à Jérusalem, il la répudia pour épouser une Sicilienne qui lui apporta une dot et une flotte : il avait besoin de l'une et de l'autre.

Il mourut à El-Arish le 2 avril 1118, en repoussant une fois de plus les Égyptiens. Il avait alors cinquante-cinq ans. Son cousin Baudouin du Bourg, qui lui avait succédé en 1100 comme comte d'Édesse, lui succéda aussi comme roi de Jérusalem.

Baudouin de Boulogne fut le véritable fondateur de l'État franc de Syrie, mais c'est son frère Godefroi qui est resté dans la légende – les héros doivent-ils avoir le cœur simple ? Ainsi vont les destins.

Raimond de Saint-Gilles, parti pour Constantinople avec *sa* Sainte Lance (43), prit en 1101 la tête d'une importante armée lombarde qui venait renforcer les maigres effectifs de Jérusalem. Mais il se laissa entraîner, sous prétexte de délivrer Bohémond, au-delà d'Ankara, où attendaient les Turcs ; il fut un des rares à se sauver de cette aventure insensée, et revint à ses premières amours : Tripoli, Tortose, Archas. Il prit Tortose, mais n'entra jamais à Tripoli, dont il faisait encore le siège quand il mourut, le 23 février 1105.

Bohémond put enfin se libérer contre rançon; en compagnie de Tancrède et de Baudouin du Bourg, il attaqua les Turcs avec l'idée peut-être de marcher sur Mossoul, Bagdad, le Khalifat... Défait à Harran, il s'embarqua pour lever une armée de renfort en Europe. Tournée triomphale pour Bohémond le Magnifique, Bohémond le Victorieux, qui dialogue avec le roi d'Angleterre, épouse Constance, la fille aînée du roi de France, est reçu en héros au concile de Poitiers en 1106.

Reprenant à son compte la guerre de son père Robert Guiscard contre Byzance, il débarqua avec son armée à Durazzo et brûla ses vaisseaux. Alexis, qui l'attendait de pied ferme, le vainquit et le contraignit à se reconnaître son vassal pour Antioche. Bohémond retourna en Sicile et y mourut sans gloire, sans doute empoisonné, à la veille de regagner Antioche, en 1111.

Tancrède avait tout ce temps gouverné Antioche la belle. Audacieux, énergique comme son oncle, il était probablement, malgré son jeune âge – il n'avait que vingt-sept ans au terme du voyage – plus avisé, moins risque-tout. Et il avait enfin fait fortune : lors de la prise de Jérusalem, il s'était enfermé deux jours durant dans la mosquée El-Aqsa, y raflant, en or et en argent, de quoi charger six chameaux ! Régent puis prince d'Antioche, il y régna à la façon de son ennemi intime Baudouin à Jérusalem, conjuguant l'ambition et le réalisme. Comme Baudouin, il s'adapta aux mœurs orientales : ses monnaies le représentent coiffé d'un turban surmonté d'une croix, avec la légende, inscrite en grec : « *Le grand émir Tankridos.* » Il mourut à Antioche en 1112, après avoir épousé Cécile, autre fille du roi de France et demi-sœur de Constance.

Le royaume de Jérusalem souffrait d'un manque criant de chevaliers et de colons. Plus tard, on amènerait par pleins bateaux des femmes d'Occident, et notamment des Pouilles, pour fixer les pèlerins ayant accompli leur vœu. Mais en attendant, chevaliers et piétons continuaient d'arriver par Constantinople... et de se faire massacrer au fond des déserts d'Anatolie. Ainsi les armées commandées l'une par le comte Guillaume de Nevers, l'autre par Guillaume IX de Poitiers et Welf IV de Bavière furent-elles anéanties : plus de cent mille hommes dit-on périrent au cours des années 1100 et 1101 alors qu'ils allaient renforcer les chrétiens de Jérusalem.

Parmi eux, deux au moins connaissaient la route glorieuse de Nicée à Antioche : Hugues de Vermandois, d'abord, le frère du roi de France, envoyé en mission à Constantinople après la prise d'Antioche et qui avait continué jusqu'à Paris. Il était reparti pour accomplir son vœu et toucher le but : Jérusalem. Entraîné dans la délirante expédition d'Ankara, il y prit une flèche dans le genou et en mourut à Tarse, à l'âge de quarante-quatre ans.

L'autre est Étienne, comte de Blois et de Chartres. Tenu pour déserteur à Antioche, il avait reçu en Occident un accueil hostile, et particulièrement de sa « très chère Adèle », qui l'avait accablé de reproches. Qui plus est, Urbain II ayant proclamé l'excommunication de tous les déserteurs, on pouvait le tenir pour exclu de l'Église. Il repartit donc, gagna Constantinople et suivit Raimond de Saint-Gilles avec Hugues de Vermandois dans le piège d'Ankara. Lui aussi put se sauver et alla reprendre le chemin de Jérusalem là où il

l'avait quitté, à Port-Saint-Siméon. Il arriva enfin au Saint
Sépulcre le jour des Rameaux, 20 mars 1102.

Ainsi réhabilité, il voulut rentrer et s'embarqua à Jaffa.
Mais des vents contraires le rejetèrent à la côte, où le roi
Baudouin le mobilisa pour affronter une armée égyptienne
qui s'avançait alors devant Ramla. Les Francs perdirent cette
bataille-là. Étienne, qui avait pu se retrancher dans une tour
isolée, fut enfumé et dut se rendre. Il fut exécuté, vraisemblablement à Ascalon, le 19 mai, par un peloton d'archers.

La comtesse Adèle fit dire des messes pour le repos de
son âme puis entra au couvent. Un de leurs fils, Étienne,
devait devenir roi d'Angleterre sur le trône conquis par son
grand-père Guillaume le Conquérant, succédant ainsi aux
frères de Robert Courteheuse, Guillaume le Roux et Henri
Beauclerc.

Robert de Normandie, dit Courteheuse, le seigneur qui
n'aimait pas l'hiver, contribua, aussitôt après la prise de
Jérusalem, à enfoncer l'armée fatimide à Ascalon en allant
abattre le porte-étendard de l'émir – il offrit la bannière à son
ancien chapelain, Arnoul de Choques, dit Malecorne, devenu
patriarche de Jérusalem. Puis il quitta la Terre Sainte et,
passant par l'Italie, trouva enfin à se marier : il épousa
Sibylle de Conversano, si richement dotée qu'elle lui permit
de dégager son duché, la Normandie, qu'il avait dû gager
pour trouver l'argent de son voyage.

Son frère Guillaume le Roux ayant été assassiné, Robert
Courteheuse dut affronter pour le trône d'Angleterre son
autre frère Henri. A la bataille de Tinchebray, en 1106, il fut
capturé par le chancelier de son frère, un clerc déguisé en
chevalier. Il resta vingt-six ans en prison et mourut au
château de Cardiff le 3 février 1134, à plus de quatre-vingts
ans, ayant appris le gallois et écrivant des vers, dont
ceux-ci :

Dar a dyfwys ungwynnan
A thwrf a thrin a thrangau
Gwae! a wyl na bo Angan
(Chêne qui a grandi dans les tempêtes,
Le vacarme, les batailles et la mort,
Malheur à celui qui contemple ce qui n'est pas la
mort!)

Comme son cousin Robert de Normandie, Robert de
Flandre a participé à la bataille d'Ascalon le 12 août 1099.
Après avoir fait un pèlerinage au Jourdain et tenté de
concilier les intérêts des uns et des autres, il s'embarqua pour
Constantinople en septembre, déclina une offre d'enrôlement
d'Alexis et arriva en Flandre au printemps 1100. Grand
collectionneur de reliques et de trophées, il rapportait
l'humble et traditionnelle palme de Jéricho et un prestige
exceptionnel, sans doute dû à ce mélange de dévotion et
d'esprit guerrier qu'il incarnait si bien. Il passa les dix
dernières années de sa vie l'épée à la main.

Destins... Arnoul de Choques, le fils de prêtre, celui qui,
à Archas, avait provoqué le jugement de Dieu pour confondre
Pierre Barthélemi, est donc devenu patriarche de Jérusalem.
Mais Daimbert de Pise, l'évêque envoyé comme légat
pontifical par Urbain II, le fit déposer pour élection antica-
nonique et le remplaça. Une fois Daimbert chassé à son tour,
il fut rétabli sur le trône patriarcal par son ami Baudouin de
Boulogne entre-temps devenu roi de Jérusalem. L'histoire
n'est pas finie, puisque convaincu de malversations, il fut à
nouveau déposé. Il partit alors plaider son innocence à Rome
et fut encore une fois rétabli dans son poste de patriarche. Lui
qui n'avait pas cru à l'authenticité de la Sainte Lance trouva
un morceau de la Sainte Croix et lui voua une vénération sans

faille jusqu'à son dernier jour (44). Il mourut en 1118, deux ans après que le pape Pascal II eut décidé qu'il convenait d'oublier, « par dispense apostolique » en raison de services rendus, qu'Arnoul de Choques était fils de prêtre. C'est à lui que son élève Raoul de Caen dédie son histoire de la croisade, *Gesta Tancredi* [121].

Destins... Alexis Comnène, qui lutta toute sa vie pour rendre à l'empire son prestige dans la chrétienté et sa place prépondérante en Orient, affronta avec intelligence et ténacité des situations plus d'une fois menaçantes. Mais les Latins le considérèrent jusqu'à sa mort comme un traître. La fin de sa vie fut obscurcie par l'affrontement qui opposait pour sa succession son fils Jean et sa fille Anne, l'historienne (45). Il mourut le 15 août 1118 après de longues souffrances.

Des autres personnages qui traversent cette histoire, nous savons encore que Gaston, vicomte de Béarn, d'Oloron, de Montaner et seigneur de Saragosse, celui qui surveilla la fabrication de la tour roulante d'où Godefroi prit pied sur le rempart de Jérusalem, rentra en Occident et, à peine chez lui, partit combattre les Sarrasins, en Espagne cette fois... Que Firouz, l'Arménien converti à l'islam qui livra Antioche à Bohémond et se fit baptiser, resta avec les Francs jusqu'à la prise de Jérusalem puis, apostasiant une nouvelle fois, retourna à l'islam... Que Gerhard, l'abbé d'Allerheilingen qui avait entrepris le voyage « pour l'amour de Dieu », devint le premier Gardien du Saint-Sépulcre... Que Baudouin, l'abbé qui s'était fait au front une brûlure en forme de croix, fut nommé premier abbé de Sainte-Marie, dans la vallée de Josaphat, puis archevêque de Césarée...

En tant qu'abbé de Sainte-Marie, il vit un jour arriver, au bout d'un long voyage, la reine du Danemark Botild. Elle avait épousé son cousin Erik le Bon, mais ce mariage consanguin avait valu aux deux souverains d'être excommuniés. Erik était allé faire appel auprès du pape et avait décidé d'aller en pèlerinage en Terre Sainte. Rentré au Danemark, il avait annoncé sa décision : « Aujourd'hui, sans savoir si je reviendrai, je veux partir pour Jérusalem. »

De très haute taille, généreux, brillant orateur, il était aimé de son peuple au point que ses barons et sujets lui proposèrent – en vain – de racheter son vœu par un impôt volontaire du tiers de leurs revenus. Il était parti avec Botild – ils avaient fait vœu de chasteté –, son fils et 3 000 hommes, les plus grands du royaume « afin que sa prodigieuse stature ne parût pas trop démesurée dans les pays où il passerait ».

Ils étaient passés par le Gotland, l'Estonie, les principautés de Russie du Nord et les grands fleuves, avaient été reçus à Constantinople par Alexis. Puis Erik, pris par les fièvres, était mort à Chypre, dernière étape avant Jérusalem, le 10 juillet 1103.

Botild avait alors gagné la Terre Sainte puis était allée au Jardin des Oliviers, où elle s'était laissé mourir, au bout d'un long chemin, au bout d'un long amour. Et Baudouin, l'abbé au front marqué d'une croix, l'enterra dans la vallée de Josaphat [122]...

Destins... Parmi ceux qui, ayant participé à l'expédition en Terre Sainte, en ont laissé les traces écrites qui ont nourri ce récit, nous avons vu comment Étienne de Blois, après avoir failli, s'est racheté, et comment Anselme de Ribemont a rencontré la mort à Archas après en avoir eu le pressentiment. Richard le Pèlerin, le trouvère de Flandre qui voyagea avec les plus pauvres et rédigea en vers ce qui deviendrait la Chanson d'Antioche, on le voit écrire pour la dernière fois à Ramla, avant que l'armée gagne enfin Jérusalem. Que lui est-il alors arrivé ? Aucun chroniqueur ne parle de combat à Ramla au début de juin 1099. Peut-être était-il malade ? Peut-être est-il mort durant le siège ou l'assaut du 15 juillet ?

Nous ne saurons jamais, pas plus que pour ce chevalier anonyme venu d'Italie avec Bohémond, et dont les *Gesta Francorum et aliorum Hierosolomitanorum* sont une des sources fondamentales de l'histoire de cette armée en marche vers des prodiges. Le 13 août 1099, il participa à la grande bataille d'Ascalon : il la raconte, en détaille le butin, précise que « les nôtres rentrèrent à Jérusalem », puis se tait...

Quant à Raimond d'Aguilers, le chapelain du comte de Toulouse, le conseiller de Pierre Barthélemi, qui a pris une singulière importance au cours de l'expédition – c'est lui qui, au cours de la grande procession de Jérusalem, a parlé pour les Provençaux, de préférence, par exemple à l'évêque d'Albara – il a rédigé à la fin du mois de juillet 1099 le récit de la prise de la ville. La dernière chose qu'on sache de lui, c'est que, le 14 août, il a quitté Jérusalem pour Jéricho, qu'il a traversé le fleuve sur un radeau d'osier [123]...

Destins... Le pape Urbain II, le véritable promoteur de l'expédition, celui qui l'a voulue, organisée, prêchée, en suivait les progrès de loin. Averti de la mort de son légat Adhémar de Monteil, invité par les seigneurs à venir prendre la tête de leur armée, il a convoqué un concile où la question, très certainement, fut abordée de savoir si l'état de l'Europe lui permettait de partir. Il fut semble-t-il répondu que non, et il nomma pour le représenter un de ses proches, Daimbert de Pise. Il apprit encore l'enlisement devant Marra, la division qui opposait les princes. Il y avait alors plus de trois ans qu'il avait convoqué le Concile de Clermont, et il était en droit de se demander si aboutirait jamais l'expédition extraordinaire qu'il avait mise en route.

Sans doute, aussitôt prise Jérusalem, les princes envoyè-rent-ils des messagers au pape. On ne sait combien de temps il leur fallut pour gagner Rome. On sait seulement qu'ils n'étaient pas arrivés le 29 juillet quand, vraiment singulier destin, mourut Urbain II, quatorze jours après cette prise de Jérusalem qu'il avait tant désirée et qu'il ignora à jamais.

Pendant longtemps l'histoire d'ailleurs minimisa son rôle. Urbain II n'était pas un personnage à susciter la légende. L'homme qui allait avec Godefroi de Bouillon incarner cette inoubliable aventure de la chrétienté en marche vers son salut, on le trouva dans la foule de ceux qui se nourrissaient de signes et de prodiges : Pierre l'Ermite, Petit-Pierre, celui qui avait mené ses troupes au massacre, puis qui avait déserté, devint rapidement celui qui, à la suite d'un pèlerinage à Jérusalem, ayant constaté la main-mise des païens sur les Lieux-Saints, était monté sur son âne pour aller à Rome demander au pape de l'aider à reprendre Jérusalem... Son âne et lui ont ainsi traversé les siècles, de cœur en cœur, parce qu'il est bon sans doute de croire qu'avec l'aide de Dieu un homme simple peut sauver le monde... En vérité, rentré en Occident, il fonda le monastère de Neufmoutiers, près de Huy, en Belgique, s'y retira, et y mourut en 1115.

En 1187, quand il se trouva un homme pour unir l'Islam – le Kurde Saladin –, l'armée franque du royaume chrétien fut battue une fois pour toutes sur les pentes d'un ancien volcan, aux Cornes de Hattin, près du lac de Tibériade. Pour son malheur, elle était alors menée par un égoïste, le maître du Temple Gérard de Ridefort, et un benêt, le roi Gui de Lusignan.

Saladin reprit Jérusalem laissée sans défense et fit laver à l'eau de rose le sol de la mosquée El-Aqsa. Il laissa partir tous les chrétiens qui acquittèrent leur rançon, les autres étant vendus comme esclaves. Il paya lui-même la liberté d'un très vieil homme, un certain Robert de Corbie, un de ces enfants arrivés quatre-vingt-huit ans plus tôt avec les Francs qui « conquestèrent » la ville. A peine si Jérusalem avait été chrétienne, en tout et pour tout, le temps de la vie d'un homme...

Sans doute, plus tard, il y eut d'autres expéditions chrétiennes en Terre Sainte, avec des rois, des empereurs, des armées invincibles. Mais on s'y préoccupait davantage de gloire, de commerce ou de pillage – les Francs ravagèrent même Constantinople en 1204 – que de salut. Aucune d'elles ne reprit Jérusalem. C'est vrai qu'elles n'avaient pas voulu s'encombrer de trop de pauvres..

Ces histoires, cette histoire, qu'en reste-t-il? Au XVe siècle, on montrait encore aux voyageurs de Turquie une montagne d'ossements : ce qui demeurait des chrétiens tombés aux rives de l'Orient. On peut voir aujourd'hui d'autres ossements en Palestine, et aussi émouvants : les ruines de ces forteresses formidables qui s'appelèrent Blanche-Fleur, Beaufort, Krak des Chevaliers ou Chastiau-Pèlerin; là, sous l'éternelle lumière blanche, il semble parfois que les voix de nos rudes compaignons Jhesu habitent encore les épais remparts de pierre dorée...

Il nous en reste encore un mot, qui n'existait pas quand en cette année 1096, tant et tant des nôtres taillèrent des croix dans du tissu rouge ou s'en tatouèrent à même la peau, s'engageant par là à aller jusqu'au bout d'un chemin qui les sauverait. Ce mot, tard venu – au XVe? – est celui de « croisade », chargé d'une espérance violente.

En reste aussi en nous comme la trace ineffaçable d'une aventure d'enfance, de celles au cours desquelles se forgent les identités. Ces pèlerins à l'agonie dans les déserts d'Anatolie ou prenant pied sur les murs de Jérusalem vivent en nous; leurs lents cantiques et leurs cris de guerre – *Dieu, aie pitié!* – hantent encore nos nuits, sans que nous sachions au réveil quel impossible souvenir nous a traversés.

Jérusalem, Jérusal'âme. On continue, là-bas, aux con-
fins de la mer et du désert, de l'Orient et de l'Occident, de
prendre et de reprendre Jérusalem – *délivrer,* dit-on – et cela
s'est déjà produit quarante fois. Lieu unique pour les juifs, les
chrétiens et les musulmans, pourquoi donc Jérusalem fut-elle
promise à tous?

I. NOTES COMPLÉMENTAIRES *

* Quelques-unes de ces notes ont été reprises de la série *Les tournois de Dieu* (3 vol., Laffont, 1977-1980), des mêmes auteurs.

1. *Contradictions.* Le chroniqueur Albert d'Aix fait franchir les Alpes, *transactis Alpibus,* à Urbain II, tandis que Bernold de Constance le fait venir par mer, *marino itinere.* Exemple des contradictions permanentes entre les divers textes, aussi péremptoires les uns que les autres. Chacune de ces contradictions a fait l'objet de travaux savants et de controverses passionnées. Pour ne pas multiplier ici les hypothèses et les conditionnels, nous avons retenu chaque fois qu'il y avait doute la version que la logique des comportements rendait à nos yeux la plus plausible. Pour ce cas précis, voir R. CROZET, *Le voyage d'Urbain II et ses négociations avec le clergé de France (1095-1096).*

2. *Les unités de longueur* utilisées à la fin du XI⁰ siècle se réfèrent théoriquement à des mensurations-étalons qui sont censées être celles de Charlemagne : le *pied* (32,4 cm) et le *pan,* distance qui sépare l'extrémité du pouce et de l'auriculaire d'une main écartée (24,8 cm). De ces deux unités, on déduit le *mille,* qui vaut mille pas de cinq pieds, soit 1 620 mètres ; la *toise,* qui vaut six pieds ; le *pied* vaut douze pouces, le *pouce* vaut douze lignes, la *ligne* vaut douze points. Toutes ces mesures sont en réalité soumises aux coutumes locales. Pour la commodité, et malgré l'anachronisme, nous donnerons ici les mesures de longueur en mètres et kilomètres.

3. *Cluny.* L'abbatiale sera terminée au début du XII⁰ siècle. La voûte de la nef s'effondrera en 1125. Le pillage de ses très riches trésors commencera avec les guerres de religion. En 1790, l'abbaye, en commande depuis le XVI⁰ siècle, est fermée. En septembre 1793, la municipalité ordonne la destruction des tombeaux. En 1798, l'abbatiale est vendue pour deux millions à un marchand de Mâcon qui en entreprend la démolition systématique pour vendre les matériaux. En 1823, il n'en reste plus que ce qu'on peut encore voir aujourd'hui : le croisillon méridional du grand transept, surmonté du clocher octogonal de l'Eau bénite - moins élevé que l'ancien clocher du chœur –, la tour de l'Horloge et un morceau d'absidiole. Le tracé de la rue actuelle K. J. Conant, ancienne rue de l'Abbatiale, suit

sensiblement l'ancien emplacement de la nef. Des fouilles ont été poursuivies depuis la dernière guerre et les bombardements de 1944.

4. *Clermont.* La ville fortifiée de l'époque s'étendait à l'intérieur du périmètre aujourd'hui délimité par la place Delille, le sud de la place d'Espagne, le marché Saint-Pierre, le boulevard Desaix, la place Michel-de-l'Hospital, sur une superficie inférieure à 50 hectares.

5. *Concile.* Les chroniqueurs s'accordent pour relever le nombre très exceptionnel des représentants du haut clergé d'Occident. Baudri de Bourgueil avance le chiffre de 200 archevêques ou évêques, et des abbés en plus grand nombre; Berthold : 250 crosses épicospales, sans compter les abbés; Orderic Vital : 13 archevêques, 225 évêques « une multitude d'abbés et autres personnes ayant charge d'âmes »; Guibert de Nogent : 400 évêques, archevêques ou abbés. Les Actes des évêques de Tours et des abbés de Marmoutier font état de la présence d'environ 500 prélats et abbés; les Actes de l'évêque d'Arras : 13 archevêques, 225 évêques, 90 abbés.

Cardinaux et prélats de la suite du pape :
cardinal légat Richard, abbé de Saint-Victor de Marseille (fils de Bernard, vicomte de Rouergue), Anselme, archevêque de Milan; Daimbert, archevêque de Pise; Ranger, archevêque de Reggio; Jean, évêque de Porto; Gautier, évêque d'Albano, légat d'Angleterre; Bruno, évêque de Segni; Jean de Gaëte, chancelier pontifical; Henri, abbé de Mazzara; Milon, évêque de Palestrina (ancien moine de Saint-Nicolas d'Angers); Grégoire de Pavie, diacre pontifical; Hugues de Verdun; Richard, archidiacre de Metz (fait cardinal durant le concile et nommé légat du Saint-Siège en Lorraine et en Germanie); Ermengarde, abbé de Cluse (Piémont); les cardinaux Teuzion et Renchion.

Archevêques et évêques étrangers :
– *d'Espagne :* Bérenger (de Rosanes), archevêque de Taragone; Pierre (d'Audouque), évêque de Pampelune (ancien moine de Sainte-Foy de Conques); Bernard (de Sédirac), archevêque de Tolède, ancien moine d'Auch puis abbé de Sahagun, sur le chemin de Compostelle; Dalmace, évêque de Compostelle;
– *des terres d'Empire :* Popon, évêque de Metz; Lanzon, abbé de Saint-Vincent de Metz; Pibon, Saxon d'origine, évêque de Toul, ancien chancelier de l'empereur excommunié, rallié au parti du pape. On peut ajouter Manegold de Luttenbach, prévôt de Marbach (Alsace); Martin, abbé de Saint-Denis de Mons; Alard, abbé de Saint-Guislain-en-Celle.
– *d'Angleterre :* Boson, abbé du Bec, délégué d'Anselme, archevêque de Cantorbery.

Archevêques, évêques et abbés français :
– *Métropole de Reims :* Renaud, archevêque de Reims (il a connu Urbain dans sa jeunesse et a été reçu à Rome en 1089; mourra à Arras le 21 janvier 1096); Robert, abbé de Saint-Rémi de Reims; Gauzmar, abbé de Montier-la-Celle; Lambert, évêque d'Arras (de la puissante famille de Guines, sacré par Urbain à Rome en 1094, parent de Godefroi de Bouillon et protégé de l'abbé de Cluny); Alode, abbé de Saint-Waast d'Arras; Aimery, abbé d'Anchin; Lambert, abbé de Saint-Bertin; Gérard, évêque de Thérouanne; Gerbin, évêque d'Amiens, ancien abbé de Saint-Riquier;

Roger, ou Royer, évêque de Beauvais; Gaucher, évêque de Cambrai; Hugues, évêque de Senlis; Hugues, évêque de Soissons.

— *Métropole de Lyon* : Hugues (de Die), archevêque de Lyon, primat des Gaules et légat du Saint-Siège en France; Aganon, évêque d'Autun; Landry (de Berzé), évêque de Mâcon.

— *Métropole de Rouen* : Éudes ou Odon (de Conteville), évêque de Bayeux (frère utérin de Guillaume le Conquérant, a participé activement à la conquête de l'Angleterre et a été fait comte de Kent; ami et conseiller de Robert Courteheuse; croisé il mourra en chemin, à Palerme, en 1097); Gilbert ou Gislebert, évêque d'Évreux; Gontard, abbé de Jumiège; Serlon (d'Orgères), évêque de Sées, ancien abbé de Saint-Evroult, diocèse de Lisieux).

— *Métropole de Tours* : Raoul, ou Rodolphe (d'Orléans), évêque de Tours; Étienne, abbé de Noyers; Bertrand, ou Bernard, abbé de Marmoutier; Hoël, évêque du Mans (au printemps, il a déjà assisté au concile de Plaisance); Geoffroy, évêque d'Angers (fils de Hugues, seigneur de Mayenne, consacré par le pape à Clermont; mourra à Cluny en 1103); Noël, abbé de Saint-Nicolas d'Angers; Guillaume, abbé de Saint-Florent d'Angers; Baudri, abbé de Bourgueil (historien du concile et de la croisade); Benoît (de Cornouailles), évêque de Nantes, ancien moine de Landévennec, ancien abbé de Sainte-Croix de Quimperlé (oncle du duc de Bretagne Alain Fergant); Roland, évêque de Dole; Hilgo, moine de Marmoutier, ancien évêque de Soissons. (Les évêques de Vannes et de Rennes, absents au concile de Clermont, assisteront au concile de Tours.)

— *Métropole de Sens* : Richer, archevêque de Sens; Yves, évêque de Chartres; Foucher, moine de Chartres (historien de la croisade); Geoffroy, abbé de Vendôme; Jean, évêque d'Orléans; Hugues, abbé de Cluny; Gerento, abbé de Saint-Bénigne de Dijon; Pierre, doyen de l'église de Nevers; Guibert, abbé de Nogent (historien de la croisade). (Humbaud, évêque d'Auxerre, nouvellement élu, ne participera qu'au concile de Nîmes.)

— *Métropole de Vienne* : Guy de Bourgogne, archevêque de Vienne; Hugues, évêque de Grenoble; Gontard, évêque de Valence.

— *Métropole d'Arles* : Didier ou Désiré, évêque de Cavaillon; Guillaume, évêque d'Orange; Pons, évêque de Saint-Paul-Trois-Châteaux; Bérenger, évêque de Fréjus (fils du vicomte d'Avignon Rostan Béranger).

— *Métropole de Bourges* : Audebert (de Montmorillon), archevêque de Bourges, ancien abbé de Déols; Durand, évêque de Clermont, ancien prieur de la Chaise-Dieu; Pierre de Cizières, abbé d'Aurillac; Pons, abbé de la Chaise-Dieu; Étienne, prieur de Saint-Flour; Bernard de Chanat, abbé de Riom et prévôt de Pébrac; Humbald (de Saint-Sévère), évêque de Limoges; Adhémar, abbé de Saint-Martial de Limoges; Géraud, abbé d'Uzerche; Adhémar de Monteil, évêque du Puy; Pierre (de Pontgibaud), abbé de Saint-Alyre de Clermont; l'abbé de Saint-Symphorien de Thiers; le doyen de Saint-Pierre de Mauriac.

— *Métropole de Bordeaux* : Amat (d'Oloron), archevêque de Bordeaux, légat du pape pour l'Aquitaine, la Narbonnaise, la Gascogne et l'Espagne, ancien évêque d'Oloron; Sanche, évêque de Lescar; Renaud (de Tivier), évêque de Périgueux; Pierre, évêque de Poitiers; Ramnulfe, évêque de Saintes; Raymond, évêque de Rodez; Pierre, abbé de Charroux; Renaud, abbé de Saint-Cyprien de Poitiers ; Gervais, abbé de Saint-Savinien (près de Tarbes) ; Ausculf, abbé de Saint-Jean-d'Angély.

– *Métropole de Narbonne* : Dalmace, archevêque de Narbonne, ancien abbé de Notre-Dame de la Grasse ; Bernard ou Bertrand (de Provenchères), évêque de Lodève ; Godefroy, évêque de Maguelonne, protecteur de Saint-Victor de Marseille et de Saint-Gilles ; Bertrand (de Montredon), évêque de Nîmes ; Pierre (de Sauve), abbé d'Aniane ; Bertrand, abbé du Mas-Garnier ; Seguin, abbé de Lezat.

– *Métropole d'Aix* : Pierre, archevêque d'Aix (fils du vicomte de Marseille Geoffroy, ancien moine de Saint-Victor).

6. *Bertrade*. Récit du chroniqueur Orderic Vital : « À cette époque, il s'éleva dans le royaume de France des troubles honteux. Bertrade, comtesse d'Anjou, craignait que son mari n'en agît avec elle comme il avait fait avec deux autres et de se voir livrée au mépris comme une courtisane. Confiante dans sa noblesse et dans sa beauté, elle envoya un homme affidé à Philippe, roi des Français, et lui fit connaître clairement ce qu'elle avait projeté. Elle aimait mieux abandonner la première son mari et en prendre un autre que d'être délaissée par lui et de devenir pour tout le monde un objet de mépris. Le prince voluptueux ayant appris les desseins de cette femme belle et lascive, consentit au crime et lorsqu'elle eut abandonné son mari pour gagner les terres de France, il l'y reçut avec joie. Alors il répudia sa généreuse et religieuse femme [...] et s'unit avec Bertrade qui avait demeuré près de quatre ans avec Foulques, comte d'Anjou. Odon, évêque de Bayeux, consacra cet exécrable mariage. Ainsi [...] l'abominable crime de l'adultère fut consommé sur le trône du royaume. »

7. *La Chanson d'Antioche*. Le style des chroniques, rédigées en latin passe-partout, ne présente guère d'intérêt, surtout après traduction. C'est pourquoi nous utiliserons à l'occasion, pour donner au récit un peu de la « couleur » du temps, des expressions ou des extraits tirés notamment de la version française de la chronique de Guillaume de Tyr et de *La Chanson d'Antioche*, chronique très certainement écrite en vers assonancés par un croisé du Nord de la France, un certain Richard, et « renouvelée » en vers rimés par Graindor de Douai. La langue en est sensiblement celle que l'on parlait en France du nord entre la fin du XIe siècle et la fin du XIIe (voir l'étude qu'en a faite Lewis A. M. Sumberg : *La Chanson d'Antioche*, Paris, 1968).

8. *Clermont*. Quartiers actuels de la gare, du cours Sablon, des Jacobins, de la place Delille. Seul existait alors l'îlot faubourg de Chantoin. La tradition a conservé le souvenir.

9. *Discours du pape*. Il n'existe pas de transcription mot à mot, exécutée sur le moment, du discours du pape à Clermont le 27 novembre 1095, mais plusieurs chroniqueurs en ont donné des comptes rendus concordants. *Robert le Moine* n'écrivit pas avant 1101-1102, mais précise qu'on lui a demandé ce récit justement parce qu'il était à Clermont. *Baudri de Bourgueil* qui écrivit peu après 1107, affirme à deux reprises avoir assisté au concile. *Foucher de Chartres* peut avoir lui aussi assisté au concile, mais le doute subsiste ; le fait toutefois d'avoir participé à la croisade

peut lui avoir donné l'occasion de compléter et préciser ses informations. *Guibert de Nogent* rédigea la première partie de son récit avant 1108 ; peut-être a-t-il assisté au concile, mais ce n'est pas établi. *Guillaume de Malmesbury* écrivit, quant à lui, trente ans au moins après l'événement ; sa chronique est largement inspirée de celle de Foucher de Chartres, mais il assure avoir interrogé des témoins directs.

10. *Feu sacré*. La première mention du miracle est apparemment due à Bernard le Sage en 867. Au XIᵉ siècle Makkîka, métropolite nestorien de Mossoul le cite comme une des preuves de la vérité de la foi chrétienne, et on voit l'évêque d'Orléans Odolric acheter au patriarche de Jérusalem la lampe dont, un samedi saint, était sorti le feu sacré.

Les musulmans, eux, ne croient pas au miracle. En 943, Al-Mas'udi écrit : « Le feu est produit par un artifice astucieux qui est gardé comme un grand secret. Nous avons décrit le moyen employé pour l'exécution de ce stratagème dans notre livre *Les sentences et les expériences*. » Ce dernier malheureusement a été perdu. Un écrivain jacobite, donc chrétien, Abu Zayd Yahia b'Adi, aurait lui aussi, au Xᵉ siècle, écrit sur le sujet pour expliquer qu'il s'agissait d'un phénomène naturel. Enfin, un autre musulman, Ibn al-Qalânisi explique dans son *Histoire de Damas* que de l'huile de baume de La Mecque et de l'huile de jasmin, imprégnant des mèches invisibles, seraient suffisantes pour produire le « miracle ».

Attraction pour les pèlerins, le feu sacré du samedi saint était profitable au commerce arabe, et ceci explique sans doute son exceptionnelle longévité. En 1218, al-Malik al-Mu'azzam, petit-fils de Saladin, voulut s'en faire communiquer le secret. On lui donna alors le choix : voir la vérité divulguée, ou continuer à recevoir sa part des revenus. Il choisit de garder l'impôt. Au XVIIᵉ siècle encore l'Église romaine devait condamner « les artifices les plus honteux des Grecs ».

11. *Hakim* disparaît mystérieusement en 1021, peut-être assassiné par sa sœur. Son ami Darazi, émigré au Liban, y a fondé une secte dont le nom est tiré du sien, les Druzes, réunis par leur fidélité à Hakim. Les Druzes croient que celui-ci, le moment venu, réapparaîtra.

12. *Harald le Sévère,* après sa visite aux Lieux Saints, devient chef de la garde varange, corps d'élite de l'empereur de Constantinope, composé de guerriers scandinaves. Il guerroie en Syrie, en Palestine, en Egypte, se bat contre les Bulgares et en Italie du Sud, puis on le retrouve à Constantinople en 1042. Emprisonné, il s'évade l'année suivante, remonte le Don pour finalement atteindre la Norvège et s'y faire couronner roi en 1046 – non sans avoir épousé Elisabeth, fille d'Iaroslav de Kiev, dont une autre fille épousera en 1051 le roi de France Henri Iᵉʳ. En 1066, apprenant la mort d'Edouard le Confesseur, il tente d'envahir l'Angleterre mais est vaincu et tué par Harold II, quelques jours avant le débarquement, réussi celui-là, de Guillaume le Conquérant.

13. *Dangers et brimades*. La situation n'a guère changé au XIXᵉ siècle. En 1806, Chateaubriand arrive en Terre Sainte : « Nous entrâmes dans Jérusalem par la porte des pèlerins, écrit-il dans son *Itinéaire de Paris à*

Jérusalem. [...] Nous payâmes le tribut et nous suivîmes la rue qui se présentait devant nous. [...] Nous arrivâmes au monastère des pères latins. Il était envahi par les soldats d'Abdallah, qui se faisaient donner tout ce qu'ils trouvaient à leur convenance. » (p. 268).

« On voit donc les malheureux Pères, gardiens du tombeau de Jésus-Christ, uniquement occupés, pendant plusieurs siècles, à se défendre, jour par jour, de tous les genres d'insultes et de tyrannie. Il faut qu'ils obtiennent la permission de se nourrir, d'ensevelir leurs morts, etc. [...] On épuise contre ces infortunés moines les inventions les plus bizarres du despotisme oriental. [...] Souffrir leur est si naturel qu'ils s'étonnaient de mon étonnement. » (p. 399).

« On m'a conté qu'un Anglais habillé en Arabe était allé deux ou trois fois de Jérusalem à la mer Morte. Cela est très possible et je crois même que l'on court moins de risques ainsi qu'avec une escorte de dix ou douze hommes. » (p. 306). Chateaubriand, en effet, bien qu'escorté a été attaqué.

Itinéraire de Paris à Jérusalem, Paris, 1964, Julliard.

14. *Protection des biens.* Le premier cas de jurisprudence connu en matière de protection des biens des croisés date de 1106 ou 1107 et apparaît dans la correspondance de l'évêque Yves de Chartres. Un croisé, Hugues, vicomte de Chartres, poursuit son voisin Rotrou II comte de Perche, l'accusant d'avoir durant son absence fortifié une zone qui lui appartenait. Les juges ont été manisfestement embarrassés, peu familiers encore de l'étendue du principe de protection. Ils ont d'ailleurs suggéré d'en appeler à Rome sur ce point.

15. *Monnaies et pièces.* Les expressions monétaires, héritées des temps carolingiens, sont à cette époque communes à toute l'Europe de l'Ouest :

1 livre = 20 sous, solidi, shillings, ou 240 deniers, pennies. La livre et le sou, monnaies de compte, ne sont pas représentés comme le denier par des pièces.

1 denier d'argent de 1095 pèse environ 1,36 gramme, contre 2 grammes au temps de Charlemagne, et bientôt moins d'1 gramme en attendant le denier parisis et le denier tournois;

Le marc, unité de poids utilisée dans les transactions en métaux précieux, a une valeur variable, souvent une demi-livre environ.

Les croisés rencontrent en Orient les besants, nom donné alors aux hyperpères byzantins. Un besant vaut 15 sous ou 180 deniers. Le besant sarrazin ou dinar est équivalent à celui de Byzance.

Il existe plusieurs types de dinars d'or. Le plus courant, le type « légal », pèse 4,25 grammes d'or fin.

Naturellement, le titre et l'aloi des deniers occidentaux varie considérablement d'une région à l'autre. A l'exception du penny d'argent anglais, tous tendent à s'avilir, jusqu'à ne plus comporter que fort peu de métal précieux.

16. *Prières pour les morts.* C'est Odilon, abbé de Cluny de 994 à 1059 qui, vers l'an mille, a institué la fête des Trépassés pour les âmes du purgatoire. La *Vie* de saint Odilon vante l'efficacité sans égale des services

pour les morts assurés par les moines de Cluny et fait état de leurs heureuses intercessions.

17. *Les procès* consécutifs à des opérations financières liées au départ pour la croisade se sont dans certains cas prolongés sur plusieurs générations. Ainsi celui engagé par les évêques de Plaisance et le chapitre de Saint-Antonin au sujet d'une terre considérable nommée Brugneto, sise près de Roncaglia. Trois actes de 1154, 1173 et 1174 relatent les dires, devant notaire, de nombreux témoins rapportant ce qu'ils avaient pu entendre raconter par leurs pères, oncles ou aïeux à propos d'un prêt de 7 livres monnayées, en monnaie de Lucques, que l'évêque Aldo partant pour la Terre Sainte avait contracté en 1096 au chapitre de Saint-Antonin et garanti par une hypothèque sur cette terre de Brugneto... Dans ces mêmes actes, tirés des archives de Saint-Antonin de Plaisance, on trouve trace d'un emprunt fait pour partir à la croisade d'un certain Mainente Arcicoco et remboursé beaucoup plus tard par son fils.

18. *La Thora* ou Torah est la loi dont la tradition attribue la rédaction à Moïse inspiré par Dieu. La *Thora chébiketav* c'est-à-dire « la loi qui est par écrit » s'oppose à la *Thora chébéalpé* ou « la loi qui est dans la bouche » constituée pour l'essentiel par le Talmud. Le *Talmud* (enseignement) est le livre des précepts et des doctrines établis par des maîtres du Ve et VIe siècle. La Mishna en constitue la partie essentielle. Elle comporte six chapitres : Semences, Fêtes, Femmes, Dommages, Sacrifices, Purifications. La *Kabbale* est l'œuvre de Simon ben-Yokhaï qui vécut douze ans en ermite dans une grotte de Galilée pour échapper aux persécutions des Romains après la prise de Jérusalem en 70. C'est une mystique des nombres et des lettres « qui sont les signes par lesquels la Sagesse se fait connaître aux hommes. » C'est le livre inspiré où l'allégorie doit permettre l'approche des mystères.
Selon une des formules de conversion en usage à l'époque, « le converti doit déclarer qu'il agit librement, sincèrement et non par crainte et en vue d'honneurs. Il jette l'anathème sur les hérésies juives (sadducéens, pharisiens), sur les livres postérieurs à l'ancien testament, le Talmud et surtout la Michna » (commentaires de droit civil, pénal, etc. sur la Thora, pour compléter et interpréter la loi de Moïse, rédigés au IIIe siècle). « Il condamne la fête de Pourim célébrée chaque année à la mémoire de Mardochée et qui comportait la pendaison d'Aman à un gibet surmonté d'une croix. Même condamnation de la fête des Cors dont on faisait des sonneries le jour du nouvel an juif, de la commémoration de la destruction de Jérusalem, comportant un jeûne et la lecture des lamentations de Jérémie. Répudiation de certaines croyances comme la légende du Ziz (oiseau gigantesque qui, en ouvrant ses ailes, provoquait les éclipses de soleil), des pratiques magiques et des phylactères, versets de la Bible portés dans les vêtements. L'anathème était enfin prononcé sur les rabbins et sur le faux messie attendu par les Juifs. Suivaient la profession de foi orthodoxe et les formules d'imprécations contre les relaps empruntées au Deutéronome. » (Bréhier, *La civilisation byzantine,* p. 303.)

19. *Le nombre total des victimes juives* – plusieurs milliers certainement – est difficile à évaluer. « Mais ce chiffre, écrit Léon Poliakov dans son *Histoire de l'antisémitisme*, ne fait rien à l'affaire. Nous voici

en effet placés devant un moment capital de notre histoire. Obstinés, héroïques (d'aucuns diront : fanatiques), les Juifs de la vallée rhénane, contrairement à ceux d'Espagne ou des pays d'Orient, préfèrent mourir que de se prêter au semblant même d'une conversion. Comment expliquer cette différence d'attitude ? Est-ce parce qu'ils méprisaient au fond de leur cœur les rustres et les bandits qui tentaient de leur prêcher un évangile abhorré, ou plus simplement parce que, placés devant une alternative brutale, ils n'eurent pas le temps de ces concessions progressives, de ces secrets accommodements qui furent le fait des *anoussim* de l'Afrique du Nord ou des *marranes* d'Espagne ? Quoi qu'il en soit, de même qu'une lame d'acier incandescent, brusquement plongée dans l'eau glacée, acquiert une souplesse et une solidité à toute épreuve, de même la brusque épreuve de l'été 1096, éclat de tonnerre dans le ciel bleu, eut pour effet de forger la force de résistance dont témoignèrent dorénavant les Juifs européens. Peu importe même que sur certains points nos sources restent confuses, qu'on puisse discuter à l'infini sur le chiffre exact des victimes, qui de toute manière, si on le compare aux holocaustes des siècles suivants, paraît insignifiant. Ce qui importe, c'est qu'au cours de ces mois une tradition surgit, celle d'un refus héroïque et total qu'une infime minorité opposa à la majorité, celle du don de sa vie « pour sanctifier le Nom » – tradition qui servira d'exemple et d'inspiration aux générations futures. » (Léon Poliakov, *Histoire de l'antisémitisme*, tome I, *Du Christ aux Juifs de cour*, Calmann-Lévy, p. 62.)

20. Cette *Mathilde*, descendante par sa mère de Charlemagne ne doit pas être confondue avec Mathilde ou Mahaut de Flandre, fille du comte Baudouin V, qui épouse en 1054 Guillaume le Bâtard, duc de Normandie, futur roi d'Angleterre *(voir page 112)*. Par reconnaissance pour l'Église qui avait, un temps, menacé d'excommunier cette union jugée consanguine, elle fonde à Caen l'abbaye aux Dames. C'est à tort qu'on lui attribue la célèbre broderie de Bayeux, improprement appelée « tapisserie de la reine Mathilde ».

21. *Robert Courteheuse*. En cette année 1080, Guillaume le Conquérant et son fils Robert marchent ensemble contre le roi d'Ecosse Malcolm, qui est descendu des Hautes-Terres jusqu'à la rivière Tyne. Robert, qui s'est avancé, n'aura pas à livrer bataille, Malcolm s'inclinant et se retirant. Avant de s'en revenir, Robert jette les fondations d'un « nouveau château » : Newcastle-on-Tyne, qui deviendra une grande ville. Son frère Henri épousera Mathilde, la fille de Marguerite d'Ecosse et du roi Malcolm – lequel Malcolm a dû, pour parvenir au trône, se débarrasser de l'assassin du roi Duncan son père, un certain Macbeth.

22. *Effectifs*. D'après les différents chroniqueurs, les effectifs engagés dans la première croisade étaient les suivants : Foucher de Chartres et Albert d'Aix : 600 000 ; Ekkehard : 300 000 ; Raimond d'Aguilers : 100 000 ; Urbain II à Alexis : 300 000 (pour les armées seulement) ; Anne Comnène : 10 000 cavaliers et 70 000 hommes de pied pour le seul Godefroi.
Les cavaliers (plus exposés dans les batailles) devaient être environ 7 fois moins nombreux que les hommes de pied (siège de Jérusalem : 1200 à

1300 cavaliers sur un total de 12 000 hommes y compris les Génois marins, charpentiers et ingénieurs).

Il est difficile d'estimer le nombre des non-combattants (femmes, enfants, clercs, pauvres, etc.). Les femmes nobles (épouse de Raimond de Toulouse, de Baudouin de Boulogne, sœur de Bohémond, etc.) ont dû amener avec elles du personnel. Pour Runciman, l'effectif des vrais non-combattants, clercs, vieillards, femmes et enfants ne devrait pas avoir dépassé le quart de l'effectif total et la mortalité a dû être parmi eux particulièrement élevée.

En ce qui concerne les seuls combattants, Stephen Runciman (*A history of the Crusades*, tome I, annexe 2, pp. 336-341) propose les effectifs suivants :

Raimond		10 000 hommes
de Saint-Gilles :	env. 1200 cavaliers	de pied
Bohémond :	500	3500
Godefroi de Bouillon :	1000	7000
Robert Courteheuse :	650 à 800	5000
Etienne de Blois :	250 à 300	2100
Hugues		
de Vermandois :	100	700
Robert de Flandres :	600	4200
total :	4200 à 4500	30 000

Cet effectif excluant bien entendu l'ensemble des non-combattants.

Pour les bandes qui ont accompagné Pierre l'Ermite, Runciman retient comme vraisemblable un effectif de 20 000 environ.

Les forces combattantes que pouvait aligner l'armée croisée dans les grandes batailles sont sans doute comparables en effectif à celles de l'empereur Alexis ou de l'émir Kerbôga.

Les chroniqueurs fournissent peu d'indications utiles sur ces estimations. Il ne faut pas oublier que n'utilisant que la numérotation romaine, ils étaient peu accoutumés aux grands nombres (127.592 par exemple s'écrit en romain CXXVIIMVCLXXXXII), qui sont surtout pour eux des figures de style. C'est ainsi que Foucher de Chartres peut écrire que si tous ceux qui avaient pris la croix avaient été présents au siège de Nicée, ils auraient été 6 000 000 au lieu de 600 000. Un historien allemand a tenté d'estimer l'effectif total de l'armée croisée à partir du temps nécessaire pour lui faire franchir un pont en Asie Mineure, au moment où elle est la plus nombreuse. Il obtient le chiffre de 105 000 soit largement le double de l'estimation de Runciman, nouvelle indication que toutes ces hypothèses doivent être maniées avec précautions. (Delbrück : *Geschichte der Kriegskunst*, III, pp. 228-229).

23. *L'accord conclu* entre Alexis et Bohémond concernant une terre au-delà d'Antioche a sans doute été rédigé en bonne et due forme. En effet, celui qu'ils signeront en 1108 stipule clairement qu'il annule et remplace « le précédent ». Ce deuxième accord sera juré sur l'Evangile et la Sainte Lance.

24. *Armement et machines.* Le *mangonneau,* comme le *trébuchet,* est une catapulte de siège mue par un contrepoids, alors que les *pierrières* sont mues par la tension de cordes, de nerfs ou de ressorts. La verge d'un mangonneau mesure de huit à douze mètres, son contrepoids pèse plusieurs tonnes : il faut de nombreux tendeurs pour l'armer. On l'utilise pour projeter de grosses pierres, des paquets de cailloux, des matières enflammées ou des amas de charognes.

Dans les sièges, on utilise aussi les arbalètes à tour (pour lancer de gros javelots ou des barres de fer rougies au feu), les béliers couverts, les chats de vignes (galeries couvertes mobiles), les tours et beffrois roulants.

L'armement individuel comprend l'*épée,* la *lance* en bois de frêne, au fer losangé, droite, sans poignée ni contrepoids. Les *masses* et *marteaux,* interdits par l'Eglise, méprisés par la chevalerie, sont utilisés par les hommes de pied et les Sarrazins. L'*arc* à la mode est la tzangra en bois d'if, apportée aux Anglais par les Vikings : ceux des Turcs, utilisés à cheval sont plus courts que ceux des Francs ; les flèches sont en pin ou en frêne ; un bon archer en tire 12 à la minute. Le *haubert,* grande robe de mailles, tombe aux chevilles, couvre les doigts et le cou ; les mailles sont doublées ou triplées aux endroits les plus vulnérables. Le *heaume,* ou casque, est conique et à nasal. L'*écu,* ou boucliers des Francs, est triangulaire et bombé (1,30 m × 0,50) ; il est fait de planches couvertes de cuir à l'extérieur, matelassées à l'intérieur ; peint et décoré bien avant l'apparition des armoiries, les fers de renfort qui se croisent en son centre sont à l'origine des quartiers du blason ; l'*écuyer* tient son nom de ce qu'il porte l'écu hors du champ de bataille.

25. *Les vaisseaux scandinaves* et sans doute ceux du pirate Guinemer de Boulogne et de l'anglais Edgar Aething sont assez longs et vastes pour pouvoir contenir des chevaux et des machines de guerre. Ils sont partiellement pontés, comportent trois rangs de rames. La proue et la poupe qui s'élèvent très au-dessus du bordage sont couronnées de figures sculptées. Au-dessus des voiles aux couleurs éclatantes, les pointes de mât sont souvent ornées de petits dauphins d'ambre ou d'une autre matière précieuse. Des écus armoriés sont suspendus à l'extérieur du bordage à l'entrée dans les ports.

L'équipage est constitué par des combattants, armés pour l'abordage ou le débarquement de l'épée et surtout de la hache à deux tranchants de fer ou de bronze. La hache figure d'ailleurs aujourd'hui encore dans les armes de la Norvège tenue par un lion dressé et couronné (*öx* en Norrois, *axe* en anglais, *ache* en vieux français). Arcs et lances sont armes moins nobles.

L'essentiel des provisions de bord est constitué de poisson sec et de beurre salé. Les capitaines ignorent la boussole, se guident aux astres et sont familiers des courants mais évitent la haute mer lorsqu'ils le peuvent – ce qui ne les empêche pas d'aller au Groënland (la « terre verte », alors beaucoup moins froide) ou en Amérique.

Le marin qui veut abandonner le navire au cours d'une campagne doit payer une amende d'un marc si c'est sur les côtes de Suède ou de Danemark, mais de 14 marcs si c'est en Grèce, loin des bases. Une moitié de l'amende revient au roi, l'autre au capitaine.

Les Scandinaves gagnent le Moyen Orient par deux routes principales :

– La route orientale (*Austrvegr*) dite « chemin des Varingues », qui relie la Baltique à la mer Noire par les fleuves russes, Dvina ou Neva, puis Dniepr. On franchissait par portage les 7 cataractes appelées : Ne pas dormir, La barre de l'île, Chute de l'Echo, Chute du Pélican, Chute ondoyante, Chute bouillonnante, Petite chute, pour atteindre les bouches du fleuve Blanc et le bras septentrional du Danube ;
– La route occidentale (*vestrvegr*) qui contourne les finistères d'Europe, plus familière aux Norvégiens. Route aventureuse et beaucoup plus longue – il faut un an au moins pour aller de Norvège en Terre Sainte. Le havre de Saint-Matthieu, près de la pointe du Raz en Bretagne, était l'une des étapes traditionnelles de cet itinéraire. Les navigateurs y attendaient les vents favorables qui permettaient de gagner la Galice, au nord de l'Espagne, en trois jours et trois nuits. Là ils hivernaient fréquemment. Puis c'était Lisbonne, Cagliari en Sardaigne « aux habitants agiles mais grossiers », la Crète, Chypre. (P. Riant, *Expéditions et pèlerinages des Scandinaves...* pp. 50-55 et 62-79, *passim*).

La navigation, à la fin du XIe siècle, est encore une aventure. Un vent trop faible ou soufflant dans la mauvaise direction suffisait à faire reporter un départ pendant plusieurs semaines ; on ne sait guère naviguer que par vent arrière, ce que traduit l'expression *avoir le vent en poupe*. Le gouvernail d'étambot n'apparaîtra que vers 1220. On se dirige encore avec une sorte de long aviron, à large pelle, placé sur le côté à l'arrière du bateau. C'est un instrument de maniement difficile et peu efficace. Les pilotes reconnaissent les fonds à la couleur des eaux et savent estimer leur dérive. En dehors des vaisseaux scandinaves, on distingue deux grands types de bateaux : les *galères,* héritées d'Athènes, de Rome et encore utilisées par les flottes italiennes et byzantines, navires guerriers rapides mais de faible capacité ; les *naves,* rondes, à un puis deux mâts, plus adaptées au transport des marchandises. En Méditerranée, les naves sont dotées de voiles latines ; en mer du Nord et dans la Manche, de voiles carrées. Les bateaux huissiers, équipés d'une porte abattante – huis – analogue à celle de nos grosses péniches de débarquement, servent surtout au transport des chevaux vers la Terre Sainte.

Deux origines et deux influences marquent la marine de l'époque – on les retrouve dans le vocabulaire de la mer. La tradition gréco-romaine a laissé les mots dérivés du latin : *nef, coque, voile, ancre, rame.* La tradition viking se manifeste par quantité de termes techniques : *vague* (de vagr, mer), *haler* (de hala, tirer), *hune* (de hunn), *vergue* (de breghta, mouvoir), *tillac* (de thilja, plancher), *tribord* (de stjônbordhi), etc.

26. *Vœu de croisade.* On connaît plusieurs dignitaires ecclésiastiques qui, présents au concile de Clermont, s'étaient croisés à l'appel d'Urbain II et ne sont pourtant pas partis avant la prise de Jérusalem.

Haimery, abbé d'Auchin, monastère placé sous la protection d'Anselme de Ribemont (région de Saint-Quentin) est de ceux-là mais on ignore s'il a été sanctionné ou dispensé (Escallier, *Histoire d'Auchin* p. 40 *apud* Riant, *A.O.L.* I, p. 166 n. 14).

Hugues de Romans, archevêque de Lyon, a lui subi les censures ecclésiastiques en raison de l'inexécution de son vœu de croisade. Ceci semble l'avoir décidé puisqu'il écrit en janvier 1100 au pape Pascal II pour l'informer de son désir de partir. Le pontife lui répond aussitôt (février ?), l'absout des censures encourues et le nomme légat en Orient. (Riant, *A.O.L.*, I, pp. 209-210).

Bernard de Sédirac, archevêque de Tolède, « croisé avec tous les prélats présents à Clermont » (Orderic Vital) n'est pas parti mais n'a pas été excommunié, Urbain II l'ayant sans doute relevé de son vœu contre promesse de reconstruire la ville de Tarragone. Alors qu'il est en Espagne, en juillet 1906, il va rejoindre l'armée croisée en formation mais repart en Espagne trois jours plus tard pour apaiser une révolte du clergé local. Puis il gagne Rome et rencontre Urbain qui l'exempte de son obligation de croisade, en raison des besoins locaux (B. de Tudèle, *apud* Riant, *A.O.L.*, t. I, pp. 128-130).

Les retardataires et les déserteurs seront vigoureusement relancés, sous menace d'excommunication, à partir de la fin de 1099 notamment pour aller prendre la place de ceux qui veulent revenir en Occident. (Lettre du pape Pascal II aux archevêques, évêques et abbés de France de décembre (?) 1099, lettre de Manassès, archevêque de Reims, à Lambert, évêque d'Arras de fin décembre 1099).

(Orderic Vital, 1, X, Riant *A.O.L.* t. I, pp. 205-206).

27. *Chrétiens d'Orient*. C'est un débat sur la nature du Christ qui est à l'origine des divisions et schismes de l'Église d'Orient dont beaucoup se sont perpétués jusqu'à nos jours.

Tout était parti de l'*arianisme*, première grande hérésie, qui niait la divinité du Christ, tenu seulement pour la première des créatures et non pour un Dieu. Une réaction violente contre l'arianisme donna naissance au Vᵉ siècle au *nestorianisme* (de Nestorius, patriarche de Constantinople en 428) qui distingue dans le Christ deux personnes, l'une divine, l'autre humaine. Il s'oppose notamment à ce que Marie soit appelée « mère de Dieu ». Nombreux en Syrie, les nestoriens persécutés se réfugièrent en Perse. Le *monophysime* déclara lui ne reconnaître en Jésus-Christ qu'une seule nature (d'où son nom), la nature divine, tandis que l'orthodoxie en distingue deux indivisibles et inséparables. Les chrétiens arméniens étaient également monophysites.

Parmi les monophysites, les *jacobites*, adeptes de Jacobus Zanzalus, étaient assez nombreux en Syrie où ils avaient longtemps persécuté les *maronites*. Ceux-ci, adeptes de saint Maron, enseignaient un monophysime atténué (le *monothélisme* : il n'y a dans le Christ qu'une volonté divine et non une volonté humaine). Nombreux dans les montagnes du Liban, ils avaient pour chef le patriarche d'Antioche. Un certain nombre rallièrent la secte des Druses. Reflet de l'étonnante mosaïque religieuse de cette région la constitution libanaise prévoyait encore tout récemment que le Président de la République devait être un chrétien maronite, le chef du gouvernement un musulman sunnite et le président de l'Assemblée un musulman chiite.

28. *Les dés*. Pratiqués par tous les « mauvais hommes » et dans tous les « mauvais lieux », ils ont si « mauvaise réputation » qu'un trouvère anonyme prétend qu'ils furent inventés par le diable. Ce jeu qui fait blasphémer a, explique-t-il, été lancé par un sénateur de Rome. L'homme était ambitieux et prêt à tout pour s'accroître en honneur et en fortune. Il se voua au démon qui, en échange de son concours, lui fournit

une recette pour perdre, désespérer et déshonorer les humains. Tu feras le dé « de six costés quarré », lui dit-il. Sur l'une de ses faces tu mettras UN en dépit de Dieu. Sur l'autre DEUX en dépit du Christ et de Marie; ailleurs TROIS en dépit de la Sainte Trinité; sur un autre côté tu feras un QUATRE en dédain des quatre évangélistes; en un autre CINQ « en despit des cinq plaies que Dieu ot en croix ». Enfin sur le dernier carré feras le SIX « en despit des six jours que Dieu fit toutes choses ». Le sénateur tint parole mais trouva la mort dans une rixe consécutive à une partie de dés.

29. *Chevaux*. Le Moyen Age est la plus belle conquête du cheval. On distinguait :
– le *destrier* : ainsi nommé parce que l'écuyer le mène à sa droite, c'est le cheval de guerre, fort, endurant, dressé à supporter sans broncher le vacarme des combats. On ne le monte pas hors du champ de bataille. Les destriers les plus recherchés viennent d'Aragon, de Castille et de Gascogne;
– le *palefroi* : cheval de parade;
– le *roncin* : cheval de labour;
– le *sommier* : cheval de charge;
– les *juments* et *haquenées* (du village anglais de Hackney) : réservées (comme les mules) aux femmes et aux ecclésiastiques; dressées à marcher l'amble; monter une haquenée est un déshonneur pour un chevalier.

Plus petits et plus légers, les chevaux d'Orient ne peuvent charger avec un chevalier tout armé sur le dos (50 kg d'équipement); aussi les croisés doivent-ils emmener leurs montures dans des bateaux spécialement aménagés – les chevaux, pris dans des sangles de chanvre, supportent généralement mal la traversée.

Les charges de chevalerie, lourdes et puissantes, s'apparentent aux percées de nos blindés. C'est à l'arrêt que le chevalier est le plus vulnérable : on cherche à le désarçonner. Le cheval est le butin le plus précieux.

Le harnachement se singularise par l'absence de croupière et la présence d'une forte sangle de poitrail destinée à résister à la poussée de la lance au moment du choc.

« Enfourcher son cheval de bataille », « monter sur ses grands chevaux » sont des expressions venues de l'époque.

30. Ces *Tafurs* dont parlent Guibert de Nogent et *La chanson d'Antioche*, redoutables ribauds de Flandre menés par leur roi, tiendraient leur nom de la confusion des mots *talevart* (bouclier rudimentaire) et *tahavor* (roi, en arménien). Leur férocité, comme leur absence de répugnance à manger de la chair humaine, leur a rapidement conféré une réputation proche de la légende.

31. *La journée médiévale* est réglée par la marche du soleil. Les cloches des églises et des couvents sonnent les heures canoniales, grandes divisions du jour : matines (vers 0 heure), laudes (3 heures) prime (6 heures), tierce (9 heures), sixte (12 heures), none (15 heures), vêpres (18 heures), complies (21 heures).

L'heure de sixte a donné son nom au petit repos *(sieste)* du milieu du jour. Dans plusieurs pays, l'heure de sixte fut avancée à la fin de la matinée et l'heure de none coïncida alors avec le milieu du jour – midi se dit *noon* en anglais, *noen* en hollandais, *non* en norvégien.

Malgré la clepsydre à eau offerte à Charlemagne par Haroun al-Rashid, on n'utilise guère en Occident que le cadran solaire et le sablier. On mesure aussi le temps en chandelles (trois pour une nuit) ou en patenôtres.

L'année légale débute à Pâques en France, le 25 mars en Angleterre, le jour de Noël en Allemagne.

32. *Méandre.* Le parcours particulièrement sinueux de ce fleuve d'Asie mineure lui a valu de passer dans le langage commun.

33. *Armes.* Parmi les procédés employés pour tremper le métal, on peut noter celui-ci : « Prenez un bouc de 3 ans, attachez-le dans une étable durant trois jours sans nourriture ; le quatrième, donnez-lui de la fougère à manger et rien d'autre. Quand il s'en sera nourri deux jours, la nuit suivante enfermez-le dans un tonneau qui ait à la partie inférieure des trous, sous lesquels vous placez un autre vase intact qui recevra son urine. Après en avoir recueilli suffisamment pendant deux ou trois nuits, lâchez le bouc et trempez vos instruments dans cette urine. L'urine d'un petit enfant roux donne aussi au fer une trempe plus ferme que l'eau pure. (*Recettes du moine Théophile*, éd. Émile Paul 1924, *apud* Luce Pietri, *Les époques médiévales*, III, p. 343).

34. *Ambassade.* Une tradition veut qu'une autre formule de tournoi ait été discutée entre les barons et proposée à Kerbôga : un affrontement singulier opposant le chef turc à l'un des seigneurs chrétiens, mais que ceux-ci ont été incapables de se mettre d'accord sur le nom de leur champion, Godefroi de Bouillon et Robert Courteheuse revendiquant tout particulièrement cet honneur.

35. *L'apprentissage des échecs* faisait, au Moyen Age, partie de la haute éducation au même titre que les armes ou la chasse. On trouve fréquemment des scènes d'échecs dans les chansons de gestes. Dans certaines, le héros n'hésite pas à donner sa liberté ou sa vie pour enjeu de la partie.

Les pions d'aujourd'hui s'appelaient alors des chevaliers et la tour était le roc. Dans le jeu d'origine, la pièce du ministre suivait le roi pas à pas ; nos aïeux en firent d'abord une dame pour que l'autre sexe, oublié des Orientaux, fût représenté sur l'échiquier. Puis ils affranchirent la marche de la dame, la laissant libre de courir, en avant et en arrière, en ligne droite ou en diagonale : c'est ainsi qu'elle devint la reine.

36. *Robert de Flandre.* La fondation, autorisée par l'évêque de Tournai Baudri de Sarcinivilla, sera le monastère de Bethferkeke (Straten). La lettre du comte de Flandre est aujourd'hui perdue, mais à lire la charte de fondation, c'est à Robert de Flandre lui-même, et non à Pierre Barthélemi, que saint André est apparu. (Riant, *A.O.L.,* I pièce CVIII p. 177 et A. Goethals, *Chronique de saint André* pp. 22-24 *apud*. Riant *ibid.*, p. 216.)

37. *Feu grégeois.* Les Chinois en sont sans doute les inventeurs, mais Byzance le perfectionna et protégea comme un secret d'État le mystère de sa fabrication : les composants sont les mêmes que dans la poudre à canon, seules les proportions diffèrent. Profitant de l'effet propulseur de la combustion, les Grecs l'utilisaient parfois dans des tubes de cuivre.

Avant de retrouver la formule du feu grégeois, les musulmans utilisaient un mélange de naphte additionnée de résine, de soufre et de salpêtre. Contre ces mélanges enflammés, les Francs utilisaient le sable (efficace), l'urine et le vinaigre.

38. *Le jugement de Dieu,* obtenu par l'intermédiaire d'une *épreuve,* fut largement en usage en Europe occidentale aux IX°, X° et XI° siècles. Il se raréfia ensuite sous l'influence de l'Église (notamment par les voix de Célestin III et d'Innocent III) et avait presque totalement disparu au XIV°.

On distinguait notamment le *serment,* le *duel,* les *ordalies.*

Pour le serment, l'usage le plus ordinaire consistait à jurer sur un tombeau, sur des reliques, sur l'autel ou sur l'Évangile ouvert au *te igitur.* Un tel serment valait preuve.

Assez rare, le duel ou combat judiciaire était le plus souvent la conséquence logique d'une épreuve par serment à l'issue de laquelle accusateur et accusé restaient sur leurs positions. On ne se battait en principe qu'entre gens de même classe, les nobles à l'épée et en armure, les manants au bâton. Les femmes, les clercs, les vieillards étaient autorisés à se faire remplacer par un professionnel, un *champion.* Chacun, avant le combat, devait déposer entre les mains du juge une somme suffisante pour couvrir les dépens, les amendes et les dommages-intérêts accordés au vainqueur. On appelait ces dépôts les *gages.* La pratique rituelle du *défi* – généralement un gant jeté aux pieds de l'adversaire et que celui-ci ramassait en signe d'acceptation – s'est longtemps poursuivie avec le duel, forme dévoyée du combat judiciaire contre laquelle Richelieu lutta vigoureusement.

Les ordalies, d'origine saxonne, étaient des épreuves par les éléments destinées à prouver l'innocence ou la culpabilité d'un accusé. Dans *l'épreuve du feu,* l'accusé, après trois jours de jeûne et messe entendue, devait prendre à la main une barre de fer rougie au feu et la porter jusqu'à un endroit convenu. La barre était plus ou moins chauffée et la distance à parcourir plus ou moins longue selon la gravité du crime présumé. On lui mettait ensuite la main dans un sac fermé et scellé que l'on ouvrait trois jours plus tard. Selon que la main était saine ou brûlée, l'accusé était déclaré innocent ou coupable. Des variantes consistaient à obliger l'accusé à enfiler un gant de fer rougi ou à marcher sur un certain nombre de barres rouges.

L'épreuve de l'eau s'administrait à l'eau chaude ou à l'eau froide. Pour la première, il s'agissait de prendre un anneau suspendu plus ou moins profondément dans une cuve d'eau bouillante. L'eau froide était réservée au petit peuple. On liait à l'accusé main droite et pied gauche et main gauche et pied droit et, dans cet état, on le jetait dans l'étang ou la rivière. S'il surnageait on le traitait en criminel, s'il s'enfonçait on le tenait pour innocent *(sic).* Rejetée à demi noyée par la rivière, une dame de Sauveterre de Béarn dut jadis la vie à cette épreuve qui l'innocenta d'un meurtre.

Dans *l'épreuve de la croix,* les adversaires se tenaient côte à côte bras en croix. Le premier qui se révélait incapable de supporter la position était condamné. D'où nous vient peut-être l'expression *« baisser les bras »* pour indiquer le renoncement du vaincu. D'autres expressions encore usitées trouvent leur origine dans le rituel des épreuves et ordalies médiévales, comme *« si je mens, je vais en enfer »* à l'occasion d'un serment, ou *« j'en mettrais ma main au feu »* pour exprimer une certitude absolue.

39. *Pierre Barthélemi.* « Il faut se garder d'oublier, écrit le moine Raoul Glaber au XIᵉ siècle, que lorsque des prodiges évidents frappent les yeux des hommes qui habitent encore leur corps, [...] ces hommes n'en ont plus pour longtemps de la vie de la chair après avoir vu ces choses. »

40. *Terre Sainte.* « Quand on voyage dans la Judée, écrit Chateaubriand dans son *Itinéraire de Paris à Jérusalem,* d'abord un grand ennui saisit le cœur ; mais lorsque, passant de solitude en solitude, l'espace s'étend sans borne devant vous, peu à peu l'ennui se dissipe, on éprouve une terreur secrète, qui, loin d'abaisser l'âme, donne du courage et élève le génie. Des aspects extraordinaires décèlent de toutes parts une terre travaillée par des miracles : le soleil brûlant, l'aigle impétueux, le figuier stérile, toute la poésie, tous les tableaux de l'Écriture sont là. Chaque nom renferme un mystère ; chaque grotte déclare l'avenir ; chaque sommet retentit des accents d'un prophète. Dieu même a parlé sur ces bords : les torrents desséchés, les rochers fendus, les tombeaux entrouverts attestent le prodige ; le désert paraît encore muet de terreur, et l'on dirait qu'il n'a osé rompre le silence depuis qu'il a entendu la voix de l'Éternel. »

41. *Biscuits.* Une ancienne chronique de Charlemagne parle d'un pain cuit deux fois – biscuit – pour qu'il se conserve. Il sert à l'approvisionnement des bateaux, des villes menacées de siège et de certains monastères. Plus tard, le biscuit deviendra une sorte de pâtisserie sèche et friable.

42. *Superstitions.* Les musulmans n'étaient pas seuls à utiliser, au XIᵉ siècle, des pratiques superstitieuses. En Occident, elles étaient particulièrement développées dans la vie quotidienne comme en témoignent ces quelques interrogations extraites d'un manuel de confesseur rédigé aux environs de l'an mille :
« As-tu agi comme font les femmes : elles prennent un poisson vivant, l'introduisent dans leur sexe, l'y maintiennent jusqu'à ce qu'il soit étouffé et après l'avoir bouilli ou grillé, elles le donnent à manger à leur mari pour qu'il s'enflamme davantage ? Si oui : deux ans de jeûne. »
« As-tu fait comme certaines femmes : elles se déshabillent, enduisent de miel leur corps nu et se roulent ainsi sur du blé répandu sur un linge, de-ci, de-là ; elles recueillent ensuite soigneusement tous les grains collés à leur corps, mettent ces grains dans un moulin et font tourner la meule contre le soleil ; de la farine ainsi obtenue, elles cuisent un pain qu'elles donnent à manger à leur mari pour qu'il devienne malade et impuissant. Si oui : 40 jours de jeûne. »
« As-tu fait comme font les femmes : dans les périodes de sécheresse où la pluie fait défaut, elles rassemblent plusieurs jeunes filles et leur donnent

comme guide une fillette encore vierge. Elles déshabillent la fillette et la conduisent en dehors de la ville, dans un pré où pousse la jusquiame (...). Elles font arracher cette herbe par la fillette nue, avec le petit doigt de sa main droite et lient la jusquiame avec un ruban au petit orteil de son pied droit. Les jeunes filles tenant chacune un rameau dans la main font entrer dans une rivière proche la fillette nue, traînant derrière soi la jusquiame. Elles l'aspergent avec leurs rameaux et ainsi, par cet envoûtement, espèrent faire tomber la pluie. Si oui : jeûne au pain et à l'eau pendant vingt jours. »

Jeux de lutins : « As-tu confectionné de petits fanions avec des chiffons, comme font les enfants, les as-tu jetés dans ton cellier ou dans ta grange pour que les faunes et les nains velus viennent jouer avec ces objets, t'apportent des biens qu'ils dérobent aux voisins et qu'ainsi tu deviennes riche ? Si oui : dix jours de jeûne au pain et à l'eau. »

Cyrille Vogel : « Pratiques superstitieuses au début du XIᵉ siècle d'après le " corrector sive medicus " de Burchard, évêque de Worms (965-1025) », *in Mélanges à E.R. Labande,* p. 751, s.).

43. *Sainte Lance.* En dépit de la mort de Pierre Barthélemi bon nombre de croisés dont le comte de Toulouse continuèrent de tenir pour authentique et donc de vénérer la lance découverte à Antioche.

Raimond de Saint-Gilles la conserva et l'emporta à Constantinople où, d'après Raoul de Caen et Matthieu d'Edesse l'Arménien, il l'offrit à Alexis. Albert d'Aix, lui, prétend qu'il l'a perdit au-delà d'Ankara au cours de la malheureuse expédition de 1101 en Asie Mineure.

On continua longtemps en Occident de disputer sur son authenticité et Guibert de Nogent critiquera vertement Foucher de Chartres pour avoir osé la mettre en question. (A.C. Krey, *The First Crusade...,* p. 296. n. 23.).

44. *Anne Comnène.* Privée du trône à la mort de son père par son frère Jean, elle devait tenter de le faire assassiner et finit sa vie enfermée avec sa mère, l'impératrice Irène, dans un monastère. C'est là qu'elle rédigea son *Alexiade* – terminée en 1148 – pour laquelle elle recourut à ses propres souvenirs, mais aussi à des documents officiels et aux témoignages des grands de l'Empire comme des vétérans de l'armée. L'*Alexiade* est une célébration par Anne de son père, qu'elle appelle son « soleil ».

45. *La Vraie Croix.* La tradition attribue à sainte Hélène, mère de l'empereur Constantin, la découverte, en l'an 326, de la « Sainte-Croix ». Voyageant en Palestine, elle fut, dit-on, guidée par un vieillard juif sur les lieux de la crucifixion : faisant creuser, elle mit au jour trois croix – celle du Christ et celles des deux larrons – le morceau de bois portant l'inscription qui désignait le Christ et les clous. La « Vraie Croix » aurait été désignée par un miracle : la guérison d'une malade qui s'était étendue dessus.

Emportée par les Perses en 614, elle est revenue en 629 à Jérusalem où les croisés la retrouvent. Plus exactement, il s'agit alors d'un morceau de la croix trouvée par sainte Hélène enchâssé dans un bois revêtu d'or et incrusté de joyaux : la Vraie Croix. Le patriarche de Jérusalem sera chargé de la porter au milieu des combats. Perdue par les chrétiens à Hattin, elle sera d'abord envoyée à Damas par Saladin, objet d'une négociation avortée avec Richard Cœur de Lion et finalement rapportée en 1192 par le Sultan à Jérusalem, où l'on perd sa trace.

De nombreux « morceaux de la Vraie Croix » sont aujourd'hui vénérés de par le monde. Quant aux « saints clous », ils se sont multipliés : de 4 à l'origine, dont un jeté à la mer par sainte Hélène pour conjurer une tempête, ils sont maintenant plus de 30 – dont un à Saint-Denis et un à Carpentras.

A l'endroit de la découverte de sainte Hélène s'élève la chapelle dite de l'Invention de la Sainte-Croix, à l'intérieur de la basilique du Saint-Sépulcre. Le monastère de la Sainte-Croix à Jérusalem, tenu par des Géorgiens du Causase, a été fondé à l'endroit « où poussa l'arbre dont on tira la croix du Christ ».

REPÈRES BIBLIOGRAPHIQUES

I. BIBLIOGRAPHIES

MAYER (H. E.) : *Bibliographie zur Geschichte der Kreuzzüge,* Hannover, 1960.
Cette bibliographie référence 5 362 ouvrages ou travaux sur les croisades. Le recensement s'arrête aux publications de 1958. La plupart des travaux concernant la première croisade publiés avant la deuxième moitié du XIXᵉ siècle sont de peu d'intérêt pour l'historien ou le curieux contemporains sauf pour étudier la perception et l'image de la croisade à l'époque de leur publication. Voir à cet égard l'article *croisade* dans l'Encyclopédie de Diderot et d'Alembert :
« L'on étoit bien éloigné de croire qu'il viendroit jamais des tems de ténèbres assez profondes et d'un étourdissement assez grand dans les peuples et dans les souverains sur leurs vrais intérêts, pour entraîner une partie du monde dans une malheureuse petite contrée afin d'en égorger les habitans et de s'emparer d'une pointe de rocher (le Saint Sépulcre) qui ne valoit pas une goutte de sang, qu'ils pouvoient vénérer en esprit de loin comme de près et dont la possession étoit si étrangère à l'honneur de la religion.
« Cependant ce temps arriva et le vertige passa de la tête échauffée d'un pèlerin (Pierre l'Ermite) dans celle d'un pontife ambitieux et politique (Urbain II) et de celle-ci dans toutes les autres. »
MAYER (H. E.) : Literaturbericht über die Geschichte der Kreuzzüge, in *Historische Zeitschrift,* Son derheft 3, 1969, Munchen.
Supplément à la bibliographie ci-dessus concernant les publications sur les croisades intervenues entre 1958 et 1967. Des compléments annuels ont été publiés dans *Deutches Archiv für Erforschung des Mittelalters.*
ATIYA (A. S.) : *The crusade, Historiography and Bibliography,* Bloomington, Indiana Univ. Press, 1962.
Catalogue de la bibliothèque de feu M. le Comte Riant par L. de Germon et L. Polain. Vol. 2. Widener Library, Univ. de Harvard.

Deux ouvrages récents comportent des bibliographies claires des sources accessibles; ce sont *A history of the crusades* de sir S. Runciman (en tête du tome I) et *Histoire du royaume latin de Jérusalem* de J. Prawer, traduction G. Nahon (en tête du tome I), et pour les références antérieures à 1950 celle qui figure dans le t. I de P. Alphandéry, *la Chrétienté et l'idée de croisade*, Paris, 1954.

II. – COLLECTIONS ET RECUEILS

Abrégé

RHC   *Recueil des Historiens des Croisades,* Publ. Académie des Inscriptions et Belles-Lettres, Paris, 1841-1906.

RHC H. Arm.   *Documents Arméniens,* 2 vol., 1869-1906.

RHC H. G.   *Historiens Grecs,* 2 vol., 1875-1881.

RHC H. Occ.   *Historiens Occidentaux,* 5 vol., 1844-1895.

RHC H. Or.   *Historiens Orientaux,* 5 vol., 1872-1906. *Documents relatifs à l'histoire des Croisades,* publication en cours de l'Académie des Inscriptions et Belles-Lettres.

RHF   *Recueil des Historiens des Gaules et de la France,* 24 vol., Paris 1737-1904.

GUIZOT : *Collection des mémoires relatifs à l'Histoire de France depuis la fondation de la monarchie française jusqu'au XIIIᵉ siècle,* (Éd. Guizot), 30 vol., 1825-1835, et aussi

ROL :   *Revue de l'Orient latin,* 22 vol., Paris, 1892-1913.

AOL :   *Archives de l'Orient latin,* 2 vol., Paris, 1881.

MGH :   *Monumenta Germaniae Historica, Scriptores,* 1826 sqq.

Historiens et Chroniqueurs du Moyen Age dans la collection de la Pléiade.

Mémoires de l'Europe, t. I, Paris 1970.

Rerum Britannicarum Scriptores, Rolls Series, 251 vol., London 1858 sqq. (Angleterre).

Rerum Italicarum Scriptores (L. A. Muratori) 25 vol., 1723 sqq. Nouvelle édition en cours (Italie).

P. JAFFÉ : *Regesta Pontificum Romanorum ab condita ecclesia ad annum post Christum natum 1198,* 2 vol., Leipzig, 1881-1888.

MANSI : *Sacrorum conciliorum nova et amplissima collectio,* 53 vol., Paris, 1901-1927. Pour Clermont : t. XX, col. 815-827.

Itinéraires à Jérusalem et descriptions de la Terre Sainte rédigés en français aux XIIᵉ et XIIIᵉ siècles, société de l'Orient latin, Genève, 1882, (éd. M. Michelant et G. Raynaud).

The Crusades. A Documentary survey (trad. J. A. Brundage), Milwaukee, 1962.

III. – PRINCIPALES SOURCES UTILISÉES

A. *Sources occidentales*

ALBERT D'AIX : *Liber Christianae Expeditionis pro Ereptione, Emundatione et Restitutione Sanctae Hierosolymitanae Ecclesiae*, in RHC H. Occ., vol. IV et Guizot, t. XX et XXI. Voir aussi KUGLER, *Albert von Aachen*, Stuttgart, 1885.

Anonymi Gesta Francorum et Aliorum Hierosolymitorum, Éd. Bréhier *(Histoire anonyme de la première croisade)*, Les classiques de l'Histoire de France au Moyen Age, réédition 1964.

ANSELME DE RIBEMONT : 1re lettre : Inventaire des lettres historiques des croisades, appendice III, AOL, t. I, p. 221 (trad. L. Theis). 2e lettre in Peyré, *Histoire de la Première Croisade*, appendice, pièce XIV, p. 485.

BAUDRI DE DOL : *Historia Jerosolimitana*, in RHC H. Occ., vol. IV.

CAFFARO DE CASCHIFELONE : *De Liberatione Civitatum Orientis Liber*, in RHC H. Occ., vol V.

Chanson du chevalier au Cygne (éd. Hippeau), Paris, 1874-1877.

Chronique de Zimmern, trad. de l'éd. HAGENMEYER, in AOL, vol. II.

Clergé et peuple de Lucques, lettre à tous les fidèles. *Inventaire des lettres historiques des croisades*, AOL, t. I, appendice IV, p. 223 (trad. L. Theis).

Clergé et Patriarche de Jérusalem aux Occidentaux, lettre in Peyré, *Histoire...*, pièce XV, p. 491.

La conquête de Jérusalem (éd. Hippeau), Paris 1868.

COSMAS DE PRAGUE : *Chronicon*, in MGH Scriptores, vol. VII.

DAIMBERT DE PISE (+ Godefroi de Bouillon et Raymond de Saint-Gilles), lettre au pape in Peyré, *Histoire...*, pièces justificatives XVII, p. 494.

EKKEHARD DE AURA : Hierosolymita, in RHC H. Occ., vol. V.

ÉTIENNE DE BLOIS : lettres à sa femme Adèle in Peyré, *Histoire...*, pièces justificatives X et XI, pp. 471, 475.

FOUCHER DE CHARTRES : *Gesta Francorum Iherusalem Peregrinantium*, in RHC H. Occ. et Guizot t. XXIV. Voir aussi : *Fulcher of Chartres. A History of the Expedition to Jerusalem*, 1095-1127, trad. de Sr F. R. Ryan; intro. de H. S. Fink, Knoxville, Univ. of Tennessee Pr., 1969, et *The First Crusade : the Chronicle of Fulcher of Chartres and Other source Material* (éd. E. Peters), Univ. of Pennsylvania Press, Philadelphia 1971, sources of Med. History, I.

GRAINDOR DE DOUAI : voir Richard le Pèlerin.

GUIBERT DE NOGENT : *Historia Hierosolymitana* in RHC H. Occ., vol. IV et Guizot, t. IX.
Voir aussi J. Chaurand, « La conception de l'histoire de Guibert de Nogent » in *Cahiers de Civ. Med*, VIII, 1965, p. 381-395.

GUILLAUME DE MALMESBURY : *Gesta Regum* (éd. W. Stubbs), Rolls Series 2 vol., London 1887-1889.

GUILLAUME DE TYR : *Historia Rerum in Partibus Transmarinis Gestarum*, in RHC H. Occ., vol I.

Édition en vieux français (réf. : Éracles). *L'Estoire de Éracles, Empereur et la Conquête de la Terre d'Outremer*, RHC H. Occ., vol. I.

HENRY OF HUNTINGTON : *De Captione Antiochiae*, in RHC H. Occ., vol. V.

Historia Belli Sacri (continuation de Tudebode) in RHC H. Occ., vol. V.

HUGUES DE FLEURY : *Itineris Hierosolymitani Compendium*, in RHC H. Occ., vol. V et Guizot t. VII.

LAMBERT D'ARRAS : Canon du concile de Clermont in Mansi, *Concilia*, vol. XX.

ORDERIC VITAL : *Historia Ecclesiastica* (éd. Le Prevost et Delisle) in SHF, Paris 1838-1855 et Guizot, t. XXVII.

Peregrinatio Frotmundi in *Acta Sanctorum*, vol. XX (24 oct.).

RAOUL DE CAEN : *Gesta Tancredi Siciliae Regis in Expeditione Hierosolymitana* in RHC H Occ., vol. III, et Guizot, t. XXIII.

RAOUL GLABER : *Historiarum sui Temporis* in Guizot, t. VI.

RAIMOND D'AGUILERS : *Historia Francorum qui ceperunt Jerusalem* in RHC H. Occ., vol. III et Guizot t. XXI. Voir aussi l'édition en anglais de J. HILL et L. HILL, American Philosophical Soc., Philadelphia, 1968.

RICHARD LE PÈLERIN : *La Chanson d'Antioche* in *Roman des Douze Pairs : La Chanson d'Antioche composée au commencement du XIIe siècle par le Pèlerin Richard, renouvelée sous le Règne de Philippe Auguste par Graindor de Douai et publiée pour la première fois par Paulin Paris*, 2 vol., Paris, 1848.
Voir aussi : L.A.M. SUMBERG : *La Chanson d'Antioche. Étude historique et littéraire. Une chronique en vers français de la première croisade par le pèlerin Richard*. Paris, 1968.

ROBERT LE MOINE : *Historia Hierosolymitana*, RHC H. Occ., vol. III et Guizot t. XXIII.

SIMEON : Patriarche de Jérusalem. Lettre (avec Adhémar de Monteil) aux fidèles du Nord : *Inventaire des lettres historiques des Croisades* in AOL, t. I, Appendice II, p. 221 (trad. L. Theis).

TUDEBODE : *De Hierosolymitano Itinere* in RHC H. Occ., vol. III et J. Hill et L. Hill, édition American Philosophical Soc., Philadelphia, 1974.

URBAIN II : Lettre aux princes de Flandre et à leurs sujets, Inventaire des lettres Histoire des Croisades in AOL t. I, Appendice I, p. 220 (trad. L. Theis). Lettre à l'empereur Alexis in Peyré, *Histoire...*, pièce justificative IX.

B. *Sources grecques*

ANNE COMNENE : *Alexiade* (éd. B. Leib), collection byzantine sous le patronage de l'Association Guillaume Budé, 3 vol., Paris, 1937-1945. Également (éd. Ducange) in RHC H. G., vol. I.

THEOPHYLACTE, archevêque : *Epistolae* in Migne, *Patrologie grecque*, vol. CXXVI, col. 324-325.

C. *Sources arabes et perses*

ABU'L FEDA : *Al Mukhtasar fi Ta'rîkh al-Bashar, (Abrégé de l'histoire du genre humain)*, émir de Hama au XIIIᵉ. Extraits en français in RHC H. Or. vol. I.

IBN AL-ATHÎR : *Kâmil at-Tamarikh (Histoire parfaite)*, principal historien arabe de la période. Extraits en français in RHC H. Or. vol I et II.

IBN AL-QALÂNISI : *Dhail târikh Dimashq (Suite de l'Histoire de Damas)*, historien du Xᵉ et de la première moitié du XIᵉ siècle. Extraits en français in R. Le Tourneau, *Damas de 1075 à 1154*, Beyrouth, 1952.

KAMÂL AD-DÎN : *Zubdat al-Halîl fi Tarikh Halab (La crème du lait dans l'histoire d'Alep)*, historien d'Alep qui vécut dans la première moitié du XIIIᵉ. Extraits en français dans RHC H. Or. vol III et dans *Revue de l'Orient Latin*, III, V.

USÂMA IBN MUNQÎDH : *Kitâb al-Itibâr (Livre de l'enseignement par l'exemple*, son autobiographie) fut un chevalier et un homme politique – émir de Shaïzar – en même temps qu'un littérateur et un voyageur curieux. Il a été édité par H. Derenbourg, Paris 1886.
Voir aussi H. Derenbourg *Ousama ibn Mounkidh, un émir syrien au premier siècle des Croisades*, Paris, 1893.

Chroniques arabes des croisades (prés. F. Gabrieli), trad. française Paris, 1977. Comporte des extraits annotés et classés de ces différentes chroniques. Voir aussi de F. Gabrieli : Introduction aux historiens arabes des croisades in *cahiers de Civil. Méd.* n° 51, 1970. Des extraits complémentaires ont été publiés dans Michaud, *Histoire des Croisades*, Paris, 1822, t. VI et dans Michaud, *Bibliothèque des croisades* (t. IV, M. Reinaud) sous le titre « Extraits des historiens arabes ».

D. *Sources arméniennes et syriennes*

MATTHIEU D'EDESSE : *Chronique* in RHC H. Arm. vol. I.
MICHEL LE SYRIEN : *Chronique* (éd. J. B. Chabot), 4 vol., Paris, 1899-1910, réimpression Bruxelles 1963.

E. *Sources hébraïques*

Anonyme de DARMSTADT, ELIEZER BAR NATHAN, EPHRAÏM BAR JACOB et SALOMON BAR SIMEON : *Chroniques hébraïques* traduites en allemand et éditées par A. Neubauer et Stern sous le titre Hebräische Berichte über die Juden Verfolgungen Während der Kreuzzüge in *Quellen zur Geschichte der Juden*, vol. II, Berlin 1892. Traduction française enregistrée pour les auteurs par H. Schwarzinger, Paris, 1982.

The Jews and the Crusaders. The Hebrew Chronicles of the First and Second Crusades, Univ. of Wisconsin Press, 1977.

IV. – OUVRAGES ET ARTICLES MODERNES

ABEL (F. M.) : « L'Estat de la cité de Jérusalem au XIIᵉ siècle », *Records of the Pro-Jerusalem Council*, I (éd. G. R. Ashbee), Londres, 1924.

ADHÉMAR LABAUME : *Adhémar de Monteil, évêque du Puy (1079-1098)*, Le Puy, 1910.

ALVERNY (M. T. d') : « La connaissance de l'Islam en Occident (IXᵉ-XIᵉ siècles) », *Settimane di stud. med.*, 1964-1965.

ANDRESSOHN (J. C.) : *The ancestry and life of Godefrey of Bouillon*, 1947.

ASHTOR (E.) : « Républiques urbaines dans le Proche-Orient à l'époque des croisades », *Cahiers de Civil. Méd.*, 70, 1975, pp. 117-131.

ATIYA (A. S.) : *Crusade, commerce and culture*, Bloomington, Indiana University Pr., 1962.

AUBRUN (M.) : « Caractères et portée religieuse et sociale des " Visiones " en Occident du VIᵉ au XIᵉ siècle », *Cahiers de civilisation médiévale*, nº 2, avril-juin 1980.

BARRACLOUGH : *La papauté au Moyen Age*, trad. M. Matignon, London, 1968, Paris, 1970.

BARRÉ (H.) : *Prières anciennes de l'Occident à la Mère du Sauveur. Des origines à saint Anselme*, Paris, 1963.

BECHMANN (R.) : *Les racines des cathédrales*, Paris, 1981.

BÉDIER (J.) et AUBRY (P.) : *Les Chansons des Croisades*, Paris, 1909.

BENVENISTI (M.) : *Crusaders in Holy Land*, Jerusalem, 1970.

BLAKE (E. O.) : « The Formation of the " Crusade Idea " », *Journ. Eccles. Hist.*, XXI, 1970, pp. 11-31.

BLOCH (M.) : *La société féodale*, Paris, 1939.

BREDERO (A.) : « Jérusalem dans l'Occident médiéval », *Mélanges René Crozet*, Poitiers, 1966.

BRÉHIER (L.) : « Les origines des rapports entre la France et la Syrie ; le protectorat de Charlemagne » dans *Le Congrès français de Syrie*, Marseille, 1919, t. II, pp. 36-38.

– *L'Église et l'Orient au Moyen Age. Les croisades*, Paris, 4ᵉ édition, 1921.

– *Le monde byzantin*, t. I, *Vie et mort de Byzance*, Paris, 1947.

BRIDREY (E.) : *La condition juridique des croisés et le privilège de Croix*, Paris, 1901. Thèse de droit de la faculté de Caen.

BROOKE : *Europe in the Central Middle Ages*, London, 1964.

BRUNDAGE (J. A.) : « Adhemar of Puy : the Bishop and his Critics », *Speculum*, XXXIV, 1959, pp. 201-202.

– « The Army of the First Crusade and the Crusade Vow : Some Reflections on A Recent Book », in *Medieval Studies*, XXXIII (1971).

– « " Cruce signari " : the Rite for Taking the cross in England », *Traditio*, XXII, 1966, pp. 289-310.

– *The Crusader's Wife : A Canonistic Quandary*, Collectanea St. Kuttner, Bologne, Instit. Gratianum, 1967, 4 vol., Studia Gratiana, t. XI à XIV, t. XII, pp. 425-441, et t. XIV.

- *The Crusades. Motives and Achievements,* Boston, Heath, 1964 (Problems in European Civilization).
- « An Errant Crusader : Stephen of Blois », *Traditio,* XVI, 1960, pp. 380-395.
- *Medieval Canon Law and the Crusaders,* The Univ. of Wisconsin Press, Madison, Milwaukee/Londres, 1969.
- « Recent Crusade Historiography : Some Observations and Suggestions », *Catholic Hist. Rev.,* XLIX, 1963-1964, pp. 493-507.

Cartulaire de l'abbaye de Saint-Vincent du Mans (éd. R. Charles et S. Menjot d'Elbenne), Le Mans, 1886.

CASTAING-SICARD (M.) : « Monnaies féodales et circulation monétaire en Languedoc (Xᵉ-XIIIᵉ siècles) », *Cahiers de l'association Marc Bloch de Toulouse,* n° 4, Toulouse, 1961.

CHABANIS (P.) : « Byzantium, the West and the Origin of the first Crusade », *Byzantion,* 1949, XIX, pp. 17-36.

CHALANDON (F.) : *Histoire de la 1ʳᵉ Croisade jusqu'à l'élection de Godefroi de Bouillon,* Paris, 1923.
- *Histoire de la domination normande en Italie et en Sicile,* Paris, 1907.
- *Essai sur le règne d'Alexis Commène,* Paris, 1900, t. IV de la collection des *Mémoires et documents* publiés par la Société de l'École des Chartes.

CHÉDEVILLE (A.) : « Le rôle de la monnaie et l'apparition du crédit dans les pays de l'Ouest de la France (XIᵉ-XIIIᵉ siècles) », *Cahiers de Civil. Méd.,* 17 A, 4, 1974, pp. 305-325.

COGNASSO (F.) : *La genesi delle Crociate,* Turin, 1934.
- *Storia delle crociate,* Ed. dall'Oglio, 1967 (Cultura contemporanea).

COHN (N.) : *The Pursuit of the Millenium,* London, 1957.

CONGAR (Y.) : « Les souvenirs de Godefroi de Bouillon à Jérusalem », *Études ardennaises,* I, oct. 1955, pp. 7-20 et avr. 1956, 16-24.

CAHEN (Cl.) : *An Introduction to the first Crusade,* Past and Present, 1954.
- « L'évolution sociale du monde musulman jusqu'au XIIᵉ siècle, face à celle du monde chrétien », *Cahiers de Civilisation médiévale,* 1958, t. I et 1959, t. II.
- *La Syrie du Nord à l'époque des Croisades et la principauté franque d'Antioche,* Paris, 1940.

CANARD (M.) : « La destruction de l'église de la Résurrection par le calife Hakim et l'histoire de la descente du feu sacré », in *Byzantion,* XXXV, 1, 1965.

CONTAMINE (Ph.) : *La guerre au Moyen Age,* Paris, 1980.

CARDINI (F.) : *Le crociate tra il mito e la storia* (chapitre I), pp. 13-47, Roma, « Nova civitas », 1971.

CORDONNIER (P.) : « Le pape Urbain II dans notre Haut-Maine pour prêcher la Croisade (1095-1096) », *Rev. histor. et archéol.,* Maine, CXXIX, 1973, 63-66.

COWDREY (H. E. J.) : « Pope Urban's Preaching of the First Crusade », *History,* 55, 1970, pp. 177-188.

CRÉGUT (G. R.) : *Le Concile de Clermont en 1095 et la première Croisade,* Clermont-Ferrand, 1895.

CROZET (R.) : « Le voyage d'Urbain II », *in Revue Historique,* vol. CLXXIX, pp. 271-310.

– « Le voyage d'Urbain II en France et son importance au point de vue archéologique », *Annales du Midi*, t. 49, p. 64.

DANIEL (N.), *Islam and the West : The Making of an Image*, Edimbourg University Press, 1952.

DASBERG (L.) : *Untersuchungen über die Entwertung des Judenstates im II. Jahrhundert*, La Haye/Paris, 1965 (Études juives II).

DAVID (Ch. W.) : *Robert Curthose, Duke of Normandy*, Cambridge, 1920.

DÉCARREAUX (J.) : *Normands, papes et moines en Italie méridionale et en Sicile (XIe-XIIe siècle)*, Paris, 1974.

DELARUELLE (E.) : « Essai sur la formation de l'idée de croisade », *Bull. de littérature ecclésiastique*, 1941, 1944, 1953, 1954.

– *L'Idée de croisade au Moyen Age*, Turin, 1980.

« L'idée de croisade dans la littérature clunisienne du XIe siècle et l'abbaye de Moissac », *Ann. du Midi*, LXXV, 1963 [Actes colloque Moissac], pp. 419-440.

– *La piété populaire au moyen âge* (recueil d'articles), Turin, 1975.

DUBY (G.) : *Le chevalier, la femme et le prêtre, le mariage dans la France féodale*, Paris, 1981.

– *L'économie rurale et la vie des campagnes dans l'Occident médiéval*, Paris, 1962, 2 vol.

– *Hommes et structures du moyen âge*, Paris, La Haye, 1973, notamment : XI. Les « jeunes » dans la société aristocratique de la France du Nord-Ouest au XIIe siècle. XII. Les laïcs et la paix de Dieu.

– *Les trois ordres ou l'imaginaire du féodalisme*, Paris, 1978.

DUCELLIER (A.) : « L'Albanie entre Orient et Occident aux XIe et XIIe siècles. Aspects politiques et économiques », *Cahiers de Civil. Méd.*, 73, 1976, pp. 1-7.

DUGGAN (A.) : *The Story of the Crusades, 1097-1291*, Londres, 1963.

DUJCEV (I.) : Un épisode de la première croisade, 1938; réimp. dans *Medioevo bizantino-slavo*, I. pp. 337-340.

DUNCALF (P.) : « The Peasants' Crusade », *American Hist. Review*, t. XXVI, 1920-1921, pp. 440-453.

DUNCALF (F.) : « The Pope's plan for the first crusade, *Hist. Essays presented to D.C. Munro*, New York, 1938, pp. 44-57.

DUPARC-QUIOC (S.) : « La composition de la " Chanson d'Antioche " », *Romania*, LXXXIII, 1962, pp. 1-29, 210-247.

DUPRONT (A.) : « Raymond IV de Saint-Gilles et son rôle en Orient pendant la première croisade (1099-1105) », *Bull. Acad. Nîmes*, 47, 1970, pp. 19-21.

– « Croisades et eschatologie », *Atti convegno Internaz. Studi umanistici*, Padoua, C.E.D.A.M., 1960, pp. 175-198.

– « La spiritualité des croisés et des pèlerins d'après les sources de la première croisade », *Pellegrinaggi e culto dei santi in Europa fino alla prima crociata*, 9-11 ottobre 1961, Todi, 1963, pp. 451-483.

DUSSAUD (R.) : *Topographie historique de la Syrie antique et médiévale*, Paris, 1925.

ERBSTÖSSER (M) : *Le temps des croisades*, Paris, 1978.

ESREY (P. d') : *Généalogie et Gestes de Godefroy de Bouillon*, Paris, 1523.

La fin des temps, terreurs et prophéties au Moyen Age, préface de G. Duby, Paris, 1982.

FLICHE (A.) : « Les origines de la première Croisade », *Cahiers d'histoire et d'archéologie de Nîmes*, 1932.

– *La réforme grégorienne et la reconquête chrétienne, 1057-1123*, in Histoire de l'Église (éd. A. Fiche et V. Martin), t. VIII, 1940.

– *Le règne de Philippe 1ᵉʳ, roi de France*, Paris, 1912.

FOSSIER (R.) : « Remarques sur l'étude des " commotions " sociales aux XIᵉ et XIIᵉ siècles », *Cahiers de Civ. Méd.*, 1973, n° 1, pp. 45-50.

FOURQUIN (G.), *Le paysan d'Occident au Moyen Age*, Paris, 1972.

FRANCE (J.) : « The departure of Tatikios from the Crusader Army », *Bull. Instit. of Histor. Research*, XLIV, 1971, pp. 137-147.

– « The Crisis of the First Crusade From the Defeat of Kerbogah to the Departure from Arqa », *Byzantion*, XL, 1970 [paru 1971], pp. 276-308.

GAY (J.) : *l'Italie méridionale et l'Empire byzantin*.

– *Les papes du XIᵉ siècle et la chrétienté*, Paris, 1926.

GÉNESTAL (R.) : *Rôle des monastères comme établissements de crédit*, Paris, 1901.

GLAESENER (H.) : « L'escalade de la tour d'Antioche », *Revue du Moyen Age latin*, t. II, 1946, pp. 139-148.

– « Godefroid de Bouillon était-il un médiocre? », *Rev. Hist. Ecclés.*, t. 39, 1943, pp. 309-341.

– « La prise d'Antioche en 1098 », *Revue belge*, t. XIX, 1940, pp. 65-85.

– « Raoul de Caen, Historien et écrivain, *Rev. Hist. ecclé.*, t. I, 1876.

GOFFART (W.), *The Origin of the Idea of Crusade*, Princeton Univ. Press, 1977.

GOSSMAN (F. J.) : *Pope Urbain II and Canon Law*, Catholic University of America Press, Washington, 1960.

GRABSKI (A. F.) : « La Pologne et l'idée de croisade aux XIᵉ et XIIᵉ siècles » (en polonais), *Zapiski Pristoryczne*, XXVI, 1961, pp. 37-63.

GRANSHOF (F. L.) : « Recherches sur le lien juridique qui unissait les chefs de la première croisade à l'empereur byzantin », *Mélanges Paul-Edmond Martin*, Genève, 1961, pp. 49-63.

GROUSSET (R.) : *Histoire des croisades et du royaume franc de Jérusalem*, t. I, « L'anarchie musulmane et la monarchie franque », Paris, 1934 (réédition Paris, 1982).

HAGENMEYER (H.) : *Chronologie de la première croisade*, Paris, 1902 (extraits de la Revue de l'Orient latin t. VI-VIII).

– *Peter der Eremite, Ein Kritischer Beitrag Z. Geschichte des ersten Kreuzzuges*, Leipzig, 1879. En français : *Le vrai et le faux sur Pierre l'Ermite*, trad. française Furcy-Raynaud, Paris, 1883.

– « *Epistulae et chartae ad historiam primi belli sacri spectantes...* » *Die Kreuzzugsbriefe aus den Jahren 1088-1100*. Réimp. de l'éd. de 1901, Hildesheim, Olms, 1973.

HASKINS (Ch. H.) : « Norman Institutions », *Harvard Historical Studies*, XXIV Cambridge, Mass., 1918.

HASS (A.) : Aspekte der Kreuzzüge in Geschichte und Geitesleben des Mittelalterlichen Deutschlands, *Arch. of Kulturgesch*, XLVI, 1964, pp. 185-202.

HILL (L. et J.) : *Raymond IV de Saint-Gilles, comte de Toulouse,* Toulouse, 1959.

– « Contemporary Accounts and the Later Reputation of Adhemar, bishop of Puy », *Medievalia et Humanistica,* IX (1955), 30-38.

HILL (R.) : « Crusading Warfare : A Camp, Followers View, 1097-1120 », Proceedings of the Battle Conference on *Anglo-Norman Studies,* janv. 1978, t. I, pp. 75-83.

HORSTMANN (W.) : « Der Name der Stadt Trier im Laufe der Jahrunderte, *Kurtrierisches Jahrbuch,* III, 1963, pp. 5-11.

IORGA (N.) : *Histoire des croisades,* Paris, 1924.

– *Les narrateurs de la première croisade,* Paris, 1928.

JONIN (P.) : « Le climat de croisade des chansons de geste », *Cahiers de Civil. Méd.,* 27, 1964, pp. 279-288.

JORANSON (E.) : « The Great German Pilgrimage of 1064-65, in *The Crusades and other Historical Essays presented to D. C. Munro,* New York, 1928.

KNAPPEN (M.) : « Robert II of Flanders in the First Crusade », *The Crusades and other Historical Essays Presented to Dana C. Munro,* New York, 1928, pp. 79-100.

KORN (E.) : *Idéologie et propagande dans les réactions musulmanes aux croisades,* Paris, 1965, 169-XLIV pp. [thèse de 3ᵉ cycle dactyl.].

KREY (A. C.) : Urban's Crusade : success or failure?, *American Hist. Review,* t. LIII, 1948, pp. 235-250.

– *The First Crusade, The accounts of Eye – witnesses and Participants,* Gloucester, Mass. 1958, 1ʳᵉ édition Princeton, 1921.

KUGLER (B.) : *Boemond und Tankred,* Tübingen, 1862.

LABANDE (E. R.) : « Ad Limina : le pèlerin médiéval au terme de sa démarche », *Mélanges René Crozet,* t. I, Poitiers, 1966, pp. 283-291.

– « Éléments d'une enquête sur les conditions de déplacement du pèlerin aux Xᵉ-XIᵉ siècles », *Pellegrinaggi e culto dei santi in Europa fino alla Iᵃ crociata.* Todi, 1963.

– « Recherches sur les pèlerins dans l'Europe des XIᵉ et XIIᵉ siècles », *Cahier de Civil. Méd.,* nº 2 et nº 3.

LACROIX (B.) : « Deus le volt! » : la théologie d'un cri, *Mélanges à E. R. Labande,* Poitiers, 1975, pp. 461-470.

LANDRY (J. M.) : *Godefroi de Bouillon, avoué du Saint-Sépulcre ou la première croisade,* Querqueville, l'auteur, 1971.

LAURENT (J.) : « Les Arméniens de Cilicie », *Mélanges Schumberger,* I, Paris, 1924.

– *Byzance et les Turcs seldjoucides,* Paris, 1921.

LE DON (G.) : « Structure et signification de l'imagerie médiévale de l'enfer », *Cahiers de Civ. Méd.,* nº 88, p. 363, s.

LE FEBVRE (Y) : *Pierre l'Ermite et la Croisade,* Paris, 1946.

LE GOFF (J.) : *La Civilisation de l'Occident médiéval,* Paris, 1967.

LEIB (B.) : *Rome, Kiev et Byzance à la fin du XIᵉ siècle. Rapports religieux des latins et des Gréco-Russes sous le pontificat d'Urbain II (1088-1099),* Réimp. de l'éd. de 1924, New York, Franklin, 1966 (Mediaeval Publications).

LÉONARD (E. G.) : « Les croisades et le royaume franc de Jérusalem », *Hist. Universelle* (La Pléiade), t. II, 1957, pp. 874-908.

LOBET (M.) : *Godefroy de Bouillon. Essai de biographie antilégendaire*, Bruxelles, Paris, 1943.

LOPEZ (R. S.) : *Naissance de l'Europe*, Paris, 1962.

MC GINN (B.) : « Iter Sancti Sepulchri » : The Piety of the First Crusadors, *Essays on Medieval Civilization*, éd. Karl Lackner et K. Roy Philip, Austin Univ. of Texas Pr. 1978, pp. 33-71.

MAC KINNEY (L. C.) : « The People and Public Opinion in the Eleventh Century Peace Movement », *Speculum*, V, 1930, pp. 181-206.

MAS LATRIE (L. de) : *Traités de paix et de commerce et documents divers concernant les relations des chrétiens avec les arabes de l'Afrique septentrionale au Moyen Age* (introduction hist. de L. de Mas Latrie), 2 vol. Burt Franklin s.d. (première publication, Paris 1866).

MAURY (A.) : *Croyances et légendes du Moyen Age*, Paris, 1896, Genève, 1974.

MAYER (H. E.) : *Geschichte der Kreuzzüge*, Stuttgart, 1965.

– « Zur Beurteilung Adhémars von Le Puy » *Deutsches Archiv*, XVI, 1960, pp. 547-552.

– *Idee und Wirklichkeit der Kreuzzüge*, München, 1965.

– *The Crusades*, Londres, Oxford Univers. Pr., 1972, trad. John Gillingham.

MAZAHERI (A.) : *La vie quotidienne des musulmans au Moyen Age (du Xᵉ au XIIIᵉ siècle)*, Paris.

MICHAUD (J. F.) : *Histoire des croisades*, Paris, 1825-1835 (Réédition Paris, 1966).

MICHEL (F.) : *Chroniques anglo-normandes* (extraits de, relatifs aux XIᵉ et XIIᵉ), Rouen, 1836-1840, 3 vol.

MOLLAT (M) : *Les pauvres au Moyen Age*, Paris, 1979 (notamment ch. IV et V).

– « Problème maritime de l'histoire des Croisades », *Cahiers de Civilis. médiévale*, 1967.

MONTE (J. de la) et SETTON (K. M.) : *History of the Crusades*, 2 vol., 1955 et 1963.

MORDTMANN : *Esquisse topographique de Constantinople*.

MOSCHOPOULOS (N.) : *La Terre Sainte. Essai sur l'histoire politique et diplomatique des lieux saints de la chrétienté*, Athènes, 1957.

MUNRO (D. C.) : « The speech of Pope Urban II at Clermont, 1095 », *American Historical Review*, II, 1906, pp. 231-242.

MURRAY (A.) : « Pope Gregory VII and his letters », *Traditio*, 22 (1966), 149-202.

NESBITT (J. W.) : « The Rate of March of Crusading Armies in Europe. A Study and Computation », *Traditio*, XIX, 1963, pp. 167-181.

NICHOLSON (R. L.) : *Tancred : A Study of this Career and Work in Their Relation to the First Crusade and the Establishment of the Latin States in Syria and Palestine*, Chicago, 1940.

OLDENBOURG (Z.) : *Les Croisades*, Paris, 1965.

PAULOT (L.) : *Un pape français, Urbain II*, Paris, 1903.

PAYEN (J. C.) : « Peregris » : De l' " amor de Lonh " au congé courtois. Notes sur l'espace et le temps de la chanson de croisade, *Cahiers de Civil. Méd.*, 67, 1974, pp. 247-255.

– *Le motif du repentir dans la littérature française médiévale (des origines à 1230)*, Genève, 1968.

PEYRÉ (J.-F.-A.) : *Histoire de la Première croisade*, 2 vol., Paris, 1859.

PERNOUD (R.) : *Les croisades*, Paris, 1960.

– « Godefroy de Bouillon », *Grive*, XXXIII, 1961, n° 110, pp. 2-7.

PISSARD (H.) : *La Guerre sainte en pays chrétien : essai sur l'origine et le développement des théories canoniques*, Paris, 1912.

PLATELLE (M.) : *Godefroy de Bouillon.*

PLATELLE (Chan. Henri) : « Beato Pietro l'Eremita, *Bibliotheca sanctorum*, X, 1968, 694-695.

PONTIERI (E.) : « I Normanni dell'Italia meridionale e la prima crociata », *Archivio Stor, italiano* CXIV, 1956, pp. 3-17.

PORGES (W.) : « The Clergy, the Poor and the Non-Combattants in the First Crusade », *Speculum*, t. XXI, 1946, pp. 1-24.

PRAWVER (J.) : *The World of the Crusaders*, Londres, 1973.

– *Histoire du royaume latin de Jérusalem*, t. I, Paris, 1969.

REGOUT (R.) : *La Doctrine de la guerre juste de saint Augustin à nos jours d'après les théologiens et les canonistes catholiques*, Paris, 1935.

RIANT (P.) : « Un dernier triomphe d'Urbain II, *Rev. Quest. Hist.*, t. 34, 1883, p. 247-255.

– *Expéditions et pèlerinages des Scandinaves en Terre Sainte au temps des Croisades*, Paris, 1865.

– « Inventaire critique des lettres historiques des Croisades », *Archives de l'Orient latin*, t. I, Paris, 1881.

RICHARD (J.) : « La confrérie de la Croisade. » À propos d'un épisode de la première croisade. *Mélanges E.R. Labande*, Poitiers, 1975, pp. 617-622.

– art. « Croisades », *Encyclopedia Universalis*, Paris, 1969, pp. 146-153.

– *L'esprit de croisade*, Paris, 1969.

– « La papauté et la direction de la première Croisade », *Journal des Savants*, 1960, pp. 49-59.

RILEY-SMITH (J.) : What were the Crusades, London and Basingstoke, 1977.

RODINSON (M.) : *La fascination de l'Islam*, Paris, 1980.

RÖHRICHT (R.) : *Geschichte des ersten Kreuzzuges*, Innsbrück, 1901.

ROUSSET (P.) : « Étienne de Blois, croisé fuyard et martyr ». *Mélanges L. Blondel*, Genève, Musée d'Art et d'Histoire, 1963, pp. 183-195.

– *Histoire des croisades*, Paris, 1957 (Bibl. hist.).

– « Les laïcs dans la croisade », (I laici nella « societas christiana » dei secoli XIᵉ-XIIᵉ. *Atti della terza Settimana internazionale di studio, Mendola*, 21-27 agosto 1965 – Milan, 1968, pp. 428-447.

– Les *Origines et les caractères de la première Croisade*, Neuchâtel, 1954.

« Recherches sur l'émotivité à l'époque romane », *Cahier de Civ. Med.*, 1959, n° 5, pp. 53-67.

ROY (E.) : « Les poèmes français relatifs à la première Croisade ». *Romania*, t. *LV*, *1929*, *pp. 411-468.*

RUNCIMAN (S.) : *A History of the Crusades*, Cambridge, 1952, réimpression de 1975, 3 vol.

– « The holy lance found at Antioch ». *Anal. Bollandiana*, t. *LXVIII*, *1950*, *pp. 197-210.*

- *Le manichéisme médiéval,* Paris, 1972 (réimpression de la traduction de 1949).
RUSSEL (F. H.) : *The Just War in the Middle Ages,* Cambridge Univ. Press, 1975.
SAUNDERS (J. J.) : *Aspects of the Crusades,* Canterbury, Univ. Pr., 1962.
SECHERET (M. P.) : « Une Ardennaise à la première croisade », *La Grive,* 1961, n° 110, pp. 8-19.
SEGAL (J. B.) : *Edessa « The Blessed City »,* Oxford, 1970.
SESAN (M.) : « Les Croisades, l'Église orthodoxe et l'actualité [en roumain] », *Mitropolia Ardealului,* IV-VI, 1961, pp. 78-103.
SETTON (K. M.) et BALDWIN (M. W.) : *A History of the Crusades,* t. I, Philadelphia, 1965.
SIMMONAUD (R.) : « Un Charentais en Terre Sainte au temps des premières croisades », *Mém. Soc. archéol. et histor. de la Charente,* 1970, pp. 85-93.
SIVAN (E.) : *L'Islam et la croisade. Idéologie et propagande dans les réactions musulmanes aux croisades,* Paris, 1968.
SMAIL (R. C.) : *Crusading Warfare (1097-1193) A contribution to Medieval Military History,* Cambridge, 1956.
- *The Crusaders in Syria and the Holy Land,* London, 1973.
SOURDEL (D. et J.) : *La civilisation de l'Islam classique,* Grenoble/Paris, 1968.
SOUTY (P.) : « Les croisés tourangeaux à la première croisade », *Bull. trim. soc. archéol. de Touraine,* XXXII, 1960, pp. 246-247.
SUMBERG (L. A.) : « The Tafurs and the First Crusade », *Medieval Studies,* XXI, 1959, pp. 224-246.
STEVENSON (W. B.) : « Islam in Syria and Egypt, 750-1100 », *Cambridge Medieval History,* t. V, ch. VI.
SYBEL : *Geschichte des ersten Kreuzzuges,* Dusseldorf, 1881.
TREECE (H.) : *The Crusades,* London, 1962.
VAUCHEZ (A.) : *La spiritualité du Moyen Age (VIIIᵉ-XIIᵉ siècles),* Paris, 1975.
VAULX (Ch. de) : « Godefroy de Bouillon et le musée de la croisade », *Pays Lorrain,* XLIII, 1962, n° 2, pp. 65-68.
VILLEY (M.) : *La Croisade : essai sur la formation d'une théorie juridique,* vol. 6 de « l'Église et l'État au Moyen Age », Paris, 1942.
VOGEL (C.) : Les rites de la pénitence publique aux Xᵉ et XIᵉ siècles », *Mélanges à René Crozet,* t. I, Poitiers, 1966, pp. 137-144.
WAAS (A.) : *Geschichte der Kreuzzüge,* t. I et II, Fribourg-en-Brisgau, Herder 1956.
WALTER (G.) : *La vie quotidienne à Byzance au siècle des Comnènes (1081-1180),* Paris.
WEISS (H. U.) : *Die Kreuzherren in Westfalen,* Diest, Lichtland, 1963.
WIERUSZOWSKI (H.) : « The Norman Kingdom of Sicily and the Crusades », paru 1962 ; repris dans « *Politics and culture in Medieval Spain and Italy »,* Rome, 1971.
WILKINSON (J.) : *Jerusalem Pilgrims before the Crusades,* Warminster, Aris/Phillip, 1977.

WILLEMART (P.) : *Les Croisades. Mythe et réalité de la guerre sainte,* Verviers, Gerard, 1972.
WOLFF : *Die Bauernkreuzzüge des Jahres 1096,* Tubingen, 1891.
YEWDALE (R. B.) : *Bohemond I, Prince of Antioch,* Princeton, 1917.
ZABOROV (M. A.) : *Les Croisés et les croisades en Orient aux XIe-XIIIe siècles* [en russe], Moscou, Outchpedgiz, 1962.

NOTES DE RÉFÉRENCE

Pour ne pas alourdir inutilement il n'est pas fait référence ponctuel-lement au chroniqueur ou au groupe de chroniqueurs à partir duquel est établi un fait ou une date. Il faut se souvenir cependant que chacun des historiens contemporains de la croisade est plus ou moins proche de l'un des chefs ou contingents de l'expédition, ne dispose que d'une information partielle et donne parfois un point de vue partial : Albert d'Aix s'intéresse à l'armée de Godefroi; Ekkehard l'Allemand a vu passer les pauvres; Raimond d'Aguilers est le chapelain du comte de Saint-Gilles; l'auteur anonyme des *Gesta* est un chevalier parti avec Bohémond; Foucher de Chartres croisé avec les Français du Nord est ensuite devenu le chapelain de Baudouin de Boulogne à Edesse; Raoul de Caen, élève d'Arnoul de Choques, le chapelain de Robert Courteheuse, écrit à la gloire de Tancrède et des Normands d'Italie, etc.

Lorsqu'un chroniqueur a eu à connaître d'un fait particulier ou expose un point de vue original, il est donc nommé dans le texte même.

Il ne faut pas oublier non plus que les chroniqueurs n'ont pas écrit pour nous mais que leurs récits, souvent apologétiques, étaient plutôt destinés à l'édification des moines et des fidèles d'Occident. Ce sont même, dans une large mesure, des écrits excitatoires destinés à entretenir l'esprit de croisade.

Lorsque l'analyse critique des sources a conduit les historiens modernes et les érudits contemporains à des conclusions contradictoires, en matière de datation par exemple, nous avons retenu les hypothèses qui nous ont paru les plus convaincantes.

Les titres d'ouvrages ou d'articles ici abrégés figurent in extenso dans la bibliographie.

1. Les données chronologiques concernant le voyage d'Urbain II en France en 1095 et 1096 sont tirées de CROZET, *Le voyage...*, p. 55. Des compléments sont extraits de CRÉGUT, *Le concile de Clermont*.

2. Voir à ce sujet : *La fin des temps, Terreurs et prophéties au Moyen Age*.

3. Pour une vue globale de la vie quotidienne à la fin du XIe siècle : J. LE GOFF, *La civilisation...* et R. DELORT, *Le Moyen Age;* pour les structures sociales et les mentalités : G. DUBY, *Les trois ordres...;* pour l'économie et la démographie : G. DUBY, *L'Économie rurale...;* PIRENNE, *Histoire économique...;* également *Histoire de la France rurale* (t. I) et *Histoire de la France urbaine* (t. II), M. BLOCH, *La société féodale...*

4. G. BARACLOUGH, *La papauté...;* KREY, *The First Crusade...,* p. 284, notes 6, 7 et 8; BRÉHIER, *L'Église et l'Orient...;* DÉCARREAUX, *Normands, papes et moines...;* Cardinal HUMBERT DE MOYENMOUTIER, *Adversus Simoniacos,* III, ch. VI et VII in *MGH Libelli de Lite,* t. I, Hanovre 1891, pp. 205-206.

5. JAFFÉ, *Regesta pontificum Romanorum...*

6. Pour le contenu des lettres de Grégoire VII et d'Urbain II, voir RIANT, « Inventaire »... dans *A.O.L.,* t. I; BRUNDAGE, *Medieval canon law...*

7. VAUCHEZ, *La Spiritualité...*

8. LE GOFF, *Civilisation...,* p. 584; CRÉGUT, *le Concile...,* p. 62 et note 1.

9. RIANT, *A.O.L.,* t. I, p. 108, n. 6 et 7.

10. *apud* LE GOFF, *Civilisation...,* p. 341.

11. MANSI, *Concilia...* Orderic Vital est le seul chroniqueur qui donne une liste détaillée de l'ensemble des canons du concile de Clermont.

12. Sur le mouvement de la trêve et de la paix de Dieu et la notion de guerre sainte : DUBY, *Hommes et structures...,* p. 228 s.; LA RONCIÈRE, CONTAMINE et ROUCHE, *l'Europe au Moyen Age,* t. II, pp. 271-272; J. R. SMITH, *What where the crusades?,* pp. 31-32; E. GIBBON, *The decline and Fall of the Roman Empire,* ch. 58; BRUNDAGE, *Medieval canon law...,* pp. 21-22; ROUSSET, *Origines et caractères...,* p. 35.

13. HASKINS, *Norman institutions...,* pp. 63-64.

14. *Acta Sanctorum,* sanct. Bened. siècle IV, 2.

15. Chronique d'Anjou, *apud* MICHAUD, *Histoire des Croisades,* t. I, pièces justif.; pp. 534-535.

16. BRÉHIER, *l'Église et l'Orient...,* pp. 36-37; BREDERO, « Jérusalem... » in *Mélanges Crozet,* p. 263; FIEY, « Le pèlerinage... » in *Cahiers de Civ. Méd.,* n° 46, pp. 113-126.

17. *Chronique* publiée d'après les manuscrits par J. CHAVANON (Coll. de textes pour servir à l'étude et à l'enseignement de l'histoire), Paris, 1897, III, pp. 46-47, *apud* DUBY, *l'An mil,* pp. 129-131.

18. Raoul GLABER, III, 1, *apud* DUBY, *l'An mil,* pp. 175-176.

19. DUBY, *l'An mil,* p. 179; ALPHANDÉRY, *la Chrétienté...,* p. 25; voir aussi *la Fin des temps...*

20. F. DE WORCESTER et R. DE HOVODEN, *apud* RIANT, *Expéditions...,* p. 125.

21. E. JORANSON, *The great german pilgrimage...*

22. La meilleure étude critique du discours d'Urbain reste, bien qu'elle ne traite pas à fond le problème de l'accent mis sur Jérusalem et le Saint-Sépulcre : D. C. MUNRO « The speach of pope Urbain II... » in *Am. Hist. Rev.,* vol. XI. Voir aussi SYBEL, *Geschichte...,* p. 185 s.; RÖHRICHT, *Geschichte...,* pp. 235-239, et les commentaires d'Hagenmeyer dans son édition de *Hiérosolymita...* d'EKKEHARD, pp. 89-90. Sur les témoins oculaires, voir aussi RIANT, *Inventaire critique...,* A.O.L., t. I, pp. 71-89. Chroniqueurs à consulter en priorité : Robert le Moine et Baudri de Bourgueil, puis Foucher de Chartres et Guibert de Nogent.

23. *Chansons de croisade,* p. 8.

24. Conon DE BÉTHUNE, *Ahi, amours com dure departie, apud* PAYEN « Peregris »... in *Cahiers de Civ. Méd.,* n° 67, 1974, p. 252.

25. *A.O.L.,* t. I, Appendice 1, p. 220 (trad. L. Theis).

26. Sur les causes et l'atmosphère du départ : DUBY, *Hommes et...,* pp. 213-223; BREDERO, *Jérusalem...;* FOSSIER, *Remarques...;* DUNCALF, *The peasants' crusade...;* R. BUTLOT, Christianisme et valeurs humaines, in *la Doctrine du mépris du monde,* IV, le XIᵉ siècle, Louvain, Paris, 1964; PORGES, *The clergy...;* DUPRONT, *Pellegrinaggi...;* AUBRUN, *Caractères...;* LE DON, *Structure...;* LABANDE, *Recherches...;* BRUNDAGE, *Medieval...;* CAFFARO, *Historia...;* RUNCIMAN I, 114 (démographie et catastrophes). Sur la symbolique de la croix : DUBY, *l'An mil,* pp. 222-224; DUBY, *le Temps des cathédrales,* p. 109; MAURY, *Croyances...,* p. 151. Sur le cri « Dieu le veut » : chronique de Robert Le Moine et LACROIX in « *Mélanges Labande* », p. 461.

27. *Chansons de croisade,* pp. 35 et 22.

28. Sur les textes excitatoires : P. JONIN, *le Climat de croisade...,* p. 282; DANIEL, *Islam and the West...;* RIANT, *A.O.L.,* I, doc. XIV, p. 40 (lettre de Sergius) et p. 71 (lettre d'Alexis à Robert le Frison dont des extraits figurent dans Guibert de Nogent). La vision de l'évêque de Lisieux est rapportée par Ordéric Vital.

29. La légende de Pierre l'Ermite telle qu'elle était déjà accréditée au siècle suivant est exposée dans Guillaume de Tyr. La tradition sera si fortement établie que des manuels scolaires récents font encore du prédicateur l'initiateur et le chef religieux de la croisade. Michelet l'avait acceptée telle quelle. Sur Pierre l'Ermite, voir HAGENMEYER, *Peter*...

30. *Cahiers de civ. méd.*, n° 52, 1970, pp. 363-367, et BRUNDAGE, *Medieval*...

31. DUBY, *Hommes et structures*..., p. 67 ; Hill et Hill, chronique de R. d'Aguilers, p. 119, n° 7.

32. DAVID, *Robert Curthose*..., annexe D., p. 221, et sur Achard de Montmerle, BRUEL, *Chartes de Cluny*, t. V, pp. 51-53. Voir aussi M. CASTAING-SICARD, *Monnaies féodales*..., p. 15, n. 39 et p. 71, nn. 339 et 340 ; LONGNON, *Formation*..., p. 74 ; FOURNIAL, *Histoire monétaire*... ; LOPEZ, *la Révolution commerciale*..., p. 104 ; KREY, *The First Crusade*..., pp. 18-19. Pour les prix : PIETRI, *les Époques médiévales*..., t. III, p. 305 ; DUBY, *Hommes et structures*..., p. 65. Sur le crédit : CHADEVILLE, *le Rôle de la monnaie*..., pp. 305-322 (calculs de taux réels).

33. Étude chronologique de NESBITT, *The rate of march*... ; DUNCALF, *The Peasants' Crusade*..., p. 443 ; HAGENMEYER, Chronologie n° 16, p. 12 (Cologne) et n° 27 (Trèves). Sur les conditions locales et une probable épidémie de peste en Lorraine et en Bavière, voir NESBITT *cit.*, p. 170, n. 15. Le chroniqueur qui donne le plus de détails sur Pierre l'Ermite et la croisade des pauvres est Albert d'Aix. Sur les croisades allemandes, il faut ajouter Ekkehard. Sur la chronologie de la marche de Gautier Sans Avoir : Hagenmeyer, Chrono. n° 21 et 33. Sur l'état d'esprit des croisés et l'accueil qu'ils reçoivent en Rhénanie : DUPRONT, « La spiritualité des croisés... » in *Pellegrinaggi*..., pp. 460-465.

34. Les persécutions sont brièvement rapportées par Ekkehard, Cosmas de Prague et Albert d'Aix. Guibert de Nogent, Foucher de Chartres, Robert le Moine et l'Anonyme n'en parlent pas. L'ouvrage de référence est *Hebräische Berichte über die Judenverfolgungen während der Kreuzzüge*, de Neubauer et Stern, où figurent en hébreu et en allemand les chroniques citées. Le récit le plus détaillé est celui de Schlomo bar Simeon ; celui de l'Anonyme de Darmstadt apporte des précisions complémentaires. En revanche celui d'Eliezer bar Nathan ne diffère pour l'essentiel que par l'addition d'élégies et autres pièces poétiques et un plus grand nombre de citations bibliques. Il ne donne d'informations exclusives que sur le pogrom de Wevelinghofen. L'Anonyme de Darmstadt, p. 170, donne la réponse des communautés juives de la vallée du Rhin à la lettre reçue des Juifs d'Orléans. A signaler également l'article de E. PATLAGEAN : « Les Juifs, les " Infidèles " de l'Europe », dans *l'Histoire*, n° 47, juil.-août 1982, pp. 58-59. Voir aussi L. DASBERG, *Untersuchungen*... SCHLOMO BAR SIMEON parle des pressions exercées par Godefroi de Bouillon sur les Juifs (pp. 87-88). Sur le climat, voir aussi ALPHANDÉRY, *la Chrétienté*..., pp. 75-79, RUNCIMAN, *A history*..., t. I, pp. 134-135.

35. Vers le 4 juillet d'après HAGENMEYER, Chronologie n° 52.

36. Pierre l'Ermite s'est arrêté le 20 juin à Œdenbourg pour solliciter cette autorisation. NESBITT, *Rate of march...*, p. 170 et n. 17, donne un itinéraire probable détaillé après que Pierre eût contourné le lac Balaton par sa rive ouest.

37. C'est la version convaincante donnée par le chroniqueur juif SCHLOMO BAR SIMEON dans *Judenverfolgungen...*, pp. 139-140, reprise par CHALANDON, *Histoire...*, p. 65.

38. Sur la perte d'autorité de Pierre l'Ermite, sur ses bandes, voir Guibert DE NOGENT; ALPHANDÉRY, *la Chrétienté...*, pp. 68 et 72; LE FÈVRE, *Pierre l'Ermite et la croisade*, p. 128; PORGES, *The clergy, the poor...*; DUNCALF, *The Peasants' crusade...*, p. 446, met aussi en cause l'indiscipline des Bulgares.

39. CAFFARO *apud* RIANT, *A.O.L.*, I, p. 119, n. 2. Pour la suite du voyage d'Urbain II : CROZET, *Le voyage d'Urbain II...*, et CREGUT, *Le concile...*, pp. 140-143.

40. Publications de la Société de l'Orient Latin, série géographique, II, *Itinéraires français du XIe au XVe siècle*, chanson du pèlerinage de Charlemagne.

41. A. COMNÈNE, *Alexiade*, II, p. 213; RIANT, *A.O.L.*, I, p. 123.

42. « Laurentii Gesta Episcorum Virdunensium », *MGH, Scriptores*, 20-498 *apud* NESBITT, *Rate of march...*, p. 171.

43. DODU, *Institutions monarchiques du royaume de Jérusalem*, p. 137.

44. L'itinéraire de Godefroi indiqué par Albert d'Aix est précisé par ZIMMERN, *A.O.L.*, I, pp. 21-22, et étudié par NESBITT, *Rate of march...*, p. 172.

45. Sur Robert de Normandie, voir DAVID, *Robert Curthose...*; les chroniqueurs des Normands sont surtout Orderic Vital, Raoul de Caen, Guillaume de Malmesbury.

46. Le Fèvre, *Pierre l'Ermite...*, p. 179-180.

47. Sur Étienne de Blois voir BRUNDAGE, *An errant crusader...* Le principal chroniqueur est Foucher de Chartres. Ses lettres à son épouse sont publiées dans *RHC H. Occ.* RIANT (*A.O.L.*, I, p. 144) pense qu'il a assisté au concile de Clermont.

48. Sur Robert de Flandre, voir KNAPPEN, *Robert II of Flanders...*, pp. 78-100.

49. Sur Bohémond et Tancrède, voir CHALANDON, *La domination normande...*, p. 301 s.

50. Sur Raimond de Saint-Gilles, voir HILL et HILL, *Raymond IV de Saint-Gilles, comte de Toulouse,* et leurs éditions des chroniqueurs Raimond d'Aguilers et Tudebode (très inspiré des *Gesta*). Sur Adhémar du Puy, le légat : BRUNDAGE, *Adhemar of Puy the bishop and his critics.*

51. Sur Constantinople : BRÉHIER, *La civilisation byzantine...*, p. 79 s. et G. WALTER, *La vie quotidienne à Byzance...* Sur la fin des croisades allemandes, chroniques d'Albert d'Aix, Ekkehard et Cosmas de Prague.

52. Du 1er au 6 août 1096.

53. Leib *in* Anne COMNÈNE, *Alexiade,* p. 210, n. 3.

54. A. COMNÈNE, *Alexiade,* II, p. 213.

55. A. COMNÈNE, *Alexiade,* II, pp. 214-215.

56. Le 1er novembre d'après la chronologie d'HAGENMEYER, le 20 octobre d'après NESBITT, *Rate of march...* Les estimations des deux historiens diffèrent naturellement dans la suite du voyage, se rapprochent et enfin se rejoignent pour l'arrivée à Constantinople le 23 décembre. Pour ces deux mois, le meilleur résumé critique est dans CHALANDON, *Histoire de la première croisade,* pp. 119-130. Le point de vue occidental est donné par Albert d'Aix, celui des Grecs par Anne Comnène.

57. A. COMNÈNE, *Alexiade,* pp. 229-230.

58. Cette date est mal établie. Les contradictions entre Albert d'Aix et Anne Comnène ont amené les historiens à proposer des dates différentes. Nous retenons la thèse de CHALANDON appuyée sur *l'Alexiade* de préférence à celle d'HAGENMEYER, *(Chrono. n° 110),* reprise par BRÉHIER in *Histoire anonyme...*, p. 117, n° 6.

59. Voir A. DUCELLIER, « L'Albanie entre Orient et Occident aux XIe et XIIe siècles », *Cahiers de civ. méd.,* n° 73, 1976, pp. 1 à 7.

60. Le mercredi des cendres, 18 février 1097.

61. La lettre d'Alexis est confirmée par Tudebode. La version de Guillaume de Tyr paraît plus plausible que celle de Raoul de Caen. Bohémond atteint Roussa le mercredi saint, 1er avril 1097.

62. A. COMNÈNE, *Alexiade,* II, pp. 215-220 et n. 3 p. 215.

63. A. COMNÈNE, *Alexiade,* II, pp. 231-232.

64. L'itinéraire des Français du Nord, de Pontarlier à Pavie par le col du Grand Saint-Bernard et la vallée du Pô, a été décrit par l'abbé Nicolas Saemundarson, de Thingeyar en Islande du Nord, qui a fait le pèlerinage de Terre Sainte entre 1151 et 1154. RIANT en a publié un extrait dans *Expéditions et pèlerinages...*, p. 80.

65. Ces précisions sont données par Foucher de Chartres qui les accompagne. L'étape suivante est au Mont-Cassin où les reçoit l'abbé Odesirio Iᵉʳ de Marsi qui écrit aussitôt à Alexis pour lui annoncer leur arrivée (octobre 1096).

66. Les reliques seront déposées par Clémence à Watten une église édifiée pour les abriter. L'église est consacrée par Lambert, évêque d'Arras, délégué par Manassès, l'archevêque de Reims (RIANT, *A.O.L.*, I, p. 159).

67. Selon les chiffres cités par Raimond d'Aguilers, l'armée du comte de Saint-Gilles a réalisé une moyenne de 17 kilomètres par jour, jours de repos inclus, ce qui semble plausible. Pour les dates, voir HAGENMEYER, *Chrono.* pp. 139, 142 et 143. Anne COMNÈNE ne retient que des relations très amicales entre Alexis et Raimond IV (*Alexiade*, II, p. 236).

68. Les lettres d'Étienne de Blois ont été dictées à son chapelain-chancelier Alexandre. Il n'est pas exclu qu'un autre texte de celui-ci – la première lettre d'Étienne de Blois ? – ait été la source utilisée au XVIᵉ siècle par Belleforest et baptisée *Épître du Voyage de Terre-Sainte* (Belleforest, *Grandes annales et histoire générale de France,* Paris, 1579, in fᵒ I, fᵒ 440 b, *apud* Riant, *A.O.L.*, I, p. 142, n. 2.

69. E. DE MERIL, *Poésies populaires latines du Moyen Age,* Paris, 1847, pp. 56-59.

70. A. COMNÈNE, Alexiade, II, 206-234 *passim* et III, p. 28.

71. Migne, *Patrologie grecque,* t. CXXVI, ép. XI, col. 324-325 (trad. L. Theis).

72. *A.O.L.,* I, Ap. III, p. 221, trad. L. Theis.

73. Matthieu d'Edesse, *RHC H. Arm.,* I, 28.

74. A. COMNÈNE, *Alexiade,* III, p. 8 ; elle donne de nombreux détails sur les négociations et la reddition.

75. C'est naturellement Raoul de Caen qui rapporte cet épisode à sa manière emphatique.

76. Il est logique de croire que Kilij Arslan pensait faire face à toute l'armée croisée car il sera surpris par l'arrivée des renforts. Chalandon (*Histoire...*, p. 169) penche pour la thèse opposée.

77. Les 2 et 3 juillet 1097.

78. Voir aussi PORGES, *The Clergy, the poor and the non-combatants on the first crusade.*

79. L'épisode n'est rapporté que par Albert d'Aix.

80. Lettre du 29 mars 1098 *in* PEYRÉ, *Histoire...* pièce justif. XI, p. 476.

81. Peut-être Güksün sur le versant méridional du Taurus (voir note de BRÉHIER in *Histoire...*, p. 62, n. 1).

82. Michaud, à tort, pense qu'il s'agit du patriarche d'Antioche. Mais ce dernier se nomme Jean et se trouve à cette date dans sa ville sous la surveillance des Turcs. (RIANT, *A.O.L.*, I, p. 155. Version française mal datée dans Michaud, *Histoire...*, I, p. 545).

83. Principaux chroniqueurs de l'aventure de Baudouin : Matthieu d'Edesse, Foucher de Chartres (qui devient son chapelain), Albert d'Aix. C'est Guibert de Nogent qui décrit le rituel d'adoption.

84. Le siège d'Antioche est l'épisode le mieux couvert par l'ensemble des chroniqueurs de la croisade. Les récits des Occidentaux et des Arméniens sont complétés, du point de vue musulman, par Kemal al-Din (Chronique d'Alep in *RHC H. Or.*, III p. 578, s.), Ibn al-Athir (Kamil at Tamarikh, *RHC* H. Or., III, p. 192 s.) et les annales d'Aboul Feda. Étienne de Blois et Anselme de Ribemont racontent le siège ainsi que Bruno de Lucques qui n'en vivra que les derniers mois (à partir de mars).

85. HAGENMEYER, *Chronologie*, in R.O.L., 1898, 520.

86. Toutes les visions de Pierre Barthélemi et les événements qui en découlent sont rapportées en grand détail par Raimond d'Aguilers qui l'a beaucoup fréquenté. Les autres chroniqueurs qui les mentionnent le font avec plus de réserve, parfois même avec un scepticisme affiché.

87. Le 30 janvier 1098 d'après HAGENMEYER, *Chrono.* 229.

88. Guillaume le Charpentier est aussi un parent de Hugues de Vermandois (HILL et HILL, *Tudebode...*, p. 48, n. 26).

89. Cette version est celle d'A. COMNÈNE (*Alexiade*, III, p. 20) mais elle est très vraisemblable.

90. Début 1098, avant le 9 février (RIANT, *A.O.L.*, I, p. 162). Voir aussi KREY, *The first...*, p. 292, n. 20.

91. Ibn al-Athir, Chronique d'Alep, *RHC H. Or.*, III, 581.

92. Aboul' Feda, *RHC H. Or,* I, pp. 3-4, Ibn al-Athir, Kamil al-Tamarikh, *RHC H. Or.,* I, p. 193.

93. Le gros de son armée campe dans la presqu'île formée par l'embouchure du Kara-Sou dans l'Oronte, à sa sortie du lac d'Antioche (BRÉHIER, *Histoire...,* p. 115, n. 6).

94. D'après Orderic Vital, en Apulie avant la croisade, donc pendant l'hivernage de Courteheuse, mais d'après Leib (*Alexiade,* II, p. 27, n. 7) au début de juin 1098 donc quelques jours plus tôt seulement.

95. La thèse de BRUNDAGE *(An errant crusader...)* selon laquelle Étienne de Blois n'est parti que parce qu'il avait l'assurance qu'Antioche allait être prise et que l'armée croisée serait hors de danger n'est pas acceptable. Les mouvements et déclarations ultérieurs du comte, rapportés par plusieurs contemporains, la démentent.

96. CHALANDON, *Histoire de la domination normande en Italie,* pp. 282-283.

97. Sur les défections et les divisions dans les rangs des Turcs, voir Aboul'Feda, *RHC H. Or.,* I, p. 4, et sur les ordres de Kerbogah : Ibn Al-Athir, X, 189-190, *apud* GABRIELLI, *Chroniques arabes...*

98. Kemal al-Din, chronique d'Alep, *RHC H. Or.,* III, p. 584.

99. Lettre écrite entre le 28 juin et fin juillet 1098 (texte dans PEYRÉ, *Histoire...,* pp. 480-481).

100. REY, *Histoire des princes d'Antioche, in* R.O.L., II, p. 326.

101. Neuf chapitres sur les dix qui la composent semblent achevés quand l'armée quitte Antioche.

102. Lettre écrite entre le 1ᵉʳ août et la fin 1098, le 11 septembre d'après Bréhier. Texte en français dans PEYRÉ, *Histoire...,* pp. 484-485.

103. Kemal al-Din, chronique d'Alep, *RHC H. Or.,* III, pp. 587-588.

104. Ibn al-Athir, X, 185-190 *apud* GABRIELLI, *Chroniques...,* pp. 26-30.

105. Usama, extraits apud GABRIELLI, *Chroniques,* pp. 99 à 110.

106. Ce « Château des Kurdes » est situé à l'emplacement du futur krak des Chevaliers.

107. Lettre de Daimbert, archevêque de Pise, Godefroi de Bouillon et Raimond de Saint-Gilles (1100), Peyré, *Histoire...,* p. 496 et Michaud, *Histoire...,* p. 552.

108. Riant, *Expéditions et pèlerinages...*, p. 134 s.

109. Ibn al-Athir, *RHC H. Or.*, I, p. 205.

110. Sur la mort d'Anselme de Ribemont, le récit le plus détaillé figure dans Raoul de Caen mais l'Anonyme, Foucher de Chartres, Raimond d'Aguilers et Richard le Pèlerin la rapportent également.

111. Raoul de Caen, le chroniqueur le plus hostile aux Provençaux, prétend que l'épreuve du feu a été imposée par les princes à Pierre Barthélemi. Raimond d'Aguilers écrit au contraire que celui-ci s'est librement offert à la subir pour convaincre les sceptiques. La vérité, comme le montre naïvement le dialogue rapporté par le chroniqueur provençal, est que le débat sur la lance avait pris une dimension politique et que le malheureux Barthélemi, manipulé par Raimond d'Aguilers, a été victime d'un affrontement qui le dépassait.

112. Pâques tombait cette année-là le 10 avril. Riant situe l'arrivée de l'ambassade à une date proche du 3 avril.

113. *Historia Belli Sacri, apud* Riant, *AOL,* I, p. 193-194.

114. Sur le rôle de la flotte pendant cette dernière phase de l'approche de Jérusalem voir M. Mollat, « Problèmes navals... », *Cahiers de Civil. Méd.* 39-40, 1967, p. 347.

115. Lettre de Daimbert, *in* Peyré, *Histoire...*, p. 496.

116. Un anonyme du XIIe qui a remanié Baudri de Dol indique que les croisés interceptèrent d'autres messages analogues à celui de Césarée. Il donne également le texte d'une lettre adressée par l'émir de Tripoli à Iftikar, le gouverneur de Jérusalem. Cette lettre aurait également été saisie sur un pigeon voyageur le 12 mai 1099 la veille du départ d'Archas. *RHC H. Or.* t. IV, p. 95, var. 4, et t. IV, p. 94, var. b., mentionnés dans Riant, *AOL,* additions et corrections, t. I, p. 715.

117. Mousket, *Description des Lieux Saints;* extraits de la chronique rimée, 10876, p. 117 du recueil.

118. Cet épisode n'est rapporté que par Orderic Vital, chroniqueur des ducs de Normandie.

119. Lettre de Daimbert, *in* Peyré, *Histoire...*, p. 496.

120. Le récit le plus complet et le plus précis de l'assaut est celui d'Albert d'Aix.

121. Sur les clercs et prêtres ayant pris part à la première croisade et leur destin ultérieur, voir l'importante étude de W. Porges : « The clergy, the poor, and the non-combatants on the first Crusade », Appendix : *a list of Clergy on the First Crusade, in Speculum,* vol. XXI, Jan. 1946, p. 21.

122. Sur cet évêque Baudouin : W. Porges : « The Clergy... », *op. cit.*, p. 22, n. 10.

123. Sur le rituel observé par le pèlerin arrivé à destination, voir E. R. Labande : « " Ad limina " : le pèlerin médiéval au terme de sa démarche », in *Mélanges Crozet*, t. I, p. 283.

TABLE DES MATIÈRES

DEUXIÈME PARTIE

CHAPITRE V. – BAUDOUIN L'ARMÉNIEN

CHAPITRE VI. – ANTIOCHE LA BELLE

CHAPITRE VII. – LES DEUX ÉPOUVANTES

TROISIÈME PARTIE

CHAPITRE I. – DES BÊTES

Achevé d'imprimer le 4 novembre 1982
sur presse CAMERON,
dans les ateliers de la S.E.P.C.
à Saint-Amand-Montrond (Cher)

N° d'Édition : 5769. N° d'Impression : 1657.
Dépôt légal : novembre 1982.
23-88-3671-01
ISBN 2-01-008329-6
Imprimé en France

23-3671-7